Alfred Richmann
Idealtypische Stadtgestalten im Vergleich
eine Untersuchung der Transportkosten
unter besonderer Berücksichtigung der Verkehrsdichtekosten

GÖTTINGER
WIRTSCHAFTS- UND SOZIALWISSENSCHAFTLICHE STUDIEN

Herausgegeben von der
Wirtschafts- und Sozialwissenschaftlichen Fakultät
der Georg-August-Universität Göttingen

Band 16

Idealtypische Stadtgestalten im Vergleich

eine Untersuchung der Transportkosten
unter besonderer Berücksichtigung der Verkehrsdichtekosten

von

DR. ALFRED RICHMANN

VERLAG OTTO SCHWARTZ & CO · GÖTTINGEN

1977

ISBN 3-509-01040-X

VORWORT

Plausibel ist jedem, daß die Gestalt einer Stadt die Transportkosten in dieser Stadt beeinflußt. Weiter aber reicht die Plausibilität nicht.

Wie dieser Einfluß im einzelnen aussieht, ist seit einigen Jahren Gegenstand von Untersuchungen der Stadt-Ökonomik (urban economics). Die vorliegende Arbeit bringt diese Studien um ein gutes Stück voran.

Der Verfasser nimmt das Modell von Solow und Vickrey auf und entwickelt es weiter. Er untersucht und vergleicht die Achsenstadt, die Sternstadt und die Sternstadt mit Außenring, — also gerade jene Stadtformen, die für die Raumordnungspolitik besonders bedeutsam sind.

Hierfür einige Beispiele:

— Solche Vergleiche sind für das im Bundesraumordnungsprogramm konzipierte System der Entwicklungszentren und -achsen relevant.

— Das für die Stadtplanung und Städtebau bestehende Problem, wie stark eine um die Stadt herumführende Ringstraße die insgesamt in der Stadt anfallenden Transportkosten verringert, wird einer Lösung zugeführt.

— Im Modell der Sternstadt mit Außenring wird gezeigt, welche Möglichkeiten sich dem Verkehrsplaner und dem Verkehrspolitiker eröffnen, über die Beeinflussung der Routenwahl die insgesamt in der Stadt anfallenden Transportkosten zu minimieren.

Diese und noch weitere Ergebnisse und ihre Ableitungen sollten der Studie bei den Fachleuten der urban economics und der angrenzenden Sachgebiete sowie bei den Praktikern eine breite Resonanz sichern.

H.-G. Schlotter

Hinweise

Es sollen an dieser Stelle einige kurze Hinweise technischer Natur gegeben werden.

Dem eiligen Leser, der nicht die Zeit hat, die Arbeit
in ihrer vollen Länge zu studieren, wird vorgeschlagen, die
kurzen Zusammenfassungen zu jedem Kapitel zu lesen. Diese
Zusammenfassungen stehen grundsätzlich am Ende eines jeden
Kapitels. Sie werden deshalb in der Gliederung nicht extra
ausgewiesen.

Die Standorte der Abbildungen und Tabellen im Text können
den entsprechenden Verzeichnissen am Schluß der Arbeit entnommen werden. Ein Verzeichnis der verwendeten Transport-
kostensymbole am Schluß der Arbeit gibt Auskunft über die
Bedeutung der Symbole.

Man stellt sich Städte vor, die man nie

gesehen hat

Georg Chr. Lichtenberg, Aphorismen,
Hrsgeg. v. Max Rychner, Zürich 1958,
S. 295

Inhalt

A   Fragestellung

In der praktischen Regionalpolitik und Raumordnungspolitik der Bundesrepublik Deutschland hat das Konzept der Zentralen Orte eine große Bedeutung. Es handelt sich dabei um ein System von hierarchisch gegliederten Städten und Gemeinden, hierarchisch gegliedert nach Funktionen und Ortsgrößen. Die Gestalt der Städte und Gemeinden spielt keine Rolle. Diese Frage wird nicht als Problem betrachtet. Üblicherweise haben die Siedlungen eine konzentrische Gestalt und dehnen sich im Zuge ihres Flächenwachstums mehr oder weniger gleichmäßig in alle Richtungen aus.

Seit einigen Jahren schiebt sich ein anderes Konzept in den Vordergrund. Es wird besonders deutlich in den Vorarbeiten zum Bundesraumordnungsprogramm. Man kann es als Schwerpunkt-Achsen-Konzept bezeichnen. Ausgehend von den bestehenden Zentralen Orten, die die Schwerpunkte in diesem Konzept bilden, sollen Entwicklungsachsen zwischen den Schwerpunkten errichtet und ausgebaut werden. Diese Achsen haben u.a. die Aufgabe, das Flächenwachstum besonders der größeren Städte und Verdichtungsgebiete zu lenken. Die Städte sollen nicht mehr wie bislang unkontrolliert in alle Richtungen "wuchern". Ihre Entwicklung soll sich entlang den Achsen vollziehen [1]. Damit will man

---

1 **Zur Frage der Verdichtungsräume (§2 Abs.1 Nr.6 ROG).**
Entschließungen der Ministerkonferenz für Raumordnung vom 21. November 1968. In: Raumordnungsbericht 1968 der Bundesregierung , Bundestagsdrucksache V/3958, Bonn 1969, S. 152.
Zielsystem für die räumliche Entwicklung der Bundesrepublik Deutschland. Empfehlungen des Beirates für Raumordnung vom 28. Oktober 1971. In: Raumordnungsbericht 1972 der Bundesregierung, Bundestagsdrucksache VI/3793,Bonn 1972, S. 158,159.
Zielsystem zur räumlichen Ordnung und Entwicklung der Verdichtungsräume in der Bundesrepublik Deutschland. Empfehlungen des Beirates für Raumordnung vom 14. September 1972. In: Raumordnungsbericht 1972 der Bundesregierung,a.a.O., S. 163, 171,172.
Bundesraumordnungsprogramm (Entwurf vom 10. Oktober 1973). Hrsg. v. Bundesminister für Raumordnung, Bauwesen und Städtebau. Bonn 1973, S. 13-14.
Raumordnungsbericht 1974 der Bundesregierung. Bundestagsdrucksache 7/3582, Bonn 1975, S. 30 - 34.

z.B. die Zersiedlung der Landschaft vermindern, den Bünde-
lungseffekt der Infrastruktur in den Achsen umfassend ausnut-
zen usw.

Es zeigt sich, daß gegenüber dem Zentrale-Orte-Konzept
im Schwerpunkt-Achsen-Konzept die Gestalt der Städte als
Problem erkannt wird. Die sich in alle Richtungen ent-
wickelnde Großstadt soll unter bestimmten Umständen von
einer sich nur noch in zwei Richtungen entlang der Achse
ausdehnenden Stadt abgelöst werden. Die konzentrische
Stadt soll durch eine lineare Stadt ersetzt werden.

In der praktischen Regionalpolitik und Raumordnungspolitik der Bundesrepublik Deutschland versucht man also im Rahmen des Schwerpunkt-Achsen-Konzepts, Vorstellungen über die
wünschenswerte Stadtgestalt zu entwickeln. Es erhebt sich nun
die Frage, welche Stellung die Wissenschaften zum Problem
der Stadtgestalt beziehen. Ist der Übergang von der konzentrischen zur linearen Stadt oder Achsenstadt sinnvoll? Welche
Vor- und Nachteile zeichnen die einzelnen Stadtgestalten aus?

Geografen, Architekten, Stadtplaner, Landes- und Regio-
nalplaner haben Vorstellungen über verschiedene Stadtgestalten entwickelt [1]. Die Vielzahl der möglichen Stadtgestalten

---

1 Als Beispiel soll zur Stadtgestalt der Bandstadt - Achsenstadt oder linearen Stadt - die folgende kleine Literatur-
auswahl vorgestellt werden:
George R. Collins, The linear city. In: The pedestrian in
the city. Hrsg. v. David Lewis, Architect's Year Book XI,
London 1965, S. 204 - 217.
C. A. Doxiades, On linear cities. In: The Town Planning
Review, Vol. 38 (1967), S. 35 - 42.
Gerd Albers, Städtebauliche Konzeptionen und Infrastruktur-
bereitstellung. In: Theorie und Praxis der Infrastruktur-
politik. Hrsg. v. Reimut Jochimsen, U.E. Simonis. Schrif-
ten des Vereins für Socialpolitik, N.F., Band 54, Berlin
1970, S. 255 - 274.
Elmar Dittmann, Art. Bandstadt. In: Handwörterbuch der
Raumforschung und Raumordnung, 2. Auflage, Hannover 1970,
Bd.I, Spalte 125 - 135.
Wolfgang Istel, Art. Bandstruktur. Ebenda, Bd. I,
Spalte 135 - 148.
Rainer Pötzsch, Stadtentwicklungsplanung und Flächennut-
zungsmodelle für Entwicklungsländer. Berlin 1972, S. 64 -
70.

soll durch die folgende Abbildung ihrer Grundtypen beispielhaft belegt werden.

Abb. 1   Grundtypen der Stadtgestalt [1]

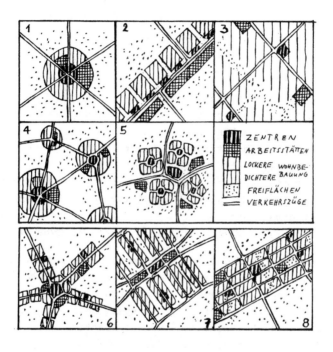

Ausgehend von den idealtypischen Modellen [2]
    der punktförmig geballten, konzentrischen Stadt (Nr. 1 der
    Abb. 1)
    der bandförmigen Stadt (Nr. 2 der Abb. 1)
    der homogenen flächenhaften Bebauung (Nr. 3 der Abb. 1)
lassen sich durch deren Weiterentwicklung modifizierte Stadtgestalten bilden und zwar
    die Satelliten- oder Trabantenstadt (Nr. 4 der Abb. 1) und
    die Stadt mit einer Zentrenhierarchie (Nr. 5 der Abb. 1).

1 Gerd Albers, a.a.O., S. 265.
2 Ebenda, S. 264 - 271.

Durch die Kombination von Bandelementen und Zentrenhierarchie
ergeben sich

die radiale Zuordnung von bandförmigen Nutzungszonen auf
ein Hauptzentrum hin (Nr. 6 der Abb. 1),

die parallele Anordnung von Nutzungszonen, die auf eine
rechtwinklig verlaufende und ihrerseits bandartig entwickelte Zentralzone bezogen sind, (Nr. 7 der Abb. 1) und

eine ebenfalls bandartig angeordnete Stadt, deren Zentren
gleichmäßig verstreut liegen, (Nr. 8 der Abb. 1).

In der vorliegenden Arbeit sollen alle diese Stadtgestalten nicht weiter untersucht werden. Es soll nur festgehalten
werden, daß sie unabhängig von der Art der Anordnung ihrer
Nutzungszonen im wesentlichen auf drei Stadtgestalten zurückgeführt werden können:

1. auf die bandförmige Stadtgestalt des Typs Nr. 2, 7
und 8 (Bandstadt, Achsenstadt, lineare Stadt),

2. auf die flächenhafte und konzentrische Stadtgestalt
der Typen Nr. 1, 4, 5 und 6 mit genau markiertem
Stadtrand und

3. auf die an sich gestaltlose Stadt des Typs Nr. 3.

Allen Darstellungen zur Stadtgestalt von seiten der Geografen, Architekten, Stadtplaner usw. ist gemeinsam, daß sie
kaum ökonomische Probleme berühren, und wenn dies doch geschieht, dann nur deskriptiv. Die spezifisch architektonische
und städtebauliche Diskussion um die Stadtgestalt soll hier
nicht näher beleuchtet werden. Trotz der Notwendigkeit eines
interdisziplinären Ansatzes zur Lösung des Problems der Stadtgestalt soll ganz bewußt aus Gründen der fachlichen Kompetenz
des Verfassers nur die ökonomische Seite des Problems untersucht werden.

Die "urban economics" sind das ökonomische Fachgebiet,
von dem man am ehesten Aufschluß über die ökonomische Bedeutung
der Stadtgestalt erwartet. Der eine große Bereich der "urban
economics", von dem man dies erwarten dürfte, ist der Bereich
der "land-use-models". Hier wird versucht, mit neoklassischen
Modellkonstruktionen Partialaussagen über die Standortwahl
von Haushalten, Produktions- und Handelsunternehmen in einer

Stadt zu machen. Alle diese Modelle, wenn auch stark verfei-
nert und ausgebaut, beruhen auf dem klassischen von Thünenschen
Modell der Standortwahl von Agrarbetrieben. Von Thünen gelangt zu dem Ergebnis, daß die Standorte der Agrarbetriebe je
nach Art der produzierten Güter ringförmig um eine Stadt angeordnet sind, von der die Landwirte mit nichtlandwirtschaftli-
chen Gütern versorgt werden und die von den Landwirten mit
landwirtschaftlichen Gütern beliefert wird [1].

Von Thünens Stadt wird bei der Übertragung seines Modells
auf städtische Probleme zum "central business district". Im
"central business district" sind sämtliche Arbeitsplätze der
Stadt zusammengefaßt. Er liegt im Mittelpunkt der Stadt. Der
"central business district" wird entweder als punktförmig oder
als Kreis mit einem bestimmten Radius angenommen. Rings um den
"central business district" liegen z.B. die Wohnungen der Haushalte. Die Mietpreise, Bodenrenten, Wohndichten etc. sinken mit
steigender Entfernung vom "central business district". Die
Stadtgestalt spielt in diesen Modellen explizit keine Rolle.
Sie folgt als Resultante aus dem Verhalten der Haushalte bei
der Standortwahl. Es ergibt sich eine konzentrische Stadtgestalt. Die Ausdehnung der Stadt nach allen Seiten ist gleich
gut möglich. Die Vorstellungen von Thünens mit dem Ergebnis
einer konzentrischen Stadtgestalt werden generell, wenn auch
mit geringen Unterschieden, in allen "land-use-models" verwendet. Das gilt für die bekanntesten Modelle, wie die von
Wingo [2], Alonso [3], Muth [4], Beckmann [5], Mills [6], Solow [7] u.a..

---

1 Gerald S. Goldstein, Leon N. Moses, A survey of urban economics. In: Journal of Economic Literature, Vol. 11 (1973),
S. 475, 482.
2 L. Wingo, Jr., Transportation and urban land. Washington 1961.
3 W. Alonso, Location and land use:toward a general theory of
land rent. Cambridge 1964.
4 R. F. Muth, Cities and housing. Chicago 1969.
5 Martin J. Beckmann, On the distribution of urban rent and
residential density. In:Journal of Economic Theory,
Vol. 1 (1969), S. 60 - 67.
6 Edwin S. Mills, Studies in the structure of the urban economy. Baltimore, London 1972.
7 Robert M. Solow, Congestion, density and the use of land in
transportation. In:Swedish Journal of Economics, Vol. 74
(1972), S. 161 - 173.

Der zweite große Bereich der "urban economics", von dem
man die Beschäftigung mit den ökonomischen Problemen der Stadtgestalt erwarten könnte, ist die Theorie des Stadtwachstums.
Hier wird besonders deutlich, daß sich die "urban economics"
als sehr junger Zweig der Ökonomie noch im Embryonalzustand
befinden [1]. Die "urban economics" haben noch keine eigenen
Wachstumstheorien entwickelt, sondern greifen auf
Theorien benachbarter Disziplinen zurück. Es werden
die Theorie der Zentralen Orte, die Export - Basis - Theorie,
die Input - Output - Analyse, Theorien, die den Einfluß des
Faktorangebotes analog zu Theorien des internationalen Handels
betonen, usw. als Theorien des wirtschaftlichen Wachstums der
Stadt verwendet. Allen diesen Theorien ist gemeinsam, daß die
Gestalt der Stadt in ihnen überhaupt keine Rolle spielt. Nicht
einmal der Faktor Boden wird in ihnen berücksichtigt [2].

Der Streifzug durch die Literatur der "urban economics"
zeigt, daß die ökonomische Bedeutung der Stadtgestalt in der
gängigen Literatur nicht als Problem erkannt wird. Es gibt
allerdings in jüngster Zeit einige Veröffentlichungen, wie
z.B. von Solow und Vickrey [3] sowie von Kraus [4], die bei der
Analyse dieser Fragestellung verwendbar sind.

Mit dem Problem der Stadtgestalt sind die in der Stadt
insgesamt entstehenden Transportkosten, wie später gezeigt
wird, eng verzahnt. Die Transportkosten spielen in der folgenden Untersuchung eine große Rolle. Sie sind nicht nur von der
Länge der gefahrenen Strecken, sondern auch von der Höhe der
Verkehrsdichte auf den Straßen der Stadt abhängig. Je höher
die Verkehrsdichte ist, d.h. je größer das auf die Straßenbreite bezogene Verkehrsvolumen ist, desto höher sind die Transportkosten in der Stadt. Der Zusammenhang zwischen den Transportkosten und der Verkehrsdichte wird üblicherweise als
nichtlinear unterstellt.

1 Harry W. Richardson, A guide to urban economics texts: a
  review article. In: Urban Studies, Vol. 10 (1973), S. 399.
2 Gerald S. Goldstein, Leon N. Moses, a.a.O., S. 471, 495.
3 Robert M. Solow, William S. Vickrey, Land use in a long
  narrow city. In: Journal of Economic Theory, Vol. 3 (1971),
  S. 430 - 447. Im folgenden zitiert als Solow/Vickrey.
4 Marvin Kraus, Land use in a circular city. In: Journal of
  Economic Theory, Vol. 8 (1974), S. 440 - 457.

Die Kosten der Verkehrsdichte werden in der Verkehrswissenschaft, z.B. in der Theorie optimaler Verkehrsnetze, oft vernachlässigt [1]. Es wird stattdessen eine lineare Beziehung zwischen der Höhe der Transportkosten und den gefahrenen Entfernungen unterstellt. Damit ist das Minimum der Transportkosten
erreicht, sobald die gefahrenen Streckenlängen minimiert
sind. Wenn Kosten der Verkehrsdichte entstehen, existiert
diese "Identität" nicht mehr. Die Bestimmung optimaler Verkehrsnetze wird dadurch noch schwieriger.

In den "urban economics" gibt es ebenfalls nur wenige
Modelle, die die Kosten der Verkehrsdichte anstelle der linear von den gefahrenen Entfernungen abhängenden Transportkosten berücksichtigen [2].

---

1 **Beispiele dafür sind:**
  Richard E. Quandt, Models of transportation and optimal net-
  work construction. In: Journal of Regional Science, Vol. 2
  (1960), No. 1, S. 29.
  R. D. MacKinnon, M. J. Hodgson, Optimal transportation networks: a case study of highway systems. In: Environment and
  Planning, Vol. 2 (1970), S. 275, 276, 282.
  D. E. Boyce, A. Farhi, R. Weischedel, Optimal network problems:
  a branch-and-bound algorithm. In: Environment and Planning,
  Vol. 5 (1973), S. 520.
  Andrew Korsak, An algorithm for globally-optimal nonlinear-
  cost multidimensional flows in networks and some special
  applications. In: Operations Research, Vol. 21 (1973),
  S. 233.
2 Beispiele für Modelle mit Kosten der Verkehrsdichte sind:
  Avinash Dixit, The optimum factory town. In: Bell Journal
  of Economics and Management Science, Vol. 4 (1973),
  S. 637 - 651.
  L. Legey, M. Ripper, P. Varaiya, Effects of congestion on
  the shape of a city. In: Journal of Economic Theory, Vol. 6
  (1973), S. 162 - 179.
  Edwin S. Mills, David M. de Ferranti, Market choices and
  optimum city size. In: American Economic Review, Proc.,
  Vol. 61 (1971), S. 340 - 345.
  Robert M. Solow, Congestion, density ... , a.a.O.,
  S. 161 - 173.
  Derselbe, Congestion cost and the use of land for streets.
  In: Bell Journal of Economics and Management Science, Vol. 4
  (1973), S. 602 - 618.

Nach diesem kurzen Überblick über die Behandlung des
Problems der Stadtgestalt und des Problems der Kosten der
Verkehrsdichte in der Literatur sollen beide Probleme in
der folgenden Untersuchung in enger Verzahnung analysiert
werden. Die Fragestellung und das Vorgehen in dieser Arbeit
können folgendermaßen skizziert werden:

In dieser Arbeit sollen einige ökonomische Probleme ideal-
typischer Stadtgestalten behandelt werden. Es werden die folgenden Stadtgestalten nacheinander untersucht und verglichen
(siehe Abbildung 2):

1. Die Achsenstadt. Die Achsenstadt ist sehr viel länger
   als breit. Längs der Achsenstadt, und zwar inmitten
   oder am Rande der Stadt, verläuft eine Straße.

2. Die Ringstadt. Die Ringstadt entsteht aus der Achsenstadt dadurch, daß die Enden der Achsenstadt zusammengeführt werden. Die Straße in der Ringstadt bildet
   einen geschlossenen Ring.

3. Die Sternstadt mit vier Strahlen. Sie besteht aus den
   Elementen der in vier gleiche Teile zerlegten Achsen-
   stadt. Diese Teile werden um ein Zentrum sternförmig
   gruppiert. In den Strahlen verlaufen Straßen längs der
   Strahlen. Im Zentrum kann eine ringförmige Straße
   (Innenring) den Verkehr auf die Strahlen verteilen.

4. Die Sternstadt mit n Strahlen (n $\geq$ 3). Diese Stadt ist
   nicht abgebildet. Sie ist im wesentlichen identisch
   mit der Sternstadt mit vier Strahlen, nur daß die
   Zahl der Strahlen n $\geq$ 3 sein kann.

5. Die Sternstadt mit vier Strahlen und einem Außenring.
   Diese Stadt geht hervor aus der Sternstadt mit vier
   Strahlen. Hinzu kommt als ein Element der Ringstadt
   eine ringförmige Straße, die außen um die Sternstadt
   herumführt (Außenring).

Abb. 2   <u>Die in dieser Arbeit zu untersuchenden Stadtgestalten</u>

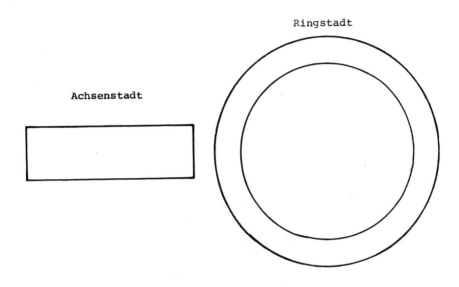

Ringstadt

Achsenstadt

Sternstadt mit vier Strahlen   Sternstadt mit vier Strahlen

und einem Außenring

Jede Stadtgestalt geht aus einer Kombination von Elementen der vorher behandelten Stadtgestalten hervor. Die gesamte Fläche dieser Städte soll vollständig und ausschließlich

    a. als "business district" (= Fläche A) zur Schaffung von Verkehrsvolumen und

    b. als Straßenbereich (= Fläche S) zum Transport und zur Verteilung dieses Verkehrsvolumens verwendet werden.

Es wird unterstellt, daß auf den Straßen dieser Städte die Höhe der Transportkosten u.a. von der Verkehrsdichte abhängt. Es sollen die folgenden zwei Fragen beantwortet werden:

    1. Wie muß die Fläche der Stadt in die verkehrschaffende Fläche A und die verkehrverteilende Fläche S aufgeteilt werden, damit die gesamten Transportkosten in der Stadt minimiert werden?

    2. Hat die Stadtgestalt einen Einfluß auf die Höhe der Transportkosten im Transportkostenminimum? Wenn ja, welche Stadtgestalt verursacht das Transportkostenminimum mit der geringsten Höhe?

Zusammenfassung

Ein kurzer Überblick über die Behandlung der beiden Hauptbestandteile des Themas, des Problems der Stadtgestalt und des Problems der Verkehrsdichte, in der Literatur zeigt, daß man in der praktischen Regionalpolitik und Raumordnungspolitik der Bundesrepublik Deutschland versucht, im Rahmen des Schwerpunkt-Achsen-Konzepts Vorstellungen über eine wünschenswerte Stadtgestalt zu entwickeln. Im wirtschaftswissenschaftlichen Bereich, speziell im dafür "zuständigen" Bereich der "urban economics", wird die ökonomische Bedeutung der Stadtgestalt in der gängigen Literatur nicht als Problem erkannt. Erst in jüngster Zeit gibt es einige wenige erfolgversprechende Ansätze.

Die Kosten der Verkehrsdichte werden in der Verkehrswissenschaft oft vernachlässigt. Auch in den "urban economics" gibt es nur wenige Modelle, die die Kosten der Verkehrsdichte berücksichtigen.

In dieser Arbeit werden fünf idealtypische Stadtgestalten, die Achsenstadt, die Ringstadt, die Sternstadt mit vier und mit n Strahlen sowie die vierstrahlige Sternstadt mit einem Außenring nacheinander untersucht und verglichen. Es soll festgestellt werden

a wie die transportkostenminimale Flächenallokation in jeder Stadt aussehen muß und

b welche der Stadtgestalten das Transportkostenminimum mit der geringsten Höhe verursacht.

B   Das Modell der Achsenstadt

I   Die Darstellung des Modells und die Bestimmung
    des Transportkostenminimums

In einem Aufsatz von Solow und Vickrey [1] wird das Modell
einer langen und schmalen Stadt entwickelt. Es soll in dieser
Arbeit als Prototyp des Modells einer Achsenstadt verwendet
werden. Die weiteren Stadtmodelle basieren auf diesem Modell.
Die grundlegenden Annahmen und Zusammenhänge dieses Modells
werden also immer wieder verwendet und sollen deshalb aus-
führlich dargestellt und kritisiert werden. Solow und Vickrey
beschreiben die Achsenstadt folgendermaßen [2].

Es soll sich um eine Stadt von der zu bestimmenden Länge L
und der gegebenen Breite W handeln.   Ihre Fläche beträgt
WL. Die Stadt ist deshalb lang und schmal, weil die Breite W
gering ist im Vergleich mit der Länge L. Die Stadt hat die
Gestalt eines schmalen, rechteckigen Streifens. Die gesamte
Fläche WL der Stadt teilt sich auf in die Straßenfläche S
und in die Nicht-Straßenfläche A=WL-S. Andere Flächennutzun-
gen gibt es nicht in dieser Stadt. Über die gegebene Fläche
$A < WL$ erstreckt sich ein homogener "business district". Die
einzige hier interessierende Funktion des "business district"
ist, Verkehr zu schaffen, z.B. also Güter zu produzieren, die
von einem Ort der Stadt an einen anderen Ort der Stadt transportiert werden sollen. Die restliche und zu bestimmende Fläche der Stadt, $S = WL - A$, ist eine Straße, die den im
"business district" geschaffenen Verkehr aufnimmt und verteilt. Die Transportkosten, die durch den Verkehr quer zur
Längsausdehnung der Achsenstadt entstehen, werden wegen der
relativ geringen Stadtbreite klein sein. Sie sollen daher vernachlässigt werden. Es werden in dem Modell nur die Transportkosten des Verkehrs entlang der Längsausdehnung der Achsenstadt berücksichtigt. Die Achsenstadt könnte das folgende
Aussehen und die folgende Flächenstruktur haben:

---

1 Solow/Vickrey, S. 430 - 447.
2 Ebenda, S. 430 - 431.

Abb. 3 Die Gestalt und die Flächenstruktur der Achsenstadt nach Solow und Vickrey [1]

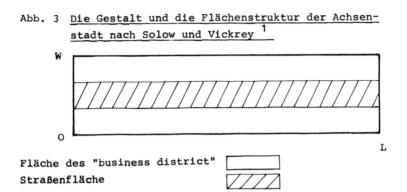

Fläche des "business district"

Straßenfläche

Solow und Vickrey stellen die Frage, wie die Straßengestalt und die Straßenbreite gewählt werden müssen, damit die
Transportkosten in der gesamten Stadt pro Zeiteinheit minimiert werden. Soll die Straße zum Beispiel überall in der
Stadt die gleiche Breite haben, oder soll sie in der Mitte
der Stadt breiter als an den Stadtenden sein [2]? Wie breit
soll die Straße an jeder Stelle der Stadt sein? Implizit
wird damit nach der transportkostenminimalen Aufteilung der
zu bestimmenden Stadtfläche WL in das gegebene A und das gesuchte S gefragt bzw. nach der Stadtlänge L, bei der bei
gegebenem W die Transportkosten in der gesamten Stadt pro -
Zeiteinheit minimiert werden [3,4].

Der Zusammenhang zwischen den Fragen nach der transportkostenminimalen Straßengestalt und Straßenbreite, nach der
transportkostenminimalen Flächenallokation und nach der
transportkostenminimalen Stadtlänge L wird besonders deutlich, wenn man wie im Anhang 1 das Modell etwas vereinfacht
und eine rechtwinklige Straßengestalt mit einer überall glei-

1 Solow/Vickrey, S. 436.
2 Ebenda, S. 431.
3 Ebenda, S. 433 - 436.
4 In Anbetracht dieser Fragen wird deutlich, daß A mit A > 0
  vorgegeben werden muß. Denn die Transportkosten in Abhängigkeit von A würden ihr Minimum in Höhe von null bei
  A = 0 erreichen, weil bei A = 0 kein Verkehr mehr entsteht. Die Frage nach dem Transportkostenminimum in Abhängigkeit von A ist also nicht sinnvoll.

- 14 -

chen Straßenbreite unterstellt. Eine Variation der Straßenbreite mit dem Ziel, die Transportkosten zu minimieren,
ist dann identisch mit einer Änderung der Straßenfläche S. S wiederum kann nur geändert werden, wenn bei gegebener Fläche des "business district" A und gegebener Stadtbreite W die Länge L der Stadt variiert wird. Die drei Fragen
nach der Straßengestalt und Straßenbreite, nach der Flächenallokation und nach der Stadtlänge im Transportkostenminimum
sind also nur verschiedene Aspekte des gleichen Problems
und können nur simultan gelöst werden.

Um diese Fragen beantworten zu können, müssen noch
weitere Annahmen gemacht werden [1]. Jede Flächeneinheit des
"business district" schafft g Tonnen Verkehr pro Zeiteinheit.
Die Ziele dieser g Tonnen Verkehr liegen gleichmäßig über
die Fläche des "business district" verteilt. Es werden
g Tonnen eines Standardgutes pro Flächeneinheit des "business district" produziert und über die Straße in gleicher
Menge an jede der Flächeneinheiten des "business district" geliefert. Diese letzte Annahme wird von Solow und Vickrey
nicht explizit getroffen. Erst die Berechnung des Verkehrsvolumens zeigt, daß die Verfasser die Belieferung jeder Flächeneinheit mit der gleichen Menge unterstellen.

Die Breite der Straße an der Stelle x im Bereich $0 \leq x \leq L$
soll w(x) betragen . Der "business district" hat daher eine
Breite von W - w(x). Die gesamte Fläche des "business
district", die zwischen den Punkten null und x, d.h. links
von x liegt, beträgt(siehe Abb. 3)[2]:

$$y(x) = \int_0^x \left[W - w(u)\right] du$$

1 Solow/Vickrey, S. 431.

Daraus folgt, daß $y(0) = 0$, $y(L) = A$ und $y'(x) = W - w(x)$
sind. Die Breite der Straße beträgt $w(x) = W - y'(x)$. Da die
Straßenbreite an der Stelle x mit $0 \leq x \leq L$ weder negativ
noch breiter als die Stadt sein kann, folgt

$$W \geq W - w(x) = y'(x) \geq 0$$

Implizit wird aber noch die folgende Einschränkung vorgenommen. Die Straßenbreite $w(x)$ darf im Inneren der Stadt bei
x mit $0 < x < L$ nicht null werden, weil sonst die Straße unterbrochen wäre und aus der Stadt zwei isoliert nebeneinander liegende Städte entständen. Dies widerspräche den Modell-
annahmen. Es wird außerdem implizit unterstellt, daß $y(x)$
stetig ist.

Über das Verkehrsvolumen machen Solow und Vickrey folgende Aussagen [1]. Es soll mit $v(x)$ das Verkehrsvolumen in
Tonnen bezeichnet werden, das den Punkt x in beiden Richtungen der Straße pro Zeiteinheit passiert. Da links von x
ein "business district" mit der Fläche $y(x)$ liegt und jede
Flächeneinheit des "business district" g Tonnen Verkehr
pro Zeiteinheit erzeugt, wird links von x insgesamt ein
Verkehrsvolumen von $g \, y(x)$ pro Zeiteinheit geschaffen.
Ein Teil davon findet seine Ziele links von x. Der Rest
wird von links über den Punkt x hinaus nach rechts auf der
Straße transportiert. Da die Ziele dieses Verkehrs gleichmäßig über den gesamten "business district" der Stadt verteilt sind, liegt rechts von x der Anteil

$$\frac{A - y(x)}{A}$$

an der Gesamtheit der Ziele. Von links nach rechts passiert
den Punkt x also ein Verkehrsvolumen pro Zeiteinheit in
Höhe von

$$\frac{g \, y(x) \, [A - y(x)]}{A}$$

---

1 Solow/Vickrey, S. 431 - 432.

Wenn man das gleiche Verfahren zur Bestimmung des Verkehrsvolumens anwendet, das von rechts über x hinaus nach links
fließt, kommt man zu dem gleichen Ergebnis. Beide Verkehrsströme sind gleich groß. Insgesamt passiert den Punkt x
also ein Verkehrsvolumen v(x) in Höhe von

$$v(x) = \frac{2g\ y(x)\ [A - y(x)]}{A}$$

Das Verkehrsvolumen wird von Solow und Vickrey nicht näher untersucht. Weil es aber für die Ergebnisse des Modells
von sehr großer Bedeutung ist, soll es genau analysiert
werden. Es soll festgestellt werden, wie sich v(x) mit x
verändert.

An den Enden der Achsenstadt bei x = O und x = L betragen:

$$v(O) = \frac{2g\ y(O)\ [A - y(O)]}{A} = O \qquad (\text{ weil } y(O)=O \text{ ist})$$

$$v(L) = \frac{2g\ y(L)\ [A - y(L)]}{A} = O \qquad (\text{ weil } y(L)=A \text{ ist})$$

Für x mit O < x < L muß das Verkehrsvolumen auf jeden Fall positiv sein. Wie es sich mit x verändert, darüber soll die erste
Ableitung Auskunft geben.

$$v'(x) = \frac{2g}{A}\left\{y'(x)\ [A - y(x)] + y(x)\ [-y'(x)]\right\}$$

$$= \frac{2g}{A}\left[Ay'(x) - 2\ y'(x)\ y(x)\right]$$

Unter welchen Bedingungen ist v'(x) größer, gleich oder kleiner als null? Es ist

$$v'(x) \gtreqless O \qquad \text{wenn}$$

$$O \lesseqgtr A\ y'(x) - 2\ y'(x)\ y(x) \qquad \text{ist.}$$

Die Ungleichung kann durch y'(x) dividiert werden. Das bedeutet, daß das folgende Ergebnis unabhängig von der Breite

des "business district" $y'(x)$ und damit auch unabhängig
von der Straßenbreite $w(x) = W - y'(x)$ ist. Das folgende
Ergebnis gilt generell für alle $w(x)$, ganz gleich, ob die
Straße überall die gleiche Breite hat oder ob sie in der
Stadtmitte breiter als an den Stadtenden ist. Aus der letzten
Ungleichung folgt:

$$A - 2\,y(x) \gtrless 0 \qquad \text{und}$$

$$A/2 \gtrless y(x)$$

Hier wird wichtig, daß für Solow und Vickrey[1] die Gestalt
der Straße symmetrisch zur Symmetrieachse ist, die im Mittelpunkt der Stadt an der Stelle $x = L/2$ liegt und senkrecht zur
Längsausdehnung der Stadt verläuft. Die Gestalt der Straße
für x mit $0 \le x \le L/2$ ist spiegelbildlich gleich der Straßengestalt für x mit $L/2 \le x \le L$.

Daraus folgt, daß links und rechts von $x = L/2$ je eine
Hälfte des "business district" liegt:

$$A/2 = y(L/2)$$

Die obigen Ungleichungen können damit gelöst werden. Es sind:

$A/2 > y(x)$ bzw. $v'(x) > 0$ für $0 \le x < L/2$

$A/2 = y(x)$ bzw. $v'(x) = 0$ für $x = L/2$

$A/2 < y(x)$ bzw. $v'(x) < 0$ für $L/2 < x \le L$

Aus den Werten von $v'(x)$, $v(0) = 0$ und $v(L) = 0$ läßt sich
ganz grob der Verlauf der $v(x)$ - Kurve konstruieren. $v(x)$
beträgt null bei $x = 0$. Für x mit $0 \le x < L/2$ ist $v'(x)$ positiv,
d.h. $v(x)$ wächst mit zunehmendem x. Ob $v(x)$ über- oder
unterproportional mit x wächst, ob die Kurve einen Wende-
punkt hat, das ist hier zweitrangig. Entscheidend
ist, daß bei $x = L/2$ der Wert von $v'(x)$ null und für
$x > L/2$ negativ ist, d.h. $v(x)$ hat bei $x = L/2$ sein Maximum
erreicht. Für x mit $L/2 < x \le L$ sinkt $v(x)$, weil $v'(x)$ negativ
ist. Bei $x = L$ ist $v(x)$ wieder null. Die $v(x)$ - Kurve ist
symmetrisch zur Symmetrieachse, die bei $x = L/2$ liegt.

---

1 <u>Solow/ Vickrey</u>, S. 433.

Ein möglicher Verlauf der v(x) - Kurve wird in der Abb. 4
gezeigt.

Abb. 4   Das Verkehrsvolumen v(x) in der Achsenstadt

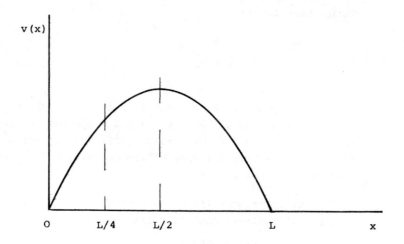

Dies Ergebnis, daß nämlich das Verkehrsvolumen in der
Mitte der Achsenstadt am größten ist und mit steigender Entfernung von der Mitte nach beiden Seiten sinkt, gilt für
jede Gestalt der Straße und für jede Stadtlänge. Es wird
also von der Suche nach der transportkostenminimalen Strassengestalt und der transportkostenminimalen Stadtlänge nicht
beeinflußt.

Die Verkehrsdichte definieren Solow und Vickrey [1] als
v(x) / w(x), d.h. als das Verkehrsvolumen in Tonnen pro Zeiteinheit, das den Punkt x in beiden Richtungen passiert, bezogen auf eine Maßeinheit der Straßenbreite an der Stelle x.

Über die Transportkosten nehmen Solow und Vickrey folgendes an [2]. Die Transportkosten pro Tonne Verkehr und pro Entfer-

1 Solow/Vickrey, S. 432.

2 Ebenda, S. 432.

nungseinheit an der Stelle x sollen eine Funktion der Verkehrsdichte an der Stelle x sein , also f $[v(x)/w(x)]$.
Üblicherweise werden Transportkosten auch entstehen, wenn
kein anderer Verkehr auf der Straße ist, d.h. f(O) > O. Es
kann sein, daß eine Verkehrsdichte mit geringer Höhe die
Transportkosten nicht beeinflußt, also f' = O ist. Von einer
bestimmten Schwelle der Verkehrsdichte an wird f' > O sein.
Darüber hinaus ist es möglich, daß die Transportkosten mit
steigender Verkehrsdichte überproportional steigen, d.h.
f" > O. Das äußert sich in zunehmenden marginalen Verkehrsdichtekosten. Es ist außerdem möglich, daß bei einer bestimmten endlichen Verkehrsdichte, wenn z. B. der Verkehr
völlig stillsteht, f = ∞ ist. Solow und Vickrey vernachlässigen den Fall f = ∞ . Sie betrachten einmal den Fall, daß
neben den Verkehrsdichtekosten noch von der Verkehrsdichte
unabhängige Kosten entstehen [1], also f(O) > O ist, und den Fall,
daß nur Verkehrsdichtekosten entstehen.

Im folgenden soll angenommen werden, daß die Transportkosten pro Tonne Verkehr und pro Entfernungseinheit an der
Stelle x allein von der Verkehrsdichte im Punkt x abhängen und zwar in der Form [2]

$$f [v(x) / w(x)] = b [v(x) / w(x)]^k$$

mit k $\geq$ 1 und b > O. b und k sind Parameter. Es folgt für
k = 1, daß f' = b > O und f" = O. Die marginalen Verkehrsdichtekosten sind positiv und konstant. k > 1 zieht f'>O
und f"> O nach sich. Mit steigender Verkehrsdichte steigen
die Verkehrsdichtekosten überproportional.

Solow und Vickrey bestimmen die gesamten Transportkosten
folgendermaßen [3]. Für jede Funktion y(x) entstehen in dem
schmalen Streifen von x bis x + dx Transportkosten in Höhe von:

$$v(x) \quad f [v(x)/w(x)] \quad dx$$

Die Höhe der Transportkosten hängt ab vom Verkehrsvolumen
v(x), von den Transportkosten pro Einheit des Verkehrsvolumens

---

1 Solow/Vickrey, S. 436 - 437.
2 Ebenda, S. 432.
3 Ebenda, S. 432.

und pro Entfernungseinheit $f\left[v(x) / w(x)\right]$ sowie von der zurückgelegten Entfernung dx. In der gesamten Achsenstadt entstehen für jede Funktion y(x) insgesamt Transportkosten TK in Höhe von:

$$TK = \int_{0}^{L} v(x)\ f\left[\frac{v(x)}{w(x)}\right]\ dx$$

$$= \int_{0}^{L} \frac{2g\ y(x)\ [A - y(x)]}{A}\ b\ \left\{\frac{2g\ y(x)\ [A - y(x)]}{A[W - y'(x)]}\right\}^{k}\ dx$$

$$= \left[\frac{2g}{A}\right]^{k+1}\ b\ \int_{0}^{L} \frac{[y(x)]^{k+1}\ [A - y(x)]^{k+1}}{[W - y'(x)]^{k}}\ dx \tag{1}$$

Um die anfangs gestellte Frage nach der Straßengestalt und der Straßenbreite bzw. nach der Gestalt und der Breite des "business district" sowie nach der Stadtlänge und nach der Aufteilung der Stadtfläche WL in A und S zu beantworten, die die Transportkosten TK in der gesamten Achsenstadt pro Zeiteinheit minimieren, muß die Funktion y(x) bestimmt werden, die die Transportkosten TK unter den Nebenbedingungen $y(O) = O$, $y(L) = A$ und $O \leq y'(x) \leq W$ minimiert [1].

Die mathematische Lösung dieser Allokationsaufgabe ist ein Problem der Variationsrechnung [2]. Da die zu integrierende Funktion allgemein als $F(y,y')$ formuliert werden kann, lautet unter Verwendung der Eulerschen Gleichung die allgemeine Bedingung dafür, daß das Integral (1) minimal wird:

$$C = F(y,y') - y'\ F_{y'}(y,y')$$

---

1 Solow/Vickrey, S. 432.
2 Ebenda, S. 432 - 433, sowie:
R.G.D. Allen, Mathematik für Volks- und Betriebswirte. Eine Einführung in die mathematische Behandlung der Wirtschaftstheorie. Aus dem Englischen übersetzt von Erich Kosiol, 3. Aufl. Berlin 1967, S. 552 - 553.

Hier ist C eine Konstante. $F_{y'}(y,y')$ ist die erste Ableitung von $F(y,y')$ nach y'. Im speziellen Fall der Gleichung (1) lautet die allgemeine Bedingung für ein Minimum des Integrals (1):

$$C = \frac{y^{k+1}(A-y)^{k+1}}{(W-y')^{k}} - y'\left[y^{k+1}(A-y)^{k+1}(-k)(W-y')^{-k-1}(-1)\right]$$

$$C = \frac{y^{k+1}(A-y)^{k+1}}{(W-y')^{k+1}}\left[W - (1+k)\,y'\right] \qquad\qquad (2)$$

Die Gleichung (2) ist eine Differentialgleichung, die nur y und ihre Ableitung y' enthält. Die Lösung dieser Differentialgleichung, die die gesuchte Funktion y(x) ergibt, ist nur schwer zu bestimmen. Solow und Vickrey haben deswegen verschiedene Approximierungsverfahren angewendet, die aber hier nicht vorgestellt werden sollen [1].

Die gesuchte Funktion y(x) läßt sich auch ohne großen Rechenaufwand bereits der Gleichung (2) entnehmen, und zwar auf folgende Weise [2]. Die Konstante C kann sein: $C \gtreqless 0$.

1. Es soll C > 0 sein. An der Stelle x = 0 bzw. x = L gilt y(x) = 0 bzw. A - y(x) = 0. Daraus folgt für die rechte Seite der Gleichung (2), daß sie null ist. Jedoch widerspricht dies der anfänglichen Annahme, daß C > 0 sein soll. Folglich ist C > 0 als Lösung ausgeschlossen.

2. Es soll C < 0 sein. Da hier die gleiche Argumentation wie unter 1. gilt, ist C < 0 ebenfalls als Lösung ausgeschlossen.

3. Es soll C = 0 sein. Die Argumentation unter 1. schließt nicht aus, daß C = 0 ist. Für alle übrigen Punkte x im Intervall 0 < x < L gilt, daß die Ausdrücke y(x) und A - y(x) auf jeden Fall positiv sind. Auch der Ausdruck W - y'(x) muß positiv sein, weil sonst die Straße unterbrochen wäre. Damit die Annahme C = 0 gelten kann, muß der Ausdruck W - (1+k) y'(x) = 0 sein. Daraus folgt, daß

---

1 Solow/Vickrey, S. 438 - 439.
2 Ebenda, S. 433 - 434.

y'(x) = W/(1+k) für alle x im Bereich O < x < L sein
muß. An den Stellen x = O und x = L kann
W - (1+k) y'(x) $\lessgtr$ O und dennoch C = O sein. Weil die
Funktion y(x) aber stetig ist, gilt, daß wie für x mit
O < x < L auch für x = O und x = L sein muß:
y'(x) = W/(1+k). Dies Ergebnis trifft also für die ge-
samte Achsenstadt zu. Das Integral von y'(x), nämlich
Wx/(1+k), ist die gesuchte Funktion y(x). (Die Integra-
tionskonstante ist wegen y(O) = O ebenfalls null.)
An der Stelle x = L beträgt y(L) = WL/(1+k) und muß
gleich A sein. Weil W-y'(x) = w(x) ist, folgt
w(x) = kW/(1+k). Die gesamte Straßenfläche beträgt
S = WL - A. Sie umfaßt die Fläche S = kWL/(1+k). Aus
A = WL/(1+k) folgt für die Länge L der Stadt:
L = (A/W)(1+k).

An dieser Stelle muß darauf aufmerksam gemacht werden,
daß die Gleichung (2) nur eine notwendige Bedingung für
Extremwerte von (1) darstellt[1]. (2) gilt u. a. also sowohl
für Minima als auch für Maxima von (1). Da ein generelles
Kriterium für die Unterscheidung zwischen Maxima und Minima
in der Variationsrechnung nur sehr schwer zu finden ist, muß
man sich mit speziellen Überlegungen zu diesem Problem
behelfen[2]. Im Anhang 1 wird daher mit Hilfe eines leicht
vereinfachten Achsenstadtmodells geprüft, ob im Modell
der Achsenstadt nach Solow und Vickrey hinter der Gleichung (2) ein Maximum oder ein Minimum der Transportkosten aus Gleichung (1) verborgen ist. Nach den Überlegungen im Angang 1 scheint die Schlußfolgerung erlaubt
zu sein, daß im Modell der Achsenstadt nach Solow und
Vickrey tatsächlich ein Minimum der Transportkosten und
nicht ein Maximum bestimmt wird.

Die Straßengestalt und die Straßenbreite bzw. die Gestalt und die Breite des "business district", die die
Transportkosten TK in der gesamten Achsenstadt nach Solow

---

1 R.G.D. Allen, a. a. O., S. 551.
2 Ebenda, S. 552.

und Vickrey pro Zeiteinheit minimieren, sind also bestimmt.
Die Straße verläuft entlang der gesamten Achse von $x = 0$
bis $x = L$ mit einer überall gleichen Breite $w(x) = kW/(1+k)$.
Der "business district" muß ebenfalls von $x = 0$ bis $x = L$
eine überall gleiche Breite aufweisen. Das mit der Frage
nach der Straßengestalt und der Straßenbreite implizit verbundene Problem der transportkostenminimalen Aufteilung
der Stadtfläche WL in A und S ist ebenfalls gelöst. Eine
transportkostenminimale Flächennutzung verlangt einen
"business district" in der Größe von $A = WL/(1+k)$ und einen Straßenbereich in der Größe von $S = kWL/(1+k)$. Das weitere mit der Frage nach der transportkostenminimalen Strassengestalt und Straßenbreite implizit verbundene Problem,
das Problem der transportkostenminimalen Stadtlänge ist
auch gelöst. Die transportkostenminimale Stadtlänge muß
$L = (A/W)(1+k)$ betragen. (W wird als gegeben unterstellt.)

Um später die Frage beantworten zu können, ob die Stadtgestalt einen Einfluß auf die Höhe der Transportkosten im Transportkostenminimum hat, muß als Vorarbeit die Höhe der Transportkosten im Transportkostenminimum der Achsenstadt berechnet werden. Zu diesem Zweck werden in die Gleichung (1) für $y(x)$
und $y'(x)$ die Werte eingesetzt, welche diese in der transportkostenminimalen Achsenstadt annehmen, also $y(x) = Wx/(1+k)$
und $y'(x) = W/(1+k)$.

Für A soll der transportkostenminimale Wert $A = WL/(1+k)$
eingesetzt werden. A wird durch L ausgedrückt, weil sich
eine Stadt, speziell die Stadtgröße, besser durch L als
durch A charakterisieren läßt. Der später erfolgende Vergleich verschiedener Stadtgestalten basiert u.a. auf einer
für diese Städte gleichen Stadtgröße bzw. Stadtlänge L.

Nach dem Einsetzen folgt die allgemeine Gleichung zur Bestimmung[1] der Höhe der Transportkosten in der transportkostenminimalen Achsenstadt TK$^+$:

$$TK^+ = \left[\frac{2q}{L}\right]^{k+1} \frac{bWk^{-k}}{1+k} \int_0^L (-x^2 + xL)^{k+1} \, dx \qquad (1a)$$

TK$^+$ gibt das Minimum der Transportkosten für jede Stadtlänge L an. Jede dieser Städte mit der Länge L hat eine transportkostenminimale Struktur, weil in ihr die Bedingungen für ein Transportkostenminimum, $y(x) = Wx/(1+k)$, $y'(x) = W/(1+k)$ und $A = WL/(1+k)$, erfüllt sind. TK$^+$ ist u.a. auch vom Parameter k abhängig. Die folgende Tabelle 1 zeigt, wie sich TK$^+$ in Abhängigkeit von k verändert.

---

1 Zur Berechnung von (1a): siehe Anhang 2.

Tabelle 1 $\qquad$ TK$^+$ in Abhängigkeit [1] von k

k	TK$^+$	k	TK$^+$
1	$\dfrac{b\,W\,g^2 L^3}{15}$	6	$\dfrac{b\,W\,g^7 L^8}{27^2 \cdot 36 \cdot 65 \cdot 77}$
2	$\dfrac{b\,W\,g^3 L^4}{210}$	7	$\dfrac{b\,W\,g^8 L^9}{16^{-1} \cdot 7^7 \cdot 17 \cdot 65 \cdot 99}$
3	$\dfrac{b\,W\,g^4 L^5}{2^{-1} \cdot 3^5 \cdot 35}$	8	$\dfrac{b\,W\,g^9 L^{10}}{8^5 \cdot 19 \cdot 65 \cdot 68 \cdot 99}$
4	$\dfrac{b\,W\,g^5 L^6}{9 \cdot 11 \cdot 32 \cdot 35}$	9	$\dfrac{b\,W\,g^{10} L^{11}}{128^{-1} \cdot 19 \cdot 27^6 \cdot 51 \cdot 65 \cdot 77}$
5	$\dfrac{b\,W\,g^6 L^7}{8^{-1} \cdot 13 \cdot 45 \cdot 77 \cdot 625}$	10	$\dfrac{b\,W\,g^{11} L^{12}}{19 \cdot 23 \cdot 25^5 \cdot 51 \cdot 52 \cdot 77}$

1 Zur Berechnung der Werte: siehe Anhang 2.

Zusammenfassung

Solow und Vickrey stellen die Frage, wie im Modell der Achsenstadt die Straßengestalt und die Straßenbreite gewählt werden müssen, damit die Transportkosten in der gesamten Stadt pro Zeiteinheit minimiert werden. Implizit wird damit nach der transportkostenminimalen Aufteilung der zu bestimmenden Stadtfläche WL in die gegebene Fläche A des "business district" und die gesuchte Straßenfläche S gefragt bzw. nach der Stadtlänge L, bei der bei gegebener Stadtbreite W die Transportkosten in der gesamten Stadt pro Zeiteinheit minimiert werden.

Um diese Fragen zu beantworten, werden das Verkehrsvolumen, die Verkehrsdichte und die Transportkosten an jeder Stelle der Achsenstadt bestimmt. Daraus lassen sich die gesamten Transportkosten in der Achsenstadt ermitteln. Mit Hilfe der Variationsrechnung können anschließend die Antworten auf die eingangs gestellten Fragen gegeben werden. Ein Minimum der gesamten Transportkosten in der Achsenstadt ist danach erreicht, wenn die Straße entlang der gesamten Achse mit einer überall gleichen Breite von $w(x) = kW/(1+k)$ verläuft. Die Straße hat also die Gestalt eines Rechtecks. Die damit implizit verbundene transportkostenminimale Flächennutzung verlangt einen "business district" in der Größe von $A = WL/(1+k)$ und einen Straßenbereich in der Größe von $S = kWL/(1+k)$. Die transportkostenminimale Stadtlänge muß $L = (A/W)(1+k)$ betragen.

II Die Interpretation des Ergebnisses

   a Die Determinanten der Straßenbreite und der
      Breite des "business district"

Es zeigt sich, daß die transportkostenminimale Straßenbreite und die transportkostenminimale Breite des "business
district" ausschließlich von Parametern, hier auch nur von
k und W, und nicht von L abhängen. Die transportkostenminimale Straßenbreite ist also völlig unabhängig davon, wie lang
die Achsenstadt ist. Das ist insofern erstaunlich, als z.B.
in der Stadtmitte das Verkehrsvolumen maximal ist und bei
transportkostenminimaler Flächennutzung eine Höhe von

$$v(L/2) = \frac{2g\ (A/2)\,(A-A/2)}{A}$$

$$= gA/2 \quad = gWL/2\,(1+k)$$

erreicht. Wie die letzte Gleichung zeigt, wächst das Verkehrsvolumen in der Stadtmitte proportional mit der Stadtlänge.
Dies gilt analog für die Verkehrsdichte. Die Transportkosten
pro Tonne Verkehr an dieser Stelle der Stadt steigen für
k = 1 ebenfalls proportional mit der Stadtlänge L und für
k > 1 sogar exponential mit k. Es drängt sich daher die Ver-
mutung auf, eine Verbreiterung der Straße gerade in der Stadtmitte wäre angebracht, um die steigenden Verkehrsdichtekosten
zu reduzieren. Andererseits könnte eine Verringerung der Strassenbreite in der Nähe der Stadtenden erlaubt sein, weil dort
das Verkehrsvolumen sowieso ein geringeres Niveau hat und
daher die Verkehrsdichte und die Verkehrsdichtekosten erheblich
geringer sind. Aus Gründen, die später erörtert werden, sind
diese Vorstellungen nicht richtig.

Die Abhängigkeit der transportkostenminimalen Straßenbreite w(x) mit w(x) = kW/(1+k) von der Breite W der Achsenstadt
besagt, daß diese Straßenbreite keine absolute transportkostenminimale Breite darstellt, sondern nur eine relative,
und zwar auf die Breite der Stadt bezogen. Mit steigender
Achsenbreite W wächst also auch die Straßenbreite w(x), so
daß immer ein konstantes Verhältnis w(x)/W = k/(1+k) erhalten bleibt.

Der Parameter k spielt eine entscheidende Rolle für die transportkostenminimale Gestalt und Breite der Straße bzw. des "business district". Die erste und die zweite Ableitung von w(x) nach k zeigen, wie sich die transportkostenminimale Strassenbreite mit k verändert.

$$w'(x) = W \frac{(1+k)-k}{(1+k)^2}$$

$$w'(x) = W (1+k)^{-2} > 0$$

$$w''(x) = -2W (1+k)^{-3} < 0$$

Da $w'(x) > 0$ und $w''(x) < 0$ sind, wächst w(x) mit steigendem k unterproportional. Bereits bei k = 1 muß die transportkostenminimale Straße halb so breit wie die Achsenstadt selbst sein. Bei k = 2 muß $w(x) = (2/3)W$ und bei k = 10 schon $w(x) = (10/11)W$ betragen. Mit steigendem k nähert sich die Kurve der transportkostenminimalen Straßenbreite asymptotisch der Parallelen zur Abszisse im Abstand W (siehe Abbildung 5), weil

$$\lim_{k \to \infty} w(x) = W \quad \text{ist.}$$

Abb. 5   <u>Die Abhängigkeit der transportkostenminimalen Strassenbreite w(x) vom Parameter k</u>

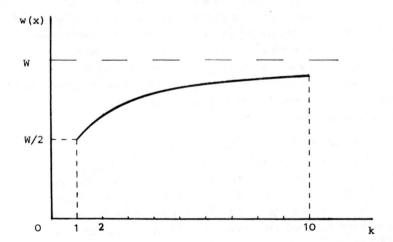

Die transportkostenminimale Breite des "business district"
y'(x) in Abhängigkeit vom Parameter k wird in der Abbildung 5
durch den Abstand zwischen der Parallelen zur Abszisse im
Abstande W und der Kurve w(x) angezeigt. y'(x) nähert sich
mit steigendem k dem Werte null, weil

$$\lim_{k \to \infty} y'(x) = 0 \qquad \text{ist.}$$

Zusammenfassung

Die transportkostenminimale Straßenbreite und die transportkostenminimale Breite des "business district" hängen ausschließlich von Parametern ab, und zwar von k und W, nicht
aber von der Stadtlänge L. Mit steigender Achsenbreite W muß
die Straßenbreite w(x) derart wachsen, daß immer ein konstantes Verhältnis $w(x)/W = k/(1+k)$ erhalten bleibt. Mit zunehmendem Wert des Parameters k wächst die Straßenbreite w(x) unterproportional und nähert sich für hohe Werte von k der Achsenbreite W an.

b Die Konsequenzen einer nicht-transportkostenminimalen
   Allokation für die Struktur der Achsenstadt

Um die Lösung des Problems einer transportkostenminimalen
Allokation der Nutzungsfläche in der Achsenstadt, die Berechnung der transportkostenminimalen Gestalt und Breite
der Straße und des "business district" sowie die Bestimmung einer transportkostenminimalen Stadtlänge besser beurteilen zu können, sollen die Konsequenzen einer nicht-
transportkostenminimalen Allokation für die Struktur der
Achsenstadt untersucht werden. Es wurde bei der Diskussion
der Gleichung (2) festgestellt, daß $C \lessgtr 0$ keine transportkostenminimalen Lösungen sein können.

Wenn $C < 0$ gelten soll [1], dann muß die rechte Seite der
Gleichung (2) negativ sein. Da für alle Punkte x im Intervall $0 < x < L$ die Ausdrücke $y(x)$, $A-y(x)$ und $W-y'(x)$ positiv
sind, muß $W-(1+k)y'(x)$ negativ sein. Das ist nur der Fall,
wenn $y'(x) > W/(1+k)$ ist. Das Integral von $y'(x)$ ist die Funktion $y(x) > Wx/(1+k)$. An der Stelle $x = L$ beträgt die Fläche
des "business district" $y(L) = A > WL/(1+k)$. Die Stadtlänge
beträgt $L < (A/W)(1+k)$. Für die Breite der Straße $w(x)$ gilt
$w(x) < kW/(1+k)$ und für die gesamte Straßenfläche $S < kWL/(1+k)$.

Es muß noch für die zwei Punkte $x = 0$ und $x = L$ die Strassenbreite bestimmt werden. Da $y(0) = 0$ bzw. $y(L) = A$ ist,
nehmen Solow und Vickrey in der Gleichung (2) $W-y'(0)=W-y'(L)=0$
d.h. $W = y'(0) = y'(L)$ an, damit die Annahmen $C < 0$ und
$y'(x) > W/(1+k)$ gelten können [2]. Wegen $W = y'(0) = y'(L)$ folgt,
daß $w(0) = w(L) = 0$ ist. In den Punkten $x = 0$ und $x = L$ ist
also die Straßenbreite gleich null. Dieses Ergebnis ist jedoch nicht richtig, weil auf der rechten Seite der Gleichung
(2) null durch null dividiert wird. Das Dividieren durch null
ist aber grundsätzlich ausgeschlossen. Folglich ist in den
zwei Punkten $x = 0$ und $x = L$ die Straßenbreite unbestimmt.
Andererseits ist $y(x)$ eine stetige Funktion, so daß wie
für x mit $0 < x < L$ auch für $x = 0$ und $x = L$ gilt:
$y'(x) > W/(1+k)$.

Verglichen mit der transportkostenminimalen Allokation

---

1 Solow/Vickrey, S. 434.
2 Ebenda, S. 435.

zeichnet sich die nicht-transportkostenminimale Allokation
im Falle von C < O dadurch aus, daß die Stadtlänge bei gegebenen A, W und k geringer ist. Der "business district" ist
an jeder Stelle x im Intervall $0 \leq x \leq L$ der Achsenstadt breiter.
Die Straße ist überall schmaler. Der gesamte "business district" hat einen größeren und die gesamte Straßenfläche hat
einen kleineren Anteil an der gesamten Stadtfläche als im Falle transportkostenminimaler Allokation.

Die Gestalt der Straße bzw. des "business district" im
Fall C < O soll im folgenden untersucht werden[1]. Zu diesem
Zweck soll gefragt werden, wie sich die Breite des "business
district" y'(x) mit x verändert. Es muß also y"(x) bestimmt
werden. y"(x) kann durch die Ableitung der Gleichung (2) bestimmt werden[2]. y"(x) beträgt:

$$y''(x) = \frac{[A-2y(x)] \; [W-y'(x)] \; [W-(1+k)y'(x)]}{ky(x) \, [A-y(x)]}$$

Für jedes x im Intervall 0 < x < L müssen y(x), A-y(x) und
W-y'(x) positiv sein. W-(1+k)y'(x) ist im Falle C < O negativ.
Das Vorzeichen von y"(x) hängt also vom Vorzeichen des Ausdrucks A-2y(x) ab. Da aus Symmetriegründen y(L/2) = A/2 ist,
sind:

für	0 < x < L/2	A-2y(x) > O	und	y"(x) < O	
für	x = L/2	A-2y(x) = O	und	y"(x) = O	
für	L/2 < x < L	A-2y(x) < O	und	y"(x) > O	

Weil y'(x)=W-w(x) und daher y"(x)=-w'(x) ist, folgt:

für	0 < x < L/2	w'(x) > O
für	x = L/2	w'(x) = O
für	L/2 < x < L	w'(x) < O

An der Stelle x = O bzw. x = L wird y(O) = O bzw.
A-y(L) = O, so daß der Nenner von y"(x) null wird. Folglich ist y"(x) an den Stellen x = O und x = L unbestimmt.
Da y(x) aber eine stetige Funktion ist, muß die Gestalt
der Straße in den Endpunkten der Stadt und in den übrigen Punkten x mit 0 < x < L zueinander "passen".

---

1 <u>Solow/Vickrey</u>, S. 435 - 436.
2 Ebenda, S. 435, sowie Anhang 3.

y''' (x)=-w"(x) soll nicht berechnet werden. Die vorliegenden
Daten lassen den Kurvenverlauf hinreichend genau erkennen.

　　Als Ergebnis kann also festgehalten werden, daß die Strassenbreite der Achsenstadt mit steigendem x im Bereich
0 < x <L/2 zunimmt. In der Mitte der Stadt bei x=L/2 erreicht
die Straße ihre maximale Breite. Weil aber w(x) < kW/(1+k) bzw.
w(L/2) < kW/(1+k) gilt, ist die Straße sogar an ihrer brei-
testen Stelle nicht so breit wie die Straße im Falle der transportkostenminimalen Allokation. Im Bereich L/2 < x < L sinkt die
Straßenbreite mit steigendem x spiegelbildlich zum Bereich
0 < x < L/2 wieder. Über die Breite der Straße in x = 0
und x = L kann keine genaue Aussage gemacht werden. Die
Straße kann die Gestalt einer bikonvexen Linse haben. Sie
kann zigarrenförmig sein. Die Gestalt des "business
district" ist das Komplement zur Straßengestalt (siehe
Abbildung 6).

Abb. 6　　**Die Struktur der Achsenstadt bei nicht-transport-**
　　　　　kostenminimaler Allokation der Nutzungsflächen [1]
　　　　　(C < 0)

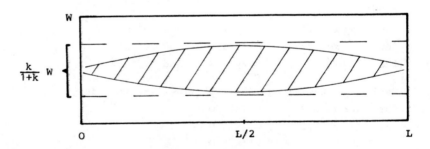

Fläche des "business district"

Straßenfläche

---
[1] Solow/Vickrey, S. 436.

Analog zur Diskussion des Falles C < O soll jetzt auch
C > O untersucht werden. Wenn die Annahme C > O richtig ist,
dann muß die rechte Seite der Gleichung (2) auch positiv sein.
Weil für jedes x im Bereich O < x < L die Werte $y(x)$, $A-y(x)$
und $W-y'(x)$ positiv sind, muß auch $W - (1+k)y'(x)$ positiv sein.
Daraus folgt, daß $y'(x) < W/(1+k)$ sein muß sowie $y(x) < Wx/(1+k)$
und $y(L) = A < WL/(1+k)$. Die Länge der Stadt beträgt
$L > (A/W)(1+k)$. Die Straße hat die Breite $w(x) > kW/(1+k)$
und die Fläche $S > k\ WL/(1+k)$.

Die Straßenbreite in den zwei Endpunkten der Stadt x = O
und x = L ist noch zu bestimmen. Da $y(O) = A-y(L) = O$ ist, muß
in der Gleichung (2) die rechte Seite null sein. Dies Ergebnis steht im Widerspruch zur Annahme C > O, so daß die Straßenbreite in x = O und x = L mit der Gleichung (2) nicht bestimmt werden kann. Da $y(x)$ aber eine stetige Funktion
ist, gilt wie für x mit O < x < L auch für x = O und x = L,
daß $y'(x) < W/(1+k)$ ist.

Im Vergleich mit der transportkostenminimalen Allokation
ist die nicht-transportkostenminimale Allokation bei C > O dadurch charakterisiert, daß bei gegebenen A, W und k die Stadt
länger ist. Der "business district" ist an allen Stellen
schmaler, und die Straße ist überall breiter. Die gesamte Fläche des "business district" hat einen geringeren und die Fläche der Straße hat einen größeren Anteil an der gesamten
Stadtfläche als im Falle der transportkostenminimalen Allokation.

Um die Gestalt der Straße bzw. die Gestalt des "business
district" bestimmen zu können, muß wieder die zweite Ableitung
der Funktion $y(x)$ untersucht werden [1]. Für jedes x im Bereich
O < x < L sind $y(x)$, $A-y(x)$ und $W-y'(x)$ positiv. Da $W-(1+k)y'(x)$
bei C > O positiv ist, hängt das Vorzeichen von $y''(x)$ vom Vorzeichen des Ausdrucks $A-2y(x)$ ab. Weil aus Symmetriegründen
$y(L/2) = A/2$ und weil $y''(x) = -w'(x)$ ist, folgt:

für $0 < x < L/2$ $A-2y(x) > 0$ und $y''(x) > 0$ und $w'(x) < 0$

für $x = L/2$ $A-2y(x) = 0$ und $y''(x) = 0$ und $w'(x) = 0$

für $L/2 < x < L$ $A-2y(x) < 0$ und $y''(x) < 0$ und $w'(x) > 0$

---

1 Siehe oben und Anhang 3.

An den Stellen x = O und x = L wird der Nenner von y"(x)
null, so daß y"(x) an diesen Stellen nicht zu bestimmen
ist. Weil die Funktion y(x) aber stetig ist, muß die Gestalt der Straße in diesen Punkten zur Gestalt der Strasse in den übrigen Punkten "passen".

y'''(x)=-w"(x) soll nicht berechnet werden. Die vorliegenden
Daten lassen den Kurvenverlauf hinreichend genau erkennen.

Im Innenbereich der Achsenstadt O < x < L/2 sinkt die Strassenbreite also mit wachsendem x. In der Mitte der Stadt bei
x = L/2 erreicht sie ihre geringste Breite. Da w(L/2)>kW/(1+k)
sein muß, ist die Straße an der Stelle ihrer geringsten Breite immer noch breiter als die Straße im Falle der transportkostenminimalen Allokation. Im Bereich L/2 < x < L nimmt die
Straßenbreite mit steigendem x spiegelbildlich zum Bereich
O < x < L/2 wieder zu. Über die Breite der Straße in
x = O und x = L kann keine exakte Aussage gemacht werden.
Die Straße kann also die Gestalt einer bikonkaven Linse
haben. Die Gestalt des "business district" ist das Komplement zur Straßengestalt (siehe Abbildung 7).

Abb. 7   Die Struktur der Achsenstadt bei nicht-transport-
          kostenminimaler Allokation der Nutzungsflächen
          (C > O)

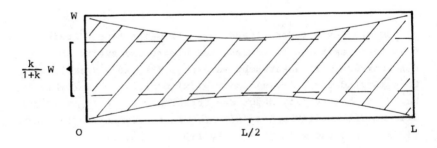

Fläche des "business district"

Straßenfläche

Zusammenfassung

Um die Lösung des Problems einer transportkostenminimalen Allokation der Nutzungsfläche in der Achsenstadt, die Berechnung der transportkostenminimalen Gestalt und Breite der Straße und des "business district" sowie die Bestimmung einer transportkostenminimalen Stadtlänge besser beurteilen zu können, müssen die Konsequenzen einer nicht-transportkostenminimalen Allokation, d. h. $C \lessgtr O$, für die Struktur der Achsenstadt untersucht werden.

Es zeigt sich, daß bei $C < O$ die Stadtlänge geringer ist als im Falle des Transportkostenminimums. Der "business district" ist an jeder Stelle der Stadt breiter. Die Straße ist an jeder Stelle schmaler. Der gesamte "business district" hat einen größeren und die gesamte Straßenfläche hat einen kleineren Anteil an der gesamten Stadtfläche als im Falle transportkostenminimaler Allokation.

Bis zur Stadtmitte nimmt die Straßenbreite zu und erreicht in der Stadtmitte ihre maximale Breite. Diese ist aber nicht so groß wie die Straßenbreite im Falle der transportkostenminimalen Allokation. Nach der Stadtmitte sinkt die Straßenbreite spiegelbildlich zum Straßenverlauf jenseits der Stadtmitte wieder. Die Straße kann die Gestalt einer bikovexen Linse haben, d. h. sie kann zigarrenförmig sein. Die Gestalt des "business district" ist das Komplement zur Straßengestalt.

Bei $C > O$ ergeben sich die umgekehrten Ergebnisse wie bei $C < O$. Bei $C > O$ ist die Stadtlänge größer, der "business district" an jeder Stelle der Stadt schmaler usw. als im Falle des Transportkostenminimums. Die Straße hat die Gestalt einer bikonkaven Linse.

c Die die Straßengestalt und die Höhe der Transportkosten bestimmenden Effekte

Es zeigt sich in den vorausgegangenen Kapiteln, daß die
Gestalt der Straße und des "business district" sowie die Höhe
der Transportkosten davon abhängen, ob $C \gtrless 0$ ist. Im folgenden sollen die die Gestalt der Straße und des "business district" sowie die die Höhe der Transportkosten bestimmenden
Kräfte herausgearbeitet werden.

Wenn $C = 0$ ist, dann haben die Transportkosten ihr Minimum
erreicht. Es gilt $A = WL_0/(1+k)$. Bei gegebenen Parametern A,
W und k ist L gerade so groß, $L = L_0$, daß die Transportkosten
ihr Minimum erreichen.Die Straße bzw. der "business district"
hat überall in der Stadt die gleiche Breite.

Wenn nun die Länge der Stadt ceteris paribus von L_0 auf
L_1 sinkt, dann gilt $A > WL_1/(1+k)$ und damit $C < 0$. Die Allokation der Flächen in der Stadt ist nicht mehr transportkostenminimal. Die Transportkosten sind größer als bei transportkostenminimaler Allokation. Die Stadt ist zu kurz.

Weil die Fläche der Stadt geschrumpft ist, muß bei unver-
änderter Fläche A die Straßenfläche auch geringer geworden
sein. Es zeigte sich bei der Diskussion von $C < 0$, daß die Strassenbreite der Bedingung $w(x) < kW/(1+k)$ gehorcht. Die Straße
ist also an jeder Stelle der Stadt schmaler als im Falle
transportkostenminimaler Allokation. (Es soll angenommen werden, daß $w(x)$ überall noch gleich groß ist.)Dadurch steigen
die Verkehrsdichte und die Transportkosten. Dieser Zusammenhang soll als Dichteeffekt bezeichnet werden. Der Dichteeffekt
ist umso größer, je stärker L sinkt. Ein zunehmender Dichteeffekt läßt ceteris paribus die Transportkosten steigen.

Der Einfluß der Größe L auf das Verkehrsvolumen soll im
folgenden untersucht werden. Es soll auch weiterhin angenommen werden, daß die Straße überall in der Stadt die gleiche
Breite besitzt. Das bedeutet, daß die unveränderte Fläche
des "business district" proportional zur Länge der Stadt
gleichmäßig in der Stadt verteilt ist. Also liegt z.B. links
von $x = L_0/4$ und links von $x = L_1/4$ ein "business district"
in der Größe $y(x) = A/4$. Zum Beispiel liegt links von
$x = L_0/2$ und $x = L_1/2$ der "business district" $y(x) = A/2$.

Da das Verkehrsvolumen allgemein

$$v(x) = \frac{2g \; y(x) \, [A-y(x)]}{A}$$

beträgt, erreicht es z.B. an den Stellen $x=L_0/4$ und $x=L_1/4$
die gleiche Höhe

$$v(L_0/4) = v(L_1/4) = \frac{2g \, \frac{1}{4}A \left[A-\frac{1}{4}A\right]}{A} = \frac{3}{8} \, gA$$

und an den Stellen $x = L_0/2$ und $x = L_1/2$ die gleiche Größe

$$v(L_0/2) = v(L_1/2) = \frac{2g \, \frac{1}{2}A \left[A-\frac{1}{2}A\right]}{A} = \frac{1}{2}gA$$

Links von der Stelle $x = (3/8)L_0$ liegt $y(x) = (3/8)A$. Das Verkehrsvolumen beträgt bei $x = (3/8)L_0$

$$v\left[(3/8)L_0\right] = \frac{2g \, \frac{3}{8}A \left[A-\frac{3}{8}A\right]}{A} = \frac{15}{32}gA$$

Abb. 8   Das Verkehrsvolumen v(x) und die Verkehrsdichte
v(x)/w(x) in Abhängigkeit von der Stadtlänge L

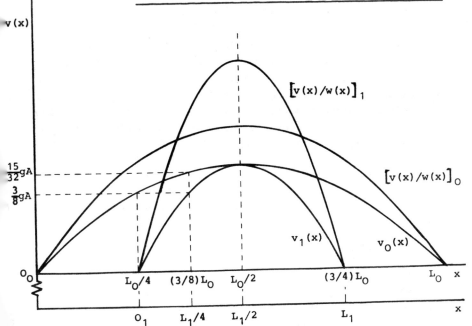

In der Abb. 8 stellt $v_0(x)$ das Verkehrsvolumen der Stadt
mit der Stadtlänge L_0 und $v_1(x)$ das Verkehrsvolumen der Stadt
mit der Länge $L_1 = L_0/2$ in Abhängigkeit von x dar. Die Mit-
telpunkte $L_0/2$ und $L_1/2$ der Städte sollen bei beiden Stadtlängen den gleichen Punkt x auf der Abszisse haben und dort
festliegen. Wenn die Stadtlänge also von L_0 bis L_1 sinkt,
dann wandern z.B. die Endpunkte der Stadt gleichmäßig in
Richtung $x = L_0/2 = L_1/2$. Der Punkt $x = L_0/4$ innerhalb der
längeren Stadt wird zum Endpunkt $x = 0_1$ der kürzeren Stadt.
Das Verkehrsvolumen schrumpft an dieser Stelle dadurch von
$(3/8)gA$ auf null. Der Punkt $x = (3/8)L_0$ verlagert sich mit
sinkendem L ebenfalls relativ zum Stadtende $x = 0_1$ hin und
erhält die neue Lagebezeichnung $x = L_1/4$. Das Verkehrsvolumen
an dieser Stelle sinkt von $(15/32)gA$ auf $(12/32)gA$. Der
Mittelpunkt der neuen kürzeren Stadt liegt unverändert dort,
wo auch der Mittelpunkt der längeren Stadt liegt. Das Verkehrsvolumen an dieser Stelle hat sich nicht verändert. Es folgt
also, daß mit sinkender Stadtlänge L die einzelnen Punkte bei-
derseits der Stadtmitte umso stärker relativ zum neuen Stadtende hin verlagert werden und das Verkehrsvolumen an diesen
Stellen umso stärker sinkt (absolut und relativ), je größer
der absolute Abstand dieser Stellen von der fixierten Stadtmitte ist. In der Stadtmitte selbst bleibt das Verkehrsvolumen unverändert. Diese Aussage über $v(x)$ gilt bei überall
gleicher Straßenbreite auch für die Verkehrsdichte und die
Transportkosten an den einzelnen Stellen der Stadt (bei k=1).
Es sollen diese Zusammenhänge als Volumeneffekt bezeichnet werden. Mit sinkendem L wächst der Volumeneffekt. Ein zunehmender
Volumeneffekt läßt ceteris paribus die Transportkosten insgesamt sinken.

Wenn der Volumen- und der Dichteeffekt zusammen in ihren
Auswirkungen auf die Verkehrsdichte betrachtet werden, zeigt
sich, daß in der Mitte der kürzeren Stadt die Verkehrsdichte
auf jeden Fall steigt. Mit steigender Entfernung von der Stadtmitte wird die bei gegebener Verringerung der Stadtlänge ebenfalls gegebene Reduzierung der Straßenbreite zunehmend durch
den Volumeneffekt kompensiert und schließlich sogar überkompensiert. Eine Überkompensation tritt auf jeden Fall
ein, weil am Endpunkt der neuen Stadt und in dessen Umgebung
$v(x)$ stärker sinkt, als $w(x)$ steigt, so daß dort $v(x)/w(x)$

sinkt. In der Abbildung 8 stellt $\left[v(x)/w(x)\right]_0$ bzw. $\left[v(x)/w(x)\right]_1$
die Verkehrsdichte bei L_0 bzw. L_1 dar.

Ein Vergleich der Kurven $\left[v(x)/w(x)\right]_0$ und $\left[v(x)/w(x)\right]_1$
zeigt, daß das Ausgangsniveau und der Zuwachs an Verkehrsdich-
te bei sinkender Stadtlänge in der Mitte der Stadt maximal
sind. Daher werden die Transportkosten in der Stadtmitte wegen
der Exponentialform der Transportkostenfunktion bei k > 1
höher steigen als an allen anderen Stellen der Stadt, wo das
Ausgangsniveau und der Zuwachs der Verkehrsdichte geringer
sind. An den Enden der Stadt und in deren Nähe nehmen die
Transportkosten besonders stark ab. Wegen der Exponentialform
der Transportkostenfunktion bei k > 1 und wegen des geringeren
Ausgangsniveaus der Verkehrsdichte an den neuen Stadtenden werden auch bei gleicher absoluter Veränderung der Verkehrsdichte
die Transportkosten in der Stadtmitte um erheblich mehr steigen, als die Transportkosten an den Stadtenden sinken (Exponentialeffekt).

In dieser Situation erscheint es unter dem Ziel der Transportkostenminimierung gerechtfertigt, mittels einer Änderung
der Flächennutzung den sehr großen Transportkostenzuwachs in
der Stadtmitte durch den sehr viel geringeren Transportkostenzuwachs bzw. durch die Transportkostenverringerung an den
Stellen nahe den Stadtenden zu substituieren. Dies läßt sich
dadurch erreichen, daß die Straßenbreite in der Stadtmitte
erhöht wird. Als Folge davon muß der "business district" relativ stark an die Enden der Stadt verlagert werden. Dadurch
sinkt dort die Straßenbreite. Das Verkehrsvolumen, die Verkehrsdichte und die Transportkosten nehmen an den Stadtenden
zu und in der Stadtmitte ab. Diese Zusammenhänge sollen als
Substitutionseffekt bezeichnet werden. Mit sinkendem L wird
der Substitutionseffekt immer lohnender. Er läßt die Transportkosten tendenziell sinken.

Der Substitutionseffekt sorgt mit der "Isolierung" der
zwei Hälften des "business district" in der Nähe der Stadtenden dafür, daß die zu fahrende Distanz zwischen Verkehrsquellen und Verkehrszielen aus der gleichen Hälfte des "business district" abnimmt. Da eine sinkende Distanz zur Folge
hat, daß über eine geringere Strecke x_1 bis x_2 die an jeder
Stelle x dieser Strecke anfallenden Transportkosten summiert

werden müssen, sinken die gesamten Transportkosten. Sobald
die Quelle und das Ziel des Verkehrs aber nicht mehr in der
gleichen Hälfte des "business district" liegen, steigt die
zu fahrende Distanz. Andererseits wirkt die sinkende Stadtlänge L darauf kompensierend ein. Der gesamte Einfluß dieses
sogenannten Distanzeffektes auf die Transportkosten ist also
nicht eindeutig bestimmbar.

Wie die Rechnung zeigt, sind die Transportkosten im Falle
$C < O$ größer als im Falle der transportkostenminimalen Allokation mit $C = O$. Die die Transportkosten mit sinkendem L erhöhenden Effekte werden also nicht von den die Transportkosten
mindernden Effekten überkompensiert.

Im folgenden soll untersucht werden, wie die von L_O auf
L_2 steigende Stadtlänge ceteris paribus die Straßengestalt
und die Transportkosten beeinflußt. Es gilt $A < WL_2/(1+k)$ und
deshalb $C > O$. Die Transportkosten sind für $C > O$ größer als
das Transportkostenminimum. Die Stadt ist zu lang.

Wenn die Diskussion der verschiedenen Effekte des Falles
$C < O$ analog für $C > O$ durchgeführt wird, ergibt sich größten-
teils das umgekehrte Ergebnis. Der Dichteeffekt läßt die
Transportkosten sinken, der Volumeneffekt läßt sie steigen.
Werden beide Effekte zusammen betrachtet, dann folgt, daß in
der Stadtmitte die Verkehrsdichte und die Transportkosten
(bei k=1) auf jeden Fall und um den höchsten Betrag sinken.
In der Umgebung der Stadtmitte sinken sie um geringere Beträ-
ge. An den Stadtenden und in deren naher Umgebung steigen sie
auf jeden Fall. Der Exponentialeffekt läßt die Transportkosten
darüber hinaus in der Stadtmitte noch um ein Vielfaches stärker
als an anderen Stellen nahe der Stadtmitte sinken.

Wegen des Exponentialeffektes ließe eine zusätzliche Verbreiterung der Straße um einen bestimmten Betrag die Transportkosten in der Stadtmitte um erheblich mehr als an anderen
Stellen der Stadt sinken, bzw. um erheblich mehr sinken als
an den Stadtenden steigen. Unter dem Ziel der Transportkostenminimierung ist es daher sinnvoll, die Straßenbreite in der
Stadtmitte zu erhöhen. Der Substitutionseffekt wirkt bei
$C > O$ also in gleicher Weise wie bei $C < O$ auf die Flächennutzung und die Transportkosten.

Im Vergleich mit dem Fall $C < O$ ist bei $C > O$ die zu fahrende Distanz zwischen Verkehrszielen und Verkehrsquellen
aus der gleichen Hälfte des "business district" größer geworden, weil sich jede Hälfte des "business district" wegen
der größeren Stadtlänge über eine längere Distanz erstreckt.
Außerdem ist wegen der größeren Stadtlänge die zu überbrücken-
de Distanz gewachsen, wenn die Verkehrsquellen und Verkehrsziele nicht in der gleichen Hälfte des "business district"
liegen. Weil die Stadt relativ zu lang geworden ist, läßt
der Distanzeffekt als Folge des Substitutionseffektes also
bei $C > O$ im Vergleich mit $C < O$ die Transportkosten eindeutig
steigen. Aus diesem Grunde ist es lohnend, dem Substitutionseffekt nicht wie im Falle $C < O$ nachzugeben, denn die Trans-
portkostenminderung durch den Substitutionseffekt würde
schneller aufgewogen vom Transportkostenzuwachs durch den
Distanzeffekt. Um den Distanzeffekt möglichst klein zu halten, muß daher eine Ballung des "business district" in der
Mitte der Stadt angestrebt werden. Damit sind eine Verringerung der Straßenbreite in der Stadtmitte und eine Verbreiterung der Straße an den Stadtenden verbunden.

Wie die Rechnung zeigt, sind die Transportkosten im Fal-
le $C > O$ größer als in der transportkostenminimalen Allokation.
Auch hier werden wie bei $C < O$ die die Transportkosten stei-
gernden Effekte nicht von den die Transportkosten mindernden
Effekten überkompensiert. Die Straße kann wie eine bikonkave
Linse aussehen.

In den Fällen $C > O$ und $C < O$ hängen die Transportkosten
und die Gestalt der Straße und des "business district" also
von den soeben herausgearbeiteten Effekten ab. Wenn $C < O$ und
$L_1 < L_0$ sind, führt der Substitutionseffekt im Bunde mit Teilen
des Distanzeffektes zur Zigarrenform der Straße. Der Substitutionseffekt versucht, eine Ballung des "business district" an
den Enden der Achsenstadt herbeizuführen. Mit steigender Stadtlänge ($L_2 > L_0$) wird der Substitutionseffekt durch den
Distanzeffekt kompensiert und schließlich überkompensiert. Es wird daher immer lohnender, eine Ballung des

"business district" in der Stadtmitte anzustreben. Um die
Transportkosten zu vermindern, ist die Ballung in der
Stadtmitte notwendig, sobald $C > 0$ und $L_2 > L_0$ sind. Die
Straße nimmt die Gestalt einer bikonkaven Linse an.

Von den Fällen $C < 0$ und $C > 0$ soll nun auf die Situation
bei $C = 0$ und $L = L_0$ geschlossen werden. Die Gestalt der
Straße und des "business district" bei $C = 0$ ist nur so zu erklären, daß die einander widerstreitenden Substitutions- und
Distanzeffekte bei der Stadtlänge L_0 gerade gleich groß sind.
Es besteht ein Kräftegleichgewicht. Dies Kräftegleichgewicht
ist also die Bedingung für das Minimum der Transportkosten.
Der "business district" ist weder an den Stadtenden noch in
der Stadtmitte geballt, sondern gleichmäßig entlang der Stadt
verteilt. Die Straße hat weder die Gestalt einer bikonkaven
noch die einer bikonvexen Linse, sondern ist rechteckig.

Die transportkostenminimale Stadtlänge ist bislang unter
der Annahme einer gegebenen Stadtbreite und eines gegebenen
Parameters k bestimmt worden. Je geringer die Stadtbreite W
und je höher der Parameter k nun sind, desto länger muß die
transportkostenminimale Stadt bei gegebener Größe A des
"business district" sein. Mit den oben herausgearbeiteten
Effekten läßt sich dieses Ergebnis begründen und interpretieren.

Zusammenfassung

Die in den vorausgegangenen Kapiteln ermittelte Gestalt
der Straße und des "business district" sowie die Höhe der
Transportkosten lassen sich auf verschiedene Effekte zurück-
führen.

Ausgehend von der Stadtlänge $L = L_0$ im Transportkostenminimum und von einer überall gleich breiten Straße führt
eine Verringerung der Stadtlänge zu einer sinkenden Straßenbreite und damit zu steigenden Transportkosten. Das wird als

Dichteeffekt bezeichnet. Der Volumeneffekt läßt mit abnehmender Stadtlänge die gesamten Transportkosten sinken, weil ein Abnehmen der Stadtlänge das Verkehrsvolumen, die Verkehrsdichte und die Transportkosten an jeder Stelle der Stadt reduziert. Wenn der Volumen- und der Dichteeffekt zusammen in ihren Auswirkungen auf die Verkehrsdichte betrachtet werden, zeigt sich, daß die Verkehrsdichte in der Mitte der Stadt steigt und an den Enden der Stadt sinkt. Wegen der Exponentialform der Transportkostenfunktion steigen die Transportkosten in der Stadtmitte um erheblich mehr als die Transportkosten an den Stadtenden sinken. Es lohnt sich also, mittels einer Änderung der Flächennutzung den sehr großen Transportkostenzuwachs in der Stadtmitte durch den sehr viel geringeren Transportkostenzuwachs bzw. durch die Transportkostenverringerung an den Stellen nahe den Stadtenden zu substituieren. Dies wird dadurch erreicht, daß die Straßenbreite in der Stadtmitte erhöht und der "business district" relativ stark an die Stadtenden verlagert wird. Die Straße nimmt die Gestalt einer bauchigen Zigarre an. Diese Zusammenhänge werden als Substitutionseffekt bezeichnet. Der Substitutionseffekt läßt die Transportkosten tendenziell sinken.

Der Einfluß des Distanzeffektes auf die Transportkosten ist nicht eindeutig bestimmbar, denn einerseits wird durch die "Isolierung" der zwei Hälften des "business district" in der Nähe der Stadtenden die zu fahrende Distanz zwischen Verkehrsquellen und Verkehrszielen aus der gleichen Hälfte des "business district" geringer. Andererseits steigt die Distanz zwischen Verkehrsquellen und -zielen in verschiedenen Hälften des "business district". Wie die Rechnung zeigt, sind die Transportkosten im Falle $L < L_0$ größer als im Falle des Transportkostenminimums mit $L = L_0$. Die die Transportkosten mit sinkendem L erhöhenden Effekte werden also nicht von den die Transportkosten mindernden Effekten überkompensiert.

Die Wirkung des Dichte- und des Volumeneffektes ist umgekehrt, wenn die Stadtlänge, ausgehend von $L = L_0$, zunimmt. Die Verkehrsdichte und die Transportkosten sinken in der Stadtmitte und steigen an den Stadtenden. Wegen des Exponential-

effektes lohnt es sich, die Straßenbreite in der Stadtmitte
zu erhöhen und an den Stadtenden zu verringern. Dadurch und
durch die steigende Stadtlänge wird aber die Distanz zwischen
Verkehrsquellen und Verkehrszielen in der gleichen Hälfte des
"business district" und zwischen den beiden Hälften erhöht.
Um den Distanzeffekt und damit die Transportkosten möglichst
klein zu halten, muß eine Ballung des "business district" in
der Mitte der Stadt angestrebt werden. Die Straße sieht wie
eine bikonkave Linse aus.

Bei einer Stadtlänge von $L < L_0$ wirkt der Substitutionseffekt stärker als der Distanzeffekt und führt zur Zigarrenform der Straße. Bei $L > L_0$ erzwingt der Distanzeffekt die
Ballung des "business district" in der Stadtmitte. Im Transportkostenminimum bei $L = L_0$ verursacht das Kräftegleichgewicht zwischen dem Distanz- und dem Substitutionseffekt eine
gleichmäßige Verteilung des "business district" entlang der
Straße.

III Die Kritik der Annahmen

Im folgenden sollen die wichtigsten impliziten und expliziten Annahmen im Modell von Solow und Vickrey einer kriti-
schen Analyse unterzogen werden.

a   Der "business district"

Solow und Vickrey teilen die Stadtfläche auf in den homogenen
"business district", der Verkehr schafft, und in die Straßenflä-
che, die den Verkehr aufnimmt und in der Stadt verteilt [1].
Weitere Angaben machen sie dazu nicht. In dem Standardmodell
der "urban economics" enthält der "business district" nur die
Arbeitsplätze. Die Übernahme dieser Definition hätte zur Fol-
ge, daß die Achsenstadt von Solow und Vickrey nur aus den
Flächen für Arbeitsplätze und aus der Straßenfläche bestände.
Über die Wohnungen der Arbeitskräfte würde nichts gesagt. Die
Wohnungen lägen irgendwo außerhalb der Stadt. Die mit den
Fahrten von und zu den Arbeitsplätzen verbundenen Transport-
kosten der Arbeitskräfte würden vernachlässigt.

Um also wichtige Bestandteile der Stadt, wie z. B. den
Wohnbereich, und die mit den Fahrten von und zu den Arbeitsplätzen verbundenen Transportkosten erfassen zu können, muß
der "business district" im Modell von Solow und Vickrey als
der Bereich definiert werden, der Verkehr schafft und daher
nicht Straße ist. Zum so definierten "business district" gehören die Arbeitsplätze, Wohnungen, Schulen etc., also nicht
nur die Arbeitsplätze.

Diese Definition des "business district" erlaubt aber nur
dann, von einem "homogenen business district" zu sprechen,
wenn unter "homogen" die gleichmäßige Verteilung aller verschiedenen Funktionsbereiche des "business district" über
den gesamten "business district" verstanden wird. Mit dieser
Definition der Homogenität wird eine sehr vereinfachte Stadtstruktur unterstellt. Sie ist aber wohl nur auf diese Weise

---

1 Solow/Vickrey, S. 430 - 431.

analytisch in den Griff zu bekommen.

Ein Vorteil dieser Definition des Begriffes Homogenität
ist, daß gegenüber dem üblichen Standardmodell einer konzentrischen Stadt die Arbeitsplätze nicht konzentriert und isoliert in der Mitte der Stadt liegen, sondern überall in der
Stadt verteilt sind. Die Wohnungen sind nicht von den Arbeitsplätzen isoliert und um diese herum konzentrisch angeordnet,
sondern sind ebenfalls gleichmäßig über die Stadt verteilt.
Zwar deckt sich die gleichmäßige Verteilung nicht ganz mit
der der Realität, aber die Struktur der Achsenstadt ist doch
realitätsnäher als die des Standardmodells.

Die oben entwickelte Definition des Begriffes "business
district" gestattet eigentlich nicht die Annahme, daß pro
Flächeneinheit des "business district" g Tonnen Verkehr geschaffen werden, d.h. g Tonnen eines Standardgutes [1]. Von einem Standardgut kann schlecht die Rede sein, wenn Menschen,
Kapitalgüter, Konsumgüter etc. transportiert werden, die ganz
unterschiedliche Volumina, Gewichte etc. besitzen. Ein einheit-
licher Parameter g für alle Güter und Personen wird ebenfalls
unrealistisch sein. Es müssen daher für alle zu transportie-
renden Güter und Personen i eine Klassifizierung der Transport-
eigenschaften G_i mit i = 1,2,...,n vorgenommen und ein eigener
Parameter g_i bestimmt werden. Die Annahme eines homogenen
"business district", der pro Flächeneinheit g Tonnen eines
Standardgutes schafft, erfordert dann, den Parameter g als
"Summe" der Parameter g_i und das Standardgut als "Summe" der
gewichteten Größen G_i zu interpretieren.

Die genaue Aufteilung der Fläche des "business district"
in Flächen für Wohnzwecke, Arbeitsplätze usw. interessiert
in diesem Modell nicht. Das sonst häufig von Modellen der
"urban economics" untersuchte Verhalten der Haushalte und Unternehmen bei der Standortwahl spielt keine Rolle. Es wird z.B.
nichts darüber gesagt, welche Wohnflächen die Haushalte nach-
fragen und von welchen Größen diese Nachfrage abhängt. Hier
wird die Stadt insgesamt betrachtet und nicht ein einzelnes

---

1 Solow/Vickrey, S. 431.

Wirtschaftssubjekt. Die Zielfunktion (Minimierung der Transportkosten) bezieht sich daher auf die ganze Stadt. Es wird
nicht angestrebt, den Nutzen einzelner Wirtschaftssubjekte
oder den Gewinn einzelner Unternehmen zu maximieren.

Über die Produktion von Gütern wird nichts ausgesagt. Es
bleibt unklar, welche Rolle der Produktionsfaktor Boden spielt.
Die Produktionsfunktion ist unbekannt. Der technische Fort-
schritt wird nicht erwähnt. Der Stand des technischen Fort-
schritts im Produktions- und auch im Verkehrsbereich muß daher als gegeben vorausgesetzt werden.

Zusammenfassung

Der "business district" im Modell von Solow und
Vickrey muß als der Bereich definiert werden, in dem Verkehr geschaffen wird, in dem also Arbeitsplätze, Wohnungen,
Schulen usw. liegen. Da es sich um einen "homogenen business district" handelt, sind die verschiedenen Funktionsbereiche des "business district" gleichmäßig über diesen
verteilt. Der Parameter g muß dann als "Summe" der Parameter
g_i interpretiert werden.

b   Der Straßenbereich

Hartwick kritisiert, daß beim Straßenbereich nur die Größe
der Fläche eine Rolle spielt. Es fällt aber keine Bemerkung
darüber, wie das Transportsystem auf dieser Fläche zu gestalten ist [1], ob also z.B. die Menschen mit dem Personen-
kraftwagen oder in Schienenfahrzeugen fahren, ob über oder unter der Erde, ob die Güter auf Fließbändern oder auf Lastkraftwagen geliefert werden usw.

Dieser Vorwurf ist nicht ganz berechtigt, denn es lassen
sich einige Implikationen des Modells erkennen. Unausgespro-
chen wird z.B. unterstellt, daß das zu transportierende Standardgut mit einem standardisierten Verkehrsmittel befördert
wird. Von diesem Verkehrsmittel wird implizit angenommen,
daß jede Einheit des Transportmittels nur eine Tonne des
Standardgutes aufnehmen kann. Nur so wird es verständlich,
weshalb die Verkehrsdichte nicht in Fahrzeugen, sondern in
Tonnen pro Straßenbreite definiert ist. Außerdem unterstellt diese Definition der Verkehrsdichte stillschweigend,
daß das Fahrzeug nur voll beladen die Straße benutzt. Leerfahrten werden nicht unternommen. Am Verkehrsziel wird das ange-
kommene Fahrzeug also erst wieder beladen, bevor es von neuem losfährt.

Die sehr unrealistische Annahme, daß jede Einheit des
Verkehrsmittels nur eine Tonne des Standardgutes transportieren kann, soll untersucht werden. Ist diese Annahme eine
notwendige Bedingung für die Ergebnisse des Modells von
Solow und Vickrey? Wenn angenommen wird, daß jeder Lastkraftwagen eine Gütermenge von r Tonnen mit $r > 1$ transportieren
kann, dann beträgt das Verkehrsvolumen an der Stelle x mit
$0 \leq x \leq L$ nicht mehr $v(x)$, sondern nur noch $v(x)/r$. Da manche
Fahrzeuge vielleicht nicht voll beladen sind, ist das tatsächliche Volumen zwar größer als $v(x)/r$, aber kleiner als $v(x)$.
Das Verkehrsvolumen wird jetzt nicht mehr in Tonnen, sondern

---

1 John M. Hartwick, Spatially organizing human environments.
In: Papers of the Regional Science Association, Vol. 31
(1973), S. 17.

in Fahrzeugeinheiten gemessen. Die ursprünglich glockenförmige Kurve des Verkehrsvolumens schrumpft und wird mit steigender Fahrzeugkapazität r flacher. Die Kurve behält aber ihre
glockenförmige Gestalt. Die Ergebnisse des Modells von Solow
und Vickrey werden daher nicht grundlegend geändert. Die obige
unrealistische Annahme über die Kapazität der Lastkraftwagen
ist folglich nicht notwendig und kann durch eine realistische
Annahme ersetzt werden. Mit dem Modell von Solow und Vickrey
ist also auch eine realistische Annahme über die Güterkapazi-
tät der Lastkraftwagen zu vereinbaren.

Die Annahme fehlender Leerfahrten erscheint realistisch
für den Pendelverkehr der Arbeitskräfte mit dem eigenen Kraftwagen zwischen Wohnung und Arbeitsplatz. Denn das Auto
fährt nur dann auf der Straße, wenn es auch mindestens eine
Person befördert. Ein Lastkraftwagenverkehr in der Form
eines Werksverkehrs erfüllt diese Annahme nicht immer,
denn die Hin- oder die Rückfahrt wird häufig unbeladen durchgeführt. Der implizite Ausschluß von Leerfahrten bedeutet,
daß bestimmte Organisationen des Lastkraftwagenverkehrs, wie
z.B. der Werksverkehr, im Modell nicht unterstellt werden.
Dagegen kann z.B. unterstellt sein, daß der Güterverkehr
durch die Fahrzeuge einer Speditionsfirma abgewickelt wird.
Denn die Spedition ist in der Regel eher imstande und auch
stärker bemüht als der Werksverkehr, Leerfahrten zu vermeiden. Mit der Annahme fehlender Leerfahrten sind also bestimmte realistische Organisationsformen des Güter- und Personen-
verkehrs durchaus zu vereinbaren.

Die Verkehrsdichte spielt eine wichtige Rolle im Modell.
Da sie auf die Breite nur einer Straße bezogen wird, folgt,
daß die hier unterstellten Verkehrssysteme um die Breite dieser einen Straße konkurrieren. Der Verkehr vollzieht sich also nur auf einer Ebene. Es laufen die Straßen z.B. nicht übereinander. Es werden Straßen und Untergrundbahnen nicht zusam-

men betrachtet. Das Ausweichen des Verkehrs auf eine andere
Ebene wird als unmöglich oder zumindest als schwierig angenommen. Übertragen auf eine Stadt mit Straßennetz und Untergrundbahn bedeutet dies, daß in dem Modell nur das Straßennetz, nicht aber die Untergrundbahn untersucht wird.

Eine weitere Konsequenz dieser Definition der Verkehrsdichte soll im folgenden dargelegt werden. $v(x)/w(x)$ kann bei gegebener Straßenbreite $w(x)$ unterschiedliche Werte annehmen.
Das bedeutet, daß an der Stelle x zu einem Zeitpunkt eine unterschiedliche Zahl von Fahrzeugen nebeneinander fahren kann
und die Straßenbreite $w(x)$ mehr oder weniger voll ausfüllt.
Dies ist nur möglich, wenn die Fahrbahn gewechselt werden kann.
In diesem Modell werden also Fahrzeugtypen, wie z.B. Perso-
nen- und Lastkraftwagen, implizit unterstellt. An feste Tras-
sen gebundene Transportmittel, wie z.B. Schienenfahrzeuge,
kommen nur in Betracht, sofern diese von einer Trasse zur
anderen wechseln können.

Die Annahme, daß jeder Lastkraftwagen z.B. eine Gütermenge von r Tonnen mit $r > 1$ transportieren kann, mag zwar
die Höhe des in Fahrzeugeinheiten gemessenen Verkehrsvolumens reduzieren. Andererseits wird die Größe der Fahrzeuge
proportional zur Ladekapazität sein. Da die Verkehrsdichte
nicht nur von der Zahl, sondern auch von der Größe der
Fahrzeuge bestimmt werden wird, kann die Verkehrsdichte
trotz $r > 1$ relativ hoch bleiben.

Das gesamte Modell ist auf einen Zeitpunkt bezogen. Dieser
Zeitpunkt kann so gewählt werden, daß er entweder repräsenta-
tiv ist für die durchschnittliche Verkehrssituation in der
Stadt oder für die Spitzenbelastung etc.. Die Wahl des Zeit-
punktes hängt vom Verwendungszweck des Modells ab.

Trotz der knappen Aussagen des Modells über den Straßenbereich lassen sich also implizite Annahmen finden, die ein
recht differenziertes Bild des Personen- und Güterverkehrs im
Modell von Solow und Vickrey vermitteln. Darüber hinaus kann
ihnen sogar eine gewisse Realitätsnähe nicht abgesprochen
werden.

Zusammenfassung

Für das Modell von Solow und Vickrey ist die Annahme nicht notwendig, daß jede Einheit des Verkehrsmittels nur eine Tonne des Standardgutes transportiert. Dagegen muß angenommen werden, daß die Fahrzeuge keine Leerfahrten unternehmen. Die Definition der Verkehrsdichte, sie wird auf die Breite der Straße bezogen, unterstellt implizit nur ganz bestimmte Fahrzeugtypen.

c   Die Verteilung der Verkehrsziele

Solow und Vickrey nehmen an, daß jede Flächeneinheit des "business district" g Tonnen Verkehr pro Zeiteinheit erstellt. Die Ziele dieser g Tonnen Verkehr liegen gleichmäßig über die Fläche des "business district" verteilt. Es werden g Tonnen eines Standardgutes pro Flächeneinheit des "business district" produziert und über die Straße in gleicher Menge an jede der Flächeneinheiten des "business district" geliefert [1]. Es wird hier also eine gleichmäßige räumliche und mengenmäßige Verteilung des in jedem Punkt des "business district" geschaffenen Verkehrs unterstellt.

Diese Annahme über die Verteilung der Verkehrsziele schließt wichtige Eigenschaften tatsächlich existierender Städte, wie die räumliche Konzentration von Einzelhandels- und Dienstleistungsbetrieben, die separate Lage von Industrie- und Wohngebieten etc. aus [2]. Von Wohnsiedlungen aus werden z.B. Einkaufsfahrten nicht zu allen Punkten des "business district" hin unternommen, sondern nur zu wenigen Stellen, z.B. zum Einzelhändler im Einkaufszentrum des gleichen Stadtteils, zum Supermarkt an der Peripherie der Stadt usw.. Eine räumliche Gleichverteilung der Verkehrsziele ist also nicht realitätsnah.

Die gleichmäßige Verteilung der Verkehrsziele unterstellt, daß jeder Punkt des "business district" mit jedem Punkt des "business district" das Standardgut austauscht. Der Güteraustausch zwischen zwei Punkten ist aber nur dann sinnvoll, wenn es sich nicht um ein Standardgut handelt. Die Annahme eines überall produzierten Standardgutes und die Annahme der gleichmäßigen Verteilung der Verkehrsziele widersprechen sich daher. Der Widerspruch kann aufgelöst oder zumindest abgeschwächt werden, wenn das Kriterium der Standardisierung nicht z.B. an die Produktion oder die Konsumtion des Gutes, sondern an seine Transportierbarkeit gekoppelt wird. Es können also Güter

---

1 Solow/Vickrey, S. 431.
2 Ebenda, S. 431.

in bezug auf ihre Produktion, ihre Konsumtion etc. völlig
unterschiedliche Eigenschaften besitzen. Wegen ihres Gewichtes,
Volumens, Zerbrechlichkeit usw. können sie in gleichem oder
ähnlichem Maße transportierbar sein. Da das Modell von Solow
und Vickrey nur die Frage des Verkehrs in der Stadt untersucht, erscheint es sinnvoll, die Güter nur nach ihrer Transportierbarkeit und nicht nach anderen Eigenschaften zu unterscheiden. Weil die Güter also in bezug auf die Produktion
und die Konsumtion heterogen sind, werden sie zwischen den
Punkten des "business district" ausgetauscht.

Die angenommene gleichmäßige Verteilung der Verkehrsziele
unterstellt, daß an jedem Punkt des "business district" jedes
irgendwo in der Stadt produzierte Gut nachgefragt wird. Dessen
nachgefragte Menge ist an allen Stellen des "business district"
sogar gleich groß. Daraus kann folgen, daß die Präferenzstruktur aller Konsumenten völlig gleich ist. Die Prokopfeinkommen
müssen dann überall in der Stadt gleich hoch sein. Der Preis
eines Gutes muß überall in der Stadt die gleiche Höhe haben.

In der Realität werden die Präferenzstrukturen der Konsumenten unterschiedlich sein. Es mag in der Stadt bestimmte Stadtteile geben, deren Bewohner ähnliche
Präferenzen besitzen. Z.B. können die Präferenzen der Bewohner
von Villenvierteln einander ähneln, oder die Bewohner von
Vierteln, die im sozialen Wohnungsbau errichtet wurden, haben
ähnliche Präferenzstrukturen. Die Präferenzstruktur der Bewohner des einen Viertels wird mit der der Bewohner des anderen Viertels aber relativ wenig gemeinsam haben. Das Niveau
des Prokopfeinkommens kann in der gleichen Weise von Stadtteil
zu Stadtteil variieren. Es wird daher in der Realität nicht
jeder Punkt des "business district" von jedem Punkt des "business district" beliefert, wenn dies doch der Fall sein sollte,
dann geschieht es nicht im gleichen Maße.

Der Preis eines Gutes hat überall in der Stadt die gleiche
Höhe. Die Höhe der Transportkosten des Gutes, die je nach der
Entfernung und der Verkehrsdichte zwischen dem Produktions-
und dem Konsumtionsort bei jeder Gütereinheit unterschiedlich
sind, haben also keinen Einfluß auf den Güterpreis. Der Güterpreis kann sich daher nicht nach der Grenzkostenregel gebil-

det haben, sondern eher nach einer Kostenzuschlagsregel. Eine
vollständige Konkurrenz wird auf den Märkten dieser Stadt
also nicht bestehen.

Für die Produktion der Güter folgt aus der Annahme einer
gleichmäßigen Verteilung der Verkehrsziele, daß es nicht lohnend ist, überall dort zu produzieren, wo die Güter nachgefragt werden. Vielmehr ist es sinnvoll, in einem großen Betrieb
an einem Ort statt in vielen kleinen Betrieben an vielen Orten zu produzieren. Die Gründe dafür können z.B. besondere
Standortvor- oder -nachteile an einigen Stellen der Stadt
oder "economies to scale" sein etc.. Es kann ferner aus der
Annahme über die Zieleverteilung gefolgert werden, daß der
Kontakt mit allen anderen Stellen des "business district" notwendig ist, weil die intraurbane Arbeitsteilung ein hohes
Niveau erreicht hat.

Bislang wurde, wie im Modell von Solow und Vickrey auch,
eine statische Analyse betrieben. Jetzt soll die Untersuchung
einen komparativ -statischen Charakter annehmen. Erste Ansätze
einer dynamischen Analyse sollen entwickelt werden. Die Ver-
haltensweisen von Wirtschaftssubjekten sollen in die Untersuchung einbezogen werden. Alles das fehlt bei Solow und Vickrey.

Es soll angenommen werden, daß die transportkostenminimale Achsenstadt wächst, d.h. die Stadt wird länger. Lassen sich
dann noch die Annahmen über die Verteilung der Verkehrsziele
aufrechterhalten? Eine transportkostenminimale Achsenstadt
zeichnet sich dadurch aus, daß $A = WL/(1+k)$ beträgt. Wenn k
gegeben ist, dann muß A in dem Maße wie L wachsen. Das Verkehrsvolumen und die Verkehrsdichte werden ebenfalls vom
Wachstum der Stadt beeinflußt. Es soll hier nur der Punkt
$x = L/2$ betrachtet werden, denn in der Stadtmitte sind das
Verkehrsvolumen und die Verkehrsdichte am größten. Die Stadtmitte ist der neuralgische Punkt, der Engpaß des Stadtverkehrs.
Dort beträgt die Verkehrsdichte

$$\frac{v(L/2)}{w(L/2)} = \frac{2g\ y(L/2)\ [A-y(L/2)]}{A\ w(L/2)}$$

Da $y(L/2) = A/2$ und $w(L/2) = w(x) = kW/(1+k)$ sind, hat die
Verkehrsdichte in der Stadtmitte eine Größe von

$$\frac{v(L/2)}{w(L/2)} = \frac{qL}{2k}$$

Die Verkehrsdichte erhöht sich dort proportional mit steigender Stadtlänge. Nun wird irgendwann die Stadt so lang werden,
daß die Verkehrsdichte in der Stadtmitte zu einem Hindernis im
städtischen Verkehrsfluß wird. Der Verkehrsfluß wird dort zum
Erliegen kommen. Der Rückstau wird, ausgehend von der Stadtmitte, den Verkehr auch in den entfernteren Stadtteilen allmäh-
lich zum Stillstand bringen. Es soll die Verkehrsdichte bzw.
die Stadtlänge, bei der der Verkehr in $x = L/2$ gerade noch
fließt, als $\left[v(x)/w(x)\right]_{max}$ bzw. L_{max} bezeichnet werden. Sobald
$L > L_{max}$ und damit $v(x)/w(x) > \left[v(x)/w(x)\right]_{max}$ sind, kann nicht
mehr jeder Punkt des "business district" mit jedem Punkt des
"business district" durch den Verkehr verbunden werden. Es können höchstens noch Punkte, die beide diesseits oder beide jenseits der Stadtmitte liegen, miteinander Kontakt halten. Der
Verkehrsengpaß in der Stadtmitte blockiert den Verkehr zwischen
den Stadthälften. Die Annahme der gleichmäßigen Verteilung der
Verkehrsziele über den gesamten "business district" ist also
nur mit Stadtlängen von $L \leq L_{max}$ zu vereinbaren. Im Modell von
Solow und Vickrey werden daher implizit nur bestimmte
Stadtlängen $L \leq L_{max}$ unterstellt. Für alle anderen Stadtlängen
gilt das Modell nicht.

Städte mit der Länge $L > L_{max}$ verlangen eine andere Verteilung der Verkehrsziele. In diesen Städten beschränkt sich
der Verkehrsaustausch weitgehend auf die jeweilige Stadthälfte. Es müssen viele der in der jeweils anderen Stadthälfte
liegenden Verkehrsziele aufgegeben werden. Für den Anbieter 1
eines Gutes z.B., dessen Standort x in der linken Stadthälfte
bei $0 \leq x < L/2$ liegt, ist es nicht mehr möglich, sein Absatzgebiet in der rechten Stadthälfte zu beliefern. Es wird daher
für einen Konkurrenten 2, dessen Standort in der rechten Stadthälfte liegt und der ein Substitutionsgut anbietet, leicht
sein, dieses Absatzgebiet zu "erobern". Andererseits wird der
Anbieter 2 seine in der linken Stadthälfte liegenden Absatzgebiete in der gleichen Weise an den Konkurrenten 1 verlieren.
Es werden also jeweils die jenseits der Stadtmitte liegenden

Absatzgebiete verlorengehen und durch neu gewonnene Absatz-
möglichkeiten diesseits der Stadtmitte ersetzt. Die
Flächengröße des Marktes schrumpft. Eine andere
Möglichkeit ist, daß der Anbieter 1 einen Teil der Produktion
aus der linken in die rechte Stadthälfte verlagert und sich dadurch das Absatzgebiet in der rechten Stadthälfte erhalten
kann. Diese Standortverlagerungen und Schrumpfungen der Markt-
flächen werden eine sinkende Verkehrsdichte in der Stadtmitte
nach sich ziehen, die tendenziell einen Verkehr zwischen den
Stadthälften wieder erleichtert. Ein Anreiz zur Standortverla-
gerung und zur Schrumpfung der Marktfläche ist solange vorhanden, wie die tatsächliche Verkehrsdichte in der Stadtmitte
$v(L/2)/w(L/2) > [v(x)/w(x)]_{max}$ ist. Mit steigender Stadtlänge
wird ein immer größer werdender Teil der Verkehrsbeziehungen
zwischen den Stadthälften aufgegeben, und zwar in einem sol-
chen Maße, daß die tatsächliche Verkehrsdichte in der Stadtmitte etwa den Wert $[v(x)/w(x)]_{max}$ annimmt, ihn aber nicht
überschreitet. Die Zahl der Verkehrsbeziehungen innerhalb
einer Stadthälfte steigt entsprechend. Die Verteilung der Verkehrsziele ändert sich analog.

Die hier entwickelten Überlegungen haben auch für das eingangs erwähnte Schwerpunkt-Achsen-Konzept Bedeutung, sollen
jedoch nicht weiter verfolgt werden, weil sie sonst zu weit
vom Thema wegführen.

Zusammenfassung

Die bei Solow und Vickrey unterstellte räumliche Gleichverteilung der Verkehrsziele und die daraus folgenden Konsequenzen für die Präferenzstrukturen, die Prokopfeinkommen und
die Güterpreise sind unrealistisch. Außerdem widerspricht
jene Annahme auch der Prämisse eines Standardgutes. Dieser
Widerspruch kann dadurch aufgelöst werden, daß das Kriterium
der Standardisierung nur an die Transportierbarkeit der Güter
gekoppelt wird. Eine komparativ-statische Analyse mit einem
Ansatz zur dynamischen Analyse zeigt, daß mit wachsender
Stadtlänge die anfangs unterstellte gleichmäßige räumliche
Verteilung der Verkehrsziele nicht beibehalten werden kann.

d   Die Transportkosten des Querverkehrs

Die Breite W der Stadt ist verglichen mit der Länge L gering. Die Transportkosten des Verkehrs quer zur Achsenlänge
werden daher ebenfalls klein sein. Aus diesem Grunde werden
sie von Solow und Vickrey vernachlässigt [1]. Im folgenden sollen diese Unterstellungen überprüft werden. Es soll festgestellt
werden, ob die Einbeziehung der Transportkosten des Querverkehrs in das Modell von Solow und Vickrey ceteris paribus die
Ergebnisse ändert. Ist das der Fall, dann ist damit bewiesen,
daß die Transportkosten des Querverkehrs zu groß und zu be-
deutungsvoll sind, um sie einfach vernachlässigen zu können.

Der Querverkehr hat die Aufgabe, die den Verkehr schaffenden und empfangenden Standorte, d.h. jede Flächeneinheit im
"business district", mit der Straße zu verbinden. (Es
wird hier nur die Straße längs der Achsenstadt berücksichtigt. Die Straßenfläche für den Querverkehr soll
zur Vereinfachung vernachlässigt werden.) Es handelt
sich hier also um einen Querverkehr mit Zubringerfunktion
über geringe Distanzen. Es ist anzunehmen, daß die hierbei
entstehenden Transportkosten sowohl von der Verkehrsdichte
als auch von der gefahrenen Entfernung abhängen. Die Verkehrsdichte kann wegen des vermutlich geringen Verkehrsvolumens
vernachlässigt werden. Es soll daher als einfachste Arbeits-
hypothese angenommen werden, daß die Transportkosten des
Querverkehrs nur von der gefahrenen Entfernung abhängen. Es
soll aber aus Gründen der Operationalität nicht mit der tatsächlich von jedem Punkt bis zur Straße zu fahrenden Entfernung
gearbeitet werden. Wegen der gleichmäßigen Verteilung der verkehrschaffenden und verkehrempfangenden Standorte über die
Breite des "business district" genügt es, die durchschnittliche Entfernung d_m der Flächeneinheiten des "business district"
von der Straße an der Stelle x zu verwenden. Die mittlere Entfernung d_m an der Stelle x hängt von der Breite des "business
district" y'(x) an der Stelle x der Stadt und außerdem davon
ab, wo die Straße liegt. Wenn die Straße in der Mitte der
Stadt verläuft, dann wird der "business district" an jeder
Stelle x in zwei gleich breite Teile zerschnitten,
gleichgültig welche Gestalt die

1 Solow/Vickrey, S. 430.

Straße hat. (Die Gestalt der Straße ist noch unbekannt.)Weil
nun an der Stelle x die Zahl der verkehrschaffenden und verkehrempfangenden Standorte gleichmäßig über die gesamte Breite
jeder Hälfte des "business district" verteilt ist, beträgt
die mittlere Entfernung d_m jeder Flächeneinheit des "business
district" von der Straße $d_m = (1/4)y'(x)$.

In diesem Zusammenhang gewinnt eine implizite Annahme an
Bedeutung. Bei Solow und Vickrey wird nirgends ausdrücklich
die Lage der Straße in der Stadt diskutiert. Erst in einer
Abbildung [1] wird deutlich, daß für Solow und Vickrey die
Straße in der Mitte der Stadt verlaufen soll. Aus der Berechnung geht nicht hervor, ob die Straße z.B. am Rand oder in
der Mitte der Stadt verlaufen muß. Unter der Annahme, daß die
Kosten des Querverkehrs wegen ihrer geringen Größe vernachlässigt werden können, ist die Klärung dieser Frage auch unnötig.
Sobald die Kosten des Querverkehrs aber berücksichtigt werden,
wird die Lage der Straße wichtig. Eine Randlage der Straße
würde nämlich im Vergleich mit der Mittelage der Straße in
einer Achsenstadt die mittlere Entfernung d_m und damit die
Kosten des Querverkehrs verdoppeln.

Neben der mittleren Entfernung d_m werden die Transportkosten des Querverkehrs noch abhängen von der Zahl der verkehrschaffenden und verkehrempfangenden Standorte, vom Volumen g
des dort geschaffenen Verkehrs und vom Volumen g des dort an-
kommenden Verkehrs sowie vom Parameter t, der die Höhe der
Transportkosten im Querverkehr pro Einheit des Verkehrsvolumens und pro Entfernungseinheit angibt. Im infinitesimal schmalen Streifen von x bis x + dx beträgt die Zahl der verkehrschaffenden und verkehrempfangenden Standorte y'(x)dx. In diesem Streifen fließt insgesamt im Querverkehr ein Verkehrsvolumen von 2gy'(x)dx über eine Gesamtentfernung von

$$2gd_m y'(x)dx = (1/2)g\left[y'(x)\right]^2 dx.$$

Es entstehen in dem schmalen Streifen Transportkosten des
Querverkehrs von $(1/2)gt\left[y'(x)\right]^2 dx$. In der gesamten Stadt
betragen daher die Transportkosten des Querverkehrs insgesamt:

---

1 Solow/Vickrey, S. 436.

$$TK_Q = \int_0^L (1/2)gt\left[y'(x)\right]^2 dx \qquad (3)$$

Die Summe der Transportkosten T in der Achsenstadt setzt sich aus den Transportkosten TK entlang der Längsausdehnung der Achsenstadt (siehe Gleichung (1)), also aus den Transportkosten des Längsverkehrs, und aus den Transportkosten des Querverkehrs TK_Q zusammen. T beträgt

$$T = \int_0^L \left\{ b\left[\frac{2q}{A}\right]^{k+1} \frac{[y(x)]^{k+1}[A-y(x)]^{k+1}}{[W-y'(x)]^k} + \frac{tq}{2}\left[y'(x)\right]^2 \right\}dx \qquad (4)$$

Die Fragestellung und die mathematische Lösung des Problems sind analog denen des ursprünglichen Modells von Solow und Vickrey. Unter Anwendung der Variationsrechnung folgt [1]

$$C = b\left[\frac{2q}{A}\right]^{k+1}\left[\frac{y(x)[A-y(x)]}{W-y'(x)}\right]^{k+1}\left[W-(1+k)y'(x)\right] - \frac{tq}{2}\left[y'(x)\right]^2 \qquad (5)$$

Um die Stadtlänge, die Gestalt und die Breite der Straße und des "business district" sowie die Aufteilung der Stadtfläche in den "business district" und die Straßenfläche im Falle des Transportkostenminimums zu bestimmen, muß die Funktion y(x) gesucht werden, die die Transportkosten T minimiert. Zu diesem Zweck sollen wie bereits früher die Möglichkeiten $C \lessgtr 0$ in Gleichung (5) untersucht werden.

1. Es soll $C > 0$ sein. Da bei $x = 0$ bzw. $x = L$ der Ausdruck $y(0) = 0$ bzw. $A-y(L) = 0$ ist, wird der Minuend aus (5) ebenfalls null. Der Subtrahend aus (5) ist aber auf jeden Fall positiv. C kann daher nicht positiv sein. Der Fall $C > 0$ ist ausgeschlossen.

2. Es soll $C = 0$ sein. Weil an der Stelle $x = 0$ der Ausdruck $y(0) = 0$ ist, bzw. an der Stelle $x = L$ der Ausdruck

---

1 Siehe Anhang 4.

A-y(L) = O ist, wird der Minuend der Gleichung (5) an
den Stellen x = O und x = L ebenfalls null. Damit an
diesen Stellen C = O sein kann, muß auch der Subtrahend null sein. Das ist nur der Fall, wenn y'(x) an den
Stellen x = O und x = L null ist. An den übrigen Stellen x des Bereichs O < x < L der Stadt gilt, daß y(x),
A-y(x) und W-y'(x) auf jeden Fall positiv sind. An diesen Stellen sollen die Möglichkeiten y'(x) $\geq$ O unterschieden werden, denn y'(x) < O ist nicht sinnvoll.

Im folgenden soll kurz gezeigt werden, daß auch die
Möglichkeit y'(x) = O entfällt. Wenn y'(x) = O ist, dann
wird der Subtrahend null. Folglich muß auch der Minuend
null sein, damit C = O erfüllt ist. Der Minuend kann aber
nur dann null sein, wenn W-(1+k)y'(x) = O, folglich
y'(x) = W/(1+k) ist. Diese Folgerung steht aber im Widerspruch zu der anfänglichen Annahme, daß y'(x) = O sein
soll. Es kann an den Stellen x mit O < x < L also niemals
y'(x) = O, sondern nur y'(x) > O sein.

Wegen y'(x) > O an den Stellen x mit O < x < L wird der
Subtrahend einschließlich des Vorzeichens negativ. Der
Minuend muß positiv sein, damit C = O sein kann. Der
Minuend ist nur dann positiv, wenn W-(1+k)y'(x) > O ist,
d.h. wenn y'(x) < W/(1+k) oder w(x) > kW/(1+k) ist. Es be-
tragen y(x) < xW/(1+k) und A < WL/(1+k) sowie S > kWL/(1+k).

3. Es soll C < O sein. An der Stelle x = O bzw. x = L
   wird y(O) = O bzw. A-y(L) = O, so daß der Minuend null
   wird. Damit C < O sein kann, muß der Subtrahend positiv
   sein. Folglich kann y'(x) nicht null sein, sondern nur
   y'(x) $\lessgtr$ O. Da y'(x) < O keine sinnvolle Lösung ist,
   bleibt y'(x) > O übrig. An den Stellen x = O und x = L
   muß y'(x) also positiv sein. y'(x) kann sogar y'(x) = W
   sein.
   Im Bereich x mit O < x < L sind y(x) und A-y(x) positiv.
   In diesem Bereich darf y'(x) nicht null werden, weil
   sonst der Subtrahend null und der Minuend positiv sind.
   Der positive Minuend widerspricht aber der Annahme C < O.

Da $y'(x)$ auch nicht negativ sein darf, muß $y'(x) > 0$ für alle x mit $0 < x < L$ sein.

Die Möglichkeit, daß $y'(x) = W$ bzw. $w(x) = 0$ wird, ist ebenfalls ausgeschlossen. Denn die Straße darf in x mit $0 < x < L$ nicht unterbrochen werden.

Es zeigt sich also, daß für alle x mit $0 \le x \le L$ die Breite des "business district" $y'(x)$ sein kann:

$0 < y'(x) \le W$ für $x = 0$ und $x = L$

$0 < y'(x) < W$ für   x mit $0 < x < L$

Mit diesem Ergebnis ist nicht viel gewonnen. Exaktere Aussagen über $y(x)$ lassen sich nur dann gewinnen, wenn innerhalb des oben abgesteckten Rahmens gefragt wird, ob $y'(x) \gtrless W/(1+k)$ sein kann.

Wenn $y'(x) > W/(1+k)$ ist, dann ist der Minuend negativ. Da der Subtrahend positiv ist, ist $C < 0$ erfüllt.

Wenn $y'(x) = W/(1+k)$ ist, dann ist der Minuend null. Der Subtrahend ist auf jeden Fall positiv, so daß $C < 0$ erfüllt ist.

Wenn $y'(x) < W/(1+k)$ ist, dann wird der Minuend positiv. Der Subtrahend ist auf jeden Fall positiv. $C < 0$ ist nur dann erfüllt, wenn, absolut gesehen, der Minuend kleiner als der Subtrahend ist. $C < 0$ ist also nicht für alle, sondern nur für bestimmte Werte $y'(x) < W/(1+k)$ erfüllt.

Insgesamt führt $C < 0$ zu dem Ergebnis, daß $y'(x) \gtrless W/(1+k)$ bzw. $w(x) \lessgtr kW/(1+k)$ sein kann. Es betragen also $y(x) \gtrless xW/(1+k)$, $A \gtrless WL/(1+k)$, $L \lessgtr (A/W)(1+k)$ und $S \lessgtr kWL/(1+k)$.

Die Diskussion der Extremwertbedingung (5) führt insgesamt zu dem Ergebnis, daß bei $C = 0$ sein kann $y'(x) < W/(1+k)$ und bei $C < 0$ sein kann $y'(x) \gtrless W/(1+k)$, so daß also $y'(x) \gtrless W/(1+k)$ im Transportkostenminimum sein

kann. Um eine Aussage über die Gestalt der Straße und
des "business district" in diesen Fällen machen zu können, muß die Gleichung (5) nach x differenziert werden[1].
Es ergibt sich die zweite Ableitung von y(x) mit

$$y''(x) =$$

$$\frac{b(2g/A)^{k+1}(1+k)y'(x)\left[A-2y(x)\right]\left[W-(1+k)y'(x)\right]\left[W-y'(x)\right]\left\{y(x)\left[A-y(x)\right]\right\}^{k}}{tgy'(x)\left[W-y'(x)\right]^{k+2} + b(2g/A)^{k+1}k(1+k)y'(x)\left\{y(x)\left[A-y(x)\right]\right\}^{k+1}}$$

$y''(x)$ ist an den Stellen x = 0 und x = L auf jeden Fall
null. An den Stellen x im Bereich 0< x< L sind y(x), y'(x),
A-y(x) und W-y'(x) positiv. Das Vorzeichen von $y''(x)$ hängt
daher nur von den Vorzeichen der Ausdrücke A - 2y(x) und
W-(1+k)y'(x) ab. Da mit $y'(x) \gtrless W/(1+k)$ der Ausdruck
$W-(1+k)y'(x) \lessgtr 0$ wird, und weil aus Symmetriegründen
y(L/2) = A/2 ist, folgt für $y'(x) \gtrless W/(1+k)$ an den Stellen
x mit:

0 < x < L/2	A-2y(x) > 0	$y''(x) \lessgtr 0$
x= L/2	A-2y(x)= 0	$y''(x)= 0$
L/2 < x < L	A-2y(x) < 0	$y''(x) \gtrless 0$

Weil y'(x) = W-w(x) und daher $Y''(x) = -w'(x)$ ist, folgt
für $y'(x) \gtrless W/(1+k)$ an den Stellen x mit:

0 < x < L/2	$w'(x) \gtrless 0$
x= L/2	$w'(x)= 0$
L/2 < x < L	$w'(x) \lessgtr 0$

$y'''(x) = -w''(x)$ soll nicht berechnet werden. Die vorliegenden Daten lassen die Kurvenverläufe hinreichend genau erkennen.

Im Falle y'(x) = W/(1+k) hat die Straße überall in
der Stadt die gleiche Breite (Fall I). Die Straße hat die
Gestalt eines Rechtecks. Die Stadtlänge beträgt
L = (A/W)(1+k).

Wenn y'(x) < W/(1+k) ist (Fall II), dann sinkt die
Straßenbreite im Bereich 0 < x < L/2 mit wachsendem x. In
der Mitte der Stadt bei x = L/2 erreicht die Straße ihre

---

1 Siehe Anhang 5.

geringste Breite. Da $w(L/2) > kW/(1+k)$ sein muß, ist die
Straße an der Stelle ihrer geringsten Breite immer noch
breiter als die Straße im Falle des Transportkostenminimums ohne Berücksichtigung der Transportkosten des Querverkehrs. Die Straße im Bereich $L/2 < x \leq L$ ist das Spiegel-
bild zur Straße im Bereich $0 \leq x < L/2$. Die Straße kann also die Gestalt einer bikonkaven Linse haben. Die Gestalt
des "business district" ist das Komplement zur Straßengestalt (siehe Abb. 7). Die Stadt hat eine Länge von
$L > (A/W)(1+k)$.

Für $y'(x) > W/(1+k)$ kann die Straße die Gestalt einer
bikonvexen Linse haben (Fall III). Die Straße kann zigarrenförmig sein (siehe Abb. 6). Die Stadt hat die Länge
$L < (A/W)(1+k)$.

Es ist oben gezeigt worden, daß die drei Fälle
$y'(x) \underset{>}{\leq} W/(1+k)$ die Extremwertbedingung (5) erfüllen. Im
folgenden soll nachgewiesen werden, daß nicht jeder die-
ser Fälle ein Transportkostenminimum darstellt.

Im Fall I mit $y'(x) = W/(1+k)$ haben die Transportkosten des Längsverkehrs, die u.a. von der Verkehrsdichte
abhängen, ihr Minimum erreicht. Das ist bereits im Modell
von Solow und Vickrey gezeigt worden. Hinzu kommen die
Transportkosten des Querverkehrs in einer bestimmten Höhe. Im Vergleich mit dem Fall I ist im Fall III mit
$y'(x) > W/(1+k)$ die Stadt kürzer und die Breite des "business district" größer geworden. Die Verringerung der
Stadtlänge beeinflußt die Transportkosten des Längsverkehrs. Diese sind nicht mehr minimal, sondern haben ein
höheres Niveau erreicht. Die Verbreiterung des "business
district" zieht eine Erhöhung der mittleren Entfernung
d_m jeder Flächeneinheit des "business district" von der
Straße nach sich. Da die Höhe der Transportkosten des
Querverkehrs TK_Q u.a. von d_m bestimmt wird, wird TK_Q des
Falles III im Vergleich mit TK_Q des Falles I größer sein.
Es werden also die gesamten Transportkosten des Falles III
größer als die des Falles I sein. Der Fall III mit

$y'(x) > W/(1+k)$ wird daher kein Transportkostenminimum
repräsentieren. Der Fall III scheidet deshalb aus der
weiteren Betrachtung aus.

Es bleiben noch die Fälle I und II übrig. Im Fall II
mit $y'(x) < W/(1+k)$ verursacht die größere Länge der
Stadt höhere Transportkosten des Längsverkehrs als im
Fall I. Wegen der geringeren Breite des "business district"
ist die mittlere Entfernung d_m im Fall II geringer als im
Fall I. Die Transportkosten des Querverkehrs im Fall II
sind also kleiner als im Fall I. Insgesamt haben sich im
Vergleich mit dem Fall I die Transportkosten des Längsverkehrs im Fall II erhöht und die Transportkosten des Querverkehrs verringert. Im Fall II können mittels der Variation der Stadtlänge die Transportkosten des Längsverkehrs
durch die des Querverkehrs substituiert werden und umgekehrt. Der Fall I hat insgesamt geringere (höhere) Transportkosten als der Fall II, wenn der Zuwachs der Transportkosten des Längsverkehrs im Fall II gegenüber dem
Fall I größer (kleiner) ist als die Verringerung der
Transportkosten der Querverkehrs im Falle II gegenüber
dem Fall I. Welche der Möglichkeiten eintritt, hängt u.a.
von der Größe der Parameter ab und kann hier nicht weiter
untersucht werden.

Als Fazit kann also festgehalten werden, daß die Stadtlänge, die Gestalt und Breite der Straße etc. im Minimum
der Transportkosten des Längsverkehrs und des Querverkehrs
mit einer allgemeinen Analyse ohne spezifische Parameterwerte nicht eindeutig zu bestimmen sind. Das Minimum der
gesamten Transportkosten kann sich dadurch auszeichnen,
daß $y'(x) = W/(1+k)$ und $L = (A/W)(1+k)$ betragen. In dieser
Stadt haben die Transportkosten des Längsverkehrs ihr Minimum erreicht. Die Straße hat eine rechteckige Gestalt.
Andererseits kann das Minimum der gesamten Transportkosten auch in einer Stadt erreicht sein, deren Straße wie
eine bikonkave Linse aussieht, weil $y'(x) < W/(1+k)$ ist,
und deren Stadtlänge $L > (A/W)(1+k)$ ist.

Die Einbeziehung der Transportkosten des Querverkehrs
in das Modell führt bereits in dieser einfachen funktiona-
len Form zu wesentlichen Änderungen des ursprünglichen
Ergebnisses. Der Einfluß des Querverkehrs darf also nicht
vernachlässigt werden, weil man ihn für bedeutungslos er-
achtet. Nur aus methodischen Gründen, um z.B. jede Determinante der transportkostenminimalen Stadtlänge etc. isoliert untersuchen zu können, wäre demnach das Vernachlässigen dieser wichtigen Kostengröße erlaubt.

Diese Ergebnisse zeigen, daß es für die Beurteilung des
eingangs erwähnten Schwerpunkt-Achsen-Konzepts unabdingbar
ist, die vorgesehene Breite der Achsen einer Analyse zu un-
terziehen. An dieser Stelle soll darauf jedoch verzichtet werden, um nicht vom Thema wegzuführen.

Zusammenfassung

In diesem Kapitel soll geprüft werden, ob die Einbeziehung
der Transportkosten des Querverkehrs in das Modell von Solow
und Vickrey dessen Ergebnisse ändert. Die Transportkosten des
Querverkehrs hängen unter anderem von der mittleren Entfernung
jeder Flächeneinheit des "business district" von der Straße,
von der Zahl der verkehrschaffenden und verkehrempfangenden
Standorte, von der Höhe der Transportkosten im Querverkehr pro
Einheit des Verkehrsvolumens und pro Entfernungseinheit usw.
ab. Die Summe aus den Transportkosten des Längsverkehrs und
den Transportkosten des Querverkehrs wird, analog zum Vorgehen
im ursprünglichen Modell von Solow und Vickrey, untersucht.
Die Rechnung führt zu keinem eindeutigen Ergebnis, denn alle
drei im ursprünglichen Modell gefundenen Straßengestalten,
Arten der Flächenallokation usw. erfüllen die Extremwertbedingung. Es läßt sich jedoch plausibel zeigen, daß nur dann
ein Minimum der gesamten Transportkosten vorliegen kann, wenn
die Straße entweder wie ein Rechteck oder wie eine bikonkave
Linse aussieht. Die Ergebnisse des ursprünglichen Modells werden also durch die Einbeziehung der Transportkosten des Querverkehrs wesentlich geändert.

e   Die Opportunitätskosten der Stadtfläche

Solow und Vickrey erinnern mit einer kleinen Bemerkung zum Schluß ihrer Modellanalyse daran, daß die Opportunitätskosten der Bodenfläche für die gesamte Stadt mit null in die Rechnung eingehen [1]. Hochman und Pines [2] greifen diese Anregung auf und zeigen den Einfluß der Opportunitätskosten der Bodenfläche auf die Stadtlänge, die Gestalt der Straße usw. (bei gegebener Fläche A des "business district").

Hochman und Pines nehmen an, daß pro Flächeneinheit in der Stadt Opportunitätskosten in der festen Höhe von R entstehen. Statt der Opportunitätskosten der gesamten Stadtfläche verwenden Hochman und Pines nur die der Strassenfläche [3]. Dies Vorgehen erscheint gerechtfertigt, weil es wegen der Konstanz der Fläche A sowieso nicht möglich ist, die Opportunitätskosten der Fläche A zu beeinflussen. Die Opportunitätskosten der gesamten Stadtfläche sind nur zu verändern, weil die Straßenfläche und damit deren Opportunitätskosten variabel sind. In dem schmalen Streifen von x bis x + dx entstehen Opportunitätskosten in Höhe von R w(x)dx und in der gesamten Stadt in Höhe von

$$\int_{0}^{L} R\, w(x)\, dx$$

Die gesamten Kosten in der Stadt, also die u.a. von der Verkehrsdichte abhängigen Transportkosten und die Opportunitätskosten, betragen

$$\int_{0}^{L} \left\{ b\left[\frac{2q}{A}\right]^{k+1} \frac{[y(x)]^{k+1}[A-y(x)]^{k+1}}{[W-y'(x)]^{k}} + R\, w(x) \right\} dx \qquad (6)$$

Unter Anwendung der Variationsrechnung folgt[4]:

---

1 Solow/Vickrey, S. 436.
2 Oded Hochman , David Pines, Note on land use in a long narrow city. In: Journal of Economic Theory, Vol. 5 (1972), S.540-541.
3 Ebenda, S. 540.
4 Siehe Anhang 6.

$$C = b\left[\frac{2g}{A}\right]^{k+1} \frac{[y(x)]^{k+1}[A-y(x)]^{k+1}}{[W-y'(x)]^{k+1}} \left[W-(1+k)\dot{y}'(x)\right] + RW \qquad (7)$$

Die Gleichungen (6) und (7) findet man bei Hochman und Pines [1].

Um die Stadtlänge, die Gestalt und die Breite der Strasse und des "business district" sowie die Aufteilung der Stadtfläche in den "business district" und die Straßenfläche im Falle des Kostenminimums zu ermitteln, muß die Funktion y(x) gesucht werden, die die Kosten als Summe aus Transport- und Opportunitätskosten in der Gleichung (6) minimiert. Zu diesem Zweck soll aber nicht die Beweisführung von Hochman und Pines herangezogen werden, denn diese erscheint mathematisch als nicht korrekt. Vielmehr sollen wie bereits früher die Möglichkeiten $C \lesseqgtr 0$ in Gleichung (7) untersucht werden.

1. Es soll $C < 0$ sein. Da an der Stelle x = 0 bzw. x = L der Ausdruck y(0) = 0 bzw. A-y(L) = 0 ist, wird der erste Summand null. Da der zweite Summand positiv ist, kann $C < 0$ nicht sein. Der Fall $C < 0$ ist also ausgeschlossen.

2. Mit der gleichen Argumentation wie unter 1. läßt sich zeigen, daß auch C = 0 ausgeschlossen ist.

3. Es soll $C > 0$ sein. An der Stelle x = 0 bzw. x = L wird der Ausdruck y(0) = 0 bzw. A-y(L) = 0, so daß der erste Summand null wird. Dies gilt unabhängig davon, welchen Wert y'(x) im Intervall $0 \leq y'(x) \leq W$ annimmt. Da der zweite Summand positiv ist, kann an den Stellen x = 0 und x = L die Konstante C positiv sein.

---

1 Oded Hochman, David Pines, a.a.O., S. 540.

An den Stellen x mit $0 < x < L$ sind $y(x)$ und $A-y(x)$ auf jeden Fall positiv. Auch $W-y'(x)$ muß positiv sein, d.h. $W > y'(x)$ muß sein, weil sonst die Straße unterbrochen wäre.

Wenn $y'(x) = 0$ ist, dann sind beide Summanden positiv, $C > 0$ ist also erfüllt. $y'(x) = 0$ darf aber nur für einige und nicht für alle Punkte x gelten, weil sonst der "business district" A entgegen den anfänglichen Annahmen null wäre.

Für $y'(x)$ mit $0 < y'(x) < W/(1+k)$ sind beide Summanden positiv. $C > 0$ ist erfüllt. Mit $y'(x) = W/(1+k)$ wird der erste Summand null. $C > 0$ wird aber erfüllt, weil der zweite Summand positiv ist.

Ist $y'(x) > W/(1+k)$, dann wird der erste Summand negativ. Solange der zweite Summand absolut größer als der erste Summand ist, wird $C > 0$ erfüllt. Für große Werte von $y'(x)$ wird dies nicht mehr der Fall sein. $C > 0$ ist also nicht mit allen Werten $y'(x) > W/(1+k)$ zu vereinbaren.

Insgesamt wird $C > 0$ also erfüllt von $y'(x) \gtrless W/(1+k)$ bzw. $w(x) \gtrless kW/(1+k)$. Es betragen dann $y(x) \gtrless xW/(1+k)$, $A \gtrless WL/(1+k)$, $L \lessgtr (A/W)(1+k)$ und $S \lessgtr kWL/(1+k)$.

Die Diskussion der Extremwertbedingung (7) zeigt, daß $y'(x) \lessgtr W/(1+k)$ im Minimum der Kosten sein kann. Um eine Aussage über die Gestalt der Straße und des "business district" in diesen Fällen machen zu können, muß die Gleichung (7) nach x differenziert werden [1]. Es ergibt sich die zweite Ableitung von $y(x)$ nach x mit

$$y''(x) = \frac{[A-2y(x)]\ [W-y'(x)]\ [W-(1+k)y'(x)]}{k\ y(x)\ [A-y(x)]}$$

$y''(x)$ hat das gleiche Aussehen wie $y''(x)$ im Modell von Solow und Vickrey [2]. Deshalb soll auf die Diskussion von

1 Siehe Anhang 7.
2 Siehe Kapitel B, II, b.

y"(x) in den Fällen y'(x) $\gtrless$ W/(1+k) verzichtet werden. Es sollen nur die Ergebnisse genannt werden.

Für y'(x) = W/(1+k) hat die Straße überall in der Stadt die gleiche Breite (Fall I). Die Gestalt der Strasse ist rechteckig. Die Stadt hat eine Länge von L = (A/W)(1+k).

Mit y'(x) < W/(1+k) kann die Straße die Gestalt einer bikonkaven Linse annehmen (siehe Abb. 7) (Fall II). Die Länge der Stadt beträgt L > (A/W)(1+k).

Bei y'(x) > W/(1+k) kann die Straße wie eine bikonvexe Linse, d.h. zigarrenförmig, aussehen (siehe Abb. 6) (Fall III). Die Stadt hat eine Länge von L < (A/W)(1+k).

Die drei Fälle y'(x) $\gtrless$ W/(1+k) erfüllen die Extremwertbedingung (7). Es soll nun untersucht werden, ob alle drei Fälle auch ein Minimum der Kosten darstellen.

Im Fall I haben, wie bereits früher gezeigt, die Transportkosten ihr Minimum erreicht. Es entstehen außerdem Opportunitätskosten in einer ganz bestimmten Höhe. Im Vergleich mit dem Fall I ist im Fall II die Stadt länger und die Straßenfläche größer geworden. Wie bereits bekannt ist, erhöht das Wachstum der Stadtlänge die Transportkosten. Ebenso nehmen die Opportunitätskosten zu, und zwar wegen der vergrößerten Straßenfläche. Insgesamt entstehen also im Fall II höhere Kosten als im Fall I, so daß der Fall II kein Kostenminimum darstellen kann. Der Fall II scheidet daher aus der weiteren Betrachtung aus.

Es sollen nun die Fälle I und III verglichen werden. Im Fall III sind wegen der geringeren Stadtlänge die Transportkosten höher als im Fall I. Wegen der geringeren Strassenfläche im Fall III sind die Opportunitätskosten kleiner als im Fall I. Mittels Variation der Stadtlänge lassen sich im Fall III also die Transportkosten durch die Opportunitätskosten substituieren und umgekehrt. Der Fall I hat

insgesamt geringere (höhere) Kosten als der Fall III,
wenn der Zuwachs an Transportkosten im Fall III gegenüber dem Fall I größer (kleiner) ist als die Verringerung
der Opportunitätskosten im Fall III gegenüber dem Fall I.
Welche Möglichkeit realisiert wird, hängt u.a. von der
Höhe der Parameterwerte ab. Diese Frage soll hier nicht
weiter untersucht werden.

Es zeigt sich also, daß die Stadtlänge, die Gestalt
und die Breite der Straße etc. im Minimum der Transportkosten und der Opportunitätskosten der Stadtfläche in allgemeiner Form ohne Hinzuziehung bestimmter Parameterwerte nicht eindeutig zu bestimmen sind. Die kostenminimale
Stadt kann zum einen eine Länge von $L = (A/W)(1+k)$, eine
überall gleiche Straßenbreite von $w(x) = kW/(1+k)$ und
eine rechteckige Straßengestalt aufweisen. Zum anderen
kann die kostenminimale Stadt aber auch mit $L < (A/W)(1+k)$
kürzer sein. Die Straße kann die Breite $w(x) < kW/(1+k)$ und
die Gestalt einer Zigarre haben. Auch hier zeigt sich
wie bereits bei der Analyse des Querverkehrs, daß die
Einbeziehung der Opportunitätskosten der Stadtfläche von
großer Bedeutung für die Strukturgrößen der Achsenstadt
ist.

Zusammenfassung

Die zusätzliche Berücksichtigung der Opportunitätskosten
der Stadtfläche ändert die Ergebnisse des ursprünglichen Modells von Solow und Vickrey ganz wesentlich. Die Summe aus
den Transportkosten des Längsverkehrs und aus den Opportunitätskosten wird, analog zum Vorgehen im ursprünglichen Modell, untersucht. Die Berechnung führt aber zu keinem eindeutigen Ergebnis, denn alle drei im ursprünglichen Modell gefundenen Straßengestalten z. B. erfüllen die Extremwertbedingung. Weitere Überlegungen zeigen aber, daß nur dann ein
Minimum der gesamten Kosten vorliegen kann, wenn die Straße
entweder wie ein Rechteck oder wie eine Zigarre aussieht.

f   Die Kosten der Verkehrsinfrastruktur

In der gleichen Weise und mit dem gleichen Ergebnis wie
für die Opportunitätskosten der Bodenfläche läßt sich die
Bedeutung der mit dem Verkehr verbundenen Infrastrukturkosten
für die Achsenstadt untersuchen. Solow und Vickrey meinen
zwar, daß die Straßenbaukosten keine Rolle spielen, wenn sie
von der Straßenfläche abhängen [1]. Es zeigt sich aber, wenn
die Größe R aus dem vorangegangenen Kapitel als Kosten der
Infrastruktur pro Flächeneinheit der Straßenfläche interpretiert wird, daß diese Auffassung nicht richtig ist. Die Einbeziehung der mit dem Verkehr verbundenen Kosten der Infrastruktur kann also zu einer geringeren kostenminimalen
Stadtlänge führen als ohne deren Berücksichtigung. Die
Straße muß nicht mehr überall gleich breit sein, sondern
kann die Gestalt einer bikonvexen Linse annehmen.

Für das Ergebnis ist es unerheblich, ob es sich um die
Kosten der Errichtung oder der Erhaltung von Infrastruktur
handelt, sofern die Kosten nur von der Straßenfläche abhängen.
Erst wenn die Kosten oder Teile davon von der Verkehrsdichte
abhängen, wird das Ergebnis tangiert. Beispiele für Kosten
der Infrastrukturerrichtung, die nicht von der Straßenfläche,
sondern von der Verkehrsdichte abhängen, sind die Kosten
für Ampelanlagen, für Fußgängerbrücken etc. Beispiele für
Kosten der Infrastrukturerhaltung, die von der Verkehrsdichte
und nicht von der Straßenfläche abhängen, sind die Kosten des
Verschleißes von Fahrbahndecken, die Kosten von Zerstörungen
der Fahrbahnbegrenzungen und Signalanlagen durch Unfälle usw.
Sobald die von der Verkehrsdichte abhängenden Infrastrukturkosten neben den Transportkosten in die Untersuchung einbezogen werden, lohnt es sich, ausgehend von der transportkostenminimalen Straßenbreite $w(x) = kW/(1+k)$, die Straßenbreite zu erhöhen. Die Infrastrukturkosten sinken dadurch.
Die Straße kann nur breiter werden, wenn die Stadtlänge steigt.
Mit der Stadtlänge wachsen aber die Transportkosten. Das neue

---

1 Solow/Vickrey, S. 431.

Kostenminimum erfordert also eine größere Stadtlänge mit einer
Straße, die die Gestalt einer bikonkaven Linse hat.

Die Kosten der Errichtung und der Erhaltung von Ver-
kehrsinfrastuktur wirken also auf die Länge der Stadt, die
Gestalt der Straße etc. entgegengesetzt, je nachdem, ob die
Kosten von der Straßenfläche oder von der Verkehrsdichte
bestimmt werden. Wenn nun die Verkehrsinfrastrukturkosten
teils von der Straßenfläche und teils von der Verkehrsdichte abhängen, dann entscheidet das relative Gewicht jeder
Kostengruppe darüber, ob die Stadt im Vergleich
mit dem ursprünglichen Modell von Solow und Vickrey insgesamt
länger oder kürzer wird, oder ob sie unverändert bleibt. Das
relative Gewicht jeder Kostengruppe bestimmt also, ob die
kostenminimale Straße wie eine bikonvexe oder bikonkave Linse oder wie ein Rechteck aussieht.

Zusammenfassung

Die gleiche formale Argumentation wie im letzten Kapitel
für die Opportunitätskosten der Stadtfläche führt im Falle
der Kosten von Verkehrsinfrastruktur zum gleichen Ergebnis.
Im Minimum der Kosten kann die Straße entweder wie ein Rechteck oder wie eine Zigarre aussehen. Dies Ergebnis gilt aber
nur für den Fall, daß die Verkehrsinfrastrukturkosten ausschließlich von der Straßenfläche abhängen. Die von der Verkehrsdichte abhängenden Kosten der Infrastruktur dagegen führen tendenziell zu einer Straßengestalt, die wie eine bikonkave Linse aussieht.

g Die von der Verkehrsdichte unabhängigen Transportkosten und die Transportkosten des Durchgangsverkehrs

Bislang werden die Transportkosten pro Tonne Verkehr
und pro Entfernungseinheit nur durch die Höhe der Verkehrsdichte bestimmt. Solow und Vickrey weisen selbst auf
die Möglichkeit hin, daß Transportkosten auch unabhängig
von der Verkehrsdichte entstehen können. Die Verkehrsdichte
kann z.B. sehr gering sein und keinen Einfluß mehr auf die
Transportkosten haben, dennoch entstehen Transportkosten [1].

Solow und Vickrey nehmen an, daß pro Tonne Verkehr und
pro Entfernungseinheit an der Stelle x bei der Verkehrsdichte
$v(x)/w(x)$ Transportkosten in Höhe von $a + b[v(x)/w(x)]^k$ entstehen [2]. Hier sind a, b und k Parameter. Der Parameter a
gibt die von der Verkehrsdichte unabhängigen Transportkosten
pro Tonne Verkehr und pro Entfernungseinheit an der Stelle x
an: $a > 0$. Mit dieser geänderten Kostenfunktion lösen Solow
und Vickrey die unveränderte Fragestellung des Modells von
neuem. Die Berechnungen dazu sind ähnlich wie im ursprünglichen Modell. Es zeigt sich, daß ein Transportkostenminimum
dann erreicht ist, wenn die Straßengestalt zigarrenförmig
ist. Bei gegebener Fläche des "business district" A muß
$A > WL/(1+k)$ sein. Die transportkostenminimale Stadt ist jetzt
also kürzer als in dem Fall, in dem nur Verkehrsdichtekosten[3] berücksichtigt werden[4].

Dies Ergebnis erscheint plausibel. Es soll angenommen
werden, daß in der Ausgangssituation nur Verkehrsdichtekosten eine Rolle spielen und die Stadt in dieser Hinsicht eine
transportkostenminimale Länge erreicht hat. Nun sollen auch
die von der Verkehrsdichte unabhängigen Kosten beachtet werden. Für die Fahrt einer Gütereinheit von x_1 nach x_2 entste-

---

1 Solow/Vickrey, S. 432.
2 Ebenda, S. 436.
3 Obwohl der Begriff der Transportkosten TK (siehe Gleichung
  (1)) mehr umfaßt als nur die Kosten der Verkehrsdichte
  oder die Verkehrsdichtekosten, sollen die drei Begriffe
  im ersten Teil dieses Kapitels synonym verwendet werden,
  um den Unterschied zwischen den hier unterstellten zwei
  Kostenarten deutlicher werden zu lassen.
4 Ebenda, S. 436 - 437.

hen diese Kosten in einer Höhe von $a(x_2-x_1)$. Die von der Verkehrsdichte unabhängigen Transportkosten verändern sich also proportional mit der zu fahrenden Entfernung. Unter der Zielsetzung der Transportkostenminimierung ist es daher ratsam, die zu überwindenden Distanzen zwischen den Verkehrsquellen und -zielen zu verringern. Dies geschieht dadurch, daß die Länge der Stadt verringert wird. Mit sinkender Stadtlänge steigen aber, wie oben gezeigt wurde, die Kosten der Verkehrsdichte. Eine neue transportkostenminimale Stadtlänge ist dann gefunden, wenn beide Effekte sich ausgleichen. Die neue transportkostenminimale Stadtlänge ist geringer als die transportkostenminimale Stadtlänge, bei der nur die Kosten der Verkehrsdichte berücksichtigt werden.

Eine weitere wichtige Determinante der Transportkosten in einer Stadt ist bislang vernachlässigt worden, der Durchgangsverkehr. Der Durchgangsverkehr entsteht außerhalb der Stadt, benutzt die Straße der Stadt und hat sein Ziel außerhalb der Stadt. Das Volumen des Durchgangsverkehrs in beide Richtungen soll an der Stelle x mit $0 \leq x \leq L$ den konstanten Wert $2v_0$ haben. Solow und Vickrey gelangen zu dem Ergebnis, daß die gesamten Transportkosten in der Stadt, also die Kosten des bislang ausschließlich untersuchten Binnenverkehrs einschließlich der Kosten des Durchgangsverkehrs, minimal sind, wenn die Straße überall in der Stadt die Breite $w(x) = kW/(1+k)$ hat. Der "business district" muß die Fläche $A = WL/(1+k)$ haben [1].

Das Ergebnis für den Fall, daß neben den Kosten des Binnenverkehrs noch Kosten des Durchgangsverkehrs in der Stadt entstehen, ist also völlig gleich dem Ergebnis, in dem nur die Kosten des Binnenverkehrs eine Rolle spielen. Die in bezug auf die Kosten des Binnenverkehrs transportkostenminimale Stadtlänge, die entsprechende Flächenaufteilung etc. werden vom Durchgangsverkehr also nicht berührt. Dies Ergebnis überzeugt nicht ganz, denn es ist möglich, daß das Verkehrsvolumen des Durchgangsverkehrs sehr viel größer ist als das Verkehrsvolumen, das innerhalb der Stadt entsteht. Könnte es

---

[1] Solow/Vickrey, S. 437.

dann nicht ratsam sein, stärker dem Durchgangsverkehr Rechnung zu tragen, die Stadt über L = A(1+k)/W hinaus zu verlängern, dadurch bei gegebenem A die Straßenbreite zu erhöhen und die Verkehrsdichte zu verringern? Die Transportkosten des Durchgangsverkehrs lassen sich dadurch vermindern. Andererseits entstehen die Transportkosten des Durchgangsverkehrs wegen der steigenden Stadtlänge auf einer längeren Strecke. Das läßt die Transportkosten des Durchgangsverkehrs wieder steigen. Nach der Berechnung zu urteilen, steigen die Transportkosten des Durchgangsverkehrs und die Kosten des Binnenverkehrs mit zunehmender Stadtlänge stärker, als die Transportkosten des Durchgangsverkehrs mit sich verbreiternder Straße sinken. Es lohnt sich also nicht, die Stadt zu verlängern. Dieses Ergebnis gilt eigenartigerweise unabhängig davon, wie groß das Volumen des Durchgangsverkehrs im Vergleich mit dem Volumen des in der Stadt entstehenden Verkehrs ist.

Zusammenfassung

Die Einbeziehung der von der Verkehrsdichte unabhängigen Transportkosten modifiziert das ursprüngliche Ergebnis in der Weise, daß es sich lohnt, die Stadtlänge zu verringern und die Straße zigarrenförmig werden zu lassen. Eine andere Modifikation der Annahmen, die Einbeziehung der Transportkosten des Durchgangsverkehrs, zeigt rein rechnerisch keine Wirkung auf die Flächenallokation. Eine befriedigende Erklärung für dieses Phänomen kann nicht gefunden werden.

C   Das Modell der Ringstadt

I   Die Darstellung des Modells und die Bestimmung des
    Transportkostenminimums

Das Modell der Ringstadt ist wie das der Achsenstadt ebenfalls von Solow und Vickrey entwickelt worden. Das Modell der
Ringstadt geht auf das Modell der Achsenstadt zurück. Es kann
die Ringstadt als eine Achsenstadt angesehen werden, deren
Enden zusammengeführt werden (siehe Abb. 9). Alle übrigen
Annahmen des Modells der Achsenstadt gelten auch im Modell
der Ringstadt.

Abb. 9   <u>Die Gestalt und die Flächenstruktur der Ringstadt</u>
         <u>nach Solow und Vickrey</u> [1]

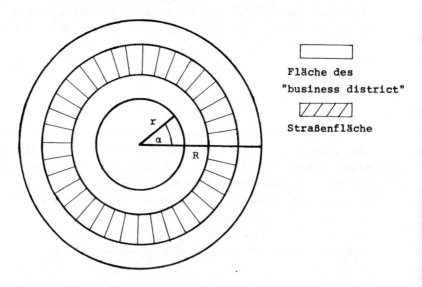

Fläche des
"business district"

Straßenfläche

Solow und Vickrey beschreiben die Ringstadt folgendermaßen [2]. Die Fläche der Ringstadt ist die Fläche des Ringes,
der vom Außenradius R und vom Innenradius r begrenzt wird.
Die Straße soll wie in der Achsenstadt mitten in der Ringstadt verlaufen. Links und rechts von der Straße liegt der

1 <u>Solow/Vickrey</u>, S. 444.
2 <u>Ebenda</u>, S. 444.

"business district". Über die Gestalt der Straße und des
"business district" läßt sich bereits jetzt eine wichtige
Feststellung treffen. Denn aus Symmetriegründen (Rotations-
symmetrie) soll die Straße in der Ringstadt überall die gleiche Breite haben.

Solow und Vickrey übertragen die charakteristischen Strukturdaten einer Achsenstadt auf die Ringstadt mit dem Ziel,
das Niveau der Transportkosten in beiden Stadtmodellen miteinander vergleichen zu können [1]. Im folgenden soll das sehr
knapp kommentierte Vorgehen von Solow und Vickrey etwas aus-
führlicher dargestellt werden, um das Verständnis zu erleich-
tern. Die Fläche der Ringstadt hat die Größe $\pi R^2 - \pi r^2$. Sie
soll WL betragen, d.h. $WL = \pi R^2 - \pi r^2$. Die Breite der Ringstadt R - r soll gleich W sein, d.h. W = R - r. Mit diesen
Annahmen lassen sich die Radien R und r in Abhängigkeit von
den Parametern W und L bestimmen [2]: $r = L/2\pi - W/2$ und
$R = L/2\pi + W/2$. Die Länge der Ringstadt soll in der Mitte
der Stadt durch den Umfang U des Kreises gemessen werden, der
den Radius $r_m = r + (R-r)/2 = (R+r)/2$ besitzt. Der Umfang U
beträgt $U = 2\pi r_m = \pi(R+r)$. Wenn für r und R eingesetzt wird,
nimmt der Umfang U die Größe L an. Die Ringstadt hat also
ebenfalls wie die Achsenstadt die Länge L.

In der Achsenstadt hat eine Straße mit überall gleicher
Breite ganz allgemein eine Fläche von S = WL - A, eine Länge
von L und eine Breite von w(x) = S/L = (WL-A)/L. Auch in der
Ringstadt soll die Straße eine Fläche von S = WL - A bedecken.
Weil die Straße wie in der Achsenstadt so auch in der Ringstadt mitten in der Stadt verläuft, hat sie wie die Ringstadt selbst eine Länge von L. Daraus folgt, daß die Straße
der Ringstadt wie die Straße der Achsenstadt eine überall
gleiche Breite von S/L = (WL-A)/L besitzt. Aus den Annahmen
über die Lage und die Fläche der Straße folgen Aussagen über
die Lage des inneren und des äußeren Straßenrandes. Der innere bzw. der äußere Rand der Straße verläuft auf einem Kreis,
dessen Radius durch Abschlag vom bzw. Zuschlag zum
Radius der Straßen- und Stadtmitte $r_m = (R+r)/2$ um die halbe

---

1 Solow/Vickrey, S. 445.
2 Siehe Anhang 8.

Straßenbreite (1/2) S/L ermittelt wird. Der innere Rand der Straße verläuft also auf einem Kreis mit dem Radius r_i

$$r_i = (R + r)/2 - (1/2) \; S/L$$

$$= (L/2\pi + W/2 + L/2\pi - W/2)/2 - (WL - A)/2L$$

$$r_i = L/2\pi - (WL - A)/2L$$

Desgleichen ergibt sich für den Radius des Kreises, der den äußeren Straßenrand bildet:

$$r_a = (R + r)/2 + (1/2) \; S/L \qquad \text{d.h.}$$

$$r_a = L/2\pi + (WL - A)/2L$$

Damit ist die Struktur der Ringstadt analog der Struktur einer Achsenstadt mit überall gleicher Straßenbreite festgelegt worden.

Die Höhe des Verkehrsvolumens auf der Straße der Ringstadt ist schwierig zu bestimmen. Weil die Ausführungen von Solow und Vickrey [1] hierzu besonders kurz sind, sollen die einzelnen Schritte zu ihrer Bestimmung in gebotener Ausführlichkeit vollzogen werden . Der Winkel α soll entgegen dem Uhrzeigersinn und ausgehend vom Radius, der genau nach Osten zeigt, gemessen werden (siehe Abbildung 9). Zunächst soll nur das Verkehrsvolumen bestimmt werden, das den gegebenen Radius mit dem Winkel $\alpha = 0^{\circ}$ passiert.

Eine Eigenart der Ringstadt wird an dieser Stelle wichtig, nämlich die Möglichkeit, jeden Punkt des "business district" auf zwei Wegen zu erreichen [2]. Die Güter des "business district" am Radius mit dem Winkel $\alpha = 0^{\circ}$ können z.B. ihr Ziel am Radius mit $\alpha = 160^{\circ}$ und ihr Ziel am Radius mit $\alpha = 200^{\circ}$ auf der Straße in Richtung mit dem Uhrzeigersinn oder in Richtung entgegen dem Uhrzeigersinn, d.h. rechtsoder linksherum, erreichen. Es besteht die Möglichkeit, die Route zu wählen. Unter der Zielsetzung der Transportkostenminimierung wird die kürzere Strecke gewählt. Vom Radius bei

---

1 <u>Solow/Vickrey</u>, S. 445.
2 Ebenda, S. 447.

$\alpha = 0^o$ wird das Ziel am Radius bei $\alpha = 160^o$ also nur linksherum und das Ziel am Radius bei $\alpha = 200^o$ nur rechtsherum angesteuert. Den gegebenen Radius mit dem Winkel $\alpha = 0^o$ wird deswegen ein rechtsherum strömender Verkehr passieren, der seinen Ursprung ausschließlich im Bereich $0^o \leq \alpha \leq 180^o$ hat, bzw. ein linksherum fließender Verkehr, der nur aus dem Bereich $180^o \leq \alpha \leq 360^o$ stammt. Beide Ströme sind wegen der Gleichverteilung der Ziele des Verkehrs über den gesamten "business district" gleich groß, so daß nur einer von ihnen bestimmt werden muß.

Wenn der Winkel $\alpha > 0^o$ infinitesimal um $d\alpha$ vergrößert wird, dann entsteht zwischen α und $\alpha + d\alpha$ ein Sektor. Der "business district" in diesem Sektor hat die Fläche $A(d\alpha/360^o)$ und erstellt ein Verkehrsvolumen in Höhe von $gA(d\alpha/360^o)$. Von diesem Verkehrsvolumen wird links- und rechtsherum je eine Hälfte an die Ziele geschickt. Der Anteil $\alpha/180^o$ der einen Hälfte, die rechtsherum fließt, passiert den Radius mit dem Winkel $\alpha = 0^o$ nicht, sondern nur der Anteil $(180^o - \alpha)/180^o$. Insgesamt passiert den Radius mit dem Winkel $\alpha = 0^o$ also ein Verkehrsvolumen in Höhe von

$$\frac{gA(180^o - \alpha)}{(360^o)^2} \, d\alpha$$

Diese Berechnung gilt für jeden kleinen Sektor des "business district" im Bereich $0^o \leq \alpha \leq 180^o$, so daß den Radius bei $\alpha = 0^o$ ingesamt ein rechtsherum fließender Verkehr in Höhe von

$$\frac{gA}{(360^o)^2} \int_{0^o}^{180^o} (180^o - \alpha) \, d\alpha$$

passiert. Die Berechnung des Integrals ergibt:

$$\frac{gA}{(360^o)^2} \left(\alpha \, 180^o - \frac{1}{2}\alpha^2 \right) \, \bigg|_{0^o}^{180^o}$$

$$= \frac{gA}{4(180^{\circ})^2} \left[(180^{\circ})^2 - \frac{1}{2}(180^{\circ})^2 \right] = \frac{gA}{8}$$

Der am Radius bei $\alpha = 0^{\circ}$ linksherum fließende Verkehr aus dem Bereich $180^{\circ} \leq \alpha \leq 360^{\circ}$ hat das gleiche Volumen, so daß bei $\alpha = 0^{\circ}$ insgesamt pro Zeiteinheit ein Verkehrsvolumen von $(1/4)gA$ gemessen wird. Weil die Bestimmung des Verkehrsvolumens nicht nur für den Radius mit dem Winkel $\alpha = 0^{\circ}$ gültig ist, sondern für jeden Winkel α mit $0^{\circ} \leq \alpha \leq 360^{\circ}$ gilt, hat das Verkehrsvolumen an jeder Stelle der Ringstadt die gleiche Höhe $(1/4)gA$.

Die Bestimmung der Transportkosten in der Ringstadt ist jetzt nicht mehr schwierig [1]. Da an jeder Stelle der Ringstadt die Straße die gleiche Breite $(WL - A)/L$ aufweist, ist auch die Verkehrsdichte überall gleich hoch und beträgt $gAL/4(WL-A)$. Es entstehen daher an jeder Stelle der Ringstadt pro Tonne Verkehr und pro Entfernungseinheit Transportkosten in Höhe von $b \left[gAL/4(WL-A) \right]^k$. Dieser Betrag muß noch mit der Höhe des Verkehrsvolumens $gA/4$ an jeder Stelle der Ringstadt multipliziert und dann über die Stadtlänge L summiert werden. Das Ergebnis gibt ganz allgemein die Höhe der gesamten Transportkosten in der Ringstadt pro Zeiteinheit an:

$$TK_R = \frac{bgAL}{4} \left[\frac{gAL}{4(WL-A)} \right]^k$$

oder

$$TK_R = b \left[\frac{gA}{4} \right]^{k+1} \frac{L^{k+1}}{(WL-A)^k} \tag{8}$$

Es soll nun festgestellt werden, wie die Stadtfläche in die gegebene Fläche A des "business district" und die gesuchte Straßenfläche S aufgeteilt werden muß, wie breit die Straße und wie lang die Stadt sein muß, damit die Transportkosten in der Ringstadt TK_R ihr Minimum TK_R^+ erreichen.

---

1 Solow/Vickrey, S. 445.

Nach Gleichung (8) sind die Transportkosten TK_R ausschließlich von der Variablen L, der Stadtlänge, abhängig und sonst nur noch von Parametern. Um die transportkostenminimale Stadtlänge und die übrigen, damit eng verknüpften transportkostenminimalen Eigenschaften der Stadtstruktur bestimmen zu können, muß Gleichung (8) nach L differenziert werden. Die erste Ableitung TK_R' lautet:

$$TK_R' = b \left[\frac{qA}{4}\right]^{k+1} \frac{(WL-A)^k(1+k)L^k - L^{k+1}k(WL-A)^{k-1}}{(WL-A)^{2k}} W$$

Weil im Minimum der Transportkosten $TK_R' = O$ sein muß (Bedingung erster Ordnung), kann die letzte große Gleichung vereinfacht werden. Es ergibt sich:

$$O = (WL-A)(1+k) - kWL$$

Daraus folgen $A = WL/(1+k)$ und $L = (A/W)(1+k)$.

Als weitere Bedingung (Bedingung zweiter Ordnung) für ein Minimum der Transportkosten muß die zweite Ableitung von TK_R nach L beim Wert $L = (A/W)(1+k)$ positiv sein. Da TK_R'' in jedem Fall und unabhängig vom Wert der Größe L positiv ist (siehe Anhang 9), ist die Bedingung zweiter Ordnung für ein Transportkostenminimum auch erfüllt.

Das Transportkostenminimum in der Ringstadt ist also ebenso wie das Transportkostenminimum in der Achsenstadt dadurch charakterisiert, daß die Straße überall die gleiche Breite $w(x) = kW/(1+k)$, der "business district" die Fläche $A = WL/(1+k)$ und die Straße die Fläche $S = kWL/(1+k)$ sowie die Stadt eine Länge von $L = A(1+k)/W$ hat. Damit ist eine der Hauptfragen an das Modell der Ringstadt beantwortet.

Um die zweite Hauptfrage beantworten zu können, ob die Stadtgestalt einen Einfluß auf die Höhe der Transportkosten im Transportkostenminimum hat, muß zunächst die Höhe der Transportkosten im Transportkostenminimum der Ringstadt berechnet werden. Hierzu wird in die Gleichung (8) für A der transportkostenminimale Wert $A = WL/(1+k)$ eingesetzt. A wird wie bereits in der Achsenstadt durch L ausgedrückt, weil sich eine Stadt besser durch die Stadtgröße L als durch die Fläche des "business district" A charakterisieren läßt. Nach dem Einsetzen für A und einigen leichten Umformungen folgt:

$$TK_R^+ = \frac{b \, W \, g^{k+1} \, L^{k+2}}{(1+k)k^k \, 4^{k+1}} \tag{9}$$

TK_R^+ wird u.a. vom Parameter k und von der Stadtlänge L bestimmt. Die folgende Tabelle 2 gibt an, wie sich TK_R^+ in Abhängigkeit von k verändert.

Tabelle 2 TK_R^+ in Abhängigkeit von k

k	TK_R^+	k	TK_R^+
1	$\dfrac{b \, W \, g^2 \, L^3}{4^2 \cdot 2}$	6	$\dfrac{b \, W \, g^7 \, L^8}{4^7 \cdot 36^3 \cdot 7}$
2	$\dfrac{b \, W \, g^3 \, L^4}{4^3 \cdot 12}$	7	$\dfrac{b \, W \, g^8 \, L^9}{4^8 \cdot 7^7 \cdot 8}$
3	$\dfrac{b \, W \, g^4 \, L^5}{4^4 \cdot 108}$	8	$\dfrac{b \, W \, g^9 \, L^{10}}{4^9 \cdot 8^8 \cdot 9}$
4	$\dfrac{b \, W \, g^5 \, L^6}{4^5 \cdot 256 \cdot 5}$	9	$\dfrac{b \, W \, g^{10} \, L^{11}}{4^{10} \cdot 9^9 \cdot 10}$
5	$\dfrac{b \, W \, g^6 \, L^7}{4^6 \cdot 625 \cdot 30}$	10	$\dfrac{b \, W \, g^{11} \, L^{12}}{4^{11} \cdot 10^{10} \cdot 11}$

Zusammenfassung

Das Modell der Ringstadt ist mit dem Modell der Achsenstadt vergleichbar, weil beide Stadtmodelle durch die gleichen Strukturdaten charakterisiert sind. Auch im Modell der
Ringstadt werden die Fragen gestellt, wie breit die Straße
sein muß, wie die Stadtfläche in den "business district" und
in die Straßenfläche aufzuteilen ist und wie lang die Stadt
sein muß, damit die Transportkosten in der gesamten Ringstadt
minimiert werden.

Zur Beantwortung dieser Fragen werden das Verkehrsvolumen,
die Verkehrsdichte und die Transportkosten an jeder Stelle
der Ringstadt bestimmt. Daraus lassen sich die gesamten Transportkosten in der Ringstadt ermitteln. Deren Ableitung nach
der Stadtlänge L führt zu den Antworten auf die eingangs gestellten Fragen: Das Transportkostenminimum in der Ringstadt
zeichnet sich ebenso wie das Transportkostenminimum in der
Achsenstadt dadurch aus, daß die Straße überall die gleiche
Breite $w(x) = kW/(1+k)$, der "business district" die Fläche
$A = WL/(1+k)$, die Straße die Fläche $S = kWL/(1+k)$ und die
Stadt die Länge $L = (A/W)(1+k)$ hat.

II Die Transportkostenminima der Achsenstadt und
    der Ringstadt im Vergleich

Im folgenden soll die zweite Hauptfrage an die Stadtmodelle gestellt und beantwortet werden. Hat die Gestalt einer
Stadt Einfluß auf die Höhe der Transportkosten im Transportkostenminimum? Wenn ja, welche Stadtgestalt verursacht das
Transportkostenminimum mit der geringsten Höhe? Welche Gründe sind dafür verantwortlich?

Die Höhe der Transportkosten im Transportkostenminimum
beträgt in der Achsenstadt TK^+ (siehe Tabelle 1) und in der
Ringstadt TK_R^+ (siehe Tabelle 2). Ein Vergleich von TK^+ mit
TK_R^+ soll zeigen, ob die transportkostenminimale Ringstadt
oder die transportkostenminimale Achsenstadt höhere Transportkosten verursacht. Es soll festgestellt werden, ob die eine
Stadtgestalt effizienter als die andere ist. Damit wird
gleichzeitig die Frage geklärt, ob die Gestalt einer Stadt
überhaupt Einfluß auf die Höhe der Transportkosten im Transportkostenminimum hat. TK^+ und TK_R^+ können nur dann verglichen werden, wenn angenommen wird, daß die Parameter b, g
und k sowie die für eine Stadt charakteristischen Größen W
und L in der Achsenstadt und in der Ringstadt jeweils gleich
groß sind. Es werden also zwei Städte von gleicher Größe miteinander verglichen. Unter den genannten Prämissen werden
auch die folgenden Vergleiche von Transportkosten vorgenommen.

Aus den Daten der Tabellen 1 und 2 wird bei jedem
Wert k die Relation TK^+/TK_R^+ bestimmt. Die Ergebnisse zeigt
die Tabelle 3. Bei k = 1 z.B. sind die Transportkosten im
Transportkostenminimum der Achsenstadt bereits mehr als zwei-
mal so groß wie die Transportkosten im Transportkostenminimum der Ringstadt. Mit steigendem k wächst die Relation
TK^+/TK_R^+ überproportional. Die Werte für k = 1 und k = 2

Tabelle 3 TK^+/TK_R^+ in Abhängigkeit von k

k	1	2	3	....	10
TK^+/TK_R^+	2,13	3,66	6,5	....	529,4

finden sich auch bei Solow und Vickrey [1]. Für k $\geq$ 1 entstehen mit transportkostenminimalen Flächenstrukturen in der
Ringstadt also geringere Transportkosten als in
der Achsenstadt. Daraus folgt zum einen, daß die ringförmige
Stadtgestalt der linearen Stadtgestalt eindeutig überlegen
ist und diese Überlegenheit mit steigendem k zunimmt. Zum
anderen folgt daraus, daß in diesem Fall die Gestalt einer
Stadt auf die Höhe der Transportkosten im Transportkostenminimum einen Einfluß ausübt. Welches sind die Gründe
für die Überlegenheit der ringförmigen Stadtgestalt?

Solow und Vickrey führen die höhere Effizienz der ringförmigen Stadtgestalt darauf zurück, daß eine Fahrt in der
Ringstadt maximal eine Länge von L/2 hat, während in
der Achsenstadt die längste Distanz L mißt [2].

Im folgenden soll untersucht werden, ob dieser Unterschied in der maximalen Fahrtenlänge tatsächlich die höhere Effizienz der Ringstadt begründet. Zu diesem Zweck soll
angenommen werden, daß in der transportkostenminimalen Ringstadt statt des bisher möglichen Verkehrs in zwei Richtungen (die so charakterisierte Ringstadt soll als Ringstadt 1
bezeichnet werden) nur noch ein Einbahnverkehr im Uhrzeigersinn (Ringstadt 2) gestattet sein soll. Die maximale Fahrtenlänge beträgt jetzt L statt L/2. Den gegebenen Radius

---

1 Solow/Vickrey, S. 447.
2 Ebenda, S. 447.

mit dem Winkel $\alpha = 0^{\circ}$ passiert ein Verkehr, der seinen Ursprung überall in der Ringstadt, also in jedem Winkel α
des Intervalls $0^{\circ} \leq \alpha \leq 360^{\circ}$ hat. Ein gegebener Winkel $\alpha > 0^{\circ}$
soll infinitesimal um $d\alpha$ vergrößert werden. In diesem Sek-
tor wird ein Verkehrsvolumen von $gA(d\alpha/360^{\circ})$ geschaffen,
das insgesamt rechtsherum an die Ziele geschickt wird. Nur
der Anteil $(360^{\circ} - \alpha)/360^{\circ}$ passiert den Radius mit $\alpha = 0^{\circ}$.
Insgesamt fließt am Radius mit $\alpha = 0^{\circ}$ ein Verkehrsvolumen
von

$$\frac{gA\ (360^{\circ} - \alpha)}{(360^{\circ})^2}\ d\alpha$$

vorbei. Diese Berechnung gilt für jeden Sektor im Bereich
von $\alpha = 0^{\circ}$ bis $\alpha = 360^{\circ}$, so daß den Radius bei $\alpha = 0^{\circ}$ insgesamt ein Verkehrsvolumen von

$$\frac{gA}{(360^{\circ})^2} \int_{0^{\circ}}^{360^{\circ}} (360^{\circ} - \alpha)\ d\alpha$$

passiert. Die Berechnung des Integrals ergibt:

$$\frac{gA}{(360^{\circ})^2}\ (\alpha 360^{\circ} - \frac{1}{2}\alpha^2)\ \Big|_{0^{\circ}}^{360^{\circ}}$$

$$= \frac{gA}{(360^{\circ})^2}\left[(360^{\circ})^2 - \frac{1}{2}(360^{\circ})^2\right] = \frac{gA}{2}$$

Das Verkehrsvolumen an jeder Stelle der Ringstadt 2
ist also doppelt so groß wie das Verkehrsvolumen in der
Ringstadt 1. Die Verdopplung der maximalen Fahrtenlänge verdoppelt also auch das Verkehrsvolumen. Daraus folgt, daß

die Transportkosten im Transportkostenminimum der Ringstadt 2
auf jeden Fall höher sein werden als die Transportkosten
im Transportkostenminimum der Ringstadt 1.

In der transportkostenminimalen Achsenstadt erreicht
das Verkehrsvolumen in der Stadtmitte eine maximale Höhe
von $v(L/2) = (1/2)gA$ und an den Stadtenden eine Höhe von
null. Außer in der Stadtmitte ist das Verkehrsvolumen an
jeder Stelle der Achsenstadt geringer als das Verkehrsvolumen in der Ringstadt 2. Das Transportkostenminimum wird also in der Achsenstadt ebenfalls ein geringeres Niveau haben
als in der Ringstadt 2. Obwohl in beiden Stadtmodellen die
maximale Fahrtenlänge gleich ist, ist die transportkostenminimale Achsenstadt also effizienter als die transportkostenminimale Ringstadt 2.

Das Verkehrsvolumen der transportkostenminimalen Ringstadt 1 ist mit $(1/4)gA$ geringer als das Verkehrsvolumen
im Mittelbereich der transportkostenminimalen Achsenstadt.
Nur in den zwei Außenbereichen der Achsenstadt ist das Verkehrsvolumen der Achsenstadt geringer als das der Ringstadt 1.
Obwohl also die Effizienz von Teilen der Ringstadt 1 gegenüber der der zwei Außenbereiche der Achsenstadt geringer
ist, muß doch die höhere Effizienz von Teilen der Ringstadt 1
im Vergleich mit der des Mittelbereichs der Achsenstadt soviel größer sein, daß die Ringstadt 1 insgesamt effizienter
als die Achsenstadt ist. Denn insgesamt entsteht in der
transportkostenminimalen Ringstadt 1 ein Transportkostenminimum auf geringerem Niveau als in der transportkostenminimalen Achsenstadt.

Die transportkostenminimale Achsenstadt ist also effizienter als die transportkostenminimale Ringstadt 2 und nicht so
effizient wie die transportkostenminimale Ringstadt 1. Weil
die beiden Ringstadtmodelle sich nur in der Annahme über die
maximale Fahrtenlänge unterscheiden, ist es also richtig,
daß die geringere maximale Fahrtenlänge mit ihren Konsequenzen für das Verkehrsvolumen die entscheidende Voraussetzung

für die höhere Effizienz der transportkostenminimalen Ringstadt 1 im Vergleich mit der Effizienz der transportkostenminimalen Achsenstadt bildet.

Die Folgerung, daß, nach den Daten der Tabelle 3 zu urteilen, die ringförmige Stadtgestalt der linearen Stadtgestalt eindeutig überlegen ist, muß nach den bisherigen Untersuchungen modifiziert werden. Denn die höhere Effizienz
der Ringstadt 1 kann nicht allein auf die ringförmige Stadtgestalt zurückgeführt werden, ist also nicht allein durch
die Stadtgestalt bedingt. Die ringförmige Stadtgestalt ist
nicht per se bereits Ursache und Garant dieser größeren
Effizienz. Das zeigt der Vergleich der Ringstadt 2 mit der
Achsenstadt. Neben der Stadtgestalt spielt die Routenwahl
bzw. Routenfestlegung eine große Rolle. In der Ringstadt
muß eine rationale Routenwahl möglich sein. Es muß die Möglichkeit eines Verkehrs in zwei Richtungen statt eines Einbahnverkehrs gewährleistet sein. Erst dann können die der
ringförmigen Stadtgestalt immanenten Verkehrsvorteile wirksam werden und zu einer vergleichsweise höheren Effizienz
führen. In diesem modifizierten Sinne kann von einer eindeutig höheren Effizienz der ringförmigen Stadtgestalt im Vergleich mit der linearen Stadtgestalt gesprochen werden.

Zusammenfassung

Die Transportkostenminima der Achsenstadt und der Ringstadt werden verglichen, um die zweite Hauptfrage an die Stadtmodelle zu beantworten: Hat die Gestalt einer Stadt Einfluß
auf die Höhe der Transportkosten im Transportkostenminimum?
Wenn ja, welche Stadtgestalt verursacht aus welchen Gründen
das Transportkostenminimum mit der geringsten Höhe?

Es zeigt sich zum einen, daß die Stadtgestalt einen Einfluß auf die Höhe der Transportkosten im Transportkostenminimum ausübt, denn die Transportkostenminima der Ringstadt
und der Achsenstadt liegen auf unterschiedlichem Niveau. Zum
anderen ist die ringförmige Stadtgestalt der linearen Stadtgestalt eindeutig überlegen. Der Grund dieser höheren Effizienz
der Ringstadt liegt in der Möglichkeit einer rationalen Routenwahl. In der Ringstadt kann im Gegensatz zur Achsenstadt jeder
Punkt auf zwei Wegen erreicht werden. Die maximale Fahrtenlänge ist daher nur halb so groß wie in der Achsenstadt.

D Das Modell der Sternstadt mit vier Strahlen

   I Die Darstellung des Modells und die Bestimmung
     des Transportkostenminimums

Die Sternstadt soll mit der Achsenstadt und der Ringstadt vergleichbar sein. Deshalb müssen die charakteristischen Strukturdaten der Achsenstadt auf die Sternstadt übertragen werden. Es ergibt sich für deren Gestalt, deren
Flächenstruktur und deren Ausmaße folgendes (siehe Abbildung 10).

In der Sternstadt soll es keinen Außenring geben. Die
Sternstadt soll aus vier Strahlen bestehen, die sternförmig
um das Zentrum der Stadt gruppiert sind. Die Länge jedes
Strahles beträgt L_S. Die Summe der Strahlenlängen soll
gleich der Länge der Achsenstadt sein, d.h. $L = 4L_S$.
Die Breite jedes Strahles ist gleich der Breite W der
Achsenstadt. Die Fläche der vier Strahlen zusammen soll
gleich der Fläche der Achsenstadt sein, also $WL = 4WL_S$.
Der "business district" liegt nur auf den Strahlen. Die
gesamte Fläche des "business district" in der Sternstadt
beträgt A wie in der Achsenstadt auch. Der "business
district" verteilt sich gleichmäßig auf die Strahlen, so
daß in der Sternstadt mit vier Strahlen pro Strahl eine
Fläche von (1/4)A liegt. Aus diesen Annahmen folgt, daß
(1/4)S der Straßenfläche der Achsenstadt in jedem Strahl
der Sternstadt zu finden ist. Die Straße soll wie in der
Achsenstadt in der Mitte der Strahlen verlaufen. Alle
Strahlen sind identisch. Es muß nur einer von ihnen analysiert werden, wenn man Aussagen über die Gesamtheit aller
Strahlen formulieren will. Die Sternstadt "entsteht" also
aus der in vier gleiche Teile zerlegten Achsenstadt.

Das Zentrum der Sternstadt, in dem alle vier Strahlen
münden, hat eine Fläche von W^2 und das Aussehen eines
Quadrates. Das Zentrum ist ein neues Stadtelement, das in
der Achsenstadt und in der Ringstadt nicht auftaucht,
weil es dort nicht benötigt wird. Das Zentrum hat nur die

Aufgabe, den Verkehr zu verteilen.Im Zentrum entsteht und
endet kein Verkehr. Verkehr kann nur im "business district"
eines Strahles entstehen und enden. Liegen Ursprung und
Ziel des Verkehrs im "business district" unterschiedlicher
Strahlen, dann muß der Verkehr durch das Zentrum fließen,
um seinen Bestimmungsort zu erreichen.

Abb. 10   Die Gestalt und die Flächenstruktur der
            Sternstadt mit vier Strahlen

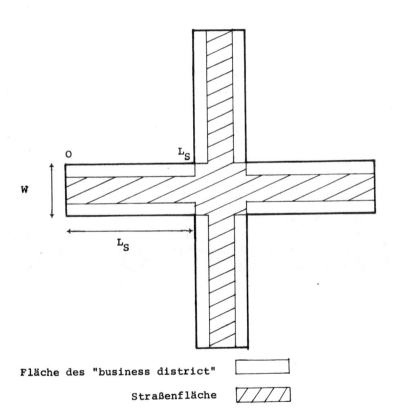

Fläche des "business district"

Straßenfläche

Alle Annahmen des Modells der Achsenstadt gelten auch
im Modell der Sternstadt und sollen deshalb, soweit keine
Modifikationen notwendig werden, nicht wiederholt werden.
Die Fragen, die an das Modell der Sternstadt gerichtet werden, sind die gleichen, die im Modell der Achsenstadt zu

lösen sind. Gesucht ist die Größe L bzw. die Länge eines
Strahles L_S, bei der die Transportkosten in der gesamten
Stadt minimiert werden. Es müssen also die Transportkosten in den vier Strahlen und, das ist neu gegenüber
den bisherigen Modellen, die Transportkosten im
Zentrum untersucht werden. Mit der Suche nach der transportkostenminimalen Strahlenlänge L_S wird implizit nach der
transportkostenminimalen Aufteilung der Fläche aller vier
Strahlen in die gegebene Fläche A des "business district"
und die gesuchte Straßenfläche S der Strahlen gefragt. Weil
die Fläche des Zentrums auf jeden Fall nur als Straßenfläche genutzt wird, wird damit also auch die gesamte Fläche
der Sternstadt transportkostenminimal aufgeteilt. Gleichzeitig wird mit der Suche nach der transportkostenminimalen
Strahlenlänge L_S die transportkostenminimale Gestalt und
Breite der Straße und des "business district" in den Strahlen zu bestimmen versucht. Die Gestalt und die Breite der
Straße im Zentrum bleiben davon unberührt. Das folgende
Vorgehen zur Lösung dieser Fragen ist angelehnt an das Vorgehen bei der Bestimmung des Transportkostenminimums in
der Achsenstadt.

Es soll stellvertretend für die vier Strahlen nur der
westliche Strahl der Sternstadt aus der Abbildung 10 untersucht werden. Die Lage jedes einzelnen Punktes auf dem
Strahl wird mit x bezeichnet, wobei $0 \leq x \leq L_S$ ist, und
$x = 0$ das westliche Strahlenende und $x = L_S$ das Strahlenende am Zentrum bezeichnen. Die Fläche des "business district"
am westlichen Ende des Strahles beträgt $y(0) = 0$ und am
östlichen Ende $y(L_S) = A/4$.

Das Verkehrsvolumen auf dem Strahl der Sternstadt kann
genauso wie das Verkehrsvolumen in der Achsenstadt bestimmt
werden. An der Stelle x des Strahles fließt also insgesamt
ein Verkehrsvolumen $v(x)$ in Höhe von (siehe S. 15 - 16)

$$v(x) = \frac{2g \; y(x) \; [A-y(x)]}{A}$$

Die im Achsenstadtmodell geführte Diskussion über die Abhängigkeit des $v(x)$ von x gilt auch für die Sternstadt. Am
westlichen Ende des Strahles bei $x = 0$ beträgt das Verkehrs-

volumen

$$v(0) = \frac{2g \, y(0) \, [A-y(0)]}{A} = 0$$

weil $y(0) = 0$ ist. Am östlichen Ende des Strahles bei $x = L_S$ hat das Verkehrsvolumen, weil $y(L_S) = (1/4)A$ ist, die Größe

$$v(L_S) = \frac{2g \, \frac{1}{4}A \left[A - \frac{1}{4}A \right]}{A} = \frac{3}{8} \, gA$$

Für jedes x mit $0 < x \leq L_S$ ist das Verkehrsvolumen positiv. Auf Seite 16 ff wird gezeigt, daß für x mit $0 \leq x \leq L/4 = L_S$ die erste Ableitung $v'(x) > 0$ ist. Es folgt ganz grob für das Verkehrsvolumen auf dem Strahl der Sternstadt: $v(x)$ beträgt null am westlichen Ende des Strahles bei $x = 0$. Mit steigendem x für $0 < x \leq L_S$ nimmt $v(x)$ zu, bis es schließlich direkt am Zentrum der Sternstadt bei $x = L_S$ den maximalen Wert $v(L_S) = (3/8)gA$ annimmt. Das Verkehrsvolumen auf dem Strahl der Sternstadt wird in der Abbildung 4 durch die Kurve für alle x im Bereich $0 \leq x \leq L/4$ dargestellt. Dies Ergebnis gilt für jede Gestalt der Straße und für jede Länge L bzw. L_S.

Die Ausführungen zur Verkehrsdichte und zu den Kosten der Verkehrsdichte im Modell der Achsenstadt können unverändert auf die Sternstadt übertragen werden. Auf einem Strahl der Sternstadt entstehen also insgesamt Transportkosten in Höhe von (siehe S. 20):

$$\int_0^{L_S} v(x) \, f \left[\frac{v(x)}{w(x)} \right] dx$$

Auf allen vier Strahlen betragen die Transportkosten insgesamt (siehe S. 20):

$$TK_{4Str} = 4 \int_0^{L_S} v(x) \, f\left[\frac{v(x)}{w(x)}\right] dx$$

$$TK_{4Str} = 4b \left[\frac{2g}{A}\right]^{k+1} \int_0^{L_S} \frac{[y(x)]^{k+1} [A-y(x)]^{k+1}}{[W-y'(x)]^k} \, dx \qquad (10)$$

Es müssen noch die Transportkosten, die im Zentrum der Sternstadt entstehen, bestimmt werden. Das soll im folgenden geschehen.

Die Lenkung und die Verteilung des Verkehrs im Zentrum können auf verschiedene Weise organisiert sein. Es kann eine durch Ampeln gesteuerte Kreuzung auf einer Ebene den Verkehr lenken. Oder es können die Nachteile der Kreuzung auf einer Ebene durch eine kreuzungsfreie Straßenführung über mehrere Ebenen vermieden werden. Eine weitere Möglichkeit bietet ein Kreisverkehr auf einer Ebene, der nur eine Fahrtrichtung entgegen dem Uhrzeigersinn gestattet usw.

Von allen diesen Möglichkeiten soll in diesem Modell der Sternstadt die letztere aus folgenden Gründen unterstellt werden. Das System des Einbahnverkehrs auf einer ringförmigen Straße (Innenring) ermöglicht gegenüber der durch Ampeln gesteuerten Kreuzung das Einschleusen des Verkehrs in das Zentrum bzw. in die Strahlen, ohne den Verkehrsfluß wesentlich zu unterbrechen oder zu stoppen. Dies ist wichtig, weil die Transportkostenbestimmung auf einen Zeitpunkt bezogen ist und einen kontinuierlichen Verkehrsfluß unterstellt. Wenn der Verkehrsfluß durch Ampeln gestoppt würde, dann entständen neue und zusätzliche Kosten in Form von Haltekosten, die bislang in den untersuchten Stadtmodellen nicht auftreten. Eine kreuzungsfreie Straßen-

führung über mehrere Ebenen verursacht sehr viel höhere
Infrastrukturkosten für den Bau und die Erhaltung der
Brücken, Auffahrten etc. als ein Einbahnverkehr auf einem
Innenring. Die Berechnung der Straßenbreite und der zu
fahrenden Distanzen, die nötig ist für die Bestimmung der
Transportkosten, ist in diesem System von Brücken und Auffahrten sehr viel schwieriger als beim Einbahnverkehr auf
einem Innenring. Wie später in diesem Kapitel gezeigt werden kann, ist darüber hinaus die Organisation der Verkehrslenkung im Zentrum ohne Bedeutung für die Bestimmung der
transportkostenminimalen Strukturdaten der Sternstadt. Es
genügt daher, ein relativ einfaches System der Verkehrslenkung im Zentrum zu unterstellen.

Die gesamte Fläche des Zentrums wird als Straßenfläche
für den Innenring verwendet. Der Verkehr fließt entgegen

Abb. 11   Die Verteilung des Verkehrsvolumens im Zentrum
           der Sternstadt

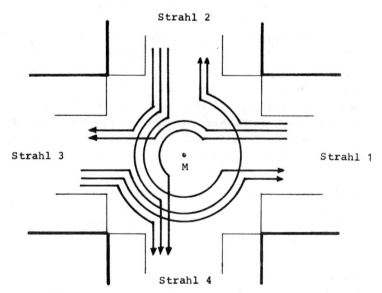

dem Uhrzeigersinn um den Mittelpunkt M des Zentrums. Die
Breite der Straße betrage W/2. Die Straßenbreite soll fest
vorgegeben sein. (Die Straßenbreite könnte variiert werden,
doch wäre dies ein anderes Modell.) Zwar könnte die Straßen-

breite an einigen Stellen, z.B. von M aus entlang einer
Diagonalen des quadratischen Zentrums gemessen, breiter
als W/2 sein. Aus Gründen der Operationalität soll dies aber
vernachlässigt werden, so daß die Straßenfläche des Zentrums
nicht W^2, sondern nur $(\pi/4)W^2$ beträgt.

Im folgenden soll das Verkehrsvolumen auf dem Innenring bestimmt werden. Es wurde oben festgestellt, daß das
Verkehrsvolumen an der Stelle $x = L_S$ jedes Strahles, d.h.
kurz vor der Einmündung der Straße z.B. des Strahles 3 in
den Innenring eine Höhe von $v(L_S) = (3/8)gA$ besitzt. Zu
beachten ist, daß dieser Betrag die zwei gleich großen in
den Strahl hinein- und aus dem Strahl herausfließenden Verkehrsströme mißt. Aus jedem Strahl fließt also ein Verkehrsvolumen von (3/16)gA in den Innenring. Wegen der Gleichverteilung der Ziele des Verkehrs über den gesamten "business district" der Sternstadt fließt jeweils ein Drittel
von (3/16)gA in jeden der drei übrigen Strahlen hinein,
also (1/16)gA.

Es soll an der Stelle x des Innenringes zwischen den
Strahlen 3 und 4 das Verkehrsvolumen bestimmt werden.
(In der Abbildung 11 repräsentiert jede der Pfeilstrecken
auf den Straßen der Strahlen und auf dem Innenring ein Verkehrsvolumen in Höhe von (1/16)gA sowie die Richtung des
Verkehrsflusses.) Aus dem Strahl 3 fließt insgesamt ein Volumen von (3/16)gA, das in voller Höhe an der Stelle x vor-
beifließt und erst danach auf die übrigen drei Strahlen verteilt wird. Der Strahl 2 entläßt ein Volumen von (3/16)gA,
von dem (1/16)gA in den Strahl 3 fließt und nur noch
(2/16)gA die Stelle x passieren. Vom Verkehrsvolumen aus dem
Strahl 1 fließt je (1/16)gA in die Strahlen 2 und 3 und nur
noch (1/16)gA an der Stelle x vorbei. Aus dem Strahl 4
strömt kein Verkehr an x vorbei. Insgesamt passiert die Stelle x also ein Verkehrsvolumen in Höhe von (3/8)gA. Die Bestimmung des Verkehrsvolumens gilt nicht nur für diese eine
Stelle, sondern für jede Stelle des Innenringes. Auf dem
Innenring hat das Verkehrsvolumen daher eine überall gleiche
Höhe von (3/8)gA. Diese ist identisch mit der Höhe des Verkehrsvolumens in den Strahlen am Punkt L_S.

Die Transportkosten im Zentrum der Sternstadt lassen
sich jetzt leicht bestimmen. Die Verkehrsdichte an jeder
Stelle x des Innenringes hat den Wert $v(x)/w(x) = (3/4)gA/W$.
Es entstehen daher an jeder Stelle des Innenringes pro Tonne Verkehr und pro Entfernungseinheit Transportkosten in
Höhe von $b\left[(3/4)gA/W\right]^k$. Nun ist die Straßenlänge noch unbekannt. Die Länge des Innenringes soll durch den Umfang U
des Kreises gemessen werden, auf dem die Mitte des Innenringes verläuft. Der Radius dieses Kreises beträgt $r = W/4$, so
daß der Umfang und damit die Länge des Innenringes
$U = 2\pi r = (1/2)\pi W$ beträgt. Die Transportkosten pro Tonne
Verkehr und pro Entfernungseinheit $b\left[(3/4)gA/W\right]^k$ müssen noch
mit dem Verkehrsvolumen $(3/8)gA$ an jeder Stelle des Innenringes multipliziert und über die gesamte Innenringlänge U
summiert werden. Das Ergebnis gibt die gesamten Transportkosten auf dem Innenring im Zentrum der Sternstadt pro
Zeiteinheit an:

$$TK_{4Z} = \frac{\pi b}{4W^{k-1}} \left[\frac{3gA}{4}\right]^{k+1} \tag{11}$$

Die gesamten Transportkosten in der Sternstadt mit vier
Strahlen, also die Kosten auf den Strahlen und im Zentrum
betragen (siehe Gleichungen (10) und (11)):

$$TK_{4S} = TK_{4Str} + TK_{4Z}$$

$$TK_{4S} = 4b\left[\frac{2g}{A}\right]^{k+1} \int_0^{L_S} \frac{[y(x)]^{k+1}[A-y(x)]^{k+1}}{[W-y'(x)]^k}\, dx$$

$$+ \frac{\pi b}{4W^{k-1}} \left[\frac{3gA}{4}\right]^{k+1} \tag{12}$$

Um die anfangs gestellte Frage nach der transportkostenminimalen Straßengestalt und Straßenbreite , der
transportkostenminimalen Flächenaufteilung und der transportkostenminimalen Länge der Strahlen zu beantworten, muß
die Funktion y(x) bestimmt werden, die die Transportkosten TK_{4S} unter den Nebenbedingungen y(0) = 0, $y(L_S)$ = A/4
und $0 \leq y'(x) \leq W$ minimiert.

Es ist auffallend, daß die Höhe der Transportkosten im
Zentrum TK_{4Z} nur von Parametern und gar nicht von y(x) oder
y'(x) bestimmt wird. Es ist daher für die Höhe von TK_{4Z} völlig gleichgültig, welche Form die Funktion y(x) annimmt. Die
Höhe der Transportkosten im Zentrum bleibt davon unbeeinflußt.
Der Umfang des Problems kann deshalb reduziert werden. Es
braucht nicht mehr nach dem Minimum der Transportkosten in
der gesamten Sternstadt TK_{4S} in Abhängigkeit von y(x) gesucht zu werden, sondern nur noch nach dem Minimum der Transportkosten auf den vier Strahlen TK_{4Str} in Abhängigkeit von
y(x). Damit ist die mathematische Lösung dieser Allokationsaufgabe wieder zu dem bereits früher behandelten Problem der
Variationsrechnung geworden. Gleichung (2) muß daher im
folgenden untersucht werden.

Aus der Gleichung (2) kann die gesuchte Funktion y(x) in
bekannter, leicht modifizierter Weise ermittelt werden. Die
Konstante C in (2) kann sein: $C \gtrless 0$
1. Es soll $C \leq 0$ sein. An der Stelle x = 0 gilt y(x) = 0.
   Daraus folgt für die rechte Seite der Gleichung (2),
   daß sie null ist. Dies widerspricht aber der anfänglichen Annahme $C \leq 0$. Folglich ist $C \leq 0$ als Lösung ausgeschlossen.

2. Es soll C = 0 sein. Die Argumentation unter 1. schließt
   nicht aus, daß C = 0 ist. Für alle übrigen Punkte x
   im Intervall $0 < x \leq L_S$ gilt, daß die Ausdrücke y(x) und
   A-y(x) auf jeden Fall positiv sind. Auch der Ausdruck
   W-y'(x) muß positiv sein, weil sonst die Straße unterbrochen wäre. Damit die Annahme C = 0 gelten kann, muß
   der Ausdruck W-(1+k)y'(x) = 0 sein. Daraus folgt, daß
   y'(x) = W/(1+k) für alle x im Bereich $0 < x \leq L_S$ sein
   muß. An der Stelle x = 0 kann $W-(1+k)y'(x) \gtrless 0$
   und dennoch C = 0 erfüllt sein. Da y(x) aber ste-

tig ist, muß wie für x mit $0 < x \leq L_S$ auch für x = 0
gelten, daß y'(x) = W/(1+k) ist. Das Integral von
y'(x) ist die gesuchte Funktion y(x) = Wx/(1+k).
(Die Integrationskonstante ist wegen y(0) = 0 ebenfalls null.) An der Stelle x = L_S beträgt
$y(L_S)$ = WL_S/(1+k) und muß gleich A/4 sein. Weil
W-y'(x) = w(x) ist, folgt w(x) = kW/(1+k).

Aus diesen Überlegungen geht hervor, daß die transportkostenminimale Gestalt der Straßen auf den Strahlen der Sternstadt, in der Achsenstadt und in der Ringstadt völlig gleich
ist. Die Straße muß überall eine gleiche Breite von
w(x) = kW/(1+k) haben. Die transportkostenminimale Flächenaufteilung in den Strahlen der Sternstadt und die transportkostenminimale Länge L der Sternstadt sind völlig gleich den
entsprechenden transportkostenminimalen Größen der anderen
Stadtmodelle. Die transportkostenminimale Sternstadt ist dadurch gekennzeichnet, daß A = WL/(1+k) ist. Die transportkostenminimale Länge L_S des einzelnen Strahles muß betragen:

$$L_S = L/4 = (1/4) \ (1+k)A/W$$

Zusammenfassung

Das Modell der Sternstadt ist mit den Modellen der Achsenstadt und der Ringstadt vergleichbar, weil sich diese Stadtmodelle durch die gleichen Strukturdaten auszeichnen. Wie in
den beiden Modellen zuvor, so sollen auch im Modell der Sternstadt die Fragen beantwortet werden, wie die Straßengestalt
und die Straßenbreite gewählt werden müssen, wie die Stadtfläche in den "business district" und die Straßenfläche aufzuteilen ist und wie groß die Summe der Strahlenlängen sein muß,
damit in der Stadt insgesamt ein Minimum der Transportkosten
erreicht wird.

Aus Symmetriegründen genügt es, statt der vier Strahlen nur einen Strahl zu untersuchen. Auf diesem Strahl werden an jeder Stelle das Verkehrsvolumen, die Verkehrsdichte und die Transportkosten bestimmt. Daraus lassen sich die Transportkosten auf dem gesamten Strahl und daraus die Transportkosten auf allen vier Strahlen ermitteln.

Das Zentrum der Stadt wird ausschließlich als Straßenfläche, d. h. als Innenring verwendet. Der Verkehr fließt entgegen dem Uhrzeigersinn um den Mittelpunkt des Zentrums. Der Innenring dient als Verkehrsverteiler für die Strahlen. Aus der Höhe des Verkehrsvolumens auf den Strahlen läßt sich die Höhe des Verkehrsvolumens auf dem Innenring berechnen. Nach der Bestimmung der Verkehrsdichte können die gesamten Transportkosten auf dem Innenring ermittelt werden.

Es zeigt sich, daß für die eingangs gestellten Fragen die Transportkosten im Zentrum keine Rolle spielen und deshalb vernachlässigt werden können. Es werden nur noch die Transportkosten auf den vier Strahlen untersucht. Als Antwort auf die Fragen ergibt sich danach folgendes: Das Transportkostenminimum in der Sternstadt mit vier Strahlen zeichnet sich ebenso wie das Transportkostenminimum in der Achsenstadt und in der Ringstadt dadurch aus, daß die Straße überall auf den Strahlen die gleiche Breite $w(x) = kW/(1+k)$, der "business district" die Fläche $A = WL/(1+k)$, die Straße auf den vier Strahlen die Fläche $S = kWL/(1+k)$ hat und daß die Länge der vier Strahlen insgesamt $L = (A/W)(1+k)$ beträgt.

II Die Interpretation des Transportkostenminimums

Das Minimum der Transportkosten in den vier Strahlen der Sternstadt TK^+_{4Str} wird bestimmt, wenn für A, y'(x) und y(x) in die Gleichung(10) die entsprechenden transportkostenminimalen Werte eingesetzt werden. Dies geschieht analog der Bestimmung des Transportkostenminimums in der Achsenstadt TK^+ (siehe Anhang 1a). Es ergibt sich

$$TK^+_{4Str} = 4\left[\frac{2q}{L}\right]^{k+1} \frac{bWk^{-k}}{1+k} \int_0^{L_S} (-x^2 + xL)^{k+1} \; dx \qquad (13)$$

Die gleichen Werte A, y'(x) und y(x) werden in die Gleichung (11) eingesetzt. Es folgt für die Transportkosten des Zentrums einer transportkostenminimalen Sternstadt:

$$TK^+_{4Z} = \frac{\pi bW^2}{4} \left[\frac{3qL}{4(1+k)}\right]^{k+1} \qquad (14)$$

Das Minimum aller Transportkosten in der Sternstadt hat die Größe

$$TK^+_{4S} = TK^+_{4Str} + TK^+_{4Z} \qquad (15)$$

Die Größen TK^+_{4S}, TK^+_{4Str} und TK^+_{4Z} werden u.a. vom Parameter k und von der Größe L bzw. L_S bestimmt. Die folgende Tabelle 4 zeigt, wie sich TK^+_{4S}, TK^+_{4Str} und TK^+_{4Z} mit k verändern.

Um später einen umfassenden Vergleich der verschiedenen Stadtgestalten vornehmen zu können, muß noch einige Vorarbeit geleistet werden. Die Charakteristika des Transportkosten-

Tabelle 4
(Teil 1)

Die Abhängigkeit der Größen TK^+_{4Str}, TK^+_{4Z} und TK^+_{4S} von k

k	TK^+_{4Str}	TK^+_{4Z}
1	$\dfrac{53bWg^2L^3}{2^7 \cdot 15}$	$\dfrac{9\pi bW^2g^2L^2}{2^8}$
2	$\dfrac{17^2bWg^3L^4}{2^{11} \cdot 105}$	$\dfrac{\pi bW^2g^3L^3}{2^8}$
3	$\dfrac{11^2 \cdot 53\, bWg^4L^5}{2^{14} \cdot 3^5 \cdot 35}$	$\dfrac{3^4\pi bW^2g^4L^4}{2^{18}}$
4	$0,050\ 723\ 473\ 58\ \dfrac{2bWg^5L^6}{4^7 \cdot 5}$	$\dfrac{3^5\pi bW^2g^5L^5}{4^6 \cdot 5^5}$
5	$0,033\ 131\ 012\ 88\ \dfrac{2bWg^6L^7}{3 \cdot 4^4 \cdot 5^5}$	$\dfrac{\pi bW^2g^6L^6}{2^6 \cdot 4^7}$
6	$0,022\ 023\ 352\ 9\ \dfrac{2bWg^7L^8}{3^6 \cdot 4^7 \cdot 7}$	$\dfrac{3^7\pi bW^2g^7L^7}{4^8 \cdot 7^7}$
7	$0,014\ 838\ 866\ 55\ \dfrac{2^7bWg^8L^9}{4^9 \cdot 7^7}$	$\dfrac{3^8\pi bW^2g^8L^8}{2^8 \cdot 4^{17}}$
8	$0,010\ 106\ 047\ 97\ \dfrac{bWg^9L^{10}}{2^9 \cdot 8^8 \cdot 9}$	$\dfrac{\pi bW^2g^9L^9}{3^9 \cdot 4^{10}}$
9	$0,006\ 943\ 211\ 66\ \dfrac{bWg^{10}L^{11}}{2^{10} \cdot 9^9 \cdot 10}$	$\dfrac{3^{10}\pi bW^2g^{10}L^{10}}{4^{11} \cdot 10^{10}}$
10	$0,004\ 805\ 022\ 63\ \dfrac{bWg^{11}L^{12}}{2^{21} \cdot 5^{10} \cdot 11}$	$\dfrac{3^{11}\pi bW^2g^{11}L^{11}}{2^{24} \cdot 11^{11}}$

Tabelle 4

(Teil 2)

Die Abhängigkeit der Größen TK^+_{4Str}, TK^+_{4Z} und TK^+_{4S} von k

k	TK^+_{4S}
1	$bWg^2L^2 \left[\dfrac{53L}{64 \cdot 30} + \dfrac{9\pi W}{16^2} \right]$
2	$bWg^3L^3 \left[\dfrac{17^2 L}{16^2 \cdot 24 \cdot 35} + \dfrac{\pi W}{16^2} \right]$
3	$bWg^4L^4 \left[\dfrac{11^2 \cdot 53L}{4^7 \cdot 9 \cdot 27 \cdot 35} + \dfrac{81\pi W}{4 \cdot 16^4} \right]$
4	$bWg^5L^5 \left[\dfrac{2 \cdot 0{,}050\ 723\ 473\ 58L}{4^7 \cdot 5} + \dfrac{3^5 \pi W}{4^6 \cdot 5^5} \right]$
5	$bWg^6L^6 \left[\dfrac{2 \cdot 0{,}033\ 131\ 012\ 88L}{3 \cdot 4^4 \cdot 5^5} + \dfrac{\pi W}{2^6 \cdot 4^7} \right]$
6	$bWg^7L^7 \left[\dfrac{2 \cdot 0{,}022\ 023\ 352\ 9L}{3^6 \cdot 4^7 \cdot 7} + \dfrac{3^7 \pi W}{4^8 \cdot 7^7} \right]$
7	$bWg^8L^8 \left[\dfrac{0{,}014\ 838\ 866\ 55L}{2^{11} \cdot 7^7} + \dfrac{3^8 \pi W}{2^8 \cdot 4^{17}} \right]$
8	$bWg^9L^9 \left[\dfrac{0{,}010\ 106\ 047\ 97L}{2^9 \cdot 8^8 \cdot 9} + \dfrac{\pi W}{3^9 \cdot 4^{10}} \right]$
9	$bWg^{10}L^{10} \left[\dfrac{0{,}006\ 943\ 211\ 66L}{2^{10} \cdot 9^9 \cdot 10} + \dfrac{3^{10} \pi W}{4^{11} \cdot 10^{10}} \right]$
10	$bWg^{11}L^{11} \left[\dfrac{0{,}004\ 805\ 022\ 63L}{2^{21} \cdot 5^{10} \cdot 11} + \dfrac{3^{11} \pi W}{2^{24} \cdot 11^{11}} \right]$

minimums in der Sternstadt sind noch unbekannt. Es sollen daher die Bestandteile dieses Minimums , die Größen TK^+_{4Str} und TK^+_{4Z}, miteinander verglichen werden. Es soll festgestellt werden, welche Größe den gewichtigsten Beitrag zum Minimum der gesamten Transportkosten leistet und aus welchen Gründen dies so ist.

Zu diesem Zweck soll gefragt werden, ob bei k = 1 z.B. $TK^+_{4Str} \gtrless TK^+_{4Z}$ ist? Es werden der Tabelle 4 die entsprechenden Werte entnommen. Die Rechnung zeigt, daß $TK^+_{4Str} \gtrless TK^+_{4Z}$ ist, wenn L/W $\gtrless$ 4 bzw. $L_S/W \gtrless$ 1 ist. TK^+_{4Str} ist also nur dann größer als TK^+_{4Z}, wenn die Summe L der Strahlenlängen mehr als viermal so groß ist wie die Breite W eines Strahles. Diese Rechnung wird für alle Werte k = 1, 2, ..., 10 durchgeführt. Die Ergebnisse stehen in der Tabelle 5 und sind in der Abbildung 12 grafisch dargestellt. Die Kurve der Abbildung 12 gibt für jeden Wert von k den Wert von L/W an, bei dem $TK^+_{4Str} = TK^+_{4Z}$ ist. Bei allen Werten von L/W, die oberhalb bzw. unterhalb der Kurve liegen, ist TK^+_{4Str} größer bzw. kleiner als TK^+_{4Z}.

Als erstes Ergebnis kann bereits festgehalten werden, daß für die Frage, ob $TK^+_{4Str} \gtrless TK^+_{4Z}$ ist, nur die Größen L, W und k von Belang sind. Die Parameter b und g spielen hierbei keine Rolle. Sie sind ergebnisneutral.

Um einige Aussagen der Abbildung 12 richtig erkennen zu können, soll für die Ausgangslage eine Sternstadt unterstellt werden, bei der L/W = 20 und k = 4 betragen. In dieser Situation sind die Transportkosten im Zentrum der transportkostenminimalen Sternstadt TK^+_{4Z} absolut größer als die Transportkosten auf allen vier Strahlen $TK^+_{4\ Str}$. Der Parameter k soll die konstante Größe von vier behalten. Nun soll eine neue Sternstadt betrachtet werden, die sich nur dadurch von der vorherigen unterscheidet, daß die Summe ihrer Strahlenlängen L etwas größer ist. Danach wird eine dritte Stadt mit einem noch größeren L untersucht usw. Die Betrachtung einer Abfolge von Städten mit jeweils größerem L soll den Einfluß einer Zunahme von L auf die Frage $TK^+_{4Str} \gtrless TK^+_{4Z}$ zeigen.

Tabelle 5   Die Bedingungen [1] für $TK^+_{4Str} \gtreqless TK^+_{4Z}$

in Abhängigkeit von k

k	$\dfrac{L}{W} \gtreqless$	$\dfrac{L_S}{W} \gtreqless$
1	4	1
2	9,13	2,28
3	21,08	5,27
4	48,14	12,03
5	108,46	27,12
6	241,52	60,38
7	532,42	133,11
8	1163,83	290,96
9	2525,83	631,46
10	5448,18	1362,04

[1] In dieser und in allen folgenden Berechnungen wird $\pi = 3,14$ gesetzt.

Abb. 12   Die Bedingungen für $TK^+_{4Str} \gtreqless TK^+_{4Z}$ in Abhängigkeit von k

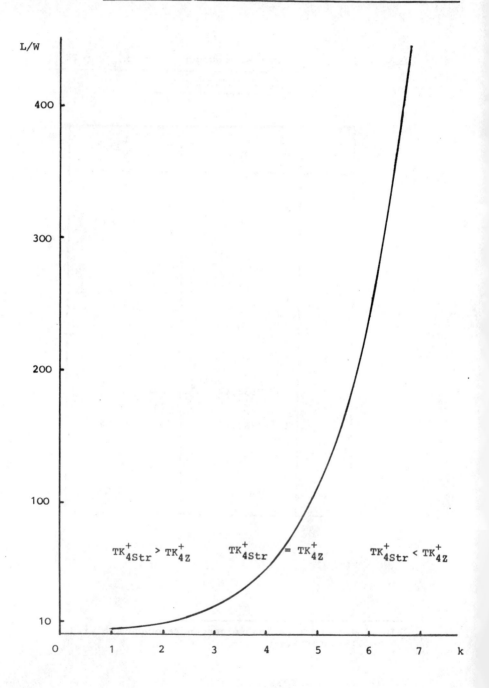

Die Bedingung für die transportkostenminimale Allokation der Flächen, A = WL/(1+k),soll in allen diesen Städten gewährleistet sein. Weil W und k konstant sind, wächst
A in gleichem Maße wie L. Die vier Strahlen der Sternstadt
werden länger. Die Straßenbreite, die Flächennutzung etc.
auf den Strahlen ändern sich nicht. In dem Ausmaß wie L verändert sich auch L/W. In der Abbildung 12 wird eine Bewegung auf einer Parallelen zur Ordinate im Abstande k = 4
vollzogen. Mit steigendem L/W wird die Ungleichheit
$TK_{4Str}^+ < TK_{4Z}^+$ immer mehr zur Gleichheit $TK_{4Str}^+ = TK_{4Z}^+$,
die bei L/W = 48,14 erreicht wird. Ein weiter steigendes
L/W läßt die umgekehrte Ungleichheit $TK_{4Str}^+ > TK_{4Z}^+$ entstehen. Die Differenz zwischen beiden Größen nimmt in umge-
kehrter Richtung wieder zu. Ausgehend von einem Übergewicht
der Transportkosten des Zentrums an den gesamten Transportkosten der Sternstadt,reduziert also ein Längenwachstum
der Strahlen den Anteil von TK_{4Z}^+ zugunsten eines stetig
wachsenden Anteils der Transportkosten der Strahlen an den
Gesamtkosten. Ein Längenwachstum der Strahlen erzeugt einen
Wandel in der Bedeutung der Bestandteile des Transportkostenminimums. Ein Längenwachstum der Strahlen wirkt stärker auf
die Transportkosten der Strahlen als auf die Transportkosten des Zentrums.

Dieses Phänomen kann folgendermaßen erklärt werden.Die
TK_{4Str}^+ steigen mit wachsendem L/W, weil sich mit zunehmendem A an jeder Stelle des Strahles das Verkehrsvolumen erhöht. Zum Beispiel hat es an der Stelle L_S eine Höhe von
$v(L_S) = (3/8)gA$. Die TK_{4Str}^+ nehmen außerdem zu, weil die
Strecke L_S, über die die Transportkosten summiert werden
müssen,größer wird. Die Kosten im Zentrum TK_{4Z}^+ werden ebenfalls durch das steigende Verkehrsvolumen, das dort an jeder Stelle (3/8)gA beträgt, erhöht. TK_{4Z}^+ wird aber nicht
direkt durch das Längenwachstum von L_S berührt, weil die
Länge der Straße im Zentrum und damit die Strecke, über die
die Transportkosten summiert werden müssen, unverändert
bleibt.

Eine weitere in der Abbildung 12 versteckte Aussage
soll im folgenden herausgearbeitet werden. In der Ausgangslage soll eine Sternstadt mit L/W = 21,08 und k = 1

unterstellt werden. Die Transportkosten der Strahlen haben
einen größeren Anteil an den Gesamtkosten als die Transportkosten des Zentrums. Nun soll wieder eine Folge von
Sternstädten betrachtet werden, die sich durch ein unverän-
dertes L/W = 21,08 und einen steigenden Wert k auszeichnet.
Hiermit soll der Einfluß einer Zunahme des Parameters k
auf die Frage $TK^+_{4Str} \gtreqless TK^+_{4Z}$ aufgezeigt werden.

Die Bedingung A = WL/(1+k) für das Transportkostenminimum soll in allen Städten gewährleistet sein. Weil W und L
konstant sind, muß mit steigendem k die Größe A sinken. Die
Strahlen der Städte behalten also ihre Länge. Die Straßenbreite auf den Strahlen nimmt aber mit steigendem k zu. In
der Abbildung 12 wird dieser Prozeß durch die Bewegung auf
der Parallelen zur Abszisse im Abstand L/W = 21,08 abgebildet. Aus der anfänglichen Ungleichheit $TK^+_{4Str} > TK^+_{4Z}$ wird
mit steigendem k zunehmend die Gleichheit
$TK^+_{4Str} = TK^+_{4Z}$. Diese wird bei k = 3 erreicht. Wenn k weiter
steigt, entsteht die umgekehrte Ungleichheit $TK^+_{4Str} < TK^+_{4Z}$.
Der anfänglich übergewichtige Anteil der Transportkosten
der Strahlen an den Gesamtkosten wird durch einen wachsenden Wert von k verringert und in sein Gegenteil verkehrt.
Auch der Wert k hat also Einfluß auf die Größe der Bestandteile eines Transportkostenminimums. Ein wachsendes k hat
aber im Gegensatz zu einem wachsenden L einen größeren Einfluß auf die Transportkosten des Zentrums als auf die der
Strahlen.

Die Erklärung dafür liegt auf der Hand. Mit zunehmendem k
erhöhen sich wegen w(x) = kW/(1+k) die Straßenbreite und die
Straßenfläche auf den Strahlen. A muß sinken. Damit schrumpft
auch das Verkehrsvolumen an jeder Stelle der Strahlen. Die
steigende Straßenbreite und das sinkende Verkehrsvolumen verringern die Verkehrsdichte und damit tendenziell auch die
Transportkosten. Wegen der Exponentialform der Transportkostenfunktion läßt k die Transportkosten tendenziell aber auch steigen. Im Zentrum erhöht sich die Straßenbreite nicht, sondern
behält unverändert die relativ geringe Breite W/2. W/2 ist, verglichen mit der Straßenbreite in den Strahlen von
w(x) = Wk/(1+k), relativ gering, weil für k > 1 immer w(x) > W/2
ist. Nur für k = 1 ist w(x) = W/2. Das Verkehrsvolumen im Zen-

trum sinkt, weil A sinkt. Wegen der konstanten Straßenbreite
und wegen des sinkenden Verkehrsvolumens verringern sich die
Verkehrsdichte und damit die Transportkosten im Zentrum tendenziell also nicht in dem Maße wie auf den Strahlen. Außerdem
entsteht wegen der Exponentialform der Transportkostenfunktion
und wegen des höheren Niveaus der Verkehrsdichte im Zentrum
ein größerer transportkostensteigernder Effekt als auf den
Strahlen. Beide Wirkungen zusammen sorgen dafür, daß mit steigendem k der Anteil von TK_{4Z}^{+} an den Gesamtkosten zunimmt.

Es konnte also gezeigt werden, daß die Bestandteile des
Transportkostenminimums, TK_{4Str}^{+} und TK_{4Z}^{+}, eine unterschiedliche Bedeutung für dieses Minimum haben. Ihre Bedeutung
hängt von den Größen L/W und k sowie von deren Kombination
ab. Die Größen L/W und k wirken auf TK_{4Str}^{+} und TK_{4Z}^{+} nicht
in gleichem Maße, sondern sehr unterschiedlich. L/W beeinflußt TK_{4Str}^{+} und k beeinflußt TK_{4Z}^{+} stärker als die jeweils
andere Größe [1].

Zusammenfassung

Um die Charakteristika des Transportkostenminimums in der
Sternstadt erkennen zu können, werden die zwei Bestandteile
dieses Minimums, die Transportkosten auf den Strahlen und die
Transportkosten im Zentrum, miteinander verglichen. Bei Konstanz des Parameters k zeigt sich, daß ein Längenwachstum der
Strahlen stärker auf die Transportkosten der Strahlen als auf
die Transportkosten des Zentrums wirkt. Dagegen hat die Größe
k bei Konstanz der Summe aller Strahlenlängen einen größeren
Einfluß auf die Transportkosten im Zentrum als auf die Transportkosten auf den Strahlen. Die zwei Bestandteile des Transportkostenminimums haben also eine unterschiedliche Bedeutung
für dieses Minimum.

---

1. Es muß noch erwähnt werden, daß die Kurve der Abbildung 12
nur für das hier unterstellte System der Verkehrslenkung
im Zentrum gilt. Ein anderes Verkehrssystem bewirkt eine
Verlagerung der Kurve nach oben oder nach unten. Grundsätzlich werden die hier ermittelten Ergebnisse davon
aber nicht berührt.

III Die Transportkostenminima der verschiedenen Stadt-
     gestalten im Vergleich

    a Die Achsenstadt und die Sternstadt

    Im folgenden sollen die Fragen geklärt werden, ob die
jeweilige Stadtgestalt Einfluß auf die Höhe der Transportkosten im Transportkostenminimum hat und, wenn ja, welche
der Stadtgestalten das Transportkostenminimum mit dem niedrigsten Niveau verursacht. Beim Vergleich des Minimums
der Transportkosten in der Sternstadt mit dem in der Achsenstadt wird auf die Wertetabellen 1 und 4 zurückgegriffen. Wie bereits beim Vergleich der Achsenstadt mit der
Ringstadt so soll auch hier unterstellt werden, daß die
Parameter b, g und k sowie die für eine Stadt charakteristischen Größen W und L in der Achsenstadt und in der Sternstadt jeweils gleich groß sind. Es soll festgestellt werden,
ob bei jedem Wert von k

$$TK^+ \gtreqless TK^+_{4S}$$

ist. Bei k = 1 z.B. wird gefragt, ob

$$\frac{b\,W\,g^2\,L^3}{15} \gtreqless b\,W\,g^2\,L^2 \left[\frac{53L}{64\cdot 30} + \frac{9\pi W}{16^2}\right]$$

ist. Nach einigen Rechenschritten folgt, daß die Bedingung
dafür sein muß

$$L/W \gtreqless 2,83 \qquad \text{bzw.} \qquad L_S/W \gtreqless 0,71$$

Diese Rechnung wird für k = 1, 2,..., 10 durchgeführt. Die
Ergebnisse stehen in der Tabelle 6 und sind dargestellt
in der Abbildung 13.

    Es zeigt sich also, daß z.B. bei k = 1 das Minimum der
Transportkosten in der Achsenstadt TK^+ ein höheres Niveau
als das Minimum der Transportkosten in der Sternstadt
TK^+_{4S} hat, sobald die Relation L/W > 2,83 bzw. L_S/W > 0,71
erreicht ist. In der Abbildung 13 zeigt die Kurve alle die
Kombinationen von L, W und k an, bei denen das Niveau des

Tabelle 6   Die Bedingungen für $TK^+ \gtreqless TK^+_{4S}$ in

Abhängigkeit von k

k	$L/W \gtreqless$	$L_S/W \gtreqless$
1	2,83	0,71
2	3,59	0,9
3	5,13	1,28
4	7,66	1,92
5	11,67	2,92
6	17,96	4,49
7	27,75	6,94
8	42,98	10,74
9	66,60	16,65
10	103,19	25,8

Abb. 13   Die Bedingungen für $TK^+ \gtreqless TK^+_{4S}$ in Abhängigkeit von k

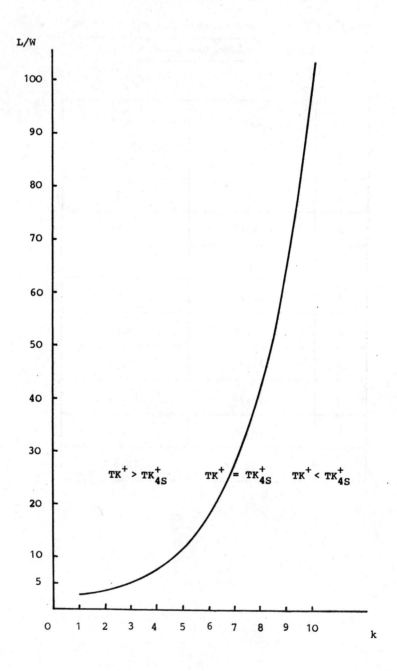

Transportkostenminimums in der Achsenstadt und in der
Sternstadt gleich hoch ist. Die Effizienz der beiden Stadtgestalten ist gleich groß. Oberhalb der Kurve liegen alle
die Kombinationen von L, W und k, die in der Achsenstadt
ein höheres Niveau des Transportkostenminimums als in der
Sternstadt verursachen. Die Sternstadt ist der Achsenstadt
überlegen und deshalb vorzuziehen. Die Effizienz der sternförmigen Stadtgestalt ist unter diesen Parameterkonstella-
tionen größer als die Effizienz der linearen Stadtgestalt.
Für alle Parameterkombinationen unterhalb der Kurve gilt
die umgekehrte Argumentation.

Auch hier zeigt sich wie bereits im Kapitel C, II, daß die
Gestalt einer Stadt die Höhe der Transportkosten im Transportkostenminimum beeinflußt. Eine in dieser Hinsicht neu-
trale Stadtgestalt scheint es nicht zu geben. Neu gegenüber
dem Vergleich der Achsen- mit der Ringstadt ist, daß von
einer eindeutigen Über- bzw. Unterlegenheit einer bestimmten Stadtgestalt nicht mehr die Rede sein kann. Es hängt
von der Kombination der Parameter L, W und k ab, ob die
sternförmige der linearen Stadtgestalt überlegen oder unterlegen ist.

Es lassen sich dennoch anhand der Abbildung 13 ganz
grobe Aussagen darüber machen, für welche Stadtgrößenklas-
se welche Stadtgestalt die effizienteste ist. Eine mittlere oder größere Stadt, die z.B. durch die Strukturdaten
$L/W > 8$ und k im Bereich $1 \leq k \leq 4$ gekennzeichnet ist, sollte nicht als transportkostenminimale Achsenstadt, sondern
als transportkostenminimale Sternstadt mit vier Strahlen
gebaut werden, weil $TK^+ > TK^+_{4S}$ ist. Im Bereich $1 \leq k \leq 4$
sollten mittlere und größere Städte nur in der Gestalt einer Sternstadt und nicht in der Gestalt einer Achsenstadt
gebaut werden. Die lineare Stadtgestalt taugt also nur für
sehr kleine Städte und Siedlungen. Im Bereich $4 < k \leq 10$
dagegen wird die Stadtgestalt der Achse mit steigendem k
auch für mittlere und größere Städte attraktiv. Ganz allgemein gilt also, daß die Stadtgestalt der Achse grundsätzlich vorteilhaft für kleine Städte und Siedlungen ist,
während die sternförmige Stadtgestalt besonders für große
Städte geeignet ist. Bei geringen Werten für k dehnt sich
die Attraktion der sternförmigen Stadtgestalt sogar noch

auf Städte mittlerer Größe aus. Erst mit steigenden Werten
für k wird die lineare Stadtgestalt auch für Städte mittlerer Größenordnung vorteilhaft. Der Realisationsbereich
der linearen Stadtgestalt kann sich zu Lasten der sternförmigen Stadtgestalt auf höhere Stadtgrößenklassen aus-
weiten.

Um die Gründe für diese Ergebnisse zu ermitteln, soll auf
die Diskussion der zwei Bestandteile des TK_{4S}^{+} im vorigen Kapitel zurückgegriffen werden. Zunächst sollen jedoch mit dem
gleichen Ziel die Struktur der Größe TK^{+} näher untersucht und
ein Strukturbestandteil der Größe TK_{4S}^{+} ,nämlich TK_{4Str}^{+} ,mit der
Größe TK^{+} verglichen werden.

Die das Transportkostenminimum der Achsenstadt darstellende
Größe TK^{+} kann in Bruchstücke zerlegt werden. Diese Bruchstücke
lassen sich bestimmten Bereichen der Achsenstadt zurechnen. Es
kann z.B. festgestellt werden, wie groß der Anteil der Transportkosten, die im Bereich $0 \leq x \leq (1/4)L$ und $(3/4)L \leq x \leq L$ der
Achsenstadt entstehen, am Niveau des Transportkostenminimums
ist. Dieser Anteil soll mit $\emptyset$ bezeichnet werden. $\emptyset$ scheint
deswegen bedeutsam und aussagekräftig zu sein, weil die
transportkostenminimale Achsenstadt in den Bereichen
$0 \leq x \leq (1/4)L$ und $(3/4)L \leq x \leq L$ z.B. bezüglich des Verkehrsvolumens jeweils identisch mit einem Strahl der transportkostenminimalen Sternstadt ist. Die Sternstadt besteht demnach aus vier Strahlen, die identisch mit dem Teil der Achsenstadt im Bereich $0 \leq x \leq (1/4)L$ oder $(3/4)L \leq x \leq L$
sind. Beide Stadtgestalten setzen sich also teilweise aus
gleichen Bausteinen zusammen. Beim fiktiven Übergang von
der linearen Stadtgestalt zur sternförmigen Stadtgestalt
werden demnach nur die Teile $0 \leq x \leq (1/4)L$ und
$(3/4)L \leq x \leq L$ der Achsenstadt übernommen. Auf den mittleren
Bereich $(1/4)L \leq x \leq (3/4)L$ wird verzichtet. Es ist
interessant zu erfahren, wie hoch der Anteil am Transportkostenminimum der Achsenstadt ist, auf den damit zugleich
verzichtet wird, bzw. wie hoch der Anteil $\emptyset$ ist, der übernommen wird.

Es soll der Anteil $\emptyset$ bestimmt werden. Weil TK_{4Str}^{+} die

Höhe der Transportkosten der vier Strahlen im Transportkostenminimum einer Sternstadt angibt, ist $(1/2)TK^+_{4Str}$
die Höhe der Transportkosten von zwei Strahlen.
$(1/2)TK^+_{4Str}$ ist identisch mit den Transportkosten, die den
Bereichen $0 \leq x \leq (1/4)L$ und $(3/4)L \leq x \leq L$ einer transportkostenminimalen Achsenstadt zuzurechnen sind.
$\emptyset = (1/2)TK^+_{4Str}/TK^+$ gibt den gesuchten Anteil dieser zwei
Bereiche an den Transportkosten einer transportkostenminimalen Achsenstadt an. Zur Bestimmung von $\emptyset$ kann auf die
bereits vorliegenden Werte von TK^+_{4Str} und TK^+ in den Tabellen 4 und 1 zurückgegriffen werden. Die Größe $\emptyset$ in Abhängigkeit von k findet sich in der Tabelle 7 und ist in der
Abbildung 14 dargestellt. Die Größe $(1-\emptyset)$ in Abhängigkeit
von k steht ebenfalls in der Tabelle 7. $(1-\emptyset)$ gibt den Anteil des mittleren Bereiches $(1/4)L \leq x \leq (3/4)L$ der Achsenstadt an den Transportkosten im Transportkostenminimum dieser Stadt an. Der Anteil $(1-\emptyset)$ an den Transportkosten wird
beim Übergang von der Achsenstadt zur Sternstadt nicht übernommen. Die Größe $(1-\emptyset)$ in Abhängigkeit von k ist ebenfalls
in der Abbildung 14 dargestellt. Sie kann als senkrechter
Abstand der Kurve $\emptyset$ von der Parallelen zur Abszisse im Abstande 100 v. H. ermittelt werden.

Die Kurve $\emptyset$ der Abbildung 14 zeigt, daß bereits bei k = 1
der Anteil der zwei Außenbereiche $0 \leq x \leq (1/4)L$ und
$(3/4)L \leq x \leq L$ der Achsenstadt an TK^+ nur etwas über
20 v.H. beträgt. Im mittleren Bereich $(1/4)L \leq x \leq (3/4)L$, der
mit der Länge L/2 genauso lang ist wie die zwei Außenbereiche zusammen, entstehen also bereits bei k = 1 knapp
80 v.H. aller Transportkosten. Mit zunehmendem k schrumpft
der Anteil der Außenbereiche sehr schnell und liegt bereits
bei k = 3 unter 10 v.H.. Mit weiter sinkendem k nähert sich
die Kurve $\emptyset$ asymptotisch der Abszisse. In der von den beiden Außenbereichen gebildeten Hälfte der Achsenstadt entstehen also Kosten in einer vernachlässigenswerten Höhe. Zwischen 90 v.H. und 100 v.H. aller Kosten entstehen bei $k \geq 3$
in der in der Mitte liegenden Stadthälfte.

Die Bedeutung der zwei Außenbereiche für die Höhe der
TK^+ in der Achsenstadt ist also äußerst gering. Der kostenintensivste Teil der Achsenstadt liegt in der Mitte der

Tabelle 7 $\emptyset$, (1-$\emptyset$) und TK^+_{4Str}/TK^+ in Abhängigkeit von k (in v.H.)

k	$\emptyset$	1 - $\emptyset$	TK^+_{4Str}/TK^+
1	20,704	79,296	41,408
2	14,112	85,888	28,224
3	9,786	90,214	19,572
4	6,866	93,134	13,732
5	4,859	95,141	9,718
6	3,460	96,540	6,920
7	2,477	97,523	4,954
8	1,781	98,219	3,562
9	1,285	98,715	2,570
10	0,930	99,070	1,860

Stadt. Auffallend ist, daß bei diesen Ergebnissen die Parameter b und g sowie erstaunlicherweise auch L und W keine Rolle spielen. Diese Ergebnisse gelten also für alle Stadtlängen L und Stadtbreiten W. Ausschließlich der Parameter k ist wichtig. Er spielt die zentrale Rolle. Er sorgt dafür, daß mit steigendem Wert für k die Ballung der Transportkosten in der Stadtmitte verstärkt wird. Die etwas geänderte Frage nach den Grenzen des mittleren

Abb. 14 $\emptyset$, $(1-\emptyset)$ und TK^+_{4Str}/TK^+ in Abhängigkeit von k (in v. H.)

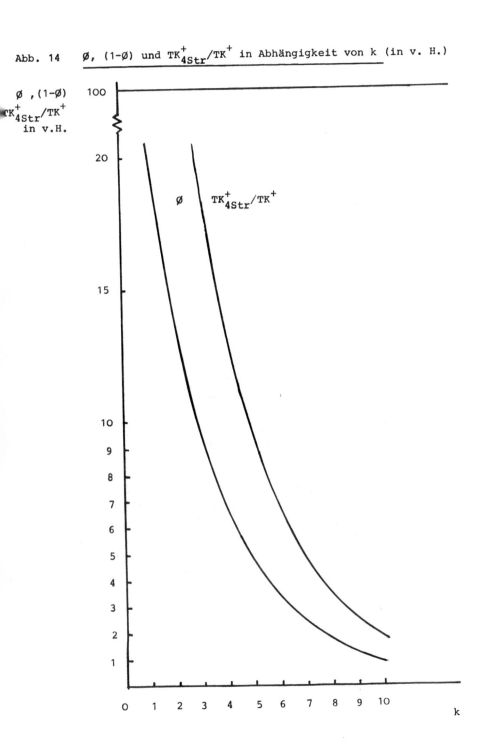

Bereiches, in denen mit steigendem k z.B. 80 v.H. aller
Transportkosten entstehen, würde nach den bisherigen Ergebnissen zu der Antwort führen, daß sich diese Grenzen
mit steigendem k zur Stadtmitte L/2 verlagern. Ähnlich wie
bereits bei der Sternstadt kann auch bei der Achsenstadt
festgestellt werden, daß der Parameter k am stärksten die
in der Stadtmitte bzw. die im Zentrum der Sternstadt entstehenden Transportkosten beeinflußt.

Die soeben erfolgte Untersuchung der Struktur von TK^+
ermöglicht im folgenden den Vergleich eines Bestandteils der
Größe TK^+_{4S}, nämlich TK^+_{4Str}, mit der Größe TK^+. Beim fiktiven
Übergang von der linearen zur sternförmigen Stadtgestalt wird
der kostenintensivste Teil der Achsenstadt nicht mit übernommen,
sondern nur die Teile mit den geringsten Beiträgen zu den Transportkosten. Die Sternstadt übernimmt nur die effizientesten
Teile der Achsenstadt als Bausteine. Die Werte TK^+_{4Str}/TK^+
in der Tabelle 7 und die Kurve TK^+_{4Str}/TK^+ in der Abbildung 14
geben davon Ausdruck. Sie zeigen die Höhe der Transportkosten auf den vier Strahlen einer transportkostenminimalen
Sternstadt im Vergleich mit der Höhe der Transportkosten
einer transportkostenminimalen Achsenstadt. Die Relation
TK^+_{4Str}/TK^+ kann aus Ø durch die Multiplikation mit zwei
ermittelt werden, denn es beträgt $Ø = (1/2)TK^+_{4Str}/TK^+$.

Die Werte der Tabelle 7 und die Kurve der Abbildung 14
zeigen, daß die Relation TK^+_{4Str}/TK^+ einen maximalen Wert
von knapp 42 v.H. bei k = 1 erreicht. Mit steigendem k
sinkt die Relation. Bereits bei k = 3 ist sie um mehr als
die Hälfte gefallen und beträgt nur noch knapp 20 v.H..
Mit weiter steigendem k sinkt die Relation sehr stark und
nähert sich schließlich asymptotisch der Abszisse. In diesem Bereich von k erreichen die Transportkosten auf den
Strahlen im Vergleich mit denen der Achsenstadt eine ver-
nachlässigenswerte Höhe..

Der Vergleich der TK^+ einer Achsenstadt mit nur einem
Teil der Transportkosten einer Sternstadt, TK^+_{4Str}, zeugt
von der sehr viel größeren Effizienz einer sternförmigen
Anordnung von Stadtflächen. Die Parameter g und b sowie

auch L und W haben darauf keinen Einfluß. Nur k spielt in
diesem Zusammenhang die zentrale Rolle. Denn mit steigendem
k nimmt die relative Effizienz der sternförmigen Stadtgestalt noch zu. Beachtet werden muß, daß beim Vergleich
von TK^+_{4Str} und TK^+ von gleichen Bedingungen ausgegangen
wird. Die Summe der vier Strahlenlängen ist gleich der Länge L der Achsenstadt. Die Fläche des "business district"
auf den vier Strahlen ist gleich der der Achsenstadt. Die
Straßenfläche auf den vier Strahlen ist ebenfalls gleich
der der Achsenstadt. Weshalb entstehen unter diesen vollkommen gleichen Ausgangsbedingungen in der Achsenstadt sehr
viel höhere Transportkosten als auf den vier Strahlen?

Zur Beantwortung dieser Frage sind einige Vorbemerkungen nötig. Die Strahlen der Sternstadt sollen, ausgehend
vom östlichen Strahl, entgegen dem Uhrzeigersinn numeriert
werden (siehe Abbildung 11). Die vier Bereiche der Achsenstadt, $0 \leq x \leq (1/4)L$, $(1/4)L \leq x \leq (1/2)L$,
$(1/2)L \leq x \leq (3/4)L$ und $(3/4)L \leq x \leq L$, sollen, beginnend mit dem Bereich $0 \leq x \leq (1/4)L$, als Bereich 1, 2, 3
und 4 bezeichnet werden. An die Stelle des Strahles 1, 2,
3 oder 4 in der Sternstadt soll in der Achsenstadt der Bereich mit der entsprechenden Nummer treten.

Im folgenden sollen, um die Frage nach der Effizienz
der Stadtgestalt beantworten zu können, der Verkehrsfluß
und das Verkehrsvolumen in beiden Stadtmodellen miteinander verglichen werden. Der Verkehr, der im Strahl 1 entsteht, erreicht sein Ziel im Strahl 2 über den Innenring
im Zentrum. Das gleiche gilt für den Verkehr aus dem Strahl
1, der sein Ziel in den Strahlen 3 oder 4 hat, sowie für
den Verkehr aus jedem beliebigen Strahl, der seine Ziele in
jedem der übrigen Strahlen erreichen will. Jeder Strahl liegt
also via Innenring relativ nahe an jedem anderen Strahl. Zwar
muß auf dem Innenring eine gewisse, unterschiedliche Distanz
bis zum Zielstrahl gefahren werden. Die Strahlen liegen aber
relativ nahe aneinander, weil annahmegemäß die Breite W gering
ist im Vergleich mit der Länge L. Der Innenring ist daher nicht
lang.

In der Achsenstadt ist dies nicht der Fall. Der

Bereich 1 kann zwar seinen Verkehr mit dem Ziel im Bereich
2 direkt nach dort schicken. Die Verbindung zwischen diesen
zwei Bereichen ist also noch näher als in der Sternstadt.
Der Verkehr aus dem Bereich 1 für den Bereich 3 dagegen
muß den gesamten Bereich 2 in der Länge von L/4 durch-
queren, bevor er überhaupt in seinen Zielbereich gelangt.
Der Verkehr aus dem Bereich 1 für den Bereich 4 muß sogar die Bereiche 2 und 3 in einer Länge von L/2 erst passieren, bevor er im Zielbereich 4 eintrifft. Die gleiche
Argumentation wie für den Verkehr aus dem Bereich 1 gilt
für den Verkehr aus dem Bereich 4. Die Bereiche 2 und 3
liegen etwas verkehrsgünstiger. Der Verkehr aus dem Bereich
2 z.B. kann zu seinen Zielen in den Bereichen 1 umd 3 direkt ohne "Umwege" fließen. Nur für die Ziele im Bereich 4
muß durch den Bereich 3 ein "Umweg" von L/4 in Kauf genommen werden. Von den zwölf möglichen Verkehrsverbindungen
zwischen den vier Bereichen der Achsenstadt sind also nur
sechs direkter Natur, vier benötigen einen "Umweg" von L/4
und zwei einen "Umweg" von L/2, um in ihren Zielbereich
zu gelangen. In der Sternstadt dagegen sind alle zwölf
Verbindungen zwischen den Strahlen direkt möglich, wenn
man von den relativ geringen "Umwegen" auf der Straße des
Zentrums absieht.

Ein "Umweg" des Verkehrs in der Achsenstadt über die
Länge L/4 oder gar L/2 bedeutet, daß ein innerstädtischer
Durchgangsverkehr entsteht. Ein innerstädtischer Durchgangsverkehr wird zum Beispiel im Bereich 2 geschaffen,
wenn der Verkehr aus dem Bereich 1 den Bereich 2 passiert,
um sein Ziel im Bereich 3 zu erreichen. Ein Teil des in jedem
der vier Bereiche geschaffenen Verkehrs wird in anderen
Bereichen zu Durchgangsverkehr, und zwar nur in den Bereichen 2 und 3. Nur in den Bereichen 2 und 3 fließt ein
Durchgangsverkehr, in den Bereichen 1 und 4 nicht. Man
kann daher sogar von einer Bündelung des Durchgangsverkehrs
in den Bereichen 2 und 3 sprechen.

In den Bereichen 2 und 3 hebt der Durchgangsverkehr
das Verkehrsvolumen weit über das Niveau, das erreicht
worden wäre, wenn diese Bereiche in der Lage der Bereiche
1 oder 4 oder in der Lage eines der Strahlen der Stern-

stadt wären. Die Verkehrsdichte steigt in den Bereichen 2 und
3 sehr stark. Wegen der Exponentialform der Transportkostenfunktion erhöhen sich in diesen Bereichen die Transportkosten
überproportional mit der Verkehrsdichte. Einen weiteren, die
Transportkosten steigernden Effekt übt die Länge L/4 des Bereiches 2 oder 3 bzw. die Länge L/2 der beiden Bereiche 2
und 3 aus, über die die Transportkosten summiert werden müssen.

Die Ursache aller dieser Erscheinungen ist die Gestalt der
Achsenstadt, also eine Stadtgestalt mit linear hintereinander
gelagerten Stadtflächen. In der Sternstadt dagegen werden die
vier Bereiche nicht wie in der Achsenstadt hintereinander, sondern sternförmig nebeneinander gelegt. "Umwege" werden dadurch
vermieden. Ein innerstädtischer Durchgangsverkehr auf den Strahlen entsteht nicht. Die damit verbundenen sehr hohen zusätzli-
chen Transportkosten werden nicht verursacht. Die längste zu
fahrende Entfernung hat in der Achsenstadt eine Länge von L,
in der Sternstadt nur eine Länge von L/2 und die Länge einer
kurzen Strecke auf der Straße des Zentrums.

Es zeigt sich also, daß mit der linearen Stadtgestalt
die Existenz eines innerstädtischen Durchgangsverkehrs
verbunden ist. Wegen dieses Durchgangsverkehrs entstehen
in der Achsenstadt sehr viel höhere Transportkosten als
auf den vier Strahlen einer Sternstadt. Die sternförmige Anordnung von Stadtflächen vermeidet dagegen innerstädtischen Durchgangsverkehr und ist deshalb von höherer Effizienz als eine
Stadtgestalt mit linear hintereinander gelagerten Stadtflächen.

Bislang ist die höhere Effizienz der sternförmigen
Stadtgestalt gegenüber der der linearen Stadtgestalt in einem
Vergleich von Kostengrößen begründet worden, in dem die
Kosten des Zentrums fehlen. Nun soll das Zentrum in die ver-
gleichende Analyse einbezogen werden. In der Achsenstadt
haben die Bereiche 2 und 3 unter anderem die Aufgaben, den
innerstädtischen Durchgangsverkehr aufzunehmen und ihn an
die Zielbereiche heranzuführen. Diese Aufgaben übernimmmt
in der Sternstadt das Zentrum. Das Zentrum sammelt den Verkehr aus allen Strahlen und verteilt ihn auf die Zielstrah-
len. Das Zentrum ist die Drehscheibe des Verkehrs in der
Sternstadt. Das Zentrum koppelt die Strahlen aneinander.

Im Gegensatz zur Achsenstadt zerlegt in der Sternstadt das
Zentrum den Verkehrsfluß schon relativ frühzeitig entsprechend
seinen Bestimmungsorten und leitet ihn diesen zu. An die
Stelle des mittleren Bereiches von $(1/4)L \leq x \leq (3/4)L$
der Achsenstadt tritt das Zentrum in der Sternstadt. Wird
damit ein kostenintensiver Stadtteil durch einen anderen,
gleichermaßen kostenintensiven Stadtteil ersetzt?

Eine Antwort auf diese Frage kann anhand der Tabellen
5, 6 und 7 bzw. der Abbildungen 12, 13 und 14 gegeben werden. Die Transportkosten auf den Strahlen TK^+_{4Str} betragen
z.B. bei k = 3 ca. 20 v.H. der Transportkosten in der Achsenstadt TK^+ (siehe Tabelle 7 und Abbildung 14).Nach Tabelle 5 und Abbildung 12 ist $TK^+_{4Str} \geq TK^+_{4Z}$ für L/W $\geq$ 21,08
und k = 3. Also betragen bei k = 3 und L/W $\geq$ 21,08 die gesamten Kosten der Sternstadt TK^+_{4S} weniger als oder höchstens
40 v.H. der Kosten der Achsenstadt. Tabelle 6 und Abbildung
13 zeigen denn auch, daß für k = 3 und L/W $\geq$ 22 gelten
muß: $TK^+ > TK^+_{4S}$. Erst wenn bei sonst unveränderten Größen
der Parameter k sehr stark steigt, also bereits
$TK^+_{4Str} < TK^+_{4Z}$ gilt (siehe Abbildung 12 und Tabelle 5),
kommt mit etwa k = 7 der Zeitpunkt, an dem TK^+_{4Z} stärker als
die entsprechenden Kosten in der Achsenstadt zunimmt. Es
gilt $TK^+ < TK^+_{4S}$ (siehe Abbildung 13 und Tabelle 6).

Das Ergebnis aus dem vorigen Kapitel kann zur Erklärung
dieses Phänomens herangezogen werden. Danach wirkt die Grösse k stärker auf TK^+_{4Z} als auf TK^+_{4Str} (siehe Abbildung 12).
Obwohl mit steigendem k die Relation TK^+_{4Str}/TK^+ sehr stark
sinkt (siehe Abbildung 14), wird doch TK^+_{4Z} durch k um ein
Vielfaches erhöht (siehe Abbildung 12), so daß schließlich
$TK^+ < TK^+_{4S}$ wird (siehe Abbildung 13).

Die Frage, ob der kostenintensive mittlere Bereich der
Achsenstadt durch ein gleichermaßen kostenintensives Zentrum der Sternstadt ersetzt wird, muß daher je nach der
Größe von k anders beantwortet werden. Bei geringen Werten
für k muß die Frage verneint werden, denn das Zentrum leistet
nur einen relativ geringen Beitrag zu den Transportkosten
der Sternstadt. Erst bei hohen Werten für k muß die Frage
zustimmend beantwortet werden. Die Kostenexplosion im Zen-

trum sorgt dafür, daß die im Vergleich mit der Achsenstadt
sehr viel höhere Effizienz der Strahlen überkompensiert wird,
so daß insgesamt die Achsenstadt effizienter wird.

Wenn bei konstantem k die Relation L/W zunimmt, dann wird
die Größe TK^+_{4Str}/TK^+ dadurch nicht berührt (siehe Abbildung 14
und Tabelle 7). TK^+_{4Str}/TK^+ ist unabhängig von L/W. Weil aber
durch ein zunehmendes L/W der Anteil des TK^+_{4Z} an TK^+_{4S} zugunsten
des Anteils von TK^+_{4Str} an TK^+_{4S} reduziert wird (siehe Abbildung 12 und Tabelle 5), sinkt die Bedeutung von TK^+_{4Z} auch im
Vergleich mit der Größe TK^+. Bei konstantem k und steigendem
L/W erhöht also die Berücksichtigung des Zentrums der Sternstadt die Effizienz der Sternstadt im Vergleich mit der Effizienz der Achsenstadt (siehe Abbildung 13 und Tabelle 6). Es
ergeben sich die umgekehrten Ergebnisse wie bei der Variation
von k.

Insgesamt kann festgehalten werden, daß die sternförmige Anordnung der Strahlen, sofern nur die Transportkosten
auf den vier Strahlen mit den Transportkosten auf der Achse verglichen werden, auf jeden Fall und unabhängig von
den Werten k und L/W eine größere Effizienz der Sternstadt
bewirkt. Erst die Einbeziehung der Transportkosten des
Zentrums sorgt dafür, daß die größere Effizienz der Sternstadt mit steigendem k und/oder sinkendem L/W abnimmt und
schließlich in ihr Gegenteil umschlägt.

Zusammenfassung

Ein Vergleich der Transportkostenminima der Achsenstadt
und der Sternstadt zeigt, daß von einer eindeutigen Über- bzw.
Unterlegenheit einer bestimmten Stadtgestalt nicht die Rede
sein kann. Ganz allgemein gilt, daß die Stadtgestalt der Achse
grundsätzlich vorteilhaft für kleine Städte und Siedlungen ist,
während die sternförmige Stadtgestalt besonders für große
Städte geeignet ist. Mit geringen Werten für k ist die sternförmige Stadtgestalt sogar noch für Städte mittlerer Größe
attraktiv. Erst mit steigenden Werten für k wird die lineare
Stadtgestalt auch für Städte mittlerer Größenordnung vorteilhaft.

Um die Gründe dieser Ergebnisse feststellen zu können, muß das Minimum der Transportkosten in der Achsenstadt näher untersucht werden. Jeweils das äußere Viertel der Achsenstadt ist identisch mit einem Strahl der Sternstadt. Beim fiktiven Übergang von der Achsenstadt zur Sternstadt werden also nur die äußeren zwei Viertel, nicht aber die inneren zwei Viertel der Achsenstadt übernommen. Wie die Rechnung zeigt, wird damit der kostenintensivste Teil der Achsenstadt nicht übernommen. Hier liegt der Grund für die höhere Effizienz der Sternstadt gegenüber der Achsenstadt.

Die Erklärung dieses Phänomens findet sich in der stern-förmigen Anordnung der Stadtteile einer Sternstadt. Die Ver-bindung der Stadtteile ist über den Innenring ohne "Umwege" möglich. In der Achsenstadt dagegen mit ihren hintereinander gelagerten Stadtteilen entstehen "Umwege", die gerade im mittleren Teil der Stadt hohen Durchgangsverkehr mit erheb-lichen Transportkosten verursachen.

Die Einbeziehung der Transportkosten des Zentrums in die Untersuchung wirft die Frage auf, ob in der Sternstadt statt des kostenintensiven mittleren Bereichs der Achsenstadt ein gleichermaßen kostenintensives Zentrum in Kauf genommen wer-den muß. Bei geringen Werten von k muß die Frage verneint werden. Erst bei hohen Werten von k trifft diese Aussage zu. Es kann durch die Kostenexplosion im Zentrum die viel höhere Effizienz der Strahlen sogar überkompensiert werden, so daß insgesamt die Achsenstadt effizienter wird.

b Die Ringstadt und die Sternstadt

Wie im letzten Kapitel so sollen auch hier die Minima
der Transportkosten in den verschiedenen Stadtmodellen verglichen werden, um festzustellen, welche der Stadtgestalten das Minimum der Transportkosten mit dem geringsten
Niveau verursacht. Es wird unterstellt, daß die Parameter
b, g, k,W und L in der Ringstadt und in der Sternstadt jeweils gleich sind. Die Tabelle 2 liefert die Werte für
TK_R^+ der Ringstadt in Abhängigkeit von k und die Tabelle 4
die Werte für TK_{4S}^+ der Sternstadt in Abhängigkeit von k.
Es soll festgestellt werden, ob bei jedem Wert von k

$$TK_R^+ \gtreqless TK_{4S}^+$$

ist. Bei k = 1 z.B. ergibt sich als Bedingung für die Gültigkeit der obigen Ungleichung, daß

$$L/W \gtreqless 30,279 \qquad bzw.$$
$$L_S/W \gtreqless 7,570$$

sein muß. Diese Rechnung wird für k = 1, 2,..., 5 durchgeführt. Die Ergebnisse stehen in der Tabelle 8.

Es zeigt sich, daß bei k = 1 das Minimum der Transportkosten in der Ringstadt TK_R^+ höher liegt als das Minimum
der Transportkosten in der Sternstadt TK_{4S}^+, wenn die Relation L/W > 30,279 bzw. L_S/W > 7,570 ist. Für k $\geq$ 2 zeigt
die Rechnung, daß L/W mit einem negativen Wert verglichen
wird. Weil L/W > 0 ist, kann L/W nur größer als dieser ne-
gative Wert sein. Folglich ist für k $\geq$ 2 immer $TK_R^+ < TK_{4S}^+$.
Die Ringstadt ist für k $\geq$ 2 immer eindeutig effizienter
als die Sternstadt. Nur bei k = 1 hängt die Überlegenheit
der jeweiligen Stadtgestalt von der Kombination der Parameterwerte L, W und k ab.

Um dieses Ergebnis richtig interpretieren zu können,

Tabelle 8 Die Bedingungen für $TK_R^+ \gtrless TK_{4S}^+$ in

Abhängigkeit von k

k	$L/W \gtrless$	$L_S/W \gtrless$
1	30,279	7,570
k	$L/W \lessgtr$	$L_S/W \lessgtr$
2	- 293,06	- 73,26
3	- 98,468	- 24,617
4	- 125,384	- 31,346
5	- 205,269	- 51,317

sollen wie bereits früher die Transportkosten der Sternstadt TK_{4S}^+ in die Bestandteile TK_{4Str}^+ und TK_{4Z}^+ zerlegt und diese in Relation zu TK_R^+ gesetzt werden. Die Tabelle 9 zeigt die Relation TK_{4Str}^+/TK_R^+. Daraus geht hervor, daß nur bei k = 1

Tabelle 9 TK_{4Str}^+/TK_R^+ in Abhängigkeit von k (in v.H.)

k	1	2	3	4	5
TK_{4Str}^+/TK_R^+	88,33	103,21	127,24	162,32	212,04

$TK_{4Str}^+ < TK_R^+$ sind. Bei $k \geq 2$ sind bereits die Transportkosten auf den Strahlen größer als die Transportkosten des Ringes. Es erübrigt sich daher, noch TK_{4Z}^{+} in die Untersuchung einzubeziehen.

Die Gründe für die größere Effizienz der Ringstadt sind die gleichen, die bereits beim Vergleich der Ringstadt mit der Achsenstadt entdeckt wurden. Zwar sind die vier Strahlen effizienter als die Achsenstadt, das wird im vorangegangenen Kapitel gezeigt, und das zeigt auch ein Vergleich der Tabellen 9 und 3, aber nicht einmal die vier Strahlen allein, vom Zentrum abgesehen, erreichen die Effizienz der Ringstadt.

Zusammenfassung

Der Vergleich der Transportkostenminima der Ringstadt und der Sternstadt führt zu dem Ergebnis, daß für $k \geq 2$ die Ringstadt immer eindeutig effizienter als die Sternstadt ist. Es sind bei $k \geq 2$ sogar die Transportkosten auf den Strahlen größer als die Transportkosten in der Ringstadt.

E   Das Modell der Sternstadt mit n Strahlen

   I Die Darstellung des Modells und die Bestimmung
      des Transportkostenminimums in Abhängigkeit
      von y(x)

Im Kapitel D ist eine Sternstadt mit vier Strahlen untersucht worden. Im Kapitel E soll festgestellt werden, ob
und wie sich die Ergebnisse des Kapitels D ändern, wenn
statt der vier Strahlen eine beliebige Anzahl n der Strahlen unterstellt wird. Läßt sich eine transportkostenminimale Zahl n bestimmen, d.h. eine Zahl n der Strahlen, bei der
die Transportkosten auf den Strahlen und im Zentrum ein
Minimum erreichen?

Die Annahmen für die Sternstadt mit vier Strahlen gelten auch für die Sternstadt mit n Strahlen. Die Länge jedes
Strahles beträgt L_S. Die Summe der Strahlenlängen soll
gleich der Länge der Achsenstadt sein: $L = nL_S$. Die Breite
jedes Strahles ist gleich der Breite W der Achsenstadt.
Insgesamt soll die Fläche der Strahlen gleich der Fläche
der Achsenstadt sein, also $WL = n \, WL_S$. Die Fläche des
"business district" liegt nur auf den Strahlen. Die gesamte Fläche des "business district" auf den Strahlen soll
gleich der Fläche A des "business district" in der Achsenstadt sein. Jeder Strahl besitzt eine Fläche des "business
district" in der Größe von A/n. Die Straßenfläche der Achsenstadt wird in analoger Weise auf die Strahlen verteilt.
Alle Strahlen sind identisch, so daß nur einer von ihnen
analysiert werden muß. Die Sternstadt entsteht also aus
einer in n gleiche Teile zerlegten Achsenstadt. Das Zentrum übernimmt wie im Kapitel D nur die Funktion der Ver-
kehrsverteilung. Es wird wieder ein Einbahnverkehr auf einem Innenring unterstellt.

Alle Annahmen des Modells der Achsenstadt gelten auch
im Modell der Sternstadt mit n Strahlen. Gesucht ist, wie

bereits in den vorigen Modellen, die transportkostenminimale Größe L bzw. L_S, die transportkostenminimale Flächenaufteilung usw., und zwar in Abhängigkeit von der Funktion
y(x) sowie in Abhängigkeit von der Anzahl n der Strahlen.

Das Vorgehen bei der Lösung dieser Probleme ist das übliche. Es soll nur ein Strahl untersucht werden. Die Lage
der einzelnen Punkte auf diesem Strahl wird mit x bezeichnet und vom peripheren Ende des Strahles bei x = 0 bis zum
Strahlenende nahe dem Zentrum bei x = L_S gemessen:
$0 \leq x \leq L_S$. Am peripheren Ende des Strahles beträgt die Fläche des "business district" y(0) = 0 und am Strahlenende
nahe dem Zentrum y(L_S) = A/n.

Das Verkehrsvolumen wird wie in der Achsenstadt bestimmt.
Es beträgt an der Stelle x im Bereich $0 \leq x \leq L_S$ (siehe Seite
15f)

$$v(x) = \frac{2g\,y(x)\,[A - y(x)]}{A}$$

Am peripheren Ende des Strahles bei x = 0 beträgt das Verkehrsvolumen v(0) = 0, weil y(0) = 0 ist. Am Strahlenende
nahe dem Zentrum hat das Verkehrsvolumen die maximale Höhe

$$v(L/n) = \frac{2g\,(A/n)\,[A - A/n]}{A}$$

$$v(L/n) = 2g\,A\,\frac{n-1}{n^2}$$

Um festzustellen, wie sich v(L/n) mit n verändert, muß
v(L/n) nach n differenziert werden. Es ergibt sich

$$v'(L/n) = 2g\,A\,\frac{n^2 - (n-1)2n}{n^4} = 2g\,A\,\frac{2-n}{n^3}$$

Für n > 2 ist v'(L/n) < 0. Das Verkehrsvolumen am Strahlenende nahe dem Zentrum sinkt also, wenn die Zahl der Strahlen zunimmt.

Die Kurve des Verkehrsvolumens in Abhängigkeit von x

kann wie im Kapitel B bestimmt werden. Es gelten die dort
gefundenen Ergebnisse. Das Verkehrsvolumen auf einem Strahl
der Sternstadt mit n Strahlen wird in der Abbildung 4 durch
die Kurve für alle x mit $0 \leq x \leq L_S = L/n$ dargestellt.
Dadurch wird auch verständlich, weshalb v(L/n) mit steigendem n sinken muß. Wenn n steigt, sinkt $L_S = L/n$. Es findet
deshalb auf der Kurve in der Abbildung 4 eine Bewegung zum
Punkt x = 0 statt. v(L/n) muß sinken.

Die Ausführungen zur Verkehrsdichte und zu den Kosten
der Verkehrsdichte im Modell der Achsenstadt können unverändert übernommen werden. Auf einem Strahl der Sternstadt
entstehen also insgesamt Transportkosten in Höhe von (s.S. 20)

$$\int_0^{L_S} v(x) \; f\left[\frac{v(x)}{w(x)}\right] \, dx$$

mit $L_S = L/n$. Auf allen n Strahlen erreichen die Transportkosten eine Höhe von (siehe S. 20)

$$TK_{nStr} = n \int_0^{L/n} v(x) \; f\left[\frac{v(x)}{w(x)}\right] dx$$

$$TK_{nStr} = nb\left[\frac{2q}{A}\right]^{k+1} \int_0^{L/n} \frac{[y(x)]^{k+1} \; [A-y(x)]^{k+1}}{[W - y'(x)]^k} \, dx \qquad (16)$$

Im folgenden sollen die Transportkosten, die im Zentrum
entstehen, bestimmt werden. Es wird wie bereits im Kapitel D
angenommen, daß ein Einbahnverkehr auf dem Innenring im Zen-

trum den Verkehr auf die Strahlen verteilt. Der Verkehr
fließt entgegen dem Uhrzeigersinn um den Mittelpunkt M des
Zentrums (siehe Abbildung 11). Die fest vorgegebene Breite
des Innenringes beträgt W/2. Die Straße des Zentrums umfaßt
die gegebene Fläche $(\pi/4)W^2$.

Eine veränderliche Zahl n der Strahlen schafft das Problem, daß je nach der Größe von n nicht mehr jeder Strahl
einen direkten Zugang zum Zentrum haben kann. Wie im Kapitel D gezeigt wird, haben vier Strahlen einen direkten
Zugang zum Zentrum. Bei 5 und 6 Strahlen können vielleicht
gerade noch die Straßen dieser Strahlen direkt in den Innenring münden. Die Flächen des "business district" der einzelnen Strahlen können aber schon nicht mehr auf
der gleichen Ebene nebeneinander gelagert werden. Sie müssen übereinander " geschichtet" werden. Die Bebauungsdichte
in der Nähe des Zentrums steigt dadurch stark. Mit weiter
zunehmender Zahl der Strahlen bietet aber auch diese Möglichkeit keine Lösung mehr. Neu geschaffene Strahlen können
nur noch zwischen die bereits bestehenden Strahlen plaziert
werden, ohne unmittelbar an den Innenring gekoppelt zu sein
(siehe Abbildung 15). Damit stellt sich die Frage, wie aus
dem neuen Strahl 2 z.B. der Verkehr seine Ziele in den
anderen Strahlen erreichen kann[1].

---

1 Ein anderes Modell ist vorstellbar, in dem die Strahlen
alle direkt im Zentrum münden. Mit zunehmender Strahlenzahl muß der Radius des Innenringes in bestimmter Weise
zunehmen. Dieses Alternativmodell soll hier nicht verwendet werden, weil zum einen die Größe des Innenringes
nicht als zusätzliche Determinante der Höhe der Transportkosten ins Spiel gebracht werden soll. Es soll in dieser
Arbeit der Einfluß anderer Determinanten isoliert untersucht werden, bevor weitere Einflußgrößen herangezogen
werden. Zum anderen ist die Größe des Zentrums und damit
die Größe des Innenringes einer Stadt fast unveränderbar,
sobald diese Stadt gebaut worden ist. Neue Strahlen können
nur noch zwischen bereits bestehende Strahlen gebaut werden, ohne direkt an den Innenring gekoppelt zu werden.
Das im Text unterstellte Modell ist daher das realistische-
re und soll deshalb weiterhin verwendet werden.

Eine Möglichkeit ist es, den Verkehr aus dem Strahl 2
in die Straße des Strahles 1 oder 3 und von dort in den
Innenring zu leiten. Der Verkehr aus Strahl 2 für Strahl 1
oder 3 kann jetzt direkt, ohne durch das Zentrum fließen
zu müssen, sein Ziel erreichen. Eine andere Möglichkeit
ist es, den Verkehr aus Strahl 2 über Hochstraßen usw.
außerhalb der Straßen anderer Strahlen direkt an das Zentrum heranzuführen. Allen diesen und anderen Möglichkeiten
aber ist gemeinsam, daß die mit ihnen verbundenen Transportkosten, abgesehen von den Bau- und Erhaltungskosten der dafür benötigten Infrastruktur, sehr schwer zu bestimmen sind.
Es sollen daher im folgenden diese schwierigen Probleme vernachlässigt werden. Die nach dieser Vereinfachung ermittelten Ergebnisse geben bereits hilfreiche Aufschlüsse, die
nachträglich unter Berücksichtigung der anfangs vernachlässigten Probleme modifiziert werden können.

Im folgenden soll daher angenommen werden, daß der auf
einem Strahl geschaffene Verkehr auf dem betreffenden Strahl
von $x = 0$ bis an das Strahlenende $x = L_S$ strömt. Von dort
gelangt er direkt auf irgendeine Weise, die hier nicht untersucht werden soll, in den Innenring. Erst im Zentrum
wird der Verkehrsstrom allen anderen Strahlen zu gleichen
Teilen zugeleitet. Die Einfahrten zu den Strahlen 1, 2, ...,
n liegen auf dem Innenring entgegen dem Uhrzeigersinn in der
Reihenfolge 1, 2, ..., n. Die Art und Weise, wie der Verkehr vom Innenring auf die Straße des Zielstrahles gelangt,
wird ebenfalls nicht näher untersucht. In diesem Modell
werden also nur die in der bislang üblichen Weise auf den
Strahlen entstehenden Transportkosten bestimmt (das ist
in diesem Kapitel bereits geschehen) sowie die auf der Strasse des Zentrums geschaffenen Transportkosten.

Nach diesen Vorbemerkungen können die Transportkosten
im Zentrum bestimmt werden. Dazu muß zunächst das Verkehrsvolumen auf dem Innenring berechnet werden. Von dem am
Punkt L_S eines Strahles gemessenen Verkehrsvolumen fließt

Abb. 15 <u>Die Plazierung neu geschaffener Strahlen</u>
<u>zwischen bereits bestehenden Strahlen</u>

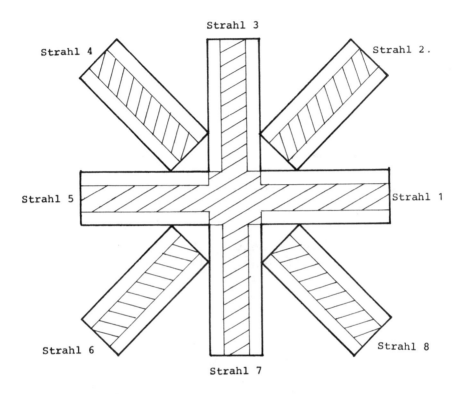

Fläche des "business district"

Straßenfläche

nur die Hälfte in den Innenring, also $(1/2)v(L_S)$. Wegen der
Gleichverteilung der Verkehrsziele über den gesamten "business district" A der Sternstadt gelangt davon die Menge
$v(L_S)/2(n-1)$ in jeden der übrigen $(n-1)$ Strahlen. An der
Stelle x des Innenringes zwischen den Einfahrten zu
den Strahlen n und 1 soll das Verkehrsvolumen stellvertretend für alle anderen Stellen bestimmt werden. Vom Strahl 1
passiert die Stelle x kein Verkehrsvolumen. Vom Strahl 2
passiert die Stelle x nur noch der für den Strahl 1 bestimm-

te Rest $v(L_S)/2(n-1)$. Der Strahl 3 schickt den für die
Strahlen 1 und 2 bestimmten Verkehr vorbei: $2v(L_S)/2(n-1)$.
Vom Strahl 4 fließt der für die Strahlen 1, 2 und 3 bestimmte Verkehr vorbei: $3v(L_S)/2(n-1)$ usw. Der Strahl $(n-1)$
schickt den gesamten Verkehr abzüglich des für den Strahl n
bestimmten Verkehrs, also insgesamt $(n-2) \, v(L_S)/2(n-1)$,
vorbei. Vom Strahl n fließt der gesamte Verkehr
$(n-1) \, v(L_S)/2(n-1)$ vorüber. Die Stelle x passiert also insgesamt ein Verkehrsvolumen in Höhe von

$$v(x) = \frac{v(L_S)}{2(n-1)} \left[0 + 1 + 2 + 3 + \ldots + (n-2) + (n-1) \right]$$

Weil die Summe in der eckigen Klammer den Wert $(n/2)(n-1)$
annimmt und für $v(L_S)$ der Wert $v(L/n) = 2gA(n-1)/n^2$ eingesetzt werden kann, hat das Verkehrsvolumen überall auf dem
Innenring eine Höhe von

$$v(x) = \frac{n(n-1)}{2} \quad \frac{2gA(n-1)}{n^2} \quad \frac{1}{2(n-1)} \qquad \text{d.h.}$$

$$v(x) = \frac{(n-1)}{n} \quad \frac{gA}{2}$$

Die erste Ableitung von $v(x)$ nach n zeigt, wie sich $v(x)$
mit der Zahl der Strahlen n ändert:

$$\frac{dv(x)}{dn} = \frac{gA}{2} \quad \frac{n-(n-1)}{n^2} = \frac{gA}{2n^2} > 0$$

Weil $dv(x)/dn > 0$ ist, steigt das Verkehrsvolumen in jedem
Punkt auf dem Innenring mit wachsender Anzahl n der Strah-
len. Wenn n sehr hohe Werte annimmt, nähert sich $v(x)$ dem
Wert $v(x) = (1/2)gA$, weil

$$\lim_{n \to \infty} v(x) = (1/2)gA$$

ist. Den Wert $v(x) = (1/2)gA$ erreicht das Verkehrsvolumen
in der Mitte der Achsenstadt ebenfalls.

Die Verkehrsdichte $v(x)/w(x)$ auf dem Innenring hat überall die gleiche Höhe

$$v(x)/w(x) = \frac{(n-1)}{n} \quad \frac{gA}{W}$$

Die Transportkosten auf dem Innenring werden in der gleichen
Weise wie im Kapitel D bestimmt. Pro Zeiteinheit betragen
also die Transportkosten auf dem Innenring im Zentrum einer
Sternstadt mit n Strahlen

$$TK_{nZ} = \frac{\pi b}{4W^{k-1}} \left[\frac{n-1}{n} gA \right]^{k+1} \tag{17}$$

Die gesamten Transportkosten in der Sternstadt mit n
Strahlen betragen demnach (siehe Gleichungen (16) und (17))

$$TK_{nS} = TK_{nStr} + TK_{nZ}$$

$$TK_{nS} = nb \left[\frac{2g}{A} \right]^{k+1} \int_0^{L/n} \frac{[y(x)]^{k+1} [A-y(x)]^{k+1}}{[W-y'(x)]^k} \, dx$$

$$+ \frac{\pi b}{4W^{k-1}} \left[\frac{n-1}{n} gA \right]^{k+1} \tag{18}$$

Die Frage nach der in Abhängigkeit von der Funktion $y(x)$
transportkostenminimalen Straßengestalt usw. soll hier
nicht noch einmal diskutiert werden. Die Ausführungen dazu
im Kapitel D gelten analog. Die transportkostenminimale Strasse auf den n Strahlen der Sternstadt, in der Achsenstadt
und in der Ringstadt hat überall die gleiche Breite
$w(x) = kW/(1+k)$. Auch für die n Strahlen der transportkostenminimalen Sternstadt gilt, daß $A = WL/(1+k)$ sein muß.
Die transportkostenminimale Länge L_S eines einzelnen Strahles muß $L_S = L/n = (1/n)(1+k)A/W$ betragen.

Auffallend an diesem Ergebnis ist, daß der Anzahl n der
Strahlen nicht die erwartete Bedeutung zukommt. Die in Abhängigkeit von $y(x)$ transportkostenminimale Allokation der
Fläche aller n Strahlen einer Sternstadt wird vom Parameter n nicht berührt. Auch die in Abhängigkeit von $y(x)$
transportkostenminimale Gestalt der Straße und des "business district" hängt nicht von n ab. Nur die transportkostenminimale Länge jedes Strahles wird von n bestimmt. Dies
kann aber nicht verwunderlich sein, weil es sich hier um
eine anfangs gemachte Annahme handelt, nach der $L_S = L/n$
sein muß. Die in bezug auf die Funktion $y(x)$ ermittelten
transportkostenminimalen Strukturgrößen der Sternstadt
sind also völlig unabhängig von der Anzahl n der Strahlen.

Wie die Gleichung (18) aber zeigt, hat der Parameter n
dennoch Bedeutung. Die Höhe der Transportkosten TK_{nS} hängt
von n ab. Es wird daher auch das in bezug auf die Funktion
$y(x)$ minimale Niveau der Transportkosten TK_{nS}^{+} von n bestimmt werden. Es bleibt nun noch zu fragen, wie TK_{nS}^{+} und
dessen Teile TK_{nStr}^{+} und TK_{nz}^{+} von n abhängen. Gibt es eine
Größe des Parameters n, bei der der Ausdruck TK_{nS}^{+} einen
minimalen Wert annimmt? Wovon hängt diese Größe des Parameters n ab? Diese Fragen sollen im folgenden Kapitel
geklärt werden, bevor die Transportkostenminima der verschiedenen Stadtgestalten verglichen werden.

Zusammenfassung

Das Modell der Sternstadt mit n Strahlen ist allen vorangegangenen Modellen vergleichbar, weil diese Stadtmodelle die gleichen Strukturdaten besitzen. Wie bereits vorher, so sollen auch hier die Fragen beantwortet werden, wie die Straßengestalt und -breite gewählt werden müssen, wie die Stadtfläche aufzuteilen ist usw., damit ein Transportkostenminimum erreicht wird. Darüber hinaus tritt die Frage auf, ob sich eine Zahl n der Strahlen bestimmen läßt, bei der die gesamten Transportkosten minimiert werden.

Aus Symmetriegründen genügt es in diesem Modell, statt der n Strahlen nur einen Strahl zu untersuchen. Es werden das Verkehrsvolumen, die Verkehrsdichte usw. sowie die gesamten Transportkosten auf den n Strahlen bestimmt. Im Zentrum fließt der Verkehr auf einem Innenring entgegen dem Uhrzeigersinn um den Mittelpunkt des Zentrums. Mit Hilfe des Verkehrsvolumens und der Verkehrsdichte lassen sich die gesamten Transportkosten im Zentrum berechnen.

Die Antworten auf die eingangs gestellten Fragen sind genau die gleichen wie in den anderen Stadtmodellen auch. Die Straße hat z. B. überall auf den Strahlen die gleiche Breite $w(x) = kW/(1+k)$ usw. Auffallend ist dagegen, daß der Anzahl n Strahlen nicht die erwartete Bedeutung zukommt. So werden z.B. die in bezug auf $y(x)$ transportkostenminimale Allokation der Stadtfläche und die transportkostenminimale Strassengestalt und -breite von der Strahlenzahl n nicht beeinflußt. Es zeigt sich jedoch, daß das in bezug auf $y(x)$ minimale Niveau der Transportkosten von n abhängt.

II   Das Minimum der Transportkosten in Abhängigkeit von n

Das in bezug auf die Funktion y(x) minimale Niveau der
Transportkosten auf den n Strahlen TK^+_{nStr} bzw. im Zentrum
der Sternstadt TK^+_{nZ} wird bestimmt, wenn für A, y(x) und
y'(x) die entsprechenden transportkostenminimalen Werte
in die Gleichungen (16) und (17) eingesetzt werden. Wenn
für A = WL/(1+k), für y(x) = xW/(1+k) und für y'(x) = W/(1+k)
eingesetzt wird, folgen:

$$TK^+_{nStr} = n\left[\frac{2g}{L}\right]^{k+1} \frac{bW\,k^{-k}}{1+k} \int_0^{L/n} (-x^2 + xL)^{k+1}\,dx \qquad (19)$$

$$TK^+_{nZ} = \frac{\pi bW^2}{4}\left[\frac{n-1}{n}\,\frac{gL}{1+k}\right]^{k+1} \qquad (20)$$

Das in bezug auf die Funktion y(x) erzielte Minimum aller
Transportkosten in der Sternstadt mit n Strahlen hat die
Höhe

$$TK^+_{nS} = TK^+_{nStr} + TK^+_{nZ} \qquad (21)$$

Bevor die Größe von n bestimmt wird, bei der TK^+_{nS} minimal wird, soll vorher geklärt werden, ob es diese Größe n
überhaupt gibt. Denn TK^+_{nS} kann nur ein Minimum erreichen,
wenn z.B. mit steigendem n der Wert TK^+_{nStr} zunimmt bzw. ab-

nimmt und der Wert TK_{nZ}^+ abnimmt bzw. zunimmt. Andererseits kann das gegenläufige Verhalten von TK_{nStr}^+ und TK_{nZ}^+ in Abhängigkeit von n auch die Bedingung für ein Maximum von TK_{nS}^+ sein.

Zunächst soll festgestellt werden, wie sich die Größe TK_{nZ}^+ mit der Anzahl n der Strahlen verändert. TK_{nZ}^+ der Gleichung (20) muß nach n differenziert werden.

$$\frac{dTK_{nZ}}{dn} = \frac{\pi b \bar{W}^2}{4}(k+1)\left[\frac{n-1}{n}\frac{gL}{1+k}\right]^k \frac{gL}{1+k}\frac{n-(n-1)}{n^2}$$

$$= \frac{\pi b \bar{W}^2}{4}\frac{(gL)^{k+1}}{(1+k)^k}\frac{(n-1)^k}{n^{k+2}} \tag{22}$$

Da diese erste Ableitung für n > 1 positiv ist, nimmt TK_{nZ}^+ mit steigendem Wert von n zu.

Die Feststellung, wie sich TK_{nStr}^+ mit n verändert, ist nicht so leicht zu treffen. Wie im Anhang 7 gezeigt wird, läßt sich die erste Ableitung von TK_{nStr}^+ nach n, dTK_{nStr}^+/dn, in allgemeiner Form berechnen (siehe Gleichung (c) im Anhang 10). Es kann der Gleichung (c) des Anhangs 7 aber nicht entnommen werden, ob dTK_{nStr}^+/dn positiv, negativ oder null ist. Diese Aussage kann erst gemacht werden, wenn für den Parameter k Werte eingesetzt werden. Es zeigt sich (siehe Anhang 7), daß für k = 2 und k = 3 bei $n \geq 3$ gilt:

$$\frac{d\,TK_{nStr}^+}{d\,n} < 0$$

Für k = 2 und k = 3 nimmt der Ausdruck TK_{nStr}^+ also mit steigendem Wert n ab.

Für wachsende k mit k > 3 wird die Untersuchung des Verhaltens von TK_{nStr}^+ in Abhängigkeit von n immer umfangrei-

cher und soll deshalb nicht durchgeführt werden. Wie die
in diesem Kapitel später erfolgende Interpretation von
$dTK^+_{nStr}/dn < 0$ zeigt, ist die Erklärung des Verhaltens
von TK^+_{nStr} in Abhängigkeit von n völlig unabhängig von
der Größe des Parameters k. Es ist deshalb erlaubt, für
alle k mit z.B. $1 \leq k \leq 10$ anzunehmen, daß

$$\frac{d\ TK^+_{nStr}}{d\ n} < 0$$

ist.

Insgesamt ergibt sich also, daß mit steigender Anzahl
n der Strahlen die Transportkosten auf den Strahlen TK^+_{nStr}
sinken und die Transportkosten im Zentrum TK^+_{nZ} steigen. Es
kann also einen Wert n geben, bei dem ein Minimum der Summe
aus TK^+_{nStr} und TK^+_{nZ} erreicht wird. Diese Aussage gilt für
k mit $1 \leq k \leq 10$ sowie für $n \geq 3$. Die Beschränkung der Analyse auf Werte von $n \geq 3$ erscheint sinnvoll, weil n = 2
wegen der Strahlenzahl mit einer Achsenstadt identisch ist,
wegen der Existenz eines Zentrums mit Innenring aber nicht
so effizient wie eine Achsenstadt ist. n = 2 soll daher
nicht betrachtet werden.

Der transportkostenminimale Wert n soll im folgenden
bestimmt werden. Er wird nur für eine Auswahl von k
mit k = 2, 3, 4, 10 berechnet, weil sonst der Rechenaufwand
zu groß würde. Außerdem bietet diese Auswahl der Werte von
k, wie sich zeigen wird, einen hinreichenden Überblick
über die Beziehungen zwischen dem Parameter k und den
transportkostenminimalen Werten von n.Die Berechnung wird
am Beispiel k = 2 demonstriert. Nach Gleichung (21) beträgt TK^+_{nS}

$$TK^+_{nS} = TK^+_{nStr} + TK^+_{nZ} \tag{21}$$

Als allgemeine Bedingung (Bedingung erster Ordnung) für
das gesuchte Minimum von TK_{nS}^{+} muß gelten:

$$- \frac{d\,TK_{nStr}^{+}}{d\,n} = \frac{d\,TK_{nZ}^{+}}{d\,n} \qquad (23)$$

Für k = 2 können die Werte für beide Seiten von Gleichung
(23) der Gleichung (22) und der Gleichung (d) des Anhanges
7 entnommen werden. (23) lautet dann:

$$\frac{2bg^{3}WL^{4}}{3}\left(-\frac{6}{7}n^{-7} + \frac{5}{2}n^{-6} - \frac{12}{5}n^{-5} + \frac{3}{4}n^{-4}\right) = \frac{\pi bg^{3}W^{2}L^{3}}{36}\frac{(n-1)^{2}}{n^{4}}$$

Es kann gekürzt werden, so daß folgt:

$$2L\left(-\frac{6}{7}n^{-3} + \frac{5}{2}n^{-2} - \frac{12}{5}n^{-1} + \frac{3}{4}\right) = \frac{1}{12}\pi W(n-1)^{2}$$

Nach einer leichten Umformung lautet die Bedingung erster
Ordnung für das Minimum der TK_{nS}^{+} in Abhängigkeit von n:

$$\frac{L}{W} = \frac{\pi}{24\left(-\frac{6}{7}n^{-3} + \frac{5}{2}n^{-2} - \frac{12}{5}n^{-1} + \frac{3}{4}\right)}\,(n-1)^{2} \qquad (24)$$

Die Minimalkostenbedingung (24) hängt von L/W und von n ab.
Es besteht ein Freiheitsgrad. Es läßt sich also ein transportkostenminimales n nur bestimmen, wenn L/W gegeben ist.
Oder es läßt sich ein transportkostenminimales L/W bestimmen, wenn n gegeben ist. Die Tabelle 10 zeigt z.B. für
k = 2, daß bei L/W = 19,8 das in Abhängigkeit von der Funktion y(x) berechnete Transportkostenminimum TK_{nS}^{+} bei der
Anzahl der Strahlen n = 10 den minimalen Wert TK_{nS}^{++} annimmt.
TK_{nS}^{++} stellt also das Minimum der Transportkosten in der
hier betrachteten Sternstadt in Abhängigkeit von der Funktion y(x) und in Abhängigkeit von der Anzahl n der Strah-

len dar. Die Werte L/W = 19,8 und n = 10 erfüllen die Minimalkostenbedingung (24). Für die Parameter k = 3,4,10 lassen sich entsprechende Werte ermitteln. Sie stehen ebenfalls in der Tabelle 10.

Bislang ist nur festgestellt worden, daß die Bedingung erster Ordnung für ein Transportkostenminimum von
den Werten L/W und n der Tabelle 10 erfüllt wird. Um sicher
zu gehen, daß es sich tatsächlich um ein Minimum und
nicht um ein Maximum der Transportkosten handelt, muß
nachgewiesen werden, daß die zweite Ableitung von TK_{nS}^{+}
nach n für die Werte von n, L/W und k aus der Tabelle 10
positiv wird (Bedingung zweiter Ordnung). Dieser Nachweis
wird im Anhang 11 geführt. Die Werte von n und L/W der Tabelle 10 sind also transportkostenminimale Werte. Die
Größe TK_{nS}^{++} stellt kein Maximum, sondern ein Minimum der
Transportkosten in Abhängigkeit von der Funktion y(x)
und in Abhängigkeit von der Anzahl n der Strahlen dar.

Die Kurven der Abbildung 16 beruhen auf den Daten der
Tabelle 10. Die Kurve von k = 2 z.B. gibt an, daß bei Vor-
handensein der Relation L/W = 19,8 das in Abhängigkeit von
der Funktion y(x) ermittelte Transportkostenminimum TK_{nS}^{+}
den minimalen Wert TK_{nS}^{++} annimmt, wenn die Sternstadt
n = 10 Strahlen hat. Ist n $\lessgtr$ 10, dann muß $TK_{nS}^{+} > TK_{nS}^{++}$
sein. Um das Transportkostenminimum zu erreichen, muß die
Zahl der Strahlen sinken bzw. zunehmen. Die Kurve für
k = 2 kann auch anders interpretiert werden. Falls anfangs
L/W = 19,8 und n = 10 betragen und L/W zunimmt, dann lohnt
es sich, neue Strahlen zu schaffen, statt die Länge der
10 vorhandenen Strahlen zu erhöhen. Denn die Kurve zeigt
das transportkostenminimale n als Funktion von L/W, d.h.
n = f(L/W), mit den Eigenschaften

$$\frac{dn}{d(L/W)} > 0 \quad \text{und} \quad \frac{d^2n}{d(L/W)^2} < 0$$

Je größer der Wert k ist, desto flacher verlaufen die Kurven der Abbildung 16. Mit zunehmendem k sinkt also

Tabelle 10   Die transportkostenminimale Anzahl n der

Strahlen in Abhängigkeit von L/W und k

n	L/W			
	k = 2	k = 3	k = 4	k = 10
3	2,7	4,7	8,1	167
4	4,0	9,4	21,8	2564
5	5,8	17,0	49,1	22162
6	7,9	27,8	96,8	
7	10,3	42,7	173,4	
8	13,2	62,1	288,5	
9	16,3	86,8	453,6	
10	19,8	117,3	681,3	
11	23,7	154,2	985,8	
12	27,9	198,2	1382,6	
13	32,5	249,9		
14	37,4	309,9		
15	42,7	378,9		
16	48,3	457,4		
17	54,3	546,0		
18	60,6	645,6		
19	67,2	756,5		
20	74,2	879,4		
21	81,6	1015,0		
22	89,3	1163,9		
23	97,4			
24	105,8			
25	114,5			
26	123,6			
33	197,2			
34	209,0			
40	287,8			
41	302,0			
46	379,0			
47	395,4			
52	482,8			
53	501,4			
74	971,0			
75	997,2			

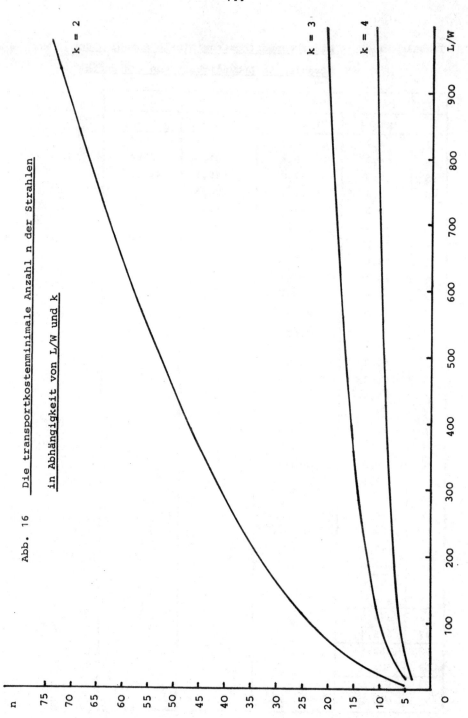

Abb. 16   Die transportkostenminimale Anzahl n der Strahlen

in Abhängigkeit von L/W und k

dn/d(L/W). Die Kurven der Abbildung 16 geben alle möglichen
Kombinationen der Parameter L/W und n bei unterschiedlichen Werten von k an, bei deren Vorliegen die Transportkosten in der Sternstadt einen minimalen Wert TK_{nS}^{++} in bezug auf die Funktion y(x) und in bezug auf die Strahlenzahl n annehmen.

Es muß allerdings beachtet werden, daß der Parameter
n nur ganzzahlige Werte annehmen kann.Die Zahl der Strahlen kann nur n = 1, 2, 3, ... betragen und nicht n = 1,57
z.B. Ein Minimum der Transportkosten TK_{nS}^{++} erfordert daher
auch genau die Werte L/W, die die Tabelle 10 für jedes n
angibt. TK_{nS}^{++} liegt nur vor, wenn bei k = 2 z.B. die Relationen L/W = 16,3 bzw.L/W = 19,8 gelten. Dann müssen
n = 9 bzw. n = 10 sein. Sollte aber L/W = 18 betragen,
dann wird mit k = 2 und n = 9 oder n = 10
$TK_{nS}^{+} > TK_{nS}^{++}$ sein. Bei der Relation L/W = 18 kann es kein
Transportkostenminimum TK_{nS}^{++} geben. Die Kurven der Abbildung 16 sind daher eigentlich falsch. Sie erwecken den
falschen Eindruck, daß n auch andere als ganzzahlige Werte annehmen kann und daß es für jeden Wert von L/W ein
Transportkostenminimum TK_{nS}^{++} gibt. Eigentlich dürfte die
Abbildung 16 nur unverbundene Punkte darstellen. Weil darunter aber die Anschaulichkeit der Darstellung leiden würde, sind alle Punkte in einer durchgehenden Kurve miteinander verbunden worden.

Um den Verlauf der Kurven in der Abbildung 16 richtig
interpretieren zu können, muß vorher geklärt werden, weshalb

$$\frac{d\ TK_{nStr}^{+}}{d\ n} < 0 \quad (\text{für } k=2 \text{ und } k=3) \quad \text{und} \quad \frac{d\ TK_{nZ}^{+}}{d\ n} > 0$$

sind. Zunächst folgt die Erklärung von $TK_{nStr}^{+}/dn < 0$.

Wie bereits oben im Kapitel E festgestellt wird, kann
das Verkehrsvolumen auf einem Strahl der Sternstadt durch
die Kurve der Abbildung 4 im Bereich $0 \leq x \leq L_S = L/n$ dargestellt werden. Mit steigendem n sinkt die Länge $L_S = L/n$
des Strahles, folglich schrumpft auch das Verkehrsvolumen
in diesem Punkt. Mit steigendem n findet also eine Bewegung des Punktes L_S und damit auch eine Bewegung auf der
Kurve der Abbildung 4 in Richtung x = O statt. Die Höhe
des Verkehrsvolumens in den übrigen Punkten x mit
$0 \leq x < L_S$ bleibt dagegen unverändert. Weil aber v(L/n)
sinkt, verringert sich das auf jeden Punkt x des Strahles
im Durchschnitt entfallende Verkehrsvolumen. Diese Überlegung gilt für jeden Strahl, folglich auch für die Summe L
der Strahlenlängen. Die steigende Zahl n der Strahlen reduziert also bei gegebener Summe L der Strahlenlängen das
durchschnittliche Verkehrsvolumen an jeder Stelle auf allen
Strahlen der Sternstadt. Weil die Straßenbreite auf den
Strahlen und die Länge L der Strahlen, über die die Kosten
summiert werden, unverändert bleiben, müssen die Transportkosten auf den Strahlen durch die Erhöhung der Zahl n der
Strahlen sinken. Diese Überlegungen sind völlig unabhängig von der Größe des Parameters k. Es ist also nicht nur
für k = 2 und k = 3, sondern für beliebige Werte von k
der Ausdruck $dTk^+_{nStr}/dn < O$.

Eine Begründung dafür, daß das durchschnittliche Verkehrsvolumen auf den Strahlen mit steigendem n sinken, also die Effizienz der Strahlen steigen muß, gibt die Argumentation, mit der im Kapitel D gezeigt wird, daß die sternförmige Anordnung der vier Bereiche einer Achsenstadt effizienter ist, als wenn diese wie in der Achsenstadt hintereinander gelagert werden. Diese Argumente gelten auch bei
n Strahlen. Mit steigender Zahl n entstehen immer weniger
"Umwege". Ein bestehender innerstädtischer Durchgangsverkehr in der Sternstadt wird verringert. Die maximal zu fahrende Distanz beträgt 2(L/n) sowie die Länge der Strecke
auf dem Innenring. Diese sinkt mit wachsendem n usw. Die

Argumente sollen hier nicht im einzelnen wiederholt werden.
Sie zeigen, daß die Effizienz der sternförmigen Anordnung
der Stadtteile mit steigendem n zunimmt.

Die Transportkosten TK_{nz}^{+} im Zentrum müssen dagegen aus
folgenden Gründen mit steigendem n zunehmen. Wird z.B. die
Zahl der Strahlen von n = 4 auf n = 8 verdoppelt, dann werden aus den Hälften eines Strahles zwei neue und kürzere
gebildet. Bei n = 4 wird der Verkehr zwischen den Strahlen-
hälften noch auf dem Strahl selbst abgewickelt, ohne durch
das Zentrum zu fließen. Bei n = 8 dagegen ist es umgekehrt.
Das Zentrum wird als Verkehrsverteiler benötigt. Das Verkehrsvolumen im Zentrum muß daher wachsen. Da sich die
Straßenbreite und die Straßenlänge im Zentrum nicht ändern,
nehmen die Transportkosten des Zentrums mit steigender
Zahl n der Strahlen zu.

Die Kurve für z.B. k = 2 in der Abbildung 16 zeigt das
transportkostenminimale n als Funktion von L/W, d.h.
n = f(L/W), mit den Eigenschaften

$$\frac{d n}{d(L/W)} > 0 \quad \text{und} \quad \frac{d^2 n}{d(L/W)^2} < 0$$

n = f(L/W) kann als der Expansionspfad einer wachsenden
Stadt angesehen werden, der bestimmten Werten von L/W
die transportkostenminimale Zahl n der Strahlen zuordnet.
dn/d(L/W) > 0 bedeutet, daß es sich mit steigendem L/W
lohnt, neue Strahlen zu bilden und nicht die bestehenden
Strahlen zu verlängern. Die bei steigendem L/W durch das
ebenfalls steigende n bewirkte Abnahme der Transportkosten
auf den n Strahlen muß größer als die gleichzeitige Zunahme
der Transportkosten im Zentrum sein. $d^2 n/d(L/W)^2 < 0$ besagt
nun, daß es sich mit steigendem L/W immer weniger lohnt,
neue Strahlen zu bilden, statt die bestehenden Strahlen
zu verlängern. Die mit steigendem n sinkenden Transportkosten auf den n Strahlen werden also mit zunehmendem L/W

immer stärker kompensiert durch die gleichzeitig steigenden
Transportkosten des Zentrums, so daß jetzt die Reduzierung
von TK_{nZ}^{+} wichtiger wird als die Reduzierung von TK_{nStr}^{+}.
n steigt daher mit wachsendem L/W immer weniger. Der Verlauf jeder einzelnen Kurve der Abbildung 16 zeigt also,
daß die Relation L/W mit steigendem L/W und wachsendem n die
Transportkosten des Zentrums stärker erhöht als die Transportkosten der Strahlen.

Dies Ergebnis scheint im Widerspruch zur Aussage der Abbildung 12 im Kapitel D zu stehen, wo gezeigt wird, daß in
der Sternstadt mit vier Strahlen bei gegebenem Wert k eine
steigende Relation L/W stärker auf die Transportkosten der
Strahlen als auf die des Zentrums wirkt. Beide Ergebnisse sind
aber nicht widersprüchlich, weil im einen Falle n = 4 und
konstant ist und im anderen Falle ein variables $n \geq 3$ unterstellt wird. Zwar wird also bei konstantem Wert von n ein
wachsendes L/W die Transportkosten der Strahlen relativ stärker erhöhen. Die Variation von n bietet aber gerade die Möglichkeit, TK_{nStr}^{+} zu Lasten von TK_{nZ}^{+} zu verringern, so daß
letztendlich L/W zusammen mit einer steigenden Strahlenzahl
doch stärker auf die Transportkosten im Zentrum wirkt.

Ein Vergleich der Kurven der Abbildung 16 für verschiedene Werte k zeigt, daß die Kurve n = f(L/W) umso flacher
verläuft, je größer k ist. Die Möglichkeiten, verschiedene
Werte für n zu realisieren, sind also bei geringen Werten
von k sehr viel größer als bei großen Werten von k.
dn/d(L/W) ist bei gegebenem L/W umso geringer, je größer k
ist. Über $d^2 n/d(L/W)^2$ ist keine gesicherte Aussage möglich.
Wenn dn/d(L/W) mit steigendem k für einen gegebenen Wert
L/W sinkt, dann lohnt es sich also immer weniger, mit steigendem L/W neue Strahlen zu bilden. Der Grund dafür wird
sein, daß mit zunehmendem Wert k die Transportkosten des
Zentrums sehr viel stärker als die Transportkosten auf den
Strahlen steigen, so daß es sich lohnt, TK_{nZ}^{+} durch eine geringe Zahl n möglichst klein zu halten. Bei k = 10 ist das

Gewicht von TK_{nZ}^+ schon so groß bzw. das von TK_{nStr}^+ schon
so klein, daß die Wahl eines n für die Höhe von TK_{nS}^+ bedeutungslos wird.

Bereits der Abbildung 12 im Kapitel D läßt sich das Ergebnis entnehmen, daß k einen relativ stärkeren Einfluß auf
die Transportkosten des Zentrums ausübt. Es kann also festgehalten werden, daß, nach der Gestalt der Kurven in der
Abbildung 16 zu urteilen, die Größen k und L/W auf die
Transportkosten des Zentrums mehr Einfluß haben als auf die
der Strahlen.

Anfangs ist im Kapitel E von der vereinfachenden Annahme ausgegangen worden, aus Gründen der Operationalität die
mit der Anbindung der Strahlen an das Zentrum entstehenden
Transportkosten zu vernachlässigen. Diese Annahme soll auf-
gehoben werden. Zwar kann anschließend nicht ein exaktes
Ergebnis berechnet werden. Jedoch lassen sich Wirkungen ab-
schätzen. So ist zu vermuten, daß die Einbeziehung der genannten Transportkosten die Kurven der Abbildung 16 abfla-
chen wird. dn/d(L/W) der Kurve für z.B. k = 2 wird bei jedem Wert L/W kleiner sein. Es lohnt sich mit steigendem
L/W also nicht mehr in dem Maße wie vorher, neue Strahlen
zu bilden. Denn die damit entstehenden Kosten der Anbindung der Strahlen an das Zentrum kompensieren die sinkenden
Transportkosten auf den Strahlen sehr stark. Es kann passieren, daß die Kurven für höhere k so schnell abgeflacht werden, daß ein transportkostenminimales n nicht mehr zu bestimmen ist. Das Gewicht der Transportkosten im Zentrum
und auf den Straßen zwischen dem Zentrum und den Strahlen
ist so groß bzw. das Gewicht der Kosten auf den Strahlen
ist so gering, daß eine Variation von n bedeutungslos wird.
Grundsätzlich werden die obigen Ergebnisse durch die Einbeziehung der bislang vernachlässigten Transportkosten jedoch
nicht verändert.

Zusammenfassung

Das in bezug auf y(x) minimale Niveau der Transportkosten
hängt von der Anzahl n der Strahlen ab. Es erhebt sich die
Frage, ob unter diesen Minima ein Niveau gefunden werden kann,
das auch in bezug auf n minimal ist.

Für jeden Wert von k läßt sich eine Kombination aus n und
L/W finden, die das in bezug auf y(x) minimale Niveau der
Transportkosten auch in bezug auf n minimiert. Um die Eigenschaften dieses Minimums richtig würdigen zu können, wird untersucht, weshalb mit zunehmendem n die Transportkosten auf
den Strahlen sinken und die Transportkosten im Zentrum steigen.

Die Transportkosten auf den Strahlen müssen mit wachsendem
n abnehmen, weil das durchschnittliche Verkehrsvolumen auf
den Strahlen verringert wird. Die maximal zu fahrende Distanz
sinkt. Mit zunehmendem n wird die sternförmige Anordnung der
Stadtteile immer vorteilhafter. Die Transportkosten im Zentrum dagegen müssen steigen, weil mit zunehmender Zahl n der
Strahlen das Zentrum als Verkehrsverteiler zwischen den Strahlen immer wichtiger wird. Das Verkehrsvolumen auf dem Innenring steigt.

Das Minimum der Transportkosten in bezug auf y(x) und n
zeichnet sich dadurch aus, daß sich (für jeden Wert von k)
der transportkostenminimalen Zahl n der Strahlen bestimmte
Werte von L/W zuordnen lassen. Es ergibt sich zwischen n und
L/W ein funktionaler Zusammenhang n = f(L/W) mit den Eigenschaften $dn/d(L/W) > 0$ und $d^2n/d(L/W)^2 < 0$. $n = f(L/W)$
kann als Expansionspfad einer wachsenden Stadt interpretiert werden. Es lohnt sich, mit zunehmendem L/W neue
Strahlen zu bilden und nicht die bestehenden Strahlen zu
verlängern. Allerdings lohnt sich dies mit steigendem L/W

immer weniger. Die mit zunehmendem L/W und n sinkenden
Transportkosten auf den Strahlen werden also durch die wachsenden Transportkosten im Zentrum immer stärker kompensiert.

Die letzten Aussagen gelten für jeden Wert von k. Je
größer k aber wird, desto geringer wird der Vorteil, mit
zunehmendem L/W auch die Zahl der Strahlen zu erhöhen.
dn/d(L/W) sinkt mit steigendem k. Der Grund dafür ist die
Tatsache, daß mit zunehmendem Wert k die Transportkosten
des Zentrums sehr viel stärker als die Transportkosten auf
den Strahlen steigen, so daß es sich lohnt, die Transportkosten im Zentrum durch eine geringe Zahl n möglichst klein
zu halten.

III   Die Transportkostenminima der verschiedenen Stadtgestalten im Vergleich

   a   Die Achsenstadt und die Sternstadt mit n
       Strahlen

Der Einfluß der Stadtgestalt auf die Höhe der Transportkosten im Transportkostenminimum soll geprüft werden.
Es soll untersucht werden, ob die Achsenstadt oder die
Sternstadt mit n Strahlen ein Transportkostenminimum mit
einem geringeren Niveau verursacht. Ist also TK_{nS}^{++} größer
als TK^{+}?

   Aus der Gleichung (21) läßt sich TK_{nS}^{+} ermitteln. Werden
die transportkostenminimalen Parameterkombinationen aus der
Tabelle 10 in die Gleichung (21) bzw. (19) und (20) eingesetzt, dann ergibt sich TK_{nS}^{++}. TK_{nS}^{++} wird für k = 2, 3,
4, 10 bestimmt. TK^{+} wird der Tabelle 1 entnommen.

   Die Tabelle 11 zeigt den Quotienten TK_{nS}^{++}/ TK^{+} in Abhängigkeit von k und in Abhängigkeit von den transportkostenminimalen Werten der Parameter L/W und n. Wenn also z.B.
k = 2 und L/W = 19,8 in der Achsenstadt und in der Sternstadt betragen, dann muß n = 10 sein, damit in der Sternstadt ein Minimum der Transportkosten von TK_{nS}^{++} erreicht
ist. TK_{nS}^{++}/TK^{+} hat unter diesen Bedingungen einen Wert von
25,2 v.H.. In der Sternstadt liegt das Minimum der Transportkosten also auf einem erheblich niedrigeren Niveau
als in der Achsenstadt.

   Die Kurven der Abbildung 17 beruhen auf den Daten der
Tabelle 11. Wenn also L/W = 19,8 (sowie n = 10) und k = 2
betragen, dann zeigt die entsprechende Kurve der Abbildung
17, daß TK_{nS}^{++}/TK^{+} = 25,2 v.H. mißt. Die Abbildung 17 macht
deutlich, daß die Kurven für jedes k im Bereich $3 \leq k \leq 10$
unterhalb der Parallelen zur Abszisse im Abstande 100 v.H.
liegt. Nur für sehr geringe Werte von L/W, d.h. L/W < 4,0,
schneidet die Kurve von k = 2 diese Parallele. Bis auf diese wenig bedeutsame Ausnahme liegt ein Transportkostenminimum in der Sternstadt mit n Strahlen auf einem geringeren Niveau als in der Achsenstadt. Es läßt sich daher von

Tabelle 11 TK_{nS}^{++}/TK^+ in Abhängigkeit von k und von den transportkostenminimalen Werten

von L/W und n   (in v. H.)

n	k = 2		k = 3		k = 4		k = 10	
	L/W	TK_{nS}^{++}/TK^+ (in v.H.)	L/W	TK_{nS}^{++}/TK^+ (in v.H.)	L/W	TK_{nS}^{++}/TK^+ (in v.H.)	L/W	TK_{nS}^{++}/TK^+ (in v.H.)
3	2,7	119,0	4,7	98,3	8,1	81,9	167,0	31,0
4	4,0	92,6	9,4	63,5	21,8	44,1	2564,0	5,8
5			17,0	41,2	49,1	24,4		
6	7,9	55,3	27,8	28,0	96,8	14,3		
7			42,7	19,7	173,4	8,9		
8			62,1	14,3	288,5	5,8		
9					453,6	3,9		
10	19,8	25,2	117,3	8,2	681,3	2,7		
11					985,8	1,9		
12					1382,6	1,4		
14	37,4	14,1	309,9	3,4				
18	60,6	9,0	645,6	1,7				
20	74,2	7,4	879,4	1,3				
22			1163,9	1,0				
40	287,8	2,0						
52	482,8	1,2						
75	997,2	0,6						

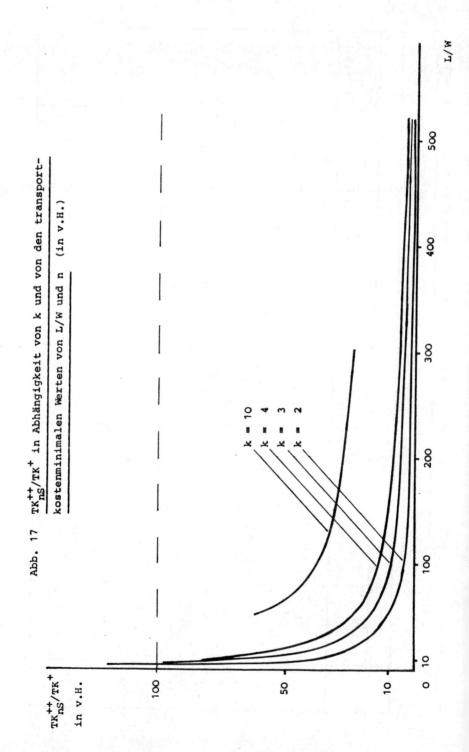

Abb. 17 TK_{nS}^{++}/TK^{+} in Abhängigkeit von k und von den transport-

kostenminimalen Werten von L/W und n (in v.H.)

einer eindeutigen Überlegenheit der Sternstadt sprechen.
Beim Vergleich zwischen der Sternstadt mit vier Strahlen
und der Achsenstadt konnte davon noch nicht die Rede sein.
Durch entsprechende Variation der Strahlenzahl läßt sich
die Effizienz der Sternstadt also bedeutend verbessern.
Es zeigt sich auch hier wieder der Einfluß der Stadtgestalt auf die Höhe des Transportkostenminimums.

In der Abbildung 17 zeigt jede Kurve, daß der Quotient
TK_{nS}^{++}/TK^{+} mit steigendem L/W sehr stark sinkt und sich
asymptotisch der Abszisse nähert. Darin kommt die mit steigendem L/W sehr stark wachsende Effizienz der Sternstadt
zum Ausdruck, die durch die Variation der Anzahl n der
Strahlen ermöglicht wird (siehe vorangegangenes Kapitel).
Bereits beim Vergleich der Achse und der Sternstadt mit
vier Strahlen konnte dieses Phänomen beobachtet und erklärt werden.

Die Kurven der Abbildung 17 liegen umso tiefer, je nie-
driger der Wert von k ist. Ein steigender Wert von k verringert also die Effizienz der Sternstadt mit n Strahlen.
Darin kommt die mit k wachsende Bedeutung der Transportkosten im Zentrum der Sternstadt zum Ausdruck. Im vorangegangenen Kapitel ist diese Erscheinung eingehend untersucht worden. Beim Vergleich zwischen der Sternstadt mit
vier Strahlen und der Achsenstadt konnte diese Wirkung von
k ebenfalls festgestellt werden.

Zusammenfassung

Der Vergleich der Transportkostenminima der Achsenstadt
und der Sternstadt mit n Strahlen führt zu einer eindeutigen
Überlegenheit der Sternstadt. Diese Überlegenheit läßt sich
mit steigendem L/W und zunehmender Strahlenzahl n noch erhöhen. Ein zunehmender Wert von k verringert dagegen die Vor-
teilhaftigkeit der Sternstadt.

b Die Ringstadt und die Sternstadt mit n
   Strahlen

Im folgenden soll festgestellt werden, unter welchen
Bedingungen TK_{nS}^{++} größer als das Minimum der Transportkosten
in der Ringstadt TK_R^+ ist. TK_{nS}^{++} wird nur für k = 2, 3, 4, 10
und in der gleichen Weise wie im vorangegangenen Kapitel
ermittelt. TK_R^+ wird der Tabelle 2 entnommen. Die Tabelle
12 gibt die Höhe des Quotienten TK_{nS}^{++}/TK_R^+ in Abhängigkeit
von k und in Abhängigkeit von den transportkostenminimalen
Werten der Parameter L/W und n an. In der Abbildung 18 ist
der Inhalt der Tabelle 12 grafisch dargestellt.

Nach den Kurven der Abbildung 18 zu urteilen, ist keine eindeutige Überlegenheit der einen oder anderen Stadtgestalt feststellbar. Bei k = 2 z.B. ist für geringe Werte
von L/W die Ringstadt effizienter. Wächst L/W weiter, dann
läßt die damit einhergehende Erhöhung der Strahlenzahl die
Sternstadt kostengünstiger werden. Die Möglichkeit einer
Variation der Strahlenzahl bewirkt also auch hier die relativ größere Effizienz der Sternstadt. Je höher k ist,
desto höher liegen die Kurven der Abbildung 18. Ein wachsendes k vermindert hier wie früher schon die relative Effizienz der Sternstadt. Weil die Gestalt und die Lage der
Kurven in den Abbildungen 17 und 18 ähnlich sind, kann auf
deren Diskussion im vorangegangenen Kapitel verwiesen
werden.

Beim Vergleich zwischen der Sternstadt mit vier Strahlen und der Ringstadt zeigte sich, daß nur bei k = 1 und
nur unter ganz bestimmten Bedingungen die Sternstadt effizienter als die Ringstadt ist. Die Effizienzsteigerung
durch die Variation der Strahlenzahl wird nun daran deutlich, daß die Sternstadt mit n Strahlen sogar für
k = 2, 3, 4 unter bestimmten Voraussetzungen geringere
Transportkosten als die Ringstadt mit sich bringt.

Tabelle 12

TK_{nS}^{++}/TK_R^+ in Abhängigkeit von k und von den transportkostenminimalen Werten von L/W und n (in v.H.)

n	k = 2		k = 3		k = 4		k = 10	
	L/W	TK_{nS}^{++}/TK_R^+ (in v.H.)	L/W	TK_{nS}^{++}/TK_R^+ (in v.H.)	L/W	TK_{nS}^{++}/TK_R^+ (in v.H.)	L/W	TK_{nS}^{++}/TK_R^+ (in v.H.)
3	2,7	435,2	4,7	638,8	8,1	968,2	167,0	16436
4	4,0	338,7	9,4	412,6	21,8	520,7	2564,0	3079
5			17,0	267,9	49,1	288,6		
6	7,9	202,3	27,8	182,0	96,8	169,4		
7			42,7	127,8	173,4	104,8		
8			62,1	92,9	288,5	68,0		
9					453,6	45,9		
10	19,8	92,2	117,3	53,2	681,3	32,0		
11					985,8	23,0		
12					1382,6	16,9		
14	37,4	51,7	309,9	22,0				
18	60,6	33,0	645,6	11,1				
20	74,2	27,2	879,4	8,3				
22			1163,9	6,3				
40	287,8	7,4						
52	482,8	4,5						
75	997,2	2,2						

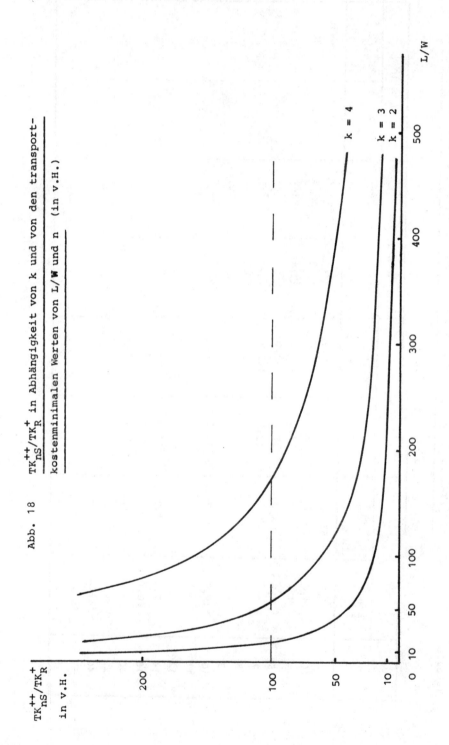

Abb. 18 TK_{nS}^{++}/TK_R^+ in Abhängigkeit von k und von den transportkostenminimalen Werten von L/W und n (in v.H.)

Zusammenfassung

Der Vergleich der Transportkostenminima der Ringstadt
und der Sternstadt mit n Strahlen führt nicht zu einer eindeutigen Überlegenheit der einen oder der anderen Stadtgestalt. Die Sternstadt ist vorteilhafter als die Ringstadt,
wenn L/W relativ groß und/oder k relativ klein ist.

c Die Sternstadt mit vier Strahlen und die
   Sternstadt mit n Strahlen

Wie in den vorangegangenen Kapiteln so soll auch hier
festgestellt werden, welchen Einfluß die Gestalt einer
Stadt auf das Minimum der Transportkosten hat. Es soll
untersucht werden, unter welchen Bedingungen TK_{nS}^{++} größer
als TK_{4S}^{+} ist. TK_{4S}^{+} wird der Tabelle 4 entnommen. Die Tabelle 13 gibt die Höhe des Quotienten TK_{nS}^{++}/TK_{4S}^{+} in Abhängigkeit von k = 2, 3, 4, 10 und in Abhängigkeit von den transportkostenminimalen Werten der Parameter L/W und n an. In
der Abbildung 19 sind die Daten der Tabelle 13 grafisch
dargestellt.

Die Kurve für z.B. k = 3 in der Abbildung 19 beginnt
unterhalb der Parallelen zur Abszisse im Abstande 100 v.H..
n beträgt drei bei einem Wert L/W = 4,7. Steigt L/W, dann
wird bei L/W = 9,4 die höhere Strahlenzahl n = 4 lohnend.
Die Kurve in der Abbildung 19 berührt die Parallele zur
Abszisse. Steigt L/W noch weiter, dann werden noch höhere
Strahlenzahlen lohnend. Die Kurve sinkt unter die Parallele zur Abszisse, und zwar mit steigendem L/W immer stärker.
Sie nähert sich schließlich asymptotisch der Abszisse. Die
Kurven für k = 2 und k = 4 haben einen ähnlichen Verlauf.
Auch die Kurve k = 4 liegt anfangs für n = 3 und L/W = 8,1
unter der Parallelen zur Abszisse, berührt diese bei n = 4
und L/W = 21,8 und sinkt mit steigenden n und L/W unter
die Parallele. Auch die nicht eingezeichnete Kurve für
k = 10 zeigt den Ansatz zu diesem Verlauf.

Charakteristisch für alle Kurven der Abbildung 19 ist,
daß sie bei n = 3 und n > 4 [sowie bei den entsprechenden
Werten von L/W] unterhalb der Parallelen zur Abszisse liegen und diese bei n = 4 berühren. Die Effizienz der Sternstadt mit n Strahlen ist also bei n = 3 und n > 4 größer
als die der Sternstadt mit vier Strahlen. Bei n = 4 und
L/W = 4,0, L/W = 9,4 , L/W = 21,8 usw. sind beide Sternstädte

Tabelle 13 TK_{nS}^{++}/TK_{4S}^{+} in Abhängigkeit von k und von den transportkostenminimalen Werten

von L/W und n   (in v.H.)

n	k = 2		k = 3		k = 4		k = 10	
	L/W	TK_{nS}^{++}/TK_{4S}^{+} (in v.H.)	L/W	TK_{nS}^{++}/TK_{4S}^{+} (in v.H.)	L/W	TK_{nS}^{++}/TK_{4S}^{+} (in v.H.)	L/W	TK_{nS}^{++}/TK_{4S}^{+} (in v.H.)
3	2,7	96,3	4,7	91,5	8,1	85,9	167,0	49,6
4	4,0	100,0	9,4	100,0	21,8	100,0	2564,0	100,0
5	7,9	91,0	17,0	94,1	49,1	89,7		
6			27,8	81,4	96,8	69,4		
7			42,7	67,5	173,4	50,8		
8			62,1	54,6	288,5	36,2		
9					453,6	25,6		
10	19,8	60,9	117,3	35,5	681,3	18,3		
11					985,8	13,1		
12					1382,6	9,8		
14	37,4	40,2	309,9	16,3				
18	60,6	27,7	645,6	8,4				
20	74,2	23,3	879,4	6,5				
22			1163,9	5,0				
40	287,8	6,9						
52	482,8	4,2						
75	997,2	2,1						

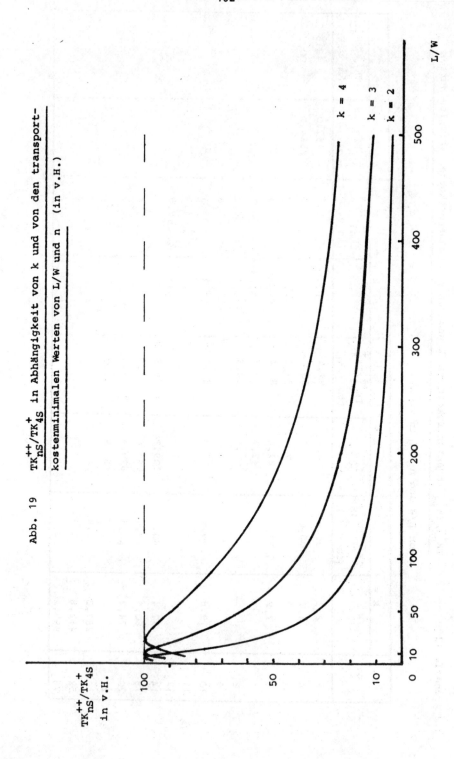

Abb. 19 TK_{nS}^{++}/TK_{4S}^{+} in Abhängigkeit von k und von den transport-

kostenminimalen Werten von L/W und n   (in v.H.)

gleichermaßen effizient, weil identisch. Abgesehen von diesen relativ wenigen Parameterkombinationen mit gleicher Effizienz besitzt daher die Sternstadt mit n Strahlen eindeutig die größere Effizienz.

Es fällt auf, daß die Erhöhung der Strahlenzahl, ausgehend von $n = 3$ und von den entsprechenden Werten für L/W, zunächst die relative Effizienz der Sternstadt mit n Strahlen vermindert, denn die Kurve nähert sich der Parallelen zur Abszisse. Oder anders ausgedrückt: Die relative Effizienz der Sternstadt mit vier Strahlen steigt. Der Grund liegt darin, daß man sich mit zunehmendem L/W dem Wert von L/W nähert, bei dem die Strahlenzahl $n = 4$ transportkostenminimal ist. Erst mit $n = 4$ und weiter steigendem n steigt die relative Effizienz der Sternstadt mit n Strahlen wieder. Der Verlauf jeder Kurve für den Bereich $n > 4$ und für die entsprechenden Werte von L/W entspricht dem Verlauf der Kurven aus den Abbildungen 17 und 18. Für die Lage der Kurven gilt entsprechendes. Es wird daher auf die Diskussion der Kurven in den vorangegangenen Kapiteln verwiesen.

Zusammenfassung

Der Vergleich der Transportkostenminima der Sternstadt mit vier Strahlen und der Sternstadt mit n Strahlen zeigt die eindeutig höhere Effizienz der Sternstadt mit n Strahlen.

F   Das Modell der Sternstadt mit vier Strahlen und
    einem Außenring

I   Beispiele für Stadtmodelle mit Ringstraßen

a   Modelle mit exogen gegebener und konstanter
    Geschwindigkeit

Solow und Vickrey betonen, daß ihre Erörterung der Achsenstadt und der Ringstadt nur erste Schritte sind auf dem Wege
der Analyse "of a circular city with radial and circumferen-
tial roads. But this proves to be an extraordinarily diffi-
cult proposition"[1]. Die Modelle der Sternstadt mit vier und
n Strahlen sind als weitere Schritte auf diesem Wege zu ver-
stehen. Es fehlt in diesen Modellen aber noch ein konzentrischer Verkehr auf einer z.B. peripheren Ringstraße. Zwar wird
im Zentrum der Sternstadt ein Innenring mit konzentrischen
Verkehrsströmen unterstellt. Jedoch ermöglicht dieser Innenring nur eine spezielle Regelung des Verkehrsflusses auf einer von mehreren Strahlen gebildeten Kreuzung. Statt mit Hilfe des Innenringes könnte der Verkehr auf dieser Kreuzung z.B.
auch mittels Ampeln gelenkt werden. Ausschlaggebend ist der
Kreuzungscharakter des Innenringes. Davon zu unterscheiden
ist eine Ringstraße, die in mehr oder minder großer Entfernung vom Mittelpunkt der Stadt konzentrisch zu diesem verläuft.

Das Standardmodell der "urban economics" unterstellt wie
die bislang behandelten Modelle der Sternstadt ausschließlich
einen von innen nach außen und von außen nach innen radial
verlaufenden Verkehr[2]. Denn "in virtually all models, the only travel is commuting trips of the labor force between places
of residence and work places in the CBD [= central business
district, der Verfasser]. Travel within the CBD is usually
ignored. Thus, the only spatial characteristic of any location
in the city that matters is distance from the CBD or, equiva-
lently, from the city center"[3].

1 Solow/Vickrey, S. 444, 447.
2 Robert M. Solow, On equilibrium models of urban location.
  In: Essays in modern economics. Michael Parkin (Ed.) London
  1973, S. 3.
3 Edwin S. Mills, James MacKinnon, Notes on the new urban economics. In: Bell Journal of Economics and Management Science,
  Vol. 4 (1973), S. 594.

Bevor das Modell der Sternstadt mit vier Strahlen und einem Außenring, mit radialem und konzentrischem Verkehr analysiert wird, sollen ganz kurz einige der relativ wenigen Arbeiten, in denen ebenfalls der radiale und der konzentrische Verkehr in einer Stadt untersucht wird, vorgestellt und kritisch beleuchtet werden. Es soll nicht ein vollständiger Überblick über alle bekannten Modelle dieser Art gewährt werden, sondern es sollen nur die typischen Annahmen, die Hauptfragestellungen usw. dieser Modelle beispielhaft belegt und kritisiert werden. Dadurch wird es möglich, den wissenschaftlichen Standort des Modells der Sternstadt mit vier Strahlen und einem Außenring zu bestimmen.

Der Aufsatz von Tan [1] basiert auf einem Modell, das ursprünglich von Smeed [2] geschaffen, und von Smeed und Jeffcoate [3], Fairthorne [4] und Haight [5] weiterentwickelt worden ist. Die Stadt hat die Gestalt eines Kreises mit dem Radius b. Die Arbeitsplätze sind gleichmäßig im Kreis mit dem Radius a < b, also im Zentrum der Stadt verteilt. Nur dort gibt es Arbeitsplätze. Ringförmig um den Kreis mit den Arbeitsplätzen liegen ausschließlich Wohnungen. Der Ring der Wohnungen hat die Gren-

1 T. Tan, Road networks in an expanding circular city. In: Operations Research, Vol. 14 (1966), S. 607 - 613.
2 R.J. Smeed, The traffic problem in towns. In: Transactions of the Manchester Statistical Society, Manchester 8. Februar 1961, S. 1 - 59.
Derselbe, Road development in urban areas. In: Journal of the Institution of Highway Engineers, Vol. 10 (1963), S. 5 - 26.
Derselbe, A theoretical model of commuter traffic in towns. In: Journal of the Institute of Mathematics and its Applications, Vol. 1 (1965), S. 208 - 225.
3 R.J. Smeed, G.O. Jeffcoate, Traffic flow during the journey to work in the central area of a town which has a rectangular grid for its road system. In: Proceedings of the Second International Symposium on the Theory of Road Traffic Flow London 1963, OECD (Hrsg.), Paris 1965, S. 369 - 390.
4 D. Fairthorne, The distances between pairs of points in towns of simple geometrical shapes. In: Proceedings of the Second International Symposium on the Theory of Road Traffic Flow London 1963, OECD (Hrsg.), Paris 1965, S. 391 - 406.
5 F.A. Haight, Some probability distributions associated with commuter travel in a homogeneous circular city. In: Operations Research, Vol. 12 (1964), S. 964 - 975.

zen a und b. Tan untersucht die Frage, welches von verschiedenen Straßennetzen gewählt werden sollte, wenn die Zahl der Arbeitskräfte zunimmt, der Wohnungsbereich sich ausdehnt, die Zahl der Fahrten zu den Arbeitsplätzen steigt, die Fläche der Arbeitsplätze dagegen konstant bleibt. Die Kriterien, mit denen die Straßensysteme bewertet werden, sind die durchschnittliche Länge einer Fahrt von der Wohnung zum Arbeitsplatz, die durchschnittlich beanspruchte Straßenfläche und die durchschnittliche Zeitdauer einer Fahrt.

Tan untersucht ein Straßensystem, das die direkte Verbindung eines Punktes mit jedem anderen erlaubt, ein Straßennetz, das aus Rechtecken besteht, und ein Straßennetz mit zum Mittelpunkt der Stadt radialen und konzentrischen Strassen. Für jede Fahrt von der Wohnung zur Arbeitsstelle können die folgenden Routen gewählt werden:

Route a: Von der Wohnung entlang einer dort verlaufenden radialen Straße bis zu einer weiter innen in der Stadt gelegenen Ringstraße, auf dieser bis zur Radialstrasse, an der der Arbeitsplatz liegt, und auf dieser direkt ans Ziel.

Route b: Von der Wohnung entlang einer dort verlaufenden radialen Straße bis ins Zentrum und von dort auf einer radialen Straße direkt ans Ziel.

Route c: Von der Wohnung auf einer dort verlaufenden Ringstrasse bis zur Radialstraße, an der das Ziel liegt, und auf dieser Radialstraße direkt ans Ziel.

Route d: Der kürzeste Weg im rechtwinkligen Straßennetz.

Route e: Der direkte Weg zwischen zwei Punkten.

Für jede Routenwahl und damit für jedes Straßennetz berechnet Tan die Länge einer Fahrt von der Wohnung bis zum Arbeitsplatz und unter Verwendung der Wahrscheinlichkeitstheorie die durchschnittliche Länge einer Fahrt. In gleicher Weise bestimmt er die durchschnittliche Straßenfläche und die durchschnittliche Zeitdauer einer Fahrt. Die letztere ermittelt er unter der Annahme, daß die Verkehrsgeschwindigkeiten gegeben und überall in der Stadt konstant sind, im Wohnbereich aber eine andere Höhe als im Arbeitsplatzbereich haben. Die Bewertung der Straßensysteme mit diesen drei Kriterien zeigt die unterschiedliche Effizienz der Straßennetze in Abhängigkeit vom Wachstum der Stadt. Die genauen Ergebnisse interessieren hier nicht weiter.

Die Arbeit von Tan unterstellt die in den "urban economics" übliche Aufteilung der Stadtfläche in den Wohn- und den Arbeitsplatzbereich. Jedoch wird nicht nur ein radialer Verkehr zwischen diesen Bereichen angenommen, sondern auch ein konzentrischer Verkehr. Die Dichte des Verkehrs spielt in diesem Modell keine Rolle. Dagegen wird der Länge einer Fahrt große Bedeutung eingeräumt. Die Fahrtenlänge, die Zeitdauer einer Fahrt usw. werden als Effizienzkriterien benutzt. Jedoch läßt sich diese Rolle nur mit den großen Schwierigkeiten einer exakten Transportkostenbestimmung rechtfertigen. Denn die Fahrzeit z.B. ist kein guter Maßstab für die Höhe der Transportkosten, wenn die Geschwindigkeit exogen gegeben ist. Die Annahme konstanter Geschwindigkeiten schließt aus, daß die Routenwahl eines Verkehrsteilnehmers die Verkehrsdichte irgendwo in der Stadt und damit die Geschwindigkeit an dieser Stelle verändert, so daß andere Verkehrsteilnehmer sich gezwungen sehen, eine andere und "schnellere" Route zu wählen. Die Annahme konstanter Geschwindigkeiten schließt die Interdependenz der Routenwahl aller Verkehrsteilnehmer aus. Gerade dieses Phänomen ist aber das grundlegende Charakteristikum des Verkehrssystems einer Stadt. Tan untersucht den Verkehr zwischen dem Wohnungs- und dem Arbeitsplatzbereich. Der Verkehr innerhalb der zwei Bereiche wird vernachlässigt. Es tauscht nicht jeder Punkt der Stadt mit jedem anderen Punkt der Stadt Verkehr aus. Es wird nicht die Gesamtheit des Stadtverkehrs untersucht.

Pearce [1] geht in seinem Modell von einer kreisförmigen Stadt aus, in der die Verteilung der Ziele und der Quellen des Verkehrs gegeben und konstant ist. Die Straßen verlaufen radial und konzentrisch zum Mittelpunkt der Stadt. Pearce untersucht u.a. die Frage, wie groß die Radien der Ringstraßen sein müssen, damit die durchschnittliche Distanz, die außerhalb der Ringstraßen, also auf den Radialstraßen, gefahren werden muß, minimiert wird. Pearce wählt die durchschnittliche Distanz außerhalb der Ringstraßen als Zielgröße, weil seiner Meinung nach der Verkehr außerhalb der Ringstraßen die größten

---

1 C.E.M. Pearce, Locating concentric ring roads in a city. In: Transportation Science, Vol. 8 (1974), S. 142 - 168.

Probleme der Verkehrsdichte verursacht. Es soll nur zwei Ringstraßen geben, während die Zahl der Radialstraßen unendlich
groß ist.

Die Grundlage für die Bestimmung der durchschnittlichen
Distanz ist die Routenwahl des einzelnen Reisenden. Jeder
Reisende wählt die Route derart, daß die Reisezeit von der
Verkehrsquelle bis zum Verkehrsziel minimiert wird. Grundsätzlich stehen ihm zwei verschiedene Routen zur Auswahl:
   a) die Radialroute über den Mittelpunkt der Stadt aus-
      schließlich auf Radialstraßen und
   b) die Ringroute über den inneren oder den äußeren Ring
      mit radialen Komponenten zwischen der Verkehrsquelle
      und dem Ring sowie zwischen dem Ring und dem Verkehrs-
      ziel.
Eine entscheidende Rolle für die Routenwahl spielen die Radien
der zwei Ringstraßen und die Reisegeschwindigkeit. Pearce
nimmt an, daß die Reisegeschwindigkeit überall in der Stadt
eine gleiche und konstante Höhe hat. Auf den Ringstraßen soll
die Geschwindigkeit aber größer als auf den Radialstraßen sein.

Ob der einzelne Reisende nun die Radialroute, die Ringroute über den äußeren Ring oder die Ringroute über den inneren Ring wählt, hängt u.a. von der Lage des Verkehrsziels
und der Verkehrsquelle im Vergleich mit der Lage beider Ringstraßen ab. Die Routenwahl hängt vom Winkel zwischen dem Verkehrsziel und der Verkehrsquelle, vom Verhältnis der Geschwindigkeiten auf den Radial- und Ringstraßen, von der Größe der
Radien beider Ringstraßen usw. ab. Nach vollzogener Routenwahl kann die außerhalb der Ringstraßen gefahrene durchschnittliche Distanz bestimmt werden. Diese hängt u.a. von den Radien
der Ringstraßen ab. Es läßt sich also bei gegebenem Radius
des einen Ringes der Radius der zweiten Ringstraße ermitteln,
der die außerhalb der Ringstraßen gefahrene durchschnittliche
Distanz minimiert. Auf die Ergebnisse und deren Interpretation sowie auf Erweiterungen der Fragestellung soll nicht
mehr eingegangen werden.

Wie bei Tan so wird auch bei Pearce die durchschnittlich
gefahrene Distanz als Zielgröße verwendet. Pearce versucht
zwar, daraus einen Indikator für die Verkehrsdichte zu entwickeln. Dieser ist aber, wie Pearce selbst erwähnt, nur

sehr grober Natur. Über die Dichte des Verkehrs und über die Kosten der Verkehrsdichte äußert sich Pearce also nicht. Die Annahme der überall gleich großen und konstanten Geschwindigkeit auf den Radial- bzw. auf den Ringstraßen sorgt wie schon bei Tan dafür, daß die Routenwahl der einzelnen Reisenden völlig unabhängig voneinander vorgenommen wird. Pearce untersucht im Gegensatz zu Tan die gesamten Fahrten in der Stadt und nicht nur diejenigen zwischen bestimmten Stadtbereichen. Pearce arbeitet mit der realistischen Annahme, daß nur zwei Ringstraßen existieren. Die unendlich große Zahl der Radialstraßen ist aber auch bei ihm noch unrealistisch hoch.

Zusammenfassung

Es werden einige der wenigen Arbeiten vorgestellt, in denen der radiale und der konzentrische Verkehr in einer Stadt untersucht werden. An der Arbeit von Tan muß hauptsächlich kritisiert werden, daß durch die Annahme exogen gegebener und konstanter Geschwindigkeiten die Interdependenz der Routenwahl aller Verkehrsteilnehmer als entscheidendes Charakteristikum des Verkehrssystems einer Stadt ausgeschlossen wird. Die gleiche Kritik muß auch am Modell von Pearce geübt werden.

b Ein Beispiel für eine exogen gegebene und variable
   Geschwindigkeit

Blumenfeld und Weiß [1] entwickeln ein Modell, das eine
wichtige Annahme einer Arbeit von Wardrop [2] entnimmt. Und
zwar werden die Transportkosten in der Dimension "Zeitdauer
einer Fahrt" gemessen. Die Reisezeit soll von der jeweiligen Position des Reisenden innerhalb der Stadt
abhängen. Es handelt sich um eine kreisförmige Stadt.
Alle Quellen des Verkehrs liegen außerhalb der Stadt. Die
Ziele des Verkehrs befinden sich in der Stadt. Der Verkehr
fließt von außerhalb der Stadt in diese hinein. Jeder Reisende
sucht sich die Route mit der geringsten Reisezeit. Die durchschnittliche Reisegeschwindigkeit an jeder Stelle der Stadt
ist eine Funktion des Radius, auf dem sich diese Stelle befindet. Die Geschwindigkeit hängt nicht von der Fahrtrichtung ab.
Mit zunehmendem Radius steigt die Geschwindigkeit und umgekehrt. An der Stadtperipherie ist die Geschwindigkeit am
größten und in der Stadtmitte am geringsten.

Das Straßennetz der Stadt soll aus radialen und konzentrischen Straßen bestehen. Die Verkehrsgeschwindigkeit auf einer Radialstraße nimmt mit steigendem Radius zu. Auf einer
Ringstraße hat die Geschwindigkeit eine konstante Höhe, die
vom Radius der Ringstraße bestimmt wird. Blumenfeld und Weiß
entwickeln ein Modell a, in dem die Zahl der Ring- und Radialstraßen unendlich ist, und ein Modell b mit einer unendli-
chen Anzahl Radialstraßen und mit nur zwei Ringstraßen. Eine
der Ringstraßen hat ihren festen Platz an der Stadtperipherie
und die andere liegt irgendwo im Inneren der Stadt. In den
Modellen soll die Route mit der geringsten Reisezeit bzw. mit
der geringsten durchschnittlichen Reisezeit in der ganzen
Stadt bestimmt werden.

Als Vorüberlegung dazu ist es im Modell a nötig, den Ra-

---

1 Dennis E. Blumenfeld, George A. Weiß, Routing in a circular
   city with two ring roads. In: Transportation Research, Vol.
   4 (1970), S. 235 - 242.
2 J.G.Wardrop, Minimum-cost paths in urban areas. Beiträge zur
   Theorie des Verkehrsflusses. Referate anläßlich des IV. Internationalen Symposiums über die Theorie des Verkehrsflusses in Karlsruhe im Juni 1968. Straßenbau und Verkehrstechnik,
   Heft 86. Bundesminister für Verkehr. Bonn 1969.S.184 - 190.

dius der Ringstraße zu bestimmen, die außer der Radialstraße
noch benutzt werden sollte. Es zeigt sich, daß die Ringstrasse benutzt werden sollte, an der das Verkehrsziel liegt. Die
optimale Route beginnt also an der Peripherie der Stadt, verläuft auf einer Radialstraße nach innen bis zur Ringstraße,
an der das Ziel liegt, und auf dieser Ringstraße zum Ziel.

Diese Route ist nur unter einer ganz speziellen Annahme
die zeitlich kürzeste. Es muß angenommen werden, daß
$h(r) = r/s(r)$ und $dh(r)/dr > 0$ sind. Dabei ist r der Radius der
Ringstraße und $s(r)$ die konstante Geschwindigkeit auf dieser
Ringstraße. $h(r)$ ist die Reisezeit auf einem Teil der Ringstrasse (= Bogen) mit der Länge r. $h'(r) > 0$ bedeutet, daß mit zunehmendem Radius r die Reisezeit auf dem länger werdenden Bogen ebenfalls zunimmt. Die mit r wachsende Geschwindigkeit
$[s'(r) > 0]$ wird von der Bogenlänge r überkompensiert. Die
Zeitdauer einer Fahrt über die gesamte Länge $2\pi r$ einer Ringstraße muß also trotz der mit r steigenden Geschwindigkeit
mit zunehmendem Radius r wachsen.

Im Modell b sind zwei Fälle zu unterscheiden. Zum einen
kann das Verkehrsziel zwischen der inneren und der äußeren
Ringstraße, also außerhalb der inneren Ringstraße liegen, und
zum anderen kann es innerhalb der inneren Ringstraße liegen.
Befindet sich das Ziel außerhalb der inneren Ringstraße, dann
kann die Route, die zunächst auf der äußeren Ringstraße verläuft und dann über eine Radialstraße zum Ziel führt, die
zeitlich kürzere sein. Oder es kann die Route, die von der
Peripherie auf einer Radialstraße zum inneren Ring, auf diesem zur Radialstraße, an der das Ziel liegt, und auf dieser
Radialstraße zum Ziel führt, die zeitlich kürzere sein. Die
Entscheidung über beide Routen hängt vom Winkel ab, der zwischen der Stelle des Reisebeginns an der Stadtperipherie und
dem Verkehrsziel liegt. Ist der Winkel relativ klein, lohnt
sich der Weg über den äußeren Ring, ist der Winkel relativ
groß, ist der innere Ring vorzuziehen. Liegt das Verkehrsziel
innerhalb der inneren Ringstraße, dann ist die Route von der
Peripherie auf der Radialstraße bis zum inneren Ring, auf
diesem bis zur Radialstraße, an der das Ziel liegt, und auf
dieser Radialstraße bis zum Ziel eindeutig die zeitlich kürzeste Strecke. Die Ergebnisse des Modells b basieren ebenfalls
auf der Annahme $h'(r) > 0$.

Mit einer Annahme über die Verteilung der Verkehrsziele
in der Stadt, gleichverteilt oder stärker im Mittelpunkt der
Stadt konzentriert usw., läßt sich aus der Reisezeit einer
Fahrt die durchschnittliche Reisezeit in der ganzen Stadt berechnen. So wird im Modell a und im Modell b verfahren. Die
durchschnittliche Reisezeit im Modell b ist u.a. eine Funktion des Radius der inneren Ringstraße. Es erhebt sich die
Frage, wie groß dieser Radius gewählt werden sollte, damit
die durchschnittliche Reisezeit minimiert wird. Es läßt sich
je nach Verteilung der Verkehrsziele über die Stadt ein optimaler Radius bestimmen. Die Höhe der durchschnittlichen Reisezeit wird von der Wahl eines optimalen Radius aber sehr wenig
beeinflußt. Die Sensibilität dieser Größe in bezug auf Para-
meteränderungen ist sehr gering. Nur bei der Verteilung der
Verkehrsziele, bei der die Ziele stark im Stadtzentrum konzentriert sind, reagiert die Höhe der durchschnittlichen Reisezeit sensibel auf die Wahl des Radius der inneren Ringstrasse. In diesem Falle kann die durchschnittliche Reisezeit relativ stark verringert werden, wenn die innere Ringstraße
nicht nahe der äußeren Ringstraße liegt, sondern in die Nähe
der Stadtmitte wandert. Die übrigen Erörterungen von Blumenfeld und Weiß sollen hier nicht mehr dargestellt werden, weil
sie nicht so wesentlich sind.

Wie bereits bei Tan und Pearce, so spielt auch in der Arbeit
von Blumenfeld und Weiß die Verkehrsdichte keine Rolle. Es
wird die durchschnittliche Reisezeit in der ganzen Stadt als
entscheidende Zielgröße verwendet. Blumenfeld und Weiß betrachten nur den von außerhalb der Stadt in die Stadt fließenden Verkehr. Der Verkehr zwischen den Punkten innerhalb der
Stadt wird vernachlässigt. Sie untersuchen also nur einen Teil
des in der Stadt fließenden Verkehrs. Im Vergleich mit dem
Standardmodell der "urban economics" kann die Stadt von Blumenfeld und Weiß als der Bereich der Arbeitsplätze interpretiert
werden. Der Wohnbereich liegt außerhalb der Stadt und wird
vernachlässigt. Es werden die Fahrten vom Wohnbereich zum
Arbeitsplatzbereich untersucht.

Das Neue gegenüber den Modellen von Tan und Pearce liegt
in der Annahme, daß die Verkehrsgeschwindigkeit an jeder Stelle der Stadt nicht gleich und konstant, sondern jeweils un-

terschiedlich ist. Diese Annahme ist offensichtlich realistischer und daher eine Verbesserung des Modells. Die Geschwindigkeit s an jeder Stelle x in der Stadt hängt von der Entfernung r der Stelle vom Stadtmittelpunkt ab: $s(r)$ mit $ds/dr > 0$. Weil der Radius r eine feste, unveränderbare und exogene Größe für jede Stelle x ist, ist auch die Geschwindigkeit exogen vorgegeben. Sie kann nicht durch die Höhe des Verkehrsvolumens, durch die Routenwahl usw. beeinflußt werden. Sie ist völlig unabhängig von der Routenwahl der Reisenden.

Da die Geschwindigkeit neben der Routenwahl die entscheidende Determinante der Reisezeit und damit der Transportkosten des einzelnen Reisenden ist, ist ein wichtiger Teil der Transportkosten exogen festgelegt. Nur über die Wahl der Route hat der Reisende Einfluß auf die Höhe seiner Transportkosten. Dieser Einfluß ist aber auch nur beschränkt, besteht er doch nur darin, sich bei der Wahl der Route derart an das exogen vorgegebene Straßennetz aus Radial- und Ringstraßen und an die exogen vorgegebenen Geschwindigkeiten anzupassen, daß seine Reisezeit minimiert wird. Das Verhalten des Reisenden ähnelt dem Mengenanpasserverhalten in der Mikroökonomie, und zwar in partialanalytischer Sicht. Jeder Reisende paßt sich an die Daten des Verkehrssystems an, ohne diese jedoch mit seinem Verhalten beeinflussen zu können. Es ist typisch für die Situation des Reisenden, daß er seine minimale Reisezeit allein bestimmt und das Routenwahlverhalten anderer Reisender darauf keinen Einfluß nehmen kann. Außerdem ist die einmal getroffene Wahl der Route endgültig und muß nicht mehr geändert werden, außer wenn sich die exogenen Größen, wie Gestalt des Straßennetzes und Geschwindigkeiten, auch ändern.

Es wird bei Blumenfeld und Weiß im Grunde ausschließlich eine Partialanalyse betrieben, denn die durchschnittliche Reisezeit für die gesamte Stadt resultiert nur additiv aus den partialanalytisch gewonnenen und ein für allemal getroffenen Routenentscheidungen der einzelnen Reisenden. Das Ergebnis für die gesamte Stadt hat keine Rückwirkungen auf die Routenwahl des einzelnen Reisenden. Die Zielgröße für die gesamte Stadt, also die durchschnittliche Reisezeit , wird exogen bestimmt, weil die entscheidenden Determinanten, wie die Reisezeit des einzelnen Reisenden, die Verteilung der Verkehrsziele etc., ebenfalls exogener Natur sind.

Das entscheidende Charakteristikum eines realistischen
Verkehrssystems in einer Stadt besteht dagegen darin, daß die
Geschwindigkeit an jeder Stelle x der Stadt endogen bestimmt
wird. Die Geschwindigkeit an der Stelle x hängt z.B. von der
Zahl der Fahrzeuge in x, der Straßenbreite in x, usw. ab. Die
Geschwindigkeit wird also u.a. durch die Routenwahl der Reisenden, und zwar aller Reisenden, bestimmt. Die Reisezeit und
damit die Transportkosten jedes einzelnen Reisenden hängen nicht
mehr nur von seiner eigenen Routenwahl ab, sondern auch von
der Routenwahl aller anderen Reisenden und umgekehrt. Die Ent-
scheidungen aller Reisenden über die Routenwahl sind interde-
pendent. Statt einer Partialanalyse muß eine Totalanalyse betrieben werden, denn das "Marktergebnis" ist vom Verhalten
aller "Marktteilnehmer" abhängig.

Die Interdependenz der Routenwahl aller Reisenden sorgt
dafür, daß die Routenwahl eines Reisenden E zunächst nur vor-
läufigen Charakter hat. Die Entscheidung über die Route muß
erneut gefällt werden, sobald andere Reisende ihre Routenwahl
und damit die Entscheidungsgrundlagen für E variieren. Erst
wenn jeder Reisende seine Routenwahl nicht mehr ändert, ist
ein Gleichgewicht erreicht. Der Prozeß bis zu diesem Gleichgewicht der Routenwahl für den einzelnen Reisenden und für
das ganze Verkehrsnetz kann langwierig sein. Es kann sein,
daß ein Gleichgewicht niemals erreicht wird. Ob ein Gleichgewicht existiert, ob es stabil oder labil ist, wie lange der
Anpassungsprozeß dauert usw., das alles hängt von den Ver-
haltensweisen der Reisenden ab, also von der Reaktionsinten-
sität, der Reaktionsgeschwindigkeit, den time lags usw..

Die Annahme von Blumenfeld und Weiß, daß die Geschwindigkeit mit zunehmender Entfernung r vom Mittelpunkt der Stadt
steigt, $s'(r) > 0$, ist Ausdruck impliziter Annahmen. Die Geschwindigkeit kann nur zunehmen, wenn z.B. die Breite der
Straßen zur Stadtperipherie hin steigt oder wenn die Grünphase der Ampeln zunimmt. Oder die Routen werden derart gewählt,
daß das Verkehrsvolumen mit dem Radius r abnimmt usw.. Mit
der Annahme $s'(r) > 0$ wird die eigentlich erst noch zu treffen-
de Routenwahl also bereits teilweise festgelegt.

Eine weitere kritische Annahme, auf der die Routenwahl
und die optimale Lage der inneren Ringstraße bei Blumenfeld
und Weiß basieren, ist dh(r)/dr > 0. Es läßt sich nachweisen,
daß z.B. die optimale Route nicht mehr auf der Ringstraße verlaufen muß, an der das Verkehrsziel liegt, sondern auf der
peripheren Ringstraße, wenn h'(r) < 0 ist. Beide Annahmen,
h'(r) > 0 und h'(r) < 0, sind sehr willkürlich. Warum sollte
entlang eines Strahles ausschließlich nur h'(r) > 0 oder ausschließlich nur h'(r) < 0 gelten? Wie groß h'(r) an jeder Stelle des Strahles ist, wird u.a. von der Geschwindigkeit an dieser Stelle bestimmt. Wenn die Geschwindigkeit modellendogen
festgelegt wird, wird auch h'(r) endogen bestimmt. Über die
Größe von h'(r) ist dann von vornherein keine Aussage mehr
möglich.

Ein Verdienst der Arbeit von Blumenfeld und Weiß ist, daß
sie die Wichtigkeit der Verteilung aller Verkehrsziele über
die Stadtfläche deutlich gemacht hat. Die Lage einer Ringstraße muß auf die mehr oder weniger starke Konzentration der
Verkehrsziele in der Stadtmitte oder an der Stadtperipherie
usw. Rücksicht nehmen.

Zusammenfassung

Im Modell von Blumenfeld und Weiß wird eine exogen gegebene, aber variable Geschwindigkeit unterstellt. Das ist neu
gegenüber den Modellen von Tan und Pearce. Dennoch muß kritisiert werden, daß die Geschwindigkeit exogen bestimmt wird
und völlig unabhängig von der Routenwahl der Reisenden ist.
Denn tatsächlich zeichnet sich der Stadtverkehr dadurch aus,
daß die Geschwindigkeit an jeder Stelle der Stadt endogen
durch die interdependente Routenwahl aller Reisenden bestimmt
wird.

c Ein Beispiel für eine endogen bestimmte und
   variable Verkehrsdichte

Die Arbeit von Kraus [1] erscheint als die bedeutendste
der bekannten Arbeiten über den radialen und den konzentrischen
Verkehr in einer kreisförmigen Stadt. Kraus' Arbeit basiert
auf dem oben bereits diskutierten Modell einer Achsenstadt von
Solow und Vickrey. Die eindimensionale Achsenstadt soll zu
einer realistischeren zweidimensionalen Stadt erweitert werden.
Wie bei Solow und Vickrey, so wird auch bei Kraus die Stadtfläche in einen verkehrschaffenden Bereich ("business"-Bereich)
von der gegebenen Größe A und in einen den Verkehr aufnehmen-
den und verteilenden Bereich unterteilt, der den Rest der
Stadtfläche umfaßt. Dieser Straßenbereich besteht aus einem
Netz von unendlich   vielen Radial- und Ringstraßen. Die einzige hier interessierende Aufgabe des "business"- Bereichs
ist die Schaffung von Verkehr. Die Ziele und die Quellen des
Verkehrs sind unabhängig voneinander und gleichmäßig über die
Stadt verteilt. Jeder Punkt des "business"-Bereichs tauscht
mit jedem anderen Punkt Verkehr aus. Alle Straßen kreuzen sich
auf gleichem Niveau. Alle Kreuzungen sind mit Ampelanlagen
versehen. Es können für das Passieren jeder Stelle der Stadt
"tolls" von den Reisenden erhoben werden.

Die städtische Behörde versucht, die Fläche der Stadt derart in Flächen für Straßen und in Flächen für "business"-Akti-
vitäten aufzuteilen, daß die gesamten Transportkosten pro
Zeiteinheit in der Stadt minimiert werden. Die Transportkosten
an jeder Stelle der Stadt sind wie bei Solow und Vickrey eine
Funktion der Verkehrsdichte. Dies gilt für den radialen und den
konzentrischen Verkehr. Als Determinanten der Verkehrsdichte
verwendet Kraus aber nicht wie Solow und Vickrey nur das Verkehrsvolumen und die Straßenbreite, sondern u.a. auch die
Dauer der Grünphase der Ampeln.

Die Instrumente, mit denen das Ziel "Transportkostenminimum" erreicht werden soll, sind die Erhebung von "tolls" und
die Verkehrslenkung mit den Ampeln. Denn im Netz der radialen

---

1 Marvin Kraus, a.a.O., S. 440 - 457.

und konzentrischen Straßen ist der Weg zwischen jedem Verkehrsziel und jeder Verkehrsquelle nicht wie in der Achsenstadt
eindeutig festgelegt, sondern kann vom Reisenden gewählt werden. Mit der Höhe der "tolls" an jeder Stelle der Stadt und
mit der Veränderung der Grünphase an den Ampeln auf jeder
Kreuzung der Stadt kann die Routenwahl beeinflußt werden. Da
die Routenwahl die Verkehrsdichte an jeder Stelle der Stadt
bestimmt, kann mit den zwei Instrumenten die Höhe der gesamten Transportkosten in der Stadt beeinflußt werden.

Hierbei wird unterstellt, daß jeder Reisende diejenige
Route wählt, die mit den geringsten Kosten für ihn verbunden
ist. Kraus nimmt an, daß an jeder Stelle der Stadt jeder dort
passierende Reisende ein "toll" in bestimmter Höhe sowie
die dort auf ihn durchschnittlich entfallenden Kosten der Verkehrsdichte zu tragen hat. Dieses sind die beiden Bestandteile
des Preises, den jeder Reisende an jeder Stelle der Stadt
für die Fahrt an dieser Stelle zahlen muß. Die Höhe des "toll"
und die Höhe der durchschnittlichen Kosten der Verkehrsdichte
an jeder Stelle der Stadt variieren mit der Position in der
Stadt.

Jeder Reisende wählt die Route nun derart, daß die Summe
der von ihm zu zahlenden Preise entlang der gesamten Strecke
minimal wird. Die Auswahl unter der Vielzahl möglicher Routen
erleichtert Kraus durch zwei Annahmen, von denen die eine
mit der im Modell von Blumenfeld und Weiß getroffenen Annahme
grundsätzlich identisch ist. Wie bei Blumenfeld und Weiß die
Zeitdauer einer Fahrt über die Gesamtlänge einer Ringstraße
trotz der mit wachsendem Radius r steigenden Geschwindigkeit
mit zunehmendem r wächst, so nehmen bei Kraus die Transportkosten zu. Die Transportkosten einer Fahrt über die Gesamtlänge einer Ringstraße sollen mit zunehmendem r wachsen.
Kraus unterstellt, daß der Radius r schneller wächst als der
Preis für eine Fahrt an jeder Stelle der Stadt mit steigendem
r sinkt. Die Hilfe dieser und der zweiten Annahme gestatten
Kraus die Ableitung einiger allgemeiner Regeln, nach denen
aus der Vielzahl der Straßen die Routen mit minimalen Transportkosten zusammengestellt werden können. Auf diese Regeln
soll nicht näher eingegangen werden.

Die städtische Behörde kann den Radius der Stadt und damit die Gesamtfläche der Stadt variieren. Es ist für die Behörde z.B. von Interesse zu erfahren, wie groß im Transportkostenminimum die Relation zwischen der Stadtfläche und der gegebenen Fläche des "business"-Bereiches sein muß, wie sich im Transportkostenminimum das Verhältnis zwischen der Straßenfläche und der Stadtfläche als Funktion der Entfernung zur Stadtmitte verändert, wie die transportkostenminimale Preisstruktur im gesamten Straßennetz aussehen muß, wodurch sich die transportkostenminimale Routenwahl auszeichnet, welches Aussehen die räumliche und die Größenstruktur transportkostenminimaler "tolls" haben muß, welche Profile das Verkehrsvolumen und die Verkehrsdichte entlang einer Radialstraße und einer Ringstraße annehmen usw..

Diese Fragen können durch die Analyse von Kraus aber nicht beantwortet werden. Die Resultate der umfangreichen und schwierigen Berechnungen sind nur sehr abstrakt. Kraus stellt z.B. fest, daß die Bedingung erster Ordnung einer transportkostenminimalen Routenwahl erfüllt werden kann, wenn der Preis pro Distanzeinheit einer Fahrt in eine beliebige Richtung den Grenzkosten der Verkehrsdichte dieser Fahrt gleich ist, oder anders ausgedrückt, wenn jedem Reisenden ein "toll" pro Distanzeinheit einer Fahrt in eine beliebige Richtung auferlegt wird und dieser "toll" der Differenz aus Grenz- und Durchschnittskosten der Verkehrsdichte dieser Fahrt gleich ist. Die übrigen Ergebnisse sind ähnlich abstrakter und wenig operationaler Natur. Um die obigen für die städtische Behörde interessanten Fragen beantworten zu können, erscheint Kraus angesichts der Komplexität der Probleme die numerische Approximation unumgänglich.

Kraus verwendet im Gegensatz zu den bisher vorgestellten Modellen als entscheidende Variable nicht z.B. die Länge einer Fahrt, sondern die Dichte des Verkehrs. Außerdem mißt er diese Größe an jeder Stelle in der Stadt und verzichtet auf die relativ ungenaue Bildung von Durchschnittsgrößen, die sich auf die ganze Stadt beziehen. Kraus betrachtet die Gesamtheit der Fahrten in der Stadt und nicht nur Teile von ihnen. Die Zahl der Ring- und Radialstraßen ist unrealistisch hoch. Die gleichmäßige Verteilung der Verkehrsziele in der Stadt ist eine sehr vereinfachende Unterstellung.

Die wichtigste Verbesserung gegenüber allen bislang vor-

gestellten Modellen liegt darin, daß Kraus die generelle
Interdependenz der Routenwahl berücksichtigt [1] und daß die
entscheidende Determinante der Transportkosten, die Verkehrsdichte, nicht nur exogen, sondern auch endogen bestimmt wird.

Die Routenwahl des einzelnen Reisenden wird bei Kraus so
vorgenommen, daß die Summe der zu zahlenden Preise entlang
der Routenlänge minimiert wird. Eine wichtige Determinante
der Preise sind die durchschnittlichen Kosten der Verkehrsdichte. Diese wiederum werden vom Verkehrsvolumen und damit von
der Routenwahl aller Reisenden bestimmt. Die Routenwahl des
einzelnen hängt also von der Routenwahl aller Reisenden ab.
Es besteht eine Interdependenz der Routenwahl aller Reisenden.

Die Verkehrsdichte ist die entscheidende Bestimmungsgrös-
se der Transportkosten in der gesamten Stadt. Gleichzeitig
determiniert sie die Routenwahl jedes einzelnen Reisenden
und ist das Resultat der vollzogenen Routenwahl aller Reisenden. Daraus folgt, daß die Transportkosten endogen bestimmt werden. (Die exogenen Determinanten werden später
untersucht.)

Eine weitere wichtige Verbesserung im Modell von Kraus ist
der Übergang von der Partialanalyse der Routenwahl eines einzelnen Reisenden zur Totalanalyse des Verkehrs in der gesamten
Stadt. Kraus begnügt sich nicht mit der Partialanalyse. Er
addiert die Einzelentscheidungen über die Routenwahl nicht
nur. Er gelangt zu einer Totalanalyse des Verkehrs in der
gesamten Stadt durch simultane Wahl der Route jedes einzelnen Reisenden. Die simultane Analyse wird durch die
Interdependenz der Routenwahl notwendig gemacht.

---

1 Die Interdependenz der Routenwahl spielt auch in der wichtigen Arbeit von Lam und Newell eine große Rolle:
Tenny N. Lam, G.F. Newell, Flow dependent traffic assignment
on a circular city. In: Transportation Science, Vol. 1 (1967),
S. 318 - 361.
Lam und Newell untersuchen eine kreisförmige Stadt mit Radial-
und Ringstraßen. Jeder Reisende sucht für seine Fahrt von deren Beginn im Inneren der Stadt bis zum Ziel an der Peripherie der Stadt den Weg mit der geringsten Reisezeit. Die Reisezeit ist hier u.a. eine Funktion des durch alle Reisenden
verursachten Verkehrsvolumens.

Neben der endogenen Beeinflussung der entscheidenden Grösse, der Verkehrsdichte, hat bei Kraus die städtische Behörde
die Möglichkeit, mit exogenen Instrumenten auf die Verkehrsdichte einzuwirken. Die eine Möglichkeit ist, durch eine Änderung in der Länge der Grünphase die Routenwahl und damit das
Verkehrsvolumen und die Verkehrsdichte zu beeinflussen. Die
andere Möglichkeit ist, mit der Höhe des "toll" an jeder Stelle des Straßennetzes die Routenwahl und die Verkehrsdichte
zu verändern. Das erste Instrument kann als verkehrstechni-
sches und das zweite als preispolitisches Instrument der städtischen Verkehrspolitik charakterisiert werden. Das preispoli-
tische Instrument ist eine Neuerung im Vergleich mit den bislang behandelten Modellen. Denn in diesen kann eine städtische
Behörde den Verkehr zwar auch beeinflussen, aber nur mittels
eines verkehrstechnischen Instruments, mittels der exogen bestimmten Geschwindigkeit. Es soll dahingestellt bleiben, ob
es sich um die tatsächlich gefahrene Geschwindigkeit oder nur
um die Festlegung einer Höchstgeschwindigkeit handelt.

Mit dem "toll" wird versucht, mittels des Preismechanis-
mus den Verkehr so zu lenken, daß ein Transportkostenminimum
erreicht wird. Der "toll" hat den Charakter eines ökonomischen
Instruments, während die Grünphasenänderung eher technischer
Natur ist. Beide Instrumente dienen aber der Erreichung eines
Zieles, das ökonomische Sachverhalte zum Gegenstand hat. Beide Instrumente sind insofern ökonomische Instrumente.

Es erhebt sich die Frage, welches der Instrumente operationaler ist. Der "toll" verlangt die genaue Bestimmung seiner
Höhe an jeder Stelle des Straßennetzes und für jeden Reisenden gesondert. Da aber die Grenzkosten nicht zu bestimmen
sind, wird auch der "toll" nicht zu berechnen sein. Außerdem
müßten überall entlang den Straßen Meß- und Kontrollanlagen
errichtet werden, mit denen festgestellt wird, wer wo in welchem Maße zur Verkehrsdichte beträgt. Es ist daher verständlich, wenn Kraus am Ende seiner Arbeit als mögliche Erweite-
rung seines Modelles vorschlägt, die Auswirkungen eines für
die gesamte Stadt gültigen "toll" in einer überall gleichen
Höhe zu prüfen. Ein "toll" mit räumlich differenzierter Höhe
ist nicht durchführbar und deshalb nicht operational.

Eine Grünphase, die in ihrer Länge je nach Fahrtrichtung,

Entfernung von der Stadtmitte etc. räumlich differenziert ist,
läßt sich dagegen leicht ermöglichen. Die Ampelanlagen sind
bereits heute in jeder Stadt vorhanden. Die Verkehrslenkung
mit der Ampel bezieht sich aber nicht auf einzelne Reisende
wie der "toll", sondern auf alle, die die jeweilige Ampel passieren. Die Lenkung ist also nicht so exakt wie die mittels des
"toll". Sie verlangt aber auch nicht einen unrealistisch gros-
sen Umfang an Informationen. Deshalb erscheint die Lenkung
mit der Länge der Grünphase operationaler als die mit dem
"toll".

Die Annahme von Kraus, daß die Transportkosten einer
Fahrt über die Gesamtlänge einer Ringstraße mit zunehmendem
Radius wachsen, der Radius also schneller wächst als der Preis
für eine Fahrt an jeder Stelle der Stadt mit zunehmendem Radius sinkt, engt implizit die völlig freie Gestaltung des
"toll" ein bzw. engt die Routenwahl ein. Denn der Preis kann
nur dann mit zunehmendem Radius sinken, wenn die durchschnittlichen Kosten der Verkehrsdichte und/oder der "toll" mit steigendem Radius abnehmen. Beides ist Ausdruck bestimmten Routen-
wahlverhaltens, das eigentlich erst bestimmt werden soll.

Im folgenden Modell der Sternstadt mit vier Strahlen und
einem Außenring wird eine niedrige und damit realistische
Zahl von Straßen unterstellt. Dieser Ansatz vernachlässigt
Straßen, die z.B. ringförmig verlaufen, aber wegen ihrer geringen Breite, ihres schlechten Ausbauzustandes usw. nicht
die Funktion einer Ringstraße übernehmen können, sondern nur
als Zubringer für die Hauptverkehrsadern dienen. Als Ziel wird
die Minimierung der Transportkosten in der gesamten Stadt
unter besonderer Berücksichtigung der Verkehrsdichte angestrebt. Die Routenwahl für den einzelnen Reisenden
wird in vollkommener Interdependenz mit der Routenwahl
für die anderen Reisenden vorgenommen. Aus der Partialanalyse der Routenwahl für einen einzelnen Reisenden wird die
Totalanalyse der Verkehrssituation in der gesamten Stadt
entwickelt. Die Routenwahl für alle Reisenden wird simultan solange variiert, bis das Minimum der Transportkosten
in der gesamten Stadt erreicht ist. Das Modell der Sternstadt mit vier Strahlen und einem Außenring steht der Arbeit
von Kraus näher als den anderen vorgestellten Arbeiten.

Zusammenfassung

Das Modell von Kraus basiert auf dem Achsenstadtmodell von Solow und Vickrey und übernimmt von dort Annahmen, Fragestellungen usw. Im Modell von Kraus wird mit einer endogen bestimmten und variablen Verkehrsdichte gearbeitet. Die Verkehrsdichte an jeder Stelle der Stadt resultiert aus der interdependenten Routenwahl aller Reisenden. Die Verkehrsdichte kann an jeder Stelle der Stadt unterschiedlich hoch sein. Wie bei Solow und Vickrey werden unter anderem mit der Verkehrsdichte die gesamten Transportkosten der Stadt berechnet.

Die von Kraus an das Modell gerichteten Fragen lassen sich nicht beantworten, weil die Resultate der Rechnungen nur sehr abstrakter und wenig operationaler Natur sind. Grundsätzlich ist aber gegen sein Vorgehen nichts einzuwenden, weil hier, im Gegensatz zu anderen Modellen, die Verkehrsdichte angemessen, d. h. als endogenes Problem behandelt wird.

II Das Modell der Sternstadt mit vier Strahlen und
    einem Außenring in allgemeiner Formulierung

    a Die Beschreibung des Modells

In den bislang untersuchten Modellen der Sternstadt
fehlt eine Straße, die außen ringförmig um die Stadt herumführt (Außenring). Dieser Außenring soll nun in das Modell der Sternstadt eingebaut werden. Zu diesem Zweck wird
das bekannte Modell der Sternstadt mit vier Strahlen aus
dem Kapitel D vollständig übernommen. Es soll dieses relativ einfache Modell der Sternstadt als Grundlage benutzt
werden, weil es bereits intensiv untersucht worden ist
und seine Eigenschaften daher bekannt sind. Außerdem kom-
pliziert der Außenring das Stadtmodell derart, daß es
zweckmäßig erscheint, den Einfluß dieses neuen Modellele-
ments in einem einfachen Grundmodell zu analysieren.

Eine Sternstadt mit einem Außenring ist in der Abbildung 20 dargestellt. Die äußeren Enden der Strahlen sind
an eine ringförmige Straße gekoppelt, die um alle Strahlen
der Sternstadt außen herumführt. Die Straße liegt konzentrisch zum Mittelpunkt der Sternstadt. Auf dem Außenring
soll der Verkehr in beiden Richtungen möglich sein. Jeder
Strahl kann Verkehr über den Außenring schicken sowie vom
Außenring Verkehr empfangen. Die Art und Weise, wie der Verkehr von den Strahlen auf den Außenring gelangt, ob über
Kreuzungen, Ampeln, ob über ein System von Überführungen
auf mehreren Ebenen usw., soll hier aus Gründen der Vereinfachung vernachlässigt werden. Am Außenring liegt kein
"business district". Der "business district" liegt nur auf
den Strahlen.

Die Breite des Außenringes soll überall gleich und konstant sein. Sie soll wie die Breite des Innenringes $W/2$ betragen. Die Länge des Außenringes hängt von der Strahlenlänge L_S
ab. Die Länge des Außenringes soll identisch sein mit dem

Abb. 20   Die Gestalt und die Flächenstruktur der Stern-
_____

stadt mit vier Strahlen und einem Außenring
_____

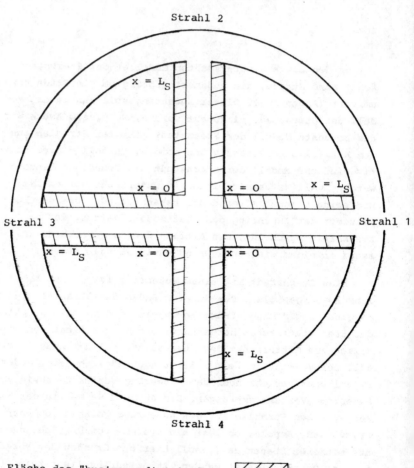

Fläche des "business district"

Straßenfläche

Umfang des Kreises, auf dem die Straßenmitte des Außenringes verläuft. Der Radius dieses Kreises mißt
L_S + (3/4)W = (1/4)(L + 3W). Die Länge des Außenringes beträgt daher $2\pi(1/4)(L + 3W) = (\pi/2)(L + 3W)$.

Mit dem Außenring ist der Sternstadt ein elementarer
Bestandteil der Ringstadt hinzugefügt worden. Zusätzlich
zum Innenring im Zentrum, der bislang in der Sternstadt
allein als Verkehrsverteiler fungierte, übernimmt nun auch
der Außenring diese Aufgaben. Damit ist die Möglichkeit geschaffen, die Route zwischen dem Ursprung und dem Ziel des
Verkehrs zu wählen. Liegen Ursprung und Ziel des Verkehrs
auf verschiedenen Strahlen, dann kann es unter dem Ziel der
Transportkostenminimierung sinnvoll sein, nicht mehr über
den Innenring zum Ziel zu fahren, sondern über den Außenring.

Die bislang übliche Frage nach der Straßengestalt
und der Straßenbreite, nach der Strahlenlänge L_S, nach
der Aufteilung der Stadtfläche in die gegebene Fläche
des "business district" und in die Straßenfläche, nach
den Bedingungen also, unter denen die gesamten Transportkosten in der Sternstadt ihr Minimum erreichen, soll auch
in diesem Modell gestellt werden. Da hier wie schon früher
die Fläche des Zentrums nur als Straßenfläche genutzt
wird und das gleiche auch für die Fläche des Außenringes
gelten soll, wird eigentlich nur nach der transportkostenminimalen Aufteilung der Flächen auf den Strahlen gefragt.

Die Wahl der Route über den Außenring oder über den
Innenring beeinflußt die Transportkosten. Deshalb
muß die Fragestellung erweitert werden. Im folgenden soll
daher untersucht werden, wie von jeder Stelle x auf einem
Strahl die Route zu einem Ziel auf jedem anderen Strahl
gewählt werden muß, damit bei gleichzeitiger Herausbildung
einer transportkostenminimalen Länge der Strahlen, einer
transportkostenminimalen Gestalt der Straße usw. ein minimales Niveau der Transportkosten in der gesamten Sternstadt
erreicht wird. Gesucht ist also eine Höhe der Transportkosten, die weder durch eine Änderung der Flächenallokation,
der Straßengestalt usw. noch durch eine Änderung der Routenwahl an irgendeiner Stelle x auf einem der Strahlen vermin-

dert werden kann.

Es zeigt sich später, daß die Fragestellung in diesem
Umfang nicht beantwortet werden kann. Das Problem muß
auf die Suche nach der transportkostenminimalen Routenwahl reduziert werden. Es soll zunächst jedoch die um-
fassendere Fragestellung solange wie möglich verfolgt werden.

Um möglichen Mißverständnissen vorzubeugen, soll an dieser Stelle ausdrücklich darauf hingewiesen werden, daß die
Fragestellung lautet, wie ein minimales Niveau der Transportkosten für die Stadt insgesamt durch Variation der Flächenallokation, der Route usw. erreicht werden kann. Der Begriff
"Transportkostenminimum" bezieht sich also nicht auf den einzelnen Verkehrsteilnehmer, sondern auf die gesamte Stadt. Es
soll nicht für den einzelnen Verkehrsteilnehmer das individu-
elle Transportkostenminimum ermittelt und die dieses Minimum
verursachende Route als transportkostenminimal bezeichnet
werden. Es soll auch nicht die Summe der individuellen Transportkostenminima ermittelt und als Transportkostenminimum der
Stadt bezeichnet werden.

Es soll vielmehr das Transportkostenminimum für die Stadt
als Ganze vom Standpunkt z. B. eines Stadt- bzw. Gesamtver-
kehrsplaners bestimmt werden. Es wird deshalb der Verkehr, der
von jedem Punkt der Stadt in gleicher Weise ausgeht und jeden
Punkt der Stadt in gleichem Maße erreicht, so auf das Straßensystem verteilt, daß die dabei an den verschiedenen Punkten
in unterschiedlicher Höhe entstehende Verkehrsdichte Werte
annimmt, bei denen die für die Stadt als Ganze geltende Transportkostenfunktion minimiert wird. Daraus resultiert für jeden
einzelnen Verkehrsteilnehmer eine bestimmte Route, und zwar
über den Außenring oder über den Innenring, die durch verkehrs-
politische Maßnahmen von der Stadt durchzusetzen ist. Diese
Route jedes einzelnen Verkehrsteilnehmers soll als transportkostenminimale Route bzw. die Wahl einer transportkostenminimalen Route als transportkostenminimale Routenwahl bezeichnet

werden. Es ist möglich, daß die in diesem Sinne verstandene
transportkostenminimale Route vom Standpunkt des einzelnen
Verkehrsteilnehmers nicht transportkostenminimal ist. Das Interesse des einzelnen Verkehrsteilnehmers spielt hier aber
keine Rolle und wird deshalb nicht berücksichtigt.

Bevor das Verkehrsvolumen, die Verkehrsdichte und damit
die Transportkosten bestimmt werden können, muß überlegt
werden, wie die Route an den verschiedenen Stellen x eines Strahles in Abhängigkeit von bestimmten Parametern gewählt werden sollte. Dies soll im folgenden geschehen.
Erst daraus kann die transportkostenminimale Routenwahl
entwickelt werden.

Zusammenfassung

Das Modell der Sternstadt mit vier Strahlen und einem
Außenring entsteht aus der bereits bekannten Sternstadt mit
vier Strahlen dadurch, daß außen um die Strahlen ein Außenring herumgeführt wird. Die bislang übliche Frage nach der
Straßengestalt, der Straßenbreite, der Flächenallokation usw.
im Minimum der Transportkosten der gesamten Stadt wird auch
hier gestellt. Simultan damit soll geklärt werden, wie von
jeder Stelle x auf einem Strahl die Route zu einem Ziel auf
jedem anderen Strahl gewählt werden sollte, damit die Transportkosten in der Stadt ein Minimum erreichen. Es muß beachtet werden, daß die Routenwahl, das Transportkostenminimum
usw. sich auf die gesamte Stadt und nicht auf den einzelnen
Verkehrsteilnehmer beziehen.

b Die Wahl der Route

   1 Die Routenwahl in Abhängigkeit von der Substitutionsrate

Zunächst sind kurze Vorbemerkungen notwendig. Die Bezeichnung einer Stelle x auf einem Strahl soll geändert werden. Im folgenden Modell soll die Stelle x = O jedes Strahles am Strahlenende nahe dem Zentrum und die Stelle x = L_S am Strahlenende nahe dem Außenring liegen (siehe Abbildung 20). Sachlich hat diese Änderung der Bezeichnung keine Folgen. Sie erhöht nur die Anschaulichkeit und erleichtert die folgenden Rechnungen. Es soll außerdem jede Stelle, wenn sie als Quelle des Verkehrs z.B. auf dem Strahl 1 kenntlich gemacht werden soll, als x_{Q1} bezeichnet werden. Die Stelle x, die das Ziel des Verkehrs auf dem Strahl 2 z.B. ist, wird analog mit x_{Z2} bezeichnet.

An jeder Stelle x_Q auf einem Strahl, z.B. auf dem Strahl 1, werden Gütereinheiten produziert, von denen wegen der Gleichverteilung der Verkehrsziele über die gesamte Fläche des "business district" ein Viertel an den "business district" jedes Strahles geschickt wird. Die Routenwahl fällt je nach dem Strahl, auf dem das Verkehrsziel liegt, anders aus. Liegt das Verkehrsziel wie die Verkehrsquelle auf dem gleichen Strahl, dann ist es unter der Zielsetzung der Transportkostenminimierung sinnlos, den Verkehr über den Innenring oder den Außenring fließen zu lassen. Nur wenn die Verkehrsquelle und das Verkehrsziel auf verschiedenen Strahlen liegen, ist zu erwägen, ob die Fahrt über den Außenring oder den Innenring verlaufen soll. Im folgenden soll die Wahl der Route für die verschiedenen Möglichkeiten vorgenommen werden, daß die Verkehrsquelle auf dem Strahl 1 und das Verkehrsziel jeweils auf dem Strahl 2, 4 oder 3 liegt. Die Ergebnisse gelten nicht nur für den Fall, daß die Verkehrsquellen auf dem Strahl 1 und die Verkehrsziele auf den übrigen Strahlen liegen, sondern auch für die Fälle, in denen sich die Verkehrsquellen auf den Strahlen 2, 3 oder 4 und die Verkehrsziele auf den jeweils übrigen Strahlen befinden (Symmetrieannahme).

Die Ausgangslage soll dadurch gekennzeichnet sein, daß

der Außenring soeben gebaut und fertiggestellt worden ist.
Der Außenring wird noch nicht benutzt. Der gesamte Verkehr
fließt wie in der Sternstadt mit vier Strahlen noch über
den Innenring. Es erhebt sich nun die Frage, von welchem
x_{Q1} bis zu welchem x_{Z2}, x_{Z3} und x_{Z4} es sich am ehesten
lohnt, den Verkehr nicht mehr über den Innenring, sondern
über den Außenring zu schicken. Die Wahl der Außenringroute ist grundsätzlich nur sinnvoll, wenn die Route über den
Außenring geringere Transportkosten verursacht als die Route über den Innenring. Nur unter dieser Bedingung sinken
die Transportkosten der gesamten Sternstadt mit der Substitution der Innenringroute durch die Außenringroute. Die
Substitutionsrate der Transportkosten der Innenringroute
durch die Transportkosten der Außenringroute muß also absolut größer als eins sein, wenn die Wahl der Außenringroute
sinnvoll sein soll. Ist die Substitutionsrate dagegen absolut kleiner als eins, dann lohnt sich die Innenringroute
und nicht die Außenringroute. (Im folgenden wird immer der
absolute Wert der Substitutionsrate gemeint.)

Für die Punkte $x_{Q1} = L_S$ und $x_{Z4} = L_S$ nimmt die Substitutionsrate den größten Wert an, der in der gesamten Sternstadt möglich ist. Denn auf dem noch völlig verkehrsfreien
Außenring entstehen die geringstmöglichen Transportkosten.
Zum einen liegt der Grund dafür in der Entfernung zwischen
$x_{Q1} = L_S$ und $x_{Z4} = L_S$, die auf der Außenringroute zwischen
zwei Punkten nicht geringer sein kann. Zum anderen hat die
Verkehrsdichte noch eine Höhe von null. Die Transportkosten
über den Innenring dagegen sind die höchsten, die überhaupt
möglich sind, weil bislang noch der gesamte Verkehr über den
Innenring fließt, die Verkehrsdichte auf der Innenringroute also sehr hoch ist, und weil der Verkehr von $x_{Q1} = L_S$
bis $x_{Z4} = L_S$ über die längste Distanz fließen muß, die
zwischen einem beliebigen x_Q und einem beliebigen x_Z der
Sternstadt auf der Innenringroute vorkommen kann. Die Distanz beträgt $2L_S + (3/8)\pi W$. Wenn die Außenringroute überhaupt sinnvoll ist, und diese Annahme soll hier getroffen
werden, sie wird später durch die Rechnung bestätigt, dann
ist sie für die Punkte $x_{Q1} = L_S$ und $x_{Z4} = L_S$ sinnvoll. Die
Substitutionsrate für die Punkte $x_{Q1} = L_S$ und $x_{Z4} = L_S$ ist
also größer als eins.

Für die Punkte $x_{Q1} = L_S$ und $x_{Z4} = L_S - 1$ ist die Substitutionsrate bereits kleiner als für die Punkte $x_{Q1} = L_S$ und $x_{Z4} = L_S$. Die Gründe dafür sind die vergleichsweise größeren Transportkosten auf der Außenringroute und die vergleichsweise geringeren Transportkosten auf der Innenringroute. Die Transportkosten über den Außenring sind höher, weil die Entfernung auf dieser Route zwischen $x_{Q1} = L_S$ und $x_{Z4} = L_S - 1$ größer ist als zwischen $x_{Q1} = L_S$ und $x_{Z4} = L_S$ und weil die Verkehrsdichte auf der Außenringroute nach erfolgter Umlenkung des Verkehrs zwischen $x_{Q1} = L_S$ und $x_{Z4} = L_S$ über den Außenring zugenommen hat. Die Transportkosten über den Innenring sind geringer, weil die entsprechenden Grössen auf der Innenringroute abgenommen haben. Je geringer x_{Q1} und/oder x_{Z4} werden, desto geringer wird die Substitutionsrate und desto weniger lohnt sich die Außenringroute. Analoge Überlegungen gelten für die Punkte x_{Q1} und x_{Z2} sowie x_{Q1} und x_{Z3}. Der Außenring sollte daher hauptsächlich für Fahrten benutzt werden, die ihren Ausgang von Punkten nahe dem Außenring nehmen und die dort auch ihr Ziel finden.

Der Verkehr zwischen $x_{Q1} = 0$ und $x_{Z2} = 0$ ist mit den geringsten Transportkosten auf der Innenringroute und mit den höchsten Transportkosten auf der Außenringroute verbunden, die zwischen beliebigen x_{Q1} und x_{Z2} auftreten können. Die Rate der Substitution der Transportkosten über den Innenring durch die Transportkosten über den Außenring ist für diese Punkte geringer als für jedes andere Paar x_{Q1} und x_{Z2}. Deshalb wird, falls zwischen beliebigen x_{Q1} und x_{Z2} überhaupt der Verkehr den Innenring benutzt, zwischen $x_{Q1} = 0$ und $x_{Z2} = 0$ der Verkehr auf jeden Fall über den Innenring geschickt. Für die Punkte $x_{Q1} = 1$ und $x_{Z2} = 0$ ist die Substitutionsrate bereits größer als für die Punkte $x_{Q1} = 0$ und $x_{Z2} = 0$. Mit steigendem x_{Z2} und/oder steigendem x_{Q1} wächst die Substitutionsrate. Es lohnt sich immer weniger, den Verkehr zwischen diesen Punkten über den Innenring fließen zu lassen. Die gleichen Überlegungen gelten für den Verkehr zwischen x_{Q1} und x_{Z3} sowie x_{Q1} und x_{Z4}. Es sollte also über den Innenring hauptsächlich der Verkehr fließen, der nahe dem Innenring geschaffen wird und der nahe dem Innenring sein Ziel hat.

Ausgehend vom noch völlig verkehrsfreien Außenring

sollte der Verkehr zwischen x_Q und x_Z mit der höchsten
Substitutionsrate also auf jeden Fall über den Außenring
fließen. Mit sinkender Substitutionsrate nimmt die Attraktivität der Außenringroute ab und die der Innenringroute
zu. Bei einem Wert der Substitutionsrate von eins ist die
Außenringroute der Innenringroute nicht mehr vorzuziehen.
Sinkt die Substitutionsrate unter den Wert von eins, dann
lohnt es sich für die dazugehörenden Punkte x_Q und x_Z, den
Verkehr untereinander nur noch über die Innenringroute fliessen zu lassen. Es soll angenommen werden, daß für jedes
Paar x_Q und x_Z die Route über den Außenring oder den Innenring je nach der Höhe der Substitutionsrate gewählt wird.
Nach Abschluß dieses Prozesses müssen die Transportkosten in
der gesamten Sternstadt ein Minimum erreicht haben. Die dann
verwirklichte Routenwahl soll als transportkostenminimal bezeichnet werden. Eine Änderung der Routenwahl für irgendein
Paar x_Q und x_Z kann die Transportkosten nicht mehr verringern,
sondern nur noch erhöhen.

Die transportkostenminimale Routenwahl ist dadurch gekennzeichnet, daß der Verkehr teils über den Außenring und
teils über den Innenring fließt. Der Innenring kann nicht
völlig ungenutzt bleiben, weil sonst z.B. die Fahrt von
x_{Q1} = 0 bis x_{Z2} = 0, x_{Z3} = 0 oder x_{Z4} = 0 über den Innenring fast keine, über den Außenring aber sehr hohe Transportkosten verursacht. Diese Routenwahl kann aber nicht
als transportkostenminimal bezeichnet werden.

Zusammenfassung

Für jeden Punkt x_Q auf einem Strahl muß geklärt werden,
ob unter der Zielsetzung der Transportkostenminimierung die
Fahrt von x_Q zu jedem x_Z auf einem anderen Strahl über den
Innenring oder über den Außenring verlaufen sollte. Das Kri-
terium für die Wahl der Route ist die Substitutionsrate der
Transportkosten der Innenringroute durch die Transportkosten

der Außenringroute. Ist die Substitutionsrate für eine Fahrt kleiner bzw. größer als eins, dann sollte diese Fahrt, um die Transportkosten in der gesamten Stadt zu minimieren, über den Innenring bzw. über den Außenring verlaufen. Hat die Substitutionsrate den Wert eins, dann ist es gleichgültig, ob die Fahrt über den Außenring oder den Innenring vollzogen wird. Sind die Routen für alle Fahrten in der Stadt in Abhängigkeit von der Höhe der Substitutionsrate gewählt worden, dann ist das Minimum der gesamten Transportkosten in der Stadt erreicht. Die Routenwahl ist transportkostenminimal.

2 Die Routenwahl in Abhängigkeit von der transportkostenminimalen Maximaldistanz

Im letzten Kapitel ist mit dem Begriff der Substitutionsrate ein Kriterium entwickelt worden, das geeignet ist, die
transportkostenminimale Route von jedem Punkt x_Q zu jedem
Punkt x_Z zu wählen. Der entscheidende Nachteil dieses Kriteriums ist aber, daß es nicht operational ist. Es ist deshalb
nicht operational, weil es unter anderem die genaue Kenntnis
der unterschiedlich hohen Verkehrsdichte in jedem einzelnen
Punkt der Stadt voraussetzt. Diese Kenntnis ist aber nicht zu
erlangen. Als Ausweg aus dem Dilemma soll deshalb im folgenden
mit der sogenannten transportkostenminimalen Maximaldistanz
ein gleichwertiges, aber operationales Routenwahlkriterium
entwickelt werden, das das nicht operationale Routenwahlkriterium der Substitutionsrate ersetzen soll.

Um zu erklären, welcher Sachverhalt sich hinter dem Begriff der transportkostenminimalen Maximaldistanz verbirgt,
soll rein hypothetisch angenommen werden, es sei gelungen,
die transportkostenminimalen Routen in Abhängigkeit von der
Höhe der Substitutionsrate auszuwählen. So soll also im Falle
des für die gesamte Stadt berechneten Transportkostenminimums
die Substitutionsrate der Transportkosten einer Fahrt von
$x_{Q1} = 0,5\ L_S$ nach $x_{Z2} = 0,4\ L_S$ genau eins betragen. (Diese
beiden Punkte sind als Beispiele gewählt worden, es hätten
auch andere Punkte herausgegriffen werden können.) Die Substitutionsrate der Fahrten von $x_{Q1} = 0,5\ L_S$ nach x_{Z2} im Bereich
$0 \leq x_{Z2} < 0,4\ L_S$ bzw. im Bereich $0,4\ L_S < x_{Z2} \leq L_S$ hat einen Wert
von kleiner bzw. größer als eins. Daraus folgt, daß die Fahr-
ten von $x_{Q1} = 0,5\ L_S$ nach x_{Z2} im Bereich $0 \leq x_{Z2} < 0,4\ L_S$ über
den Innenring und nach x_{Z2} im Bereich $0,4\ L_S < x_{Z2} \leq L_S$ über den
Außenring vorgenommen werden sollten, damit das Transportkostenminimum für die gesamte Stadt erreicht wird. Ob der Verkehr von $x_{Q1} = 0,5\ L_S$ nach $x_{Z2} = 0,4\ L_S$ über den Innenring
oder den Außenring fließt, ist dagegen gleichgültig, denn die

entstehenden Transportkosten sind in jedem Falle gleich groß.
Es soll hier aus Gründen der Vereinfachung die geringe und
nicht ins Gewicht fallende Unschärfe in Kauf genommen und unterstellt werden, daß der Verkehr von $x_{Q1} = 0,5\ L_S$ nach
$x_{Z2} = 0,4\ L_S$ ausschließlich über den Innenring fließt. Diese
Routenwahl über den Innenring oder den Außenring in Abhängigkeit von der Höhe der Substitutionsrate ist also transportkostenminimal.

Im Falle des Transportkostenminimums wird folglich vom
Punkt $x_{Q1} = 0,5\ L_S$ maximal bis $x_{Z2} = 0,4\ L_S$ über den Innenring geliefert. Die Entfernung zwischen $x_{Q1} = 0,5\ L_S$ und
$x_{Z2} = 0,4\ L_S$ über den Innenring setzt sich aus den zwei
Strecken $0,5\ L_S$ und $0,4\ L_S$ auf den Strahlen sowie aus der
Strecke $(\pi/8)W$ auf dem Innenring zusammen. Die Distanz beträgt also $MD^+ = 0,9\ L_S + (\pi/8)W$. Alle Ziele, deren Entfernung von $x_{Q1} = 0,5\ L_S$ über den Innenring geringer oder gleich
bzw. größer als MD^+ sind, müssen über den Innenring bzw. über
den Außenring beliefert werden, damit ein Minimum der Transportkosten in der Stadt gewährleistet ist.

Die Größe $MD^+ = 0,9\ L_S + (\pi/8)W$ soll als die transportkostenminimale Maximaldistanz bezeichnet werden, die dem
Punkt $x_{Q1} = 0,5\ L_S$ und allen Punkten x_{Z2} zugeordnet ist. Die
transportkostenminimale Maximaldistanz MD^+ eines Punktes x_Q
und der dazugehörenden Punkte x_{Zi} eines Strahles i soll als
die Entfernung über den Innenring zwischen der Verkehrsquelle
x_Q und dem auf dem Strahl i liegenden entferntesten Verkehrsziel x_{Zi} gemessen werden, dem der Verkehr von x_Q gerade noch
über den Innenring zufließen muß und noch nicht über den
Außenring zufließen darf, damit die Transportkosten in der
gesamten Stadt minimal sind. Allen Punkten x_{Zi}, deren Entfernungen von x_Q über den Innenring geringer oder gleich bzw.
größer als MD^+ sind, muß der Verkehr, um die Transportkosten
in der gesamten Stadt zu minimieren, über den Innenring bzw.
über den Außenring zufließen.

Es zeigt sich also, daß die Routen sowohl nach dem Kriterium der Substitutionsrate als auch nach dem Kriterium der transportkostenminimalen Maximaldistanz gewählt werden können. Im obigen Beispiel läßt sich einer Substitutionsrate von kleiner bzw. größer als eins eine tatsächliche Distanz zwischen den Punkten x_Q und x_Z von kleiner bzw. größer als MD^+ zuordnen. Der Substitutionsrate von eins muß die transportkostenminimale Maximaldistanz MD^+ selbst zugeordnet werden. Die Wahl der Routen in Abhängigkeit von der transportkostenminimalen Maximaldistanz führt zum gleichen Ergebnis wie die Wahl in Abhängigkeit von der Substitutionsrate. Beide Routenwahlkriterien sind also gleichwertig. Der Ersatz der Substitutionsrate durch die transportkostenminimale Maximaldistanz ist daher zulässig.

Nun zur Operationalität der beiden Routenwahlkriterien. Das Routenwahlkriterium der Substitutionsrate setzt die genaue Kenntnis des Verkehrsvolumens, der Verkehrsdichte und der Transportkosten an jeder Stelle der Stadt voraus. Alle diese Größen haben je nach der betrachteten Stelle in der Stadt eine unterschiedliche Höhe. Um eine exakte Größe der Substitutionsrate für ein Punktepaar x_Q und x_Z bestimmen zu können, müssen außerdem die Transportkosten auf der gesamten Innenringroute und der gesamten Außenringroute zwischen x_Q und x_Z ermittelt und ins Verhältnis gesetzt werden. Diese Rechnungen müssen für alle möglichen Punktepaare x_Q und x_Z in der Stadt durchgeführt werden, wobei wegen der Interdependenz der Routenwahl die Rechnungen weiter erschwert werden. Das Routenwahlkriterium der Substitutionsrate ist daher wegen dieses unrealistisch hohen Informationsbedarfs nicht operational.

Das Routenwahlkriterium der transportkostenminimalen Maximaldistanz dagegen erfordert keine genauen Kenntnisse der Höhe des Verkehrsvolumens, der Verkehrsdichte usw. an jeder Stelle der Stadt. Das Kriterium ist daher operational. Zwar spielt die Verkehrsdichte bei diesem Kriterium die gleiche entscheidende Rolle wie bei der Substitutionsrate. Jedoch sind explizite Kenntnisse über ihre exakte Höhe nicht notwendig. Die Verkehrsdichte ist deshalb von der gleichen entscheidenden Bedeutung für die transportkostenminimale Maximaldistanz MD^+ wie für die Substitutionsrate, weil MD^+ als Distanz über den Innenring zwischen zwei Punkten x_Q und x_{Zi} gemessen wird, für die die Substitutionsrate eins beträgt. In dem Maße wie die Substitutionsrate von der Höhe der Verkehrsdichte determiniert und verändert wird, wird also auch die transportkostenminimale Maximaldistanz von ihr bestimmt und verändert. Die Interdependenz der Routenwahl mit ihren Auswirkungen auf die Verkehrsdichte wird also auch dann in vollem Maße berücksichtigt, wenn die Routen nach einem reinen Distanzkriterium, nämlich nach MD^+, gewählt werden.

Soviel zum ersten Aspekt der Operationalität des Routenwahlkriteriums "transportkostenminimale Maximaldistanz". Der zweite Aspekt ist folgender. Bislang ist immer von MD^+ als Routenwahlkriterium die Rede. MD^+ ist aber noch unbekannt und nur rein hypothetisch als bekannt unterstellt worden. Eine transportkostenminimale Route kann mit MD^+ also bislang noch gar nicht gewählt werden. MD^+ muß erst noch bestimmt werden. Dies geschieht auf folgende Weise.

Es wird gefragt, und nach diesem Schema ist die Argumentation in allen späteren Kapiteln strukturiert, ob die z. B. zu Punkt x_{Q1} = 0,5 L_S aus dem obigen Beispiel gehörende unbekannte transportkostenminimale Maximaldistanz die Größe 0,7 L_S + $(\pi/8)W$ oder 0,8 L_S + $(\pi/8)W$ oder 0,9 L_S + $(\pi/8)W$ usw. annehmen kann. Das zu den Punkten x_{Q1} = 0,5 L_S und z. B. allen x_{Z2} mit $0 \leq x_{Z2} \leq L_S$ gehörende MD^+ kann einen Wert annehmen, der in den Grenzen 0,5 L_S + $(\pi/8)W$ und 1,5 L_S + $(\pi/8)W$ liegt. Jeder Wert innerhalb dieser Grenzen soll aus Gründen der Vereinfachung als Maximaldistanz MD bezeichnet werden. Jede Maximaldistanz MD ist potentiell die gesuchte transportkostenminimale Maximaldistanz MD^+. Um aus der Vielzahl der Maximaldistanzen MD mit 0,5 L_S + $(\pi/8)W \leq MD \leq 1,5$ L_S + $(\pi/8)W$ den gesuchten Wert MD^+ systematisch herauszufiltern, müssen für jeden Wert MD des Intervalls die entsprechende Routenwahl sowie die daraus resultierende Höhe des Verkehrsvolumens, der Verkehrsdichte und der Transportkosten an jeder Stelle der Stadt ermittelt werden. Daraus läßt sich für jedes MD die Höhe der Transportkosten in der gesamten Stadt berechnen. Ein Vergleich zeigt, welche Maximaldistanz das geringste Niveau der gesamten Transportkosten in der Stadt verursacht. Diese Maximaldistanz ist die gesuchte transportkostenminimale Maximaldistanz MD^+. Mit ihr läßt sich in der oben beschriebenen Weise die transportkostenminimale Route wählen. Es ist zu beachten, daß nicht nur für einen Punkt, also für z. B. x_{Q1} = 0,5 L_S, der Wert MD^+ bestimmt werden muß, sondern simultan für alle anderen Punkte x_Q in der Stadt ebenfalls.

Die transportkostenminimale Maximaldistanz als Routenwahlkriterium ist also als operational zu bezeichnen, weil sie zum einen keinen unrealistisch hohen Informationsbedarf hat und weil sie zum anderen durch Auswahlrechnungen relativ leicht bestimmt werden kann.

Es soll an dieser Stelle ausdrücklich unterstrichen werden, daß mit der transportkostenminimalen Maximaldistanz MD^+ die transportkostenminimale Route gewählt und das Minimum der Transportkosten in der gesamten Stadt erreicht wird. Solange die Route nach einer Maximaldistanz MD gewählt wird, die ungleich der transportkostenminimalen Maximaldistanz MD^+ ist, ist die gewählte Route nicht transportkostenminimal. Das dieser Route entsprechende Niveau der Transportkosten in der gesamten Stadt liegt oberhalb des minimalen Niveaus. Es orientiert sich die Wahl der Route während des Suchprozesses also zunächst an der Maximaldistanz, bis die transportkostenminimale Maximaldistanz gefunden worden ist.

Es ist gezeigt worden, in welcher Weise die transportkostenminimale Maximaldistanz MD^+ für einen Punkt x_Q berechnet werden kann. Es erhebt sich die Frage, ob MD^+ für einen anderen Punkt x_Q die gleiche oder eine andere Höhe haben muß. Zur

Klärung dieser Frage soll auf das eingangs benutzte Beispiel zurückgegriffen und rein hypothetisch unterstellt werden, daß zum Punkt $x_{Q1} = 0,5 \ L_S$ eine transportkostenminimale Maximaldistanz von $MD^+ = 0,9 \ L_S + (\pi/8)W$ gehören soll.

Die Bestimmung von MD^+ in Höhe von $MD^+ = 0,9 \ L_S + (\pi/8)W$ gilt nur für den Punkt $x_{Q1} = 0,5 \ L_S$. Es muß geprüft werden, ob MD^+ die gleiche Höhe auch für alle anderen Punkte x_{Q1} mit $0 \leq x_{Q1} \leq L_S$, also für z.B. den Punkt $x_{Q1} = 0,3 \ L_S$ hat. Zunächst soll angenommen werden, daß MD^+ die gleiche Höhe auch für den Punkt $x_{Q1} = 0,3 \ L_S$ hat. Es werden von $x_{Q1} = 0,3 L_S$ alle x_{Z2} mit $0 \leq x_{Z2} \leq 0,6 \ L_S$ über den Innenring und alle x_{Z2} mit $0,6 \ L_S \leq x_{Z2} \leq L_S$ über den Außenring erreicht. Die Substitutionsrate der Transportkosten einer Fahrt von $x_{Q1} = 0,3 \ L_S$ nach $x_{Z2} = 0,6 \ L_S$ muß annahmegemäß einen Wert von eins haben. Aus dem Vergleich dieser Substitutionsrate mit der Substitutionsrate der Transportkosten einer Fahrt von $x_{Q1} = 0,5 \ L_S$ nach $x_{Z2} = 0,4 \ L_S$, die ebenfalls eine Höhe von eins hat, lassen sich Schlüsse über die Höhe der Transportkosten auf der Teilstrecke zwischen $x_{Q1} = 0,3 \ L_S$ und $x_{Q1} = 0,5 \ L_S$ (= Strecke 1) sowie auf der Teilstrecke zwischen $x_{Z2} = 0,4 \ L_S$ und $x_{Z2} = 0,6 \ L_S$ (= Strecke 2) ziehen. Beide Substitutionsraten können nur dann gleich eins sein, wenn die Transportkosten auf der Strecke 1 gleich den Transportkosten auf der Strecke 2 sind. Sind dagegen die Transportkosten auf der Strecke 1 größer als die Transportkosten auf der Strecke 2, dann werden (im Vergleich mit den Transportkosten einer Fahrt von $x_{Q1} = 0,5 \ L_S$ nach $x_{Z2} = 0,4 \ L_S$ über den Innen- und den Außenring) für die Fahrt von $x_{Q1} = 0,3 \ L_S$ nach $x_{Z2} = 0,6 \ L_S$ die Transportkosten auf der Innenringroute um die Kosten auf der Strecke 1 ab- und um die Kosten auf der Strecke 2 zunehmen. Die Transportkosten auf der Innenring-

route nehmen insgesamt also ab. Die Transportkosten auf der
Außenringroute nehmen aus den gleichen Gründen zu. Die Substitutionsrate wird also abnehmen und muß daher kleiner als
eins sein. Für die Fahrt von x_{Q1} = 0,3 L_S nach x_{Z2} = 0,6 L_S
sollte also der Innenring gewählt werden.

Die Transportkosten auf der Strecke 1 sind nur dann gleich
den Transportkosten auf der Strecke 2, wenn auf beiden Strek-
ken die Verkehrsdichte im Durchschnitt gleich groß ist. Dagegen können die Transportkosten auf der Strecke 1 nur dann
größer als die Transportkosten auf der Strecke 2 sein, wenn
die Verkehrsdichte auf der Strecke 1 im Durchschnitt größer
als auf der Strecke 2 ist. Wie der Verlauf der Kurve des Verkehrsvolumens in der Achsenstadt (siehe Abbildung 4) und ein
analoger Verlauf dieser Kurve auf den Strahlen der Sternstadt
zeigen, ist damit zu rechnen, daß auch in der hier untersuchten Sternstadt mit Außenring das Verkehrsvolumen und damit die Verkehrsdichte auf den Strahlen je nach der Entfernung von der Stadtmitte ein unterschiedliches Niveau haben.
Daraus folgt, daß die Transportkosten auf der Strecke 1 nur
zufällig gleich den Transportkosten auf der Strecke 2 sein
können. Die Substitutionsrate der Transportkosten einer
Fahrt von x_{Q1} = 0,3 L_S nach x_{Z2} = 0,6 L_S kann daher nur zufällig gleich eins sein, wird also in der Regel nicht gleich
eins sein. Folglich hat die transportkostenminimale Maximaldistanz der Fahrt von x_{Q1} = 0,3 L_S nicht die gleiche Höhe
wie die transportkostenminimale Maximaldistanz der Fahrt
von x_{Q1} = 0,5 L_S. Daraus kann der allgemeine Schluß gezogen
werden, daß jedem Punktepaar x_{Q1} und x_{Z2} mit $0 \leq x_{Q1}, x_{Z2} \leq L_S$
eine eigene transportkostenminimale Maximaldistanz in be-
stimmter, jeweils unterschiedlicher Höhe zuzuordnen ist. Für
die Fahrten vom Punkt x_{Q1} mit $0 \leq x_{Q1} \leq L_S$ zu den Strahlen 3
und 4 lassen sich diese Überlegungen analog anwenden.

Im folgenden soll das Routenwahlverfahren noch weiter
operationalisiert werden, und zwar in Abhängigkeit von der
Maximaldistanz. Diese Überlegungen dienen als Grundlage für
die Bestimmung der transportkostenminimalen Maximaldistanz
und für die Berechnung der Höhe der Transportkosten im Trans-

portkostenminimum in einem späteren Teil der Arbeit. Bevor
die Routenwahl in allen Einzelheiten entwickelt wird, sollen
ganz allgemein deren Grundzüge dargelegt werden.

Zusammenfassung

Die transportkostenminimale Route kann in Abhängigkeit
von der Höhe der Substitutionsrate und in Abhängigkeit von
der transportkostenminimalen Maximaldistanz MD^+ gewählt werden. Die Routenwahl führt in beiden Fällen zum gleichen Ergebnis. Beide Routenwahlkriterien sind also gleichwertig.
Die Wahl der Route in Abhängigkeit von MD^+ hat darüber hinaus
aber den Vorteil, operational zu sein. Der Informationsbedarf
des Kriteriums MD^+ ist relativ gering und daher erfüllbar.
Trotz der Bindung der Routenwahl an eine reine Entfernungs-
größe spielen die Verkehrsdichte und die Interdependenz der
Routenwahl die gleiche entscheidende Rolle wie bei der Substitutionsrate. Zum anderen eröffnet sich die Möglichkeit, durch
simultane Variation aller möglichen Maximaldistanzen MD die
gesuchte Größe MD^+ herauszusieben. Das Kriterium "transportkostenminimale Maximaldistanz" ist also im Gegensatz zum Kriterium "Substitutionsrate" operational. Es zeigt sich weiterhin, daß jedem Punktepaar x_Q und x_Z eine eigene transportkostenminimale Maximaldistanz mit jeweils unterschiedlicher
Höhe zuzuordnen ist.

3 Die Grundzüge einer operationalen Routenwahl

Da jedes Punktepaar x_Q und x_Z in der Stadt eine eigene transportkostenminimale Maximaldistanz mit jeweils unterschiedlicher Höhe hat und weil die Zahl der Punktepaare unendlich groß ist, müssen in einer unendlich großen Zahl von Intervallen die zu jedem Punktepaar gehörenden Maximaldistanzen simultan solange variiert werden, bis die Höhe der von ihnen abhängenden Transportkosten minimal und damit die unendlich große Zahl der transportkostenminimalen Maximaldistanzen gefunden ist. Dieses Vorgehen bietet wegen der großen Zahl der zu variierenden Parameter MD keine Aussicht auf Erfolg. Es muß vereinfacht werden. Es soll deshalb angenommen werden, daß die transportkostenminimalen Maximaldistanzen zwischen sämtlichen Quellen des Verkehrs x_Q eines Strahles und sämtlichen Zielen des Verkehrs x_Z eines anderen Strahles von gleicher Größe sind. Es sollen also z. B. die transportkostenminimalen Maximaldistanzen für alle x_{Q1} und alle x_{Z2} betragen: $MD^+ = 0{,}9\ L_S + (\pi/8)W$. (Es könnte in diesem Beispiel auch ein anderer Wert für MD^+ eingesetzt werden.) Von $x_{Q1} = 0{,}5\ L_S$ z. B. werden dann alle Ziele x_{Z2} im Bereich $0 \leq x_{Z2} \leq 0{,}4\ L_S$ über den Innenring und alle Ziele x_{Z2} im Bereich $0{,}4\ L_S \leq x_{Z2} \leq L_S$ über den Außenring erreicht. Von $x_{Q1} = 0{,}3\ L_S$ z. B. werden alle Ziele x_{Z2} im Bereich $0 \leq x_{Z2} \leq 0{,}6\ L_S$ über den Innenring und alle Ziele x_{Z2} im Bereich $0{,}6\ L_S \leq x_{Z2} \leq L_S$ über den Außenring beliefert.

Aus der Annahme, daß MD^+ für sämtliche x_Q eines Strahles und sämtliche x_Z eines anderen Strahles die gleiche Größe haben soll, folgt, daß für sämtliche x_Q eines Strahles und sämtliche x_Z eines anderen Strahles nur noch in einem Intervall, das alle möglichen Größen der Maximaldistanz MD enthält, systematisch nach dem Wert MD^+ gesucht werden muß.

Die Annahme einer gleichen transportkostenminimalen Maximaldistanz und einer gleichen Maximaldistanz für z.B. alle

x_{Q1} und x_{Z2} reduziert die Genauigkeit der Analyse. Die Wahl
der Route nach der Höhe der Substitutionsrate und die Wahl
der Route nach dieser modifizierten transportkostenminimalen
Maximaldistanz sind nicht mehr deckungsgleich und nicht mehr
gleichwertig. Die Exaktheit der Routenwahl nach der Höhe der
Substitutionsrate kann durch die Routenwahl nach der modifizierten transportkostenminimalen Maximaldistanz nur annä-
hernd erreicht werden. Auf sehr große Genauigkeit soll aber
verzichtet werden, um die Analyse überhaupt noch durchführen
zu können. Zum anderen zeigt sich später, daß die Analyse
trotz der rigorosen Annahmen zu sehr interessanten Ergebnissen führt.

Die Maximaldistanz zwischen z.B. allen x_Q des Strahles 1
und allen x_Z des Strahles 2 kann verschiedene Höhen annehmen. Die Maximaldistanz kann die maximale Größe
$MD = 2L_S + (\pi/8)W$ und die minimale Größe $MD = (\pi/8)W$ annehmen, also:

$$(\pi/8)W \leq MD \leq 2L_S + (\pi/8)W$$

Der Wert $(\pi/8)W$ gibt den Teil der Länge einer Fahrt zwischen
den Strahlen 1 und 2 auf dem Innenring selbst an. Da diese
Größe konstant und ohne wesentliche Bedeutung für den Parameter MD ist, soll   im folgenden bei der Definition von MD
auf die Größe $(\pi/8)W$ verzichtet werden. MD kann also nur
noch die Werte $0 \leq MD \leq 2L_S$ annehmen. Analoge Überlegungen
gelten für die Maximaldistanzen zwischen allen anderen
Strahlen. So kann die Maximaldistanz zwischen allen x_Q des
Strahles 1 und allen x_Z des Strahles 4 auch nur die Werte
$0 \leq MD \leq 2L_S$ erhalten. Die Strecke auf dem Innenring selbst
in Höhe von $(3\pi/8)W$ soll vernachlässigt werden.

Wenn die Maximaldistanz z.B. die maximale Größe $MD = 2L_S$
annimmt, dann werden von $x_{Q1} = 0$ z.B. alle Ziele x_{Z2} mit
$0 \leq x_{Z2} \leq L_S$ ausschließlich über den Innenring erreicht.
Denn die Distanz über den Innenring zwischen den
Punkten ist kleiner als $MD = 2L_S$. Ähnliches gilt für
$x_{Q1} = L_S$ und x_{Z2} mit $0 \leq x_{Z2} \leq L_S$. Die Distanz

über den Innenring beträgt für $x_{Q1} = L_S$ und $x_{Z2} = 0$ nur
$L_S < MD = 2L_S$. Mit zunehmendem x_{Z2} nimmt die
Distanz zwischen $x_{Q1} = L_S$ und x_{Z2} zwar zu, bleibt aber immer
noch kleiner als MD = $2L_S$ und wird erst für $x_{Q1} = L_S$ und
$x_{Z2} = L_S$ gleich MD = $2L_S$. Daraus folgt, daß die Routenwahl
in Abhängigkeit von der größten Maximaldistanz MD = $2L_S$
den Verkehr zwischen allen x_{Q1} mit $0 \leq x_{Q1} \leq L_S$ und allen x_{Z2}
mit $0 \leq x_{Z2} \leq L_S$ ausschließlich über den Innenring fließen
läßt. Der Außenring wird nicht befahren. Damit ist der Verkehrsfluß in der Sternstadt mit Außenring identisch mit dem
Verkehrsfluß in der entsprechenden Sternstadt ohne Außenring.

Mit einer Verringerung der Maximaldistanz innerhalb des
Intervalls von $0 \leq MD \leq 2L_S$ auf z.B. MD = L_S kann der Verkehr
zulasten des Innenringes stärker über den Außenring geleitet werden. So wird z.B. von $x_{Q1} = 0$ an alle x_{Z2} mit
$0 \leq x_{Z2} \leq L_S$ der Verkehr nur über den Innenring fließen, weil
die Entfernung über den Innenring zwischen
$x_{Q1} = 0$ und jedem x_{Z2} kleiner als oder höchstens gleich
MD = L_S ist. Von z.B. $x_{Q1} = 0,5 L_S$ dagegen fließt der Verkehr über den Innenring nur an die Ziele x_{Z2} mit
$0 \leq x_{Z2} \leq 0,5 L_S$. An die übrigen Ziele x_{Z2} mit $0,5L_S \leq x_{Z2} \leq L_S$
wird der Verkehr über den Außenring geschickt [1], weil die
Entfernung über den Innenring zwischen
$x_{Q1} = 0,5 L_S$ und allen x_{Z2} mit $0,5 L_S \leq x_{Z2} \leq L_S$ größer als
MD = L_S ist. Von $x_{Q1} = L_S$ z.B. fließt der gesamte Verkehr an
alle x_{Z2} mit $0 \leq x_{Z2} \leq L_S$ ausschließlich über den Außenring,
weil die Distanz über den Innenring zwischen
$x_{Q1} = L_S$ und allen x_{Z2} größer als MD = L_S ist.

Eine weitere Verringerung der Maximaldistanz lenkt den
Verkehr noch stärker über den Außenring. Im Extremfall für
MD = 0 wird der Verkehr nicht einmal mehr von z.B. $x_{Q1} = 0$

---

1 Die genaue Festlegung, ob der Verkehr von $x_{Q1}=0,5L_S$ über
  den Innenring oder über den Außenring an das Ziel $x_{Z2}=0,5L_S$
  geschickt wird, ist, wie sich später herausstellt, nicht
  so wichtig und soll daher im folgenden vernachlässigt werden.

an $x_{Z2} = 0$ und erst recht nicht von $x_{Q1} = 0$ an x_{Z2} mit
$0 < x_{Z2} \leq L_S$ über den Innenring geschickt, sondern über den
Außenring. Das gleiche gilt für alle übrigen x_{Q1} mit
$0 < x_{Q1} \leq L_S$ und alle x_{Z2} mit $0 \leq x_{Z2} \leq L_S$. Mit MD = 0 ist also
das andere Extrem erreicht, daß nämlich der gesamte Verkehr
nur noch über den Außenring und der Innenring nicht mehr
befahren wird.

Der Fall MD = 0 ist dem Fall MD = $2L_S$ und damit der
Sternstadt ohne Außenring ähnlich, denn es wird in jedem
Falle nur ein Ring befahren. Im Vergleich mit MD = 0 ist
MD = $2L_S$ aber vorzuziehen, denn die gesamten Transportkosten auf den vier Strahlen werden von gleicher Höhe sein.
Die Transportkosten auf dem Innenring im Falle MD = $2L_S$
werden aber sehr viel kleiner sein als die Transportkosten
auf dem Außenring im Falle MD = 0, weil der Außenring
sehr viel länger als der Innenring ist.

An dieser Stelle soll die zentrale Fragestellung von
neuem formuliert werden. Es wird neben der Funktion $y(x)$
eine Routenwahl gesucht, die zu einem Minimum der Transportkosten in der Stadt führt. Die Routenwahl orientiert
sich an den Maximaldistanzen MD, die in unterschiedlicher
Höhe zwischen jeweils zwei Strahlen in der Sternstadt mit
Außenring möglich sind. Es sollen daher die Transportkosten in Abhängigkeit von MD formuliert werden, um dann den
Wert von MD im Bereich $0 \leq MD \leq 2L_S$ zu suchen, der die Transportkosten minimiert.

Zunächst muß, um die Transportkosten in Abhängigkeit
von MD zu formulieren, für jedes x_Q eines Strahles die Route zu jedem x_Z eines anderen Strahles in Abhängigkeit von
MD gewählt werden. Dabei soll in zwei Schritten vorgegangen werden. Im ersten Schritt wird die Route gewählt, wenn
MD die Werte $L_S \leq MD \leq 2L_S$ annimmt. Im zweiten Schritt sollen
für MD die Werte $0 \leq MD \leq L_S$ gelten. Die Aufteilung der Routenwahl in diese zwei Abschnitte wird notwendig, weil, wie im
folgenden gezeigt wird, bei der detaillierten Bestimmung der
Routenwahl die Argumentation in beiden Bereichen unterschiedlich sein muß.

- 205 -

Zusammenfassung

Da jedes der unendlich vielen Punktepaare x_Q und x_Z
eine eigene transportkostenminimale Maximaldistanz hat,
müßten unendlich viele Größen MD simultan variiert werden,
um die zahlreichen Größen MD^+ zu ermitteln. Da dieses Vorgehen zum Scheitern verurteilt ist, muß das Problem vereinfacht werden. Es wird deshalb für sämtliche x_Q eines Strahles und sämtliche x_Z eines anderen Strahles nur noch die
Existenz eines Wertes MD^+ und daher nur ein Intervall mit
der Größe MD unterstellt.

Die Variation der Routenwahl in Abhängigkeit von MD
zeigt, daß bei $MD = 2L_S$ der Außenring überhaupt nicht befahren wird. Mit einer Verringerung von MD wird der Verkehr
zu Lasten des Innenringes stärker über den Außenring geleitet. Bei $MD = 0$ fließt der Verkehr nur noch über den Außenring und nicht mehr über den Innenring. Die Variation von
MD bestimmt die Veränderung der Routenwahl und diese wiederum
die Veränderungen des Verkehrsvolumens, der Verkehrsdichte
und der Transportkosten in der gesamten Stadt. Es soll die
Größe MD^+ gesucht werden, bei der die Transportkosten in der
gesamten Stadt minimal sind.

4 Die Routenwahl in Abhängigkeit vom Parameter
G_{ij} (i,j = 1,2)

Nach diesen allgemeinen Bemerkungen soll die Routenwahl
nun in allen Einzelheiten entwickelt werden. Es soll zunächst die Routenwahl für MD mit $L_S \leq MD \leq 2L_S$ vorgenommen
werden, und zwar für alle x_{Q1} im Bereich $0 \leq x_{Q1} \leq L_S$ und für
alle x_{Z2} mit $0 \leq x_{Z2} \leq L_S$. Vom Punkt $x_{Q1} = 0$ wird wegen MD
mit $L_S \leq MD \leq 2L_S$ der Verkehr an alle x_{Z2} mit $0 \leq x_{Z2} \leq L_S$
auf jeden Fall über den Innenring fließen. Es soll angenom-
men werden, daß die Maximaldistanz die Größe MD = L_S + G
hat, so daß der Verkehr vom Punkt x_{Q1} = G und damit von
allen x_{Q1} im Intervall $0 \leq x_{Q1} \leq G$ noch an sämtliche x_{Z2}
mit $0 \leq x_{Z2} \leq L_S$ über den Innenring fließt.

Die Maximaldistanz hat hier also die Größe MD = L_S + G
mit $L_S \leq MD \leq 2L_S$. Die Größe G ist die Lagebezeichnung eines
ganz bestimmten Punktes auf dem Strahl 1. Da von jedem Punkt
$x_{Q1} > G$ ein Teil des Verkehrs an den Strahl 2 über den Innenring und der Rest über den Außenring fließt, kann der Punkt
x_{Q1} = G als Grenze G auf dem Strahl 1 bezeichnet werden, von
der bei gegebenem MD = L_S + G der gesamte Verkehr zum Strahl
2 gerade noch über den Innenring fließt.

Die Verwendung des Parameters G ermöglicht es, die allgemein formulierte Größe MD mit der im Stadtmodell üblichen
Kennzeichnung der Lage aller Punkte x_Q auszudrücken. Weil
MD nur die Werte des Intervalls $L_S \leq MD \leq 2L_S$ annehmen kann
und im vorliegenden Falle MD = L_S + G betragen soll, folgt
für das Intervall: $L_S \leq L_S + G \leq 2L_S$. Der Parameter G kann daher nur die Werte $0 \leq G \leq L_S$ annehmen. Diese Schlußfolgerung
stimmt überein mit der Tatsache, daß der Punkt x_{Q1} = G nur
im Intervall $0 \leq x_{Q1} \leq L_S$ liegen kann. Wenn G = 0 ist, beträgt MD = L_S. Ist G = L_S, hat MD die Größe MD = $2L_S$. Statt
die Route in Abhängigkeit von MD mit $L_S \leq MD \leq 2L_S$ zu wählen,
kann die Routenwahl also genauso gut am Parameter G mit
$0 \leq G \leq L_S$ ausgerichtet werden. Die beiden Routenwahlverfahren sind gleichwertig. Die Routenwahl in Abhängigkeit vom
Parameter G ist aber operationaler, weil G nicht nur die
Größe von MD repräsentiert, sondern MD auch noch in der

üblichen Kennzeichnung der Lage aller Punkte x_Q auf dem
Strahl ausdrückt. Im folgenden soll die Routenwahl daher
nicht mehr in Abhängigkeit von MD mit $L_S \leq MD \leq 2L_S$ formuliert werden, sondern in Abhängigkeit von G mit
$0 \leq G \leq L_S$.

Weil im folgenden noch weitere solcher Grenzen G entwickelt werden, soll die oben bestimmte Grenze G als G_{11}
bezeichnet werden. Der erste Index 1 in G_{11} bedeutet, daß
im "ersten" Schritt MD nur im Intervall $L_S \leq MD \leq 2L_S$ betrachtet wird. Wenn im "zweiten" Schritt MD im Intervall
$0 \leq MD \leq L_S$ untersucht wird, steht am entsprechenden "Grenz"-
Wert G der Index 2 an erster Stelle. Der zweite Index 1
in G_{11} besagt, daß die Routenwahl zwischen allen x_{Q1} und
allen x_{Z2} betrachtet wird. Es wird also die Routenwahl
zwischen allen x_Q eines Strahles und allen x_Z des benachbarten östlichen Strahles untersucht[1]. Wenn die Routenwahl
zwischen allen x_Q eines Strahles und allen x_Z des benachbarten westlichen Strahles bestimmt werden soll, z.B. zwischen den x_Q des Strahles 1 und den x_Z des Strahles 4, dann
steht die Ziffer 2 als Index an zweiter Stelle des "Grenz"-
Wertes G.

Bislang ist die Routenwahl für alle x_{Q1} mit $0 \leq x_{Q1} \leq G_{11}$
vorgenommen worden. Der Verkehr fließt von diesen x_{Q1} ausschließlich über den Innenring an seine Ziele x_{Z2} mit
$0 \leq x_{Z2} \leq L_S$. Nun soll für die übrigen x_{Q1} mit $G_{11} \leq x_{Q1} \leq L_S$
die Route gewählt werden. Von $x_{Q1} = G_{11} + a$ strömt der
Verkehr über den Innenring nur noch an alle Ziele x_{Z2} im Be-
reich $0 \leq x_{Z2} \leq L_S - a$. An alle x_{Z2} im Bereich $L_S - a \leq x_{Z2} \leq L_S$
fließt der Verkehr dagegen über den Außenring. Weil
$x_{Q1} = G_{11} + a$ ist, muß $a = x_{Q1} - G_{11}$ sein. Für a wird in
die Ungleichungen eingesetzt. Von $x_{Q1} = G_{11} + a$ fließt
der Verkehr über den Innenring also an alle Ziele x_{Z2} im
Bereich $0 \leq x_{Z2} \leq L_S + G_{11} - x_{Q1}$ und über den Außenring
an alle Ziele x_{Z2} im Bereich $L_S + G_{11} - x_{Q1} \leq x_{Z2} \leq L_S$. Wenn

---

[1] Die Bezeichnungen "östlicher" und "westlicher Strahl"
unterstellen, daß der jeweilige Strahl mit den Verkehrsquellen x_Q immer der südliche Strahl ist und der Mittelpunkt der Windrose immer im Stadtzentrum liegt.

$x_{Q1} = L_S$ ist, dann werden über den Innenring nur noch die
Ziele x_{Z2} im Bereich $0 \leq x_{Z2} \leq G_{11}$ und über den Außenring
die Ziele x_{Z2} im Bereich $G_{11} \leq x_{Z2} \leq L_S$ erreicht.

Insgesamt soll die Routenwahl zwischen allen x_{Q1} und
allen x_{Z2} in Abhängigkeit von G_{11} mit $0 \leq G_{11} \leq L_S$ (bzw. in
Abhängigkeit von MD mit $L_S \leq MD \leq 2L_S$) folgendermaßen aussehen.
Von jedem x_{Q1} im Bereich $0 \leq x_{Q1} \leq G_{11}$ werden alle Ziele x_{Z2}
im Bereich $0 \leq x_{Z2} \leq L_S$ über den Innenring angesteuert. Die
übrigen x_{Q1} lassen den Verkehr teils über den Innenring
und teils über den Außenring fließen. Von jedem x_{Q1} im Bereich $G_{11} \leq x_{Q1} \leq L_S$ werden über den Innenring alle Ziele x_{Z2}
im Bereich $0 \leq x_{Z2} \leq L_S + G_{11} - x_{Q1}$ und über den Außenring alle
Ziele x_{Z2} im Bereich $L_S + G_{11} - x_{Q1} \leq x_{Z2} \leq L_S$ erreicht. Der Parameter G_{11} ist das entscheidende Kriterium für die Routen-
wahl. G_{11} kann alle Werte des Intervalls $0 \leq G_{11} \leq L_S$ annehmen. Je größer G_{11} ist, desto stärker fließt der Verkehr
vom Strahl 1 zum Strahl 2 über den Innenring bzw. desto
schwächer über den Außenring und umgekehrt. Der Fall
$G_{11} = L_S$ beschreibt die bereits untersuchte Sternstadt mit
vier Strahlen und ohne Außenring (siehe Tabelle 14).

Die Routen zwischen allen x_Q des Strahles 1 und allen
x_Z des Strahles 4 lassen sich analog den Routen zwischen
allen x_Q des Strahles 1 und allen x_Z des Strahles 2 wählen.
An die Stelle des Parameters G_{11} tritt jetzt der Parameter
G_{12}. Der Index 1 bedeutet, daß im "ersten" Schritt nur Werte von MD im Intervall $L_S \leq MD \leq 2L_S$ unterstellt werden. Der
zweite Index 2 weist darauf hin, daß die Routenwahl zwischen
allen x_Q des Strahles 1 und allen x_Z des Strahles 4 betrachtet wird. Es handelt sich hier also um die Routenwahl zwischen allen x_Q eines Strahles und allen x_Z des benachbarten
westlichen Strahles. G_{12} kann wie G_{11} auch die Werte
$0 \leq G_{12} \leq L_S$ annehmen. Es kann sein, daß $G_{11} \gtrless G_{12}$ ist. Die
Routenwahl zwischen allen x_{Q1} und allen x_{Z2} ist also nicht
über eine feste Beziehung zwischen G_{11} und G_{12} an die Routenwahl zwischen allen x_{Q1} und allen x_{Z4} gekoppelt.

Die Routenwahl für alle x_{Q1} mit $0 \leq x_{Q1} \leq L_S$ und alle
x_{Z4} mit $0 \leq x_{Z4} \leq L_S$ soll folgendermaßen aussehen. Es soll
der Verkehr von jedem x_{Q1} mit $0 \leq x_{Q1} \leq G_{12}$ an alle Ziele

x_{Z4} mit $0 \leq x_{Z4} \leq L_S$ ausschließlich über den Innenring geschickt werden. Von jedem x_{Q1} mit $G_{12} \leq x_{Q1} \leq L_S$ wird der
Verkehr über den Innenring nur bis zu den Zielen x_{Z4} mit
$0 \leq x_{Z4} \leq L_S + G_{12} - x_{Q1}$ und über den Außenring bis zu den
Zielen x_{Z4} mit $L_S + G_{12} - x_{Q1} \leq x_{Z4} \leq L_S$ fließen. G_{12} soll
alle Werte des Intervalls $0 \leq G_{12} \leq L_S$ annehmen können (siehe
Tabelle 14).

Bislang ist die Routenwahl nur in einem ersten Schritt
für MD mit $L_S \leq MD \leq 2L_S$ entwickelt worden. Jetzt soll in
einem zweiten Schritt die Routenwahl für MD mit $0 \leq MD \leq L_S$
vervollständigt werden. Es soll zunächst wieder die Wahl der
Route zwischen allen x_{Q1} und allen x_{Z2} und danach zwischen
allen x_{Q1} und allen x_{Z4} entwickelt werden.

Vom Punkt $x_{Q1} = 1$ wird der Verkehr wegen MD mit
$0 \leq MD \leq L_S$ nicht an alle x_{Z2} mit $0 \leq x_{Z2} \leq L_S$ über den Innenring fließen. Es soll angenommen werden, daß MD mit
$0 \leq MD \leq L_S$ gerade so groß ist, daß der Verkehr von $x_{Q1} = 0$
noch bis $x_{Z2} = G_{21}$ über den Innenring fließt. MD beträgt also MD $= G_{21}$. Von $x_{Q1} = 0$ fließt der Verkehr daher an alle
x_{Z2} mit $0 \leq x_{Z2} \leq G_{21}$ über den Innenring und an alle x_{Z2} mit
$G_{21} \leq x_{Z2} \leq L_S$ über den Außenring. Wenn x_{Q1} vom Zentrum der
Stadt nach außen wandert, wird ein Punkt $x_{Q1} = G_{21}$ erreicht,
von dem gerade noch der Punkt $x_{Z2} = 0$ über den Innenring
beliefert wird. Alle anderen x_{Z2} mit $0 < x_{Z2} \leq L_S$ werden von
$x_{Q1} = G_{21}$ nur über den Außenring erreicht.

Die Maximaldistanz hat in diesem Falle also die Größe
MD $= G_{21}$. G_{21} ist wie bereits G_{11} die Lagebezeichnung eines
Punktes auf dem Strahl 1. Der Punkt $x_{Q1} = G_{21}$ kann als die
Grenze G auf dem Strahl 1 bezeichnet werden, von der bei
gegebenem MD $= G_{21}$ der Strahl 2 gerade noch im nahegelegen-
sten Punkt $x_{Z2} = 0$ beliefert wird. Der erste Index 2 besagt,
daß im "zweiten" Schritt nur MD mit $0 \leq MD \leq L_S$ unterstellt
wird. Der zweite Index 1 bezeichnet die Routenwahl zwischen
allen x_{Q1} und allen x_{Z2}. G_{21} soll wie bereits G_{11} die Größe
MD aus Gründen der Operationalität ersetzen, so daß jetzt
die Route in Abhängigkeit von G_{21} gewählt wird. Aus MD mit
$0 \leq MD \leq L_S$ und MD $= G_{21}$ folgt, daß G_{21} alle Werte im Intervall $0 \leq G_{21} \leq L_S$ annehmen kann.

Bisher ist nur für $x_{Q1} = 0$ und $x_{Q1} = G_{21}$ die Routenwahl vollständig entwickelt worden. Es soll nun für alle übrigen Punkte x_{Q1} das gleiche geschehen. Ein Punkt $x_{Q1} = a$ mit $0 \leq a \leq G_{21}$ schickt seinen Verkehr wegen MD $= G_{21}$ höchstens bis $x_{Z2} = G_{21} - a$ über den Innenring. $x_{Q1} = a$ beliefert also alle x_{Z2} mit $0 \leq x_{Z2} \leq G_{21} - a$ über den Innenring und alle x_{Z2} mit $G_{21} - a \leq x_{Z2} \leq L_S$ über den Außenring. Für a kann in die Ungleichungen $a = x_{Q1}$ eingesetzt werden. Vom Punkt $x_{Q1} = a$ mit $0 \leq a \leq G_{21}$ bzw. mit $0 \leq x_{Q1} \leq G_{21}$ fließt der Verkehr also an die Ziele x_{Z2} mit $0 \leq x_{Z2} \leq G_{21} - x_{Q1}$ über den Innenring und an x_{Z2} mit $G_{21} - x_{Q1} \leq x_{Z2} \leq L_S$ über den Außenring. Von jedem x_{Q1} mit $G_{21} \leq x_{Q1} \leq L_S$ wird der Verkehr wegen MD $= G_{21}$ gar nicht mehr über den Innenring geleitet. Der Verkehr fließt von x_{Q1} mit $G_{21} \leq x_{Q1} \leq L_S$ nur noch über den Außenring an alle x_{Z2} mit $0 \leq x_{Z2} \leq L_S$. Ähnlich wie oben der Parameter G_{11} ist hier G_{21} das entscheidende Kriterium für die Routenwahl. Je kleiner G_{21} ist, desto stärker wird der Verkehr von der Innenringroute auf die Außenringroute umgeleitet (siehe Tabelle 14). Wenn $G_{21} = 0$ ist, fließt der Verkehr nur noch über den Außenring und gar nicht mehr über den Innenring.

Die Route zwischen allen x_{Q1} und allen x_{Z4} in Abhängigkeit von MD mit $0 \leq$ MD $\leq L_S$ läßt sich analog der Route zwischen allen x_{Q1} und allen x_{Z2} wählen. Der Parameter G_{21} wird ersetzt durch G_{22}. Der erste Index 2 in G_{22} weist darauf hin, daß im "zweiten" Schritt nur die Werte MD mit $0 \leq$ MD $\leq L_S$ unterstellt werden. Der zweite Index 2 weist auf die Routenwahl zwischen allen x_{Q1} und allen x_{Z4} hin. G_{22} kann wie G_{21} die Werte $0 \leq G_{22} \leq L_S$ annehmen. Es kann $G_{21} \gtrless G_{22}$ sein.

Es wird zwischen allen x_{Q1} mit $0 \leq x_{Q1} \leq L_S$ und allen x_{Z4} mit $0 \leq x_{Z4} \leq L_S$ die Route folgendermaßen gewählt. Es fließt der Verkehr von jedem x_{Q1} mit $0 \leq x_{Q1} \leq G_{22}$ über den Innenring nur noch an die Ziele x_{Z4} mit $0 \leq x_{Z4} \leq G_{22} - x_{Q1}$ und über den Außenring an die Ziele x_{Z4} mit $G_{22} - x_{Q1} \leq x_{Z4} \leq L_S$. Jedes x_{Q1} mit $G_{22} \leq x_{Q1} \leq L_S$ schickt den Verkehr nur noch über den Außenring an die Ziele x_{Z4} mit $0 \leq x_{Z4} \leq L_S$. G_{22} soll alle Werte im Bereich $0 \leq G_{22} \leq L_S$ annehmen können (siehe Tabelle 14).

Eine Symmetrie der Ergebnisse für G_{21} und G_{22} mit der durch G_{11} und G_{12} bestimmten Routenwahl ist unverkennbar. Bei den Parametern G_{11} und G_{12} gibt es Punkte x_{Q1}, die ihren gesamten Verkehr mit x_{Z2} und x_{Z4} ausschließlich über den Innenring abwickeln. Bei G_{21} und G_{22} geschieht dies ausschließlich über den Außenring. Die übrigen x_{Q1} liefern teils über den Außenring und teils über den Innenring. Der Übergang von der Routenwahl nach den Parametern G_{11} und G_{12} zur Routenwahl nach den Parametern G_{21} und G_{22} leitet den Verkehr vom Innenring stärker auf den Außenring.

Bei der Suche nach der transportkostenminimalen Routenwahl muß beachtet werden, daß G_{11} und G_{21} bzw. G_{12} und G_{22} nicht gleichzeitig verändert werden können. Denn der Parameter G_{11} z.B. repräsentiert die Maximaldistanz MD im Bereich $L_S \leq MD \leq 2L_S$, während G_{21} die Maximaldistanz MD im Intervall $0 \leq MD \leq L_S$ bei der Routenwahl zwischen allen x_{Q1} und allen x_{Z2} vertritt. Es können G_{11} und G_{21} also nicht gleichzeitig variiert werden, sondern nur nacheinander, um die gesamte Spannweite der Werte von MD mit $0 \leq MD \leq 2L_S$ systematisch nach dem transportkostenminimalen Wert der Maximaldistanz MD abzusuchen. Alle übrigen Kombinationen, also G_{11} mit G_{12}, G_{11} mit G_{22}, G_{21} mit G_{12} oder G_{21} mit G_{22}, sind denkbar.

Bislang ist der Verkehr zwischen x_{Q1} und x_{Z3} noch nicht untersucht worden. Die Routenwahl zwischen diesen Punkten kann grundsätzlich in der gleichen Weise wie bisher bestimmt werden. Es muß aber beachtet werden, daß die Strecke allein auf dem Außenring zwischen den Strahlen 1 und 3 doppelt so lang ist wie die Strecke zwischen den Strahlen 1 und 2 oder 1 und 4 auf dem Außenring. Der gegenüberliegende Strahl 3 ist also über den Außenring erst nach einer sehr viel längeren Distanz und deshalb nur mit erheblich höheren Transportkosten zu erreichen als die zwei jeweiligen Nachbarstrahlen 2 und 4. Die Strecke auf dem Innenring vom Strahl 1 zum Strahl 3 ist dagegen um ein Drittel kürzer als die Strecke

zwischen dem Strahl 1 und dem Strahl 4 und doppelt so lang
wie die Entfernung zwischen den Strahlen 1 und 2. Die Substitutionsrate der Transportkosten der Innenringroute durch
die Transportkosten der Außenringroute wird daher für den
Verkehr zwischen den Strahlen 1 und 3 kleiner sein als für
den Verkehr zwischen vergleichbaren Punkten auf den benachbarten Strahlen 1 und 4. Der Verkehr zwischen den
gegenüberliegenden Strahlen 1 und 3 muß stärker als z.B.
der Verkehr zwischen den Strahlen 1 und 4 über den Innenring als über den Außenring fließen. Es erscheint deshalb
nicht als gravierender Fehler, wenn die jederzeit aufheb-
bare Annahme getroffen wird, daß der Verkehr zwischen den
gegenüberliegenden Strahlen 1 und 3 ausschließlich über
den Innenring fließen soll. Die Analyse bleibt dadurch
übersichtlich. Die Umlenkung des Verkehrs allein zwischen
den benachbarten Strahlen kann isoliert untersucht werden.

In diesem Kapitel ist die Routenwahl zwischen allen
x_{Q1} und allen x_{Z2}, x_{Z3} und x_{Z4} bestimmt worden. An die
Stelle der x_Q des Strahles 1 können die x_Q der Strahlen 2,
3 oder 4 treten. Die Stellen der x_Z können von den x_Z der
jeweils übrigen Strahlen eingenommen werden. Es ergibt
sich, daß der Verkehr zwischen jeweils benachbarten Strahlen über den Innenring oder über den Außenring fließen
kann. Der Verkehr zwischen gegenüberliegenden Strahlen dagegen soll nur über den Innenring strömen. Damit ist die
Routenwahl für alle Punkte x_Q und alle Punkte x_Z in der gesamten Sternstadt festgelegt (siehe Tabelle 14).

Auf diesem Stand der Analyse läßt sich die Fragestellung
etwas konkreter formulieren. Gesucht ist das minimale Niveau der Transportkosten, ein Niveau, das weder durch eine
Änderung der Straßengestalt, der Flächenallokation etc.,
also weder durch eine Änderung der Funktion y(x), noch
durch eine Änderung der Routenwahl an irgendeiner Stelle

x_Q auf einem der Strahlen vermindert werden kann. Da die
Änderung der Routenwahl gleichbedeutend mit einer Variation
der Parameter G_{11}, G_{12}, G_{21} oder G_{22} ist, soll also die
Höhe der Transportkosten bestimmt werden, die weder durch
die Variation von $y(x)$ noch durch die Veränderung von G_{11},
G_{12}, G_{21} oder G_{22} vermindert werden kann.

Es kann gleichzeitig nur G_{11} oder nur G_{21} und entweder
nur G_{12} oder nur G_{22} verändert werden. Es lassen sich daher nur die Parameter der folgenden vier Kombinationen jeweils gleichzeitig variieren:

1.) G_{11} und G_{12} oder

2.) G_{11} und G_{22} oder

3.) G_{21} und G_{12} oder

4.) G_{21} und G_{22} .

Bei der Kombination 1 fließt der Verkehr
am stärksten über den Innenring und bei der Kombination 4
am stärksten über den Außenring. Die Kombinationen 2 und 3
nehmen eine mittlere Position ein. Bei ihnen fließt der
Verkehr zwischen der einen Gruppe benachbarter Strahlen
stärker über den Innenring und bei der anderen Gruppe stärker über den Außenring.

Es läßt sich bereits jetzt plausibel machen, daß
im Transportkostenminimum der Verkehr zwischen den Strahlen 1 und 4 stärker über den Außenring geleitet wird als
zwischen den Strahlen 1 und 2. Der Grund dafür ist die
Distanz auf dem Innenring selbst. Denn die Distanz auf
dem Innenring ist zwischen den Strahlen 1 und 4 dreimal
so groß wie zwischen den Strahlen 1 und 2. Zwar ist oben
die Distanz auf dem Innenring aus Gründen der Vereinfachung bei der Definition der Maximaldistanz und damit auch
bei der Definition der verschiedenen Parameter G_{ij} $(i,j=1,2)$

Tabelle 14   Die Wahl der Route

	Der Verkehr fließt von jedem x_{Q1} mit ...	über den ...	an alle x_{Z2} bzw. x_{Z4} bzw. x_{Z3} mit ...
1.	$0 \leq x_{Q1} \leq G_{11}$	Innenring	$0 \leq x_{Z2} \leq L_S$
2.	$G_{11} \leq x_{Q1} \leq L_S$	Innenring	$0 \leq x_{Z2} \leq L_S + G_{11} - x_{Q}$
3.	$G_{11} \leq x_{Q1} \leq L_S$	Außenring	$L_S + G_{11} - x_{Q1} \leq x_{Z2} \leq L$
4.	$0 \leq x_{Q1} \leq G_{12}$	Innenring	$0 \leq x_{Z4} \leq L_S$
5.	$G_{12} \leq x_{Q1} \leq L_S$	Innenring	$0 \leq x_{Z4} \leq L_S + G_{12} - x_{Q}$
6.	$G_{12} \leq x_{Q1} \leq L_S$	Außenring	$L_S + G_{12} - x_{Q1} \leq x_{Z4} \leq L$
7.	$0 \leq x_{Q1} \leq G_{21}$	Innenring	$0 \leq x_{Z2} \leq G_{21} - x_{Q1}$
8.	$0 \leq x_{Q1} \leq G_{21}$	Außenring	$G_{21} - x_{Q1} \leq x_{Z2} \leq L_S$
9.	$G_{21} \leq x_{Q1} \leq L_S$	Außenring	$0 \leq x_{Z2} \leq L_S$
10.	$0 \leq x_{Q1} \leq G_{22}$	Innenring	$0 \leq x_{Z4} \leq G_{22} - x_{Q1}$
11.	$0 \leq x_{Q1} \leq G_{22}$	Außenring	$G_{22} - x_{Q1} \leq x_{Z4} \leq L_S$
12.	$G_{22} \leq x_{Q1} \leq L_S$	Außenring	$0 \leq x_{Z4} \leq L_S$
13.	$0 \leq x_{Q1} \leq L_S$	Innenring	$0 \leq x_{Z3} \leq L_S$
	mit $0 \leq G_{11}, G_{12}, G_{21}, G_{22} \leq L_S$		

vernachlässigt worden, für die Höhe der Transportkosten
spielt diese Distanz dennoch eine wichtige Rolle. Hieraus
folgt, daß z.B. G_{11} zwar die transportkostenminimale
Höhe $G_{11} = 0,7 \ L_S$ annehmen kann, G_{12} jedoch nicht ebenfalls $0,7 \ L_S$ betragen darf, sondern kleiner als $0,7 \ L_S$
sein muß.

Der Antwort auf die Frage nach der transportkostenminimalen Routenwahl muß die Untersuchung aller vier Parameterkombinationen vorangehen. Vorher muß jedoch noch bestimmt
werden, wie groß das von jeder Verkehrsquelle x_Q produzierte und aufgrund der Routenwahl über den Außenring oder den
Innenring geschickte Verkehrsvolumen ist. Diese Vorarbeit
ist notwendig, bevor die Gesamtheit des Verkehrsvolumens
an jeder Stelle x als Grundlage der Transportkosten an jeder Stelle x bestimmt werden kann.

Zusammenfassung

Die Routenwahl wird in allen Einzelheiten zum einen in
Abhängigkeit von MD mit $L_S \leq MD \leq 2L_S$ und zum anderen in Abhängigkeit von MD mit $0 \leq MD \leq L_S$ bestimmt. Es läßt sich MD
durch den Parameter G_{ij} (i,j = 1,2) ausdrücken. Die Parameter G_{ij} haben den Vorteil, die allgemein formulierte Größe
MD mit der im Stadtmodell üblichen Kennzeichnung der Lage
aller Punkte x_Q auszudrücken. Im folgenden wird deshalb die
Route nicht mehr in Abhängigkeit von MD, sondern in Abhängigkeit von G_{ij} (i,j = 1,2) gewählt. Dieses Routenwahlverfahren wird für alle x_{Q1} und alle x_{Z2} und x_{Z4} angewendet,
d. h. für alle Punktepaare jeweils benachbarter Strahlen.
Über den Verkehr zwischen gegenüberliegenden Strahlen wird
angenommen, daß er ausschließlich über den Innenring fließt.
Die zentrale Frage lautet nun, welche Größen die Parameter
G_{ij} (i,j = 1,2) annehmen müssen, damit die Transportkosten
in der gesamten Stadt minimiert werden.

c Das von jeder Verkehrsquelle produzierte und
an alle Ziele fließende Verkehrsvolumen

Zur Bestimmung des von jeder Verkehrsquelle x_Q produzierten und an alle Ziele x_Z fließenden Verkehrsvolumens soll in der Tabelle 14 systematisch Zeile für Zeile durchgearbeitet werden. Weil aber die Überlegungen zu den Parametern G_{11} und G_{12} sowie G_{21} und G_{22} ähnlich sind, genügt die Untersuchung der Parameter G_{11} und G_{21}. Es müssen also die Zeilen 1 bis 3, 7 bis 9 und die Zeile 13 der Tabelle 14 untersucht werden. Zuvor soll jedoch das von den Verkehrsquellen des Strahles 1 an die Verkehrsziele des Strahles 1 gerichtete Verkehrsvolumen bestimmt werden.

In dem infinitesimal schmalen Streifen von x_{Q1} bis $x_{Q1} + dx_{Q1}$, also grob gesprochen im Punkt x_{Q1}, wird eine Gütermenge in Höhe von $g \, y'(x_{Q1}) \, dx_{Q1}$ produziert. Davon ist je ein Viertel für die vier Strahlen bestimmt. In jedem Punkt x_{Q1} wird also die Gütermenge

$$(g/4) \, y'(x_{Q1}) \, dx_{Q1} \tag{25}$$

produziert und gleichmäßig auf alle x_{Z1} mit $0 \leq x_{Z1} \leq L_S$ verteilt, ohne über den Außen- oder den Innenring zu fliessen.

Im folgenden soll der Parameter G_{11} unterstellt werden. In jedem Punkt x_{Q1} wird eine Gütermenge in Höhe von $(g/4) \, y'(x_{Q1}) \, dx_{Q1}$ produziert, die insgesamt für die Ziele auf dem Strahl 2 bestimmt ist. Da von jedem x_{Q1} mit $0 \leq x_{Q1} \leq G_{11}$ alle x_{Z2} mit $0 \leq x_{Z2} \leq L_S$ über den Innenring erreicht werden, fließt von jedem x_{Q1} mit $0 \leq x_{Q1} \leq G_{11}$ insgesamt ein Verkehrsvolumen von

$$(g/4) \, y'(x_{Q1}) \, dx_{Q1} \tag{26}$$

über den Innenring an alle x_{Z2} mit $0 \leq x_{Z2} \leq L_S$.

Von allen x_{Q1} mit $G_{11} \leq x_{Q1} \leq L_S$ dagegen fließt nur ein Teil der in jedem x_{Q1} produzierten Güter über den Innenring. Der Rest strömt über den Außenring. Von $x_{Q1} = G_{11} + a$

z.B. wird über den Innenring nur die Fläche des "business district" im Bereich von $x_{Z2} = 0$ bis $x_{Z2} = L_S + G_{11} - x_{Q1}$, also eine Fläche in der Größe von $y(L_S + G_{11} - x_{Q1}) = y(L_S - a)$ beliefert und über den Außenring die Fläche $A/4 - y(L_S - a)$. Wegen der Gleichverteilung des Verkehrsvolumens über die Verkehrsziele fließt über den Innenring der Anteil

$$\frac{y(L_S - a)}{A/4}$$

und über den Außenring der Anteil

$$\frac{A/4 - y(L_S - a)}{A/4}$$

der in $x_{Q1} = G_{11} + a$ produzierten Gütermenge. Für a kann $a = x_{Q1} - G_{11}$ eingesetzt werden. Von jedem x_{Q1} mit $G_{11} \leq x_{Q1} \leq L_S$ fließt also über den Innenring an alle Ziele x_{Z2} mit $0 \leq x_{Z2} \leq L_S + G_{11} - x_{Q1}$ insgesamt ein Verkehrsvolumen in Höhe von

$$\frac{y(L_S + G_{11} - x_{Q1})}{A} \; g \; y'(x_{Q1}) \; dx_{Q1} \tag{27}$$

und über den Außenring an alle Ziele x_{Z2} mit $L_S + G_{11} - x_{Q1} \leq x_{Z2} \leq L_S$ insgesamt ein Verkehrsvolumen der Grösse

$$\frac{A/4 - y(L_S + G_{11} - x_{Q1})}{A} \; g \; y'(x_{Q1}) \; dx_{Q1} \tag{28}$$

Im folgenden soll der Parameter G_{21} unterstellt werden. Die in jedem Punkt x_{Q1} produzierte Gütermenge, die insgesamt für die Ziele auf dem Strahl 2 bestimmt ist, hat eine Höhe von $(g/4) \; y'(x_{Q1}) \; dx_{Q1}$. Von jedem x_{Q1} mit $0 \leq x_{Q1} \leq G_{21}$ fließt davon aber nur ein Teil über den Innenring und der Rest über den Außenring. Der Punkt $x_{Q1} = a$ mit $0 \leq a \leq G_{21}$ z.B. beliefert über den Innenring nur die Fläche des "business district" im Bereich von $x_{Z2} = 0$ bis $x_{Z2} = G_{21} - a$, also eine Fläche in der Größe von $y(G_{21} - a)$.

Über den Außenring dagegen fließen von x_{Q1} = a Güter an
die Fläche A/4 - $y(G_{21}-a)$ des "business district". Wegen der Gleichverteilung des Verkehrsvolumens über die
Verkehrsziele fließt über den Innenring der Anteil

$$\frac{y(G_{21}-a)}{A/4}$$

und über den Außenring der Anteil

$$\frac{A/4 - y(G_{21}-a)}{A/4}$$

der in x_{Q1} = a für den Strahl 2 produzierten Gütermengen.
Für a wird a = x_{Q1} eingesetzt. Von jedem x_{Q1} mit
$0 \leq x_{Q1} \leq G_{21}$ fließt also über den Innenring an alle x_{Z2}
mit $0 \leq x_{Z2} \leq G_{21}- x_{Q1}$ insgesamt ein Verkehrsvolumen von

$$\frac{y(G_{21}-x_{Q1})}{A} \; g \; y'(x_{Q1}) \; dx_{Q1} \tag{29}$$

und über den Außenring an alle x_{Z2} mit $G_{21}-x_{Q1} \leq x_{Z2} \leq L_S$
insgesamt ein Verkehrsvolumen von

$$\frac{A/4 - y(G_{21}-x_{Q1})}{A} \; g \; y'(x_{Q1}) \; dx_{Q1} \tag{30}$$

Von jedem der übrigen x_{Q1} mit $G_{21} \leq x_{Q1} \leq L_S$ strömt
der gesamte Verkehr über den Außenring an alle x_{Z2} mit
$0 \leq x_{Z2} \leq L_S$, also von jedem x_{Q1} insgesamt ein Verkehrsvolumen von

$$(g/4) \; y'(x_{Q1}) \; dx_{Q1} \tag{31}$$

Der Verkehr vom Strahl 1 an den Strahl 3 fließt ausschließlich über den Innenring. Von jedem x_{Q1} mit
$0 \leq x_{Q1} \leq L_S$ wird an alle x_{Z3} mit $0 \leq x_{Z3} \leq L_S$ insgesamt
ein Verkehrsvolumen von

$$(g/4) \; y'(x_{Q1}) \; dx_{Q1} \tag{32}$$

über den Innenring fließen.

In diesem Kapitel ist gezeigt worden, in welcher Höhe das in jedem x_{Q1} produzierte Verkehrsvolumen an die Ziele auf dem Strahl 1 und über den Außen- oder den Innenring an die Ziele auf den übrigen Strahlen fließen wird. Diese Ergebnisse gelten nicht nur für x_{Q1}, sondern auch für alle x_{Q2}, x_{Q3} und x_{Q4}. Im folgenden sollen die daraus entstehenden Verkehrsströme bestimmt werden.

Zusammenfassung

Um das von jeder Verkehrsquelle x_Q produzierte und an alle Ziele x_Z fließende Verkehrsvolumen zu bestimmen, genügt es, die Routenwahl in Abhängigkeit von den Parametern G_{11} und G_{21} zugrunde zu legen. Zunächst wird das Verkehrsvolumen bestimmt, das von jeder Verkehrsquelle des Strahles 1 produziert wird und für jedes Verkehrsziel des Strahles 1 bestimmt ist. Danach wird das Verkehrsvolumen ermittelt, das von jedem Punkt des Strahles 1 produziert wird und an den Strahl 2 fließt. Die Bestimmung des Verkehrsvolumens vom Strahl 1 an den Strahl 4 ist ähnlich. Anschließend erfolgt die Ermittlung des Verkehrsvolumens, das von jedem Punkt auf dem Strahl 1 für jeden Punkt auf dem Strahl 3 produziert wird. Der Strahl 1 ist bei dieser Berechnung Stellvertreter für die anderen Strahlen.

d Die Verkehrsströme auf dem Strahl 1

   1 Die Verkehrsströme vom Strahl 1 an die Strah-
      len 1 und 3 und vom Strahl 3 an Strahl 1

Um die Transportkosten auf den vier Strahlen zu bestimmen, genügt es, die Transportkosten auf einem der Strahlen
zu berechnen und mit vier zu multiplizieren. Es sollen die
Transportkosten auf dem Strahl 1 bestimmt werden. Eine der
Kostendeterminanten ist das Verkehrsvolumen auf dem Strahl 1.
Das Verkehrsvolumen auf dem Strahl 1 kann nicht so einfach
wie in den bislang untersuchten Sternstädten bestimmt werden. Es setzt sich aus vielen einzelnen Verkehrsströmen zusammen, die je nach Lage der Verkehrsquellen und der Verkehrsziele unterschiedlich groß sind.

Bei der Bestimmung der einzelnen Verkehrsströme auf dem
Strahl 1 wird folgendermaßen vorgegangen. Es wird z.B. festgestellt, wie groß das Volumen des Verkehrs, der vom Strahl 1
an den gegenüberliegenden Strahl 3 fließt, an jeder Stelle
x des Strahles 1 (= Verkehrsstrom 1) und an jeder Stelle x
des Strahles 3 (= Strom 2) ist. Damit wird aus Symmetriegründen gleichzeitig bestimmt, wie groß das Volumen des Verkehrs, der vom Strahl 3 an den gegenüberliegenden Strahl 1
fließt , an jeder Stelle x des Strahles 3 (= Strom 3) und
an jeder Stelle x des Strahles 1 (= Strom 4) ist. Der Strom
1 ist identisch mit dem Strom 3, und der Strom 2 ist identisch mit dem Strom 4. Zur Bestimmung des Verkehrsvolumens
auf dem Strahl 1 werden die Ströme 1 und 4 benötigt. Wegen
der Identität der Ströme 2 und 4 genügt dafür die Berechnung der Ströme 1 und 2.

In analoger Weise wird bei der Bestimmung der Verkehrsströme zwischen dem Strahl 1 und den Strahlen 2 und 4 verfahren. Der Verkehrsstrom vom Strahl 1 z.B. über den Innenring zum Strahl 2 ist aus Symmetriegründen identisch mit

dem Verkehrsstrom vom Strahl 4 über den Innenring an den
Strahl 1. Um die Verkehrsströme auf dem Strahl 1 zu bestimmen, die auf der Innenringroute durch den Verkehr vom
Strahl 1 an den Strahl 2 und durch den Verkehr vom Strahl 4
an den Strahl 1 verursacht werden, genügt also die Berechnung des durch den Verkehr vom Strahl 1 an den Strahl 2 geschaffenen Volumens auf dem Strahl 1 und auf dem Strahl 2.

Da die einzelnen Verkehrsströme von den Parametern G_{11},
G_{12}, G_{21} und G_{22} abhängen, müssen sie für jeden dieser Parameter bestimmt werden. Wegen der Ähnlichkeit der Verkehrsströme für die Parameter G_{11} und G_{12} sowie G_{21} und
G_{22} genügt aber die Bestimmung der Verkehrsströme für G_{11}
und G_{21}. Die von x_{Q1} nach x_{Z1}, von x_{Q1} nach x_{Z3} und von
x_{Q3} nach x_{Z1} fließenden Verkehrsströme sind am einfachsten
zu bestimmen, denn sie sind unabhängig von den Parametern
G_{11} bis G_{22}. Diese Verkehrsströme sollen daher zuerst berechnet werden.

Auf dem Strahl 1 wird im Bereich von x_{Q1} = 0 bis
x_{Q1} = a eine Gütermenge, die für den Strahl 1 bestimmt ist,
im Umfang von (g/4) y(a) produziert. Wegen der Gleichverteilung dieser Güter auf die Verkehrsziele des Strahles 1
fließt von dieser Menge der Anteil

$$\frac{A/4 - y(a)}{A/4}$$

auf dem Strahl 1 von innen über den Punkt x_{Q1} = a nach aus-
sen. Für a kann x_{Q1} eingesetzt werden. Den Punkt x_{Q1} mit
$0 \leq x_{Q1} \leq L_S$ passiert also von innen nach außen auf dem
Strahl 1 ein Verkehrsvolumen von [1] (Siehe Tabelle 15)

$$_{11a}v(x_{Q1}) = \frac{A/4 - y(x_{Q1})}{A} \; g \; y(x_{Q1}) \tag{33}$$

---

1 Der Index 1 am Ausdruck $_{11a}v(x_{Q1})$ ist der Beginn einer
fortlaufenden Numerierung der im folgenden zu bestimmenden Verkehrsströme. Die Indexgruppe ia bzw. ai bezeichnet
den von innen nach außen bzw. von außen nach innen auf
dem Strahl fließenden Verkehrsstrom.

Der Verkehrsstrom in die entgegengesetzte Richtung
wird ähnlich bestimmt. Auf dem Strahl 1 wird im Bereich von
$x_{Q1} = L_S - a$ bis $x_{Q1} = L_S$ eine Gütermenge von
$(g/4) [A/4 - y(L_S-a)]$ produziert, die nur für den Strahl 1
bestimmt ist. Wegen der Gleichverteilung dieser Güter auf
die Verkehrsziele des Strahles 1 passiert von ihnen der
Anteil

$$\frac{y(L_S - a)}{A/4}$$

den Punkt $x_{Q1} = L_S - a$ von außen nach innen. Am Punkt x_{Q1}
mit $0 \leq x_{Q1} \leq L_S$ fließt also von außen nach innen auf dem
Strahl 1 ein Verkehrsvolumen in Höhe von

$$_{2ai}v(x_{Q1}) = \frac{y(x_{Q1})}{A/4} \ (g/4) \ [A/4 - y(x_{Q1})] \qquad \text{oder}$$

$$_{2ai}v(x_{Q1}) = \frac{A/4 - y(x_{Q1})}{A} \ g \ y(x_{Q1}) \qquad (34)$$

vorbei (siehe Tabelle 15). Der Vergleich von (33) und (34)
zeigt, daß $_{1ia}v(x_{Q1}) = \ _{2ai}v(x_{Q1})$ ist.

Auf dem Strahl 1 wird in jedem x_{Q1} mit $0 \leq x_{Q1} \leq L_S$
die Gütermenge $(g/4) \ y'(x_{Q1}) \ dx_{Q1}$ produziert, die nur für
den Strahl 3 bestimmt ist und nur über den Innenring fließt.
Von $x_{Q1} = L_S$ fließt dieser Verkehr auf dem Strahl 1 nach
innen. Das Verkehrsvolumen nimmt dabei ständig zu. An den
Stellen x_{Q1} mit $0 \leq x_{Q1} \leq L_S$ erreicht das Verkehrsvolumen
eine Höhe von (siehe Tabelle 15)

$$_{3ai}v(x_{Q1}) = g/4 \int_{x_{Q1}}^{L_S} y'(u) \ du \qquad \text{oder}$$

$$= (g/4) \left[A/4 - \int_{0}^{x_{Q1}} y'(u) \ du \right] \qquad \text{oder}$$

$$_{3ai}v(x_{Q1}) = (g/4) \left[A/4 - y(x_{Q1}) \right] \qquad (35)$$

An der Stelle $x_{Q1} = 0$, bevor der Verkehr auf den Innenring fließt, erreicht er ein Volumen von (siehe Tabelle 15)

$$_{3ai}v(0) = (g/16) \ A \qquad\qquad (36)$$

Mit diesem Volumen fließt der Verkehr über den Innenring
und trifft am Punkt $x_{Z3} = 0$ ein. Auf dem Strahl 3 fließt
der Verkehr von innen nach außen. Am Punkt x_{Z3} mit
$0 \leq x_{Z3} \leq L_S$ hat bereits der Anteil $y(x_{Z3})/(A/4)$ des Verkehrsvolumens sein Ziel erreicht. Über den Punkt x_{Z3} hinaus fließt von innen nach außen nur noch der Anteil
$1 - y(x_{Z3})/(A/4)$ und damit ein Verkehrsvolumen in Höhe
von

$$_{4ia}v(x_{Z3}) = \frac{A/4 - y(x_{Z3})}{A/4} \ (g/16) \ A \qquad\qquad \text{oder}$$

$$_{4ia}v(x_{Z3}) = (g/4) \left[A/4 - y(x_{Z3}) \right] \qquad\qquad (37)$$

Wenn $x_{Z3} = x_{Q1}$ ist, dann folgt aus (35) und (37), daß
$_{3ai}v(x_{Q1}) = _{4ia}v(x_{Z3})$ sein muß. Genauso gleichmäßig wie
das Verkehrsvolumen von außen nach innen auf dem Strahl 1
angewachsen ist, schrumpft es also auch auf dem Strahl 3
von innen nach außen wieder. Die Kurven der Größen $_{3ai}v(x_{Q1})$
und $_{4ia}v(x_{Z3})$ in Abhängigkeit von der Variablen x sind also identisch.

Die soeben durchgeführte Berechnung des Verkehrsflusses
vom Strahl 1 über den Innenring an den Strahl 3 gilt aus
Symmetriegründen auch für den Verkehrsfluß vom gegenüberliegenden Strahl 3 über den Innenring an den Strahl 1. Gleichung (37) gibt also auch auf dem Strahl 1 das Volumen
des Verkehrs an, der vom Strahl 3 stammt und auf dem Strahl
1 von innen nach außen fließt. Für x_{Z3} wird x_{Z1} eingesetzt,
aus der Gleichung (37) wird Gleichung (37a) :

$$_{4ia}v(x_{Z1}) = (g/4) \left[A/4 - y(x_{Z1}) \right] \qquad\qquad (37a)$$

wobei x_{Z1} mit $0 \leq x_{Z1} \leq L_S$ gilt (siehe Tabelle 15).

Zusammenfassung

Um die gesamten Transportkosten auf den vier Strahlen zu bestimmen, genügt stellvertretend die Berechnung der Transportkosten auf dem Strahl 1. Grundlage der Transportkosten ist das Verkehrsvolumen, das sich aus vielen einzelnen Verkehrsströmen zusammensetzt. In diesem Kapitel sollen die Verkehrsströme bestimmt werden, die von allen x_Q des Strahles 1 an die x_Z des Strahles 1 und 3 fließen, sowie die Verkehrsströme, die von allen x_Q des Strahles 3 an alle x_Z des Strahles 1 fließen.

2 Die Verkehrsströme auf dem Strahl 1 in Abhängigkeit vom Parameter G_{11}

Im folgenden sollen die Verkehrsströme auf dem Strahl 1
in Abhängigkeit vom Parameter G_{11} bestimmt werden. Diese
Ströme gehören zu den vom Strahl 1 zum Strahl 2 und vom
Strahl 4 zum Strahl 1 fließenden Verkehrsströmen.

Zur Zeile 1 der Tabelle 14

Auf dem Strahl 1 werden in jedem x_{Q1} mit $0 \leq x_{Q1} \leq G_{11}$
Güter in der Menge $(g/4) \, y'(x_{Q1}) \, dx_{Q1}$ produziert, die über
den Innenring an die Ziele x_{Z2} auf dem Strahl 2 mit
$0 \leq x_{Z2} \leq L_S$ geschickt werden. Ausgehend von $x_{Q1} = G_{11}$
fließt dieser Verkehr von außen nach innen auf dem Strahl
1 bis $x_{Q1} = 0$. An der Stelle x_{Q1} mit $0 \leq x_{Q1} \leq G_{11}$ erreicht
dieser Verkehrsstrom das Volumen

$$_{5ai}v(x_{Q1}) = \int_{x_{Q1}}^{G_{11}} (g/4) \, y'(u) \, du \qquad\qquad \text{oder}$$

$$= (g/4) \int_{0}^{G_{11}} y'(x_{Q1}) \, dx_{Q1} - (g/4) \int_{0}^{x_{Q1}} y'(u) \, du$$

oder (siehe Tabelle 15)

$$_{5ai}v(x_{Q1}) = (g/4) \left[y(G_{11}) - y(x_{Q1}) \right] \qquad\qquad (38)$$

An der Stelle $x_{Q1} = 0$ beträgt (siehe Tabelle 15)

$$_{5ai}v(0) = (g/4) \, y(G_{11}) \qquad\qquad (39)$$

Dieses Verkehrsvolumen fließt über den Innenring bis zur
Stelle $x_{Z2} = 0$ des Strahles 2. Von dort wird es gleichmäßig
über alle x_{Z2} mit $0 \leq x_{Z2} \leq L_S$ verteilt. Der Verkehr fließt
also auf dem Strahl 2 von innen nach außen. An der Stelle
x_{Z2} mit $0 \leq x_{Z2} \leq L_S$ ist ein "business district" in der
Größe von $y(x_{Z2})$ durchquert worden. Der Anteil $y(x_{Z2})/(A/4)$

von $_{5ai}v(0)$ hat bis dort bereits sein Ziel gefunden. Über den Punkt x_{Z2} hinaus fließt nur noch der Anteil $[A/4 - y(x_{Z2})]/(A/4)$. Von innen nach außen auf dem Strahl 2 fließt am Punkt x_{Z2} mit $0 \leq x_{Z2} \leq L_S$ also ein Verkehrsvolumen von

$$_{6ia}v(x_{Z2}) = \frac{A/4 - y(x_{Z2})}{A/4} \; _{5ai}v(0) \qquad\qquad \text{oder}$$

$$_{6ia}v(x_{Z2}) = \frac{A/4 - y(x_{Z2})}{A} \; g \; y(G_{11}) \qquad\qquad (40)$$

vorbei. Aus Symmetriegründen ist der Verkehrsstrom vom Strahl 1 an den Strahl 2 identisch mit dem Strom vom Strahl 4 an den Strahl 1. Wenn in Gleichung (40) für x_{Z2} der Ausdruck x_{Z1} eingesetzt wird, dann gibt Gleichung (40) an der Stelle x_{Z1} mit $0 \leq x_{Z1} \leq L_S$ das Volumen des Verkehrs an, der von allen x_{Q4} mit $0 \leq x_{Q4} \leq G_{11}$ an alle x_{Z1} mit $0 \leq x_{Z1} \leq L_S$ fließt (siehe Tabelle 15):

$$_{6ia}v(x_{Z1}) = \frac{A/4 - y(x_{Z1})}{A} \; g \; y(G_{11}) \qquad\qquad (40a)$$

Zur Zeile 2 der Tabelle 14

Von jedem x_{Q1} des Strahles 1 mit $G_{11} \leq x_{Q1} \leq L_S$ wird über den Innenring insgesamt an alle Ziele x_{Z2} des Strahles 2 mit $0 \leq x_{Z2} \leq L_S + G_{11} - x_{Q1}$ nicht die gesamte in x_{Q1} produzierte Gütermenge geschickt, sondern nach Gleichung (27) nur die Menge

$$\frac{y(L_S + G_{11} - x_{Q1})}{A} \; g \; y'(x_{Q1}) \; dx_{Q1} \qquad\qquad (27)$$

Auf dem Strahl 1 beginnt der Verkehrsstrom in $x_{Q1} = L_S$ und fließt nach innen bis $x_{Q1} = G_{11}$. Auf dieser Strecke nimmt das Volumen ständig zu. An der Stelle x_{Q1} mit $G_{11} \leq x_{Q1} \leq L_S$ ist das Verkehrsvolumen angewachsen auf (siehe Tabelle 15)

$$_{7ai}v(x_{Q1}) = \int_{x_{Q1}}^{L_S} \frac{y(L_S + G_{11} - u)}{A} \; g \; y'(u) \; du \qquad\qquad (41)$$

An der Stelle $x_{Q1} = G_{11}$ erreicht es einen Wert $_{8ai}v(x_{Q1})$,
den es unverändert bis $x_{Q1} = 0$ auf dem Strahl 1 und auf
dem Innenring bis $x_{Z2} = 0$ beibehält. An der Stelle x_{Q1} mit
$0 \leq x_{Q1} \leq G_{11}$ und auf dem Innenring beträgt das Verkehrsvolumen also (siehe Tabelle 15)

$$_{8ai}v(x_{Q1}) = \int_{G_{11}}^{L_S} \frac{y(L_S + G_{11} - u)}{A} \, g \, y'(u) \, du \qquad (42)$$

Auf dem Strahl 2 fließt der Verkehr je nach der Verkehrsquelle x_{Q1} unterschiedlich weit. $x_{Q1} = G_{11}$ z.B. schickt
seinen Verkehr bis maximal $x_{Z2} = L_S$, $x_{Q1} = L_S$ aber nur maximal bis $x_{Z2} = G_{11}$. Daraus folgt, daß von jedem der x_{Q1}
mit $G_{11} \leq x_{Q1} \leq L_S$ auf jeden Fall Güter an alle Ziele x_{Z2}
mit $0 \leq x_{Z2} \leq G_{11}$ geschickt werden. An die Ziele x_{Z2} mit
$G_{11} \leq x_{Z2} \leq L_S$ wird aber nur von einigen x_{Q1} geschickt,
und zwar an Verkehrsziele, die durch steigende Werte von
x_{Z2} gekennzeichnet sind, von immer weniger Verkehrsquellen
x_{Q1}. Diese beiden Fälle werden nacheinander abgehandelt.
Vorher soll aber noch der von jedem x_{Q1} ausgehende Verkehrsstrom bestimmt werden.

Von jedem x_{Q1} mit $G_{11} \leq x_{Q1} \leq L_S$ wird nach Gleichung
(27) über den Innenring nur der Anteil $y(L_S+G_{11}-x_{Q1})/(A/4)$
der in x_{Q1} produzierten Güter geschickt. An der Stelle
x_{Z2} mit $0 \leq x_{Z2} \leq L_S+G_{11}-x_{Q1}$ hat davon bereits im "business district" $y(x_{Z2})$ der Anteil $y(x_{Z2})/y(L_S+G_{11}-x_{Q1})$
seine Ziele gefunden. Über den Punkt x_{Z2} fließt von innen
nach außen nur noch der Anteil

$$[y(L_S+G_{11}-x_{Q1}) - y(x_{Z2})]/ \, y(L_S+G_{11}-x_{Q1}) \quad .$$

Also fließt von jedem x_{Q1} mit $G_{11} \leq x_{Q1} \leq L_S$ von innen nach
außen über die Stelle x_{Z2} mit $0 \leq x_{Z2} \leq L_S+G_{11}-x_{Q1}$ ein Verkehrsvolumen von

$$\frac{y(L_S+G_{11}-x_{Q1}) - y(x_{Z2})}{y(L_S + G_{11} - x_{Q1})} \quad \frac{y(L_S+G_{11}-x_{Q1})}{A} \quad g \, y'(x_{Q1}) \, dx_{Q1}$$

oder

$$\frac{y(L_S+G_{11}-x_{Q1}) - y(x_{Z2})}{A} \quad g \ y'(x_{Q1}) \ dx_{Q1} \tag{43}$$

Der letzte Ausdruck gilt nur für die eine Verkehrsquelle x_{Q1}. Da zu jedem x_{Z2} im Bereich $0 \leq x_{Z2} \leq G_{11}$ aber von allen x_{Q1} mit $G_{11} \leq x_{Q1} \leq L_S$ Verkehr fließt, passiert den Punkt x_{Z2} mit $0 \leq x_{Z2} \leq G_{11}$ insgesamt ein Verkehrsvolumen von innen nach außen in Höhe von

$$_{9ia}v(x_{Z2}) = \int_{G_{11}}^{L_S} \frac{y(L_S+G_{11}-x_{Q1}) - y(x_{Z2})}{A} \quad g \ y'(x_{Q1}) \ dx_{Q1} \tag{44}$$

Aus Symmetriegründen ist der Strom $_{9ia}v(x_{Z2})$ gleichzusetzen mit dem Verkehr, der von allen x_{Q4} mit $G_{11} \leq x_{Q4} \leq L_S$ über den Innenring fließt und am Punkt x_{Z1} mit $0 \leq x_{Z1} \leq G_{11}$ von innen nach außen vorbeiströmt (siehe Tabelle 15):

$$_{9ia}v(x_{Z1}) = \int_{G_{11}}^{L_S} \frac{y(L_S+G_{11}-x_{Q4}) - y(x_{Z1})}{A} \quad g \ y'(x_{Q4}) \ dx_{Q4} \tag{44a}$$

Es wird nicht mehr an jedes x_{Z2} im Bereich $G_{11} \leq x_{Z2} \leq L_S$ von jedem x_{Q1} mit $G_{11} \leq x_{Q1} \leq L_S$ Verkehr geschickt. Es wird z.B. von $x_{Q1} = G_{11} + a$ nur an die Ziele x_{Z2} mit $G_{11} \leq x_{Z2} \leq L_S-a$ Verkehr fließen. Von allen x_{Q1} mit $G_{11} \leq x_{Q1} \leq G_{11}+a$ wird dagegen auch noch über den Punkt $x_{Z2} = L_S-a$ hinaus geliefert. a kann aus der letzten Gleichung mit $a = L_S-x_{Z2}$ bestimmt und in die Ungleichung davor eingesetzt werden. Also wird von jedem x_{Q1} mit $G_{11} \leq x_{Q1} \leq L_S+G_{11}-x_{Z2}$ von innen nach außen auf dem Strahl 2 an der Stelle x_{Z2} mit $G_{11} \leq x_{Z2} \leq L_S$ Verkehr in einer Höhe vorbeifließen, wie sie von (43) angegeben wird. Von allen x_{Q1} zusammen fließt also von innen nach außen an der Stelle x_{Z2} mit $G_{11} \leq x_{Z2} \leq L_S$ ein Verkehr in Höhe von

$$10ia^v(x_{Z2}) = \int_{G_{11}}^{L_S+G_{11}-x_{Z2}} \frac{y(L_S+G_{11}-x_{Q1}) - y(x_{Z2})}{A} \, g \, y'(x_{Q1}) \, dx_{Q1} \quad (45)$$

vorbei. Aus Symmetriegründen ist der Verkehrsstrom $10ia^v(x_{Z2})$ identisch mit dem entsprechenden Verkehr, der vom Strahl 4 zum Strahl 1 fließt. Von innen nach außen fließt also an der Stelle x_{Z1} mit $G_{11} \leq x_{Z1} \leq L_S$ ein Verkehrsvolumen von

$$10ia^v(x_{Z1}) = \int_{G_{11}}^{L_S+G_{11}-x_{Z1}} \frac{y(L_S+G_{11}-x_{Q4}) - y(x_{Z1})}{A} \, g \, y'(x_{Q4}) \, dx_{Q4} \quad (45a)$$

vorbei (siehe Tabelle 15).

Zur Zeile 3 der Tabelle 14

Im folgenden soll bestimmt werden, welcher Verkehrsstrom von x_{Q1} mit $G_{11} \leq x_{Q1} \leq L_S$ über den Außenring an die Ziele x_{Z2} des Strahles 2 mit $L_S+G_{11}-x_{Q1} \leq x_{Z2} \leq L_S$ fließt. Es wird nur ein Teil der in x_{Q1} produzierten Gütermenge über den Außenring geschickt, und zwar nach Gleichung (28) von jedem x_{Q1} die Menge

$$\frac{A/4 - y(L_S+G_{11}-x_{Q1})}{A} \, g \, y'(x_{Q1}) \, dx_{Q1} \quad (28)$$

Auf dem Strahl 1 beginnt der Verkehrsfluß in $x_{Q1} = G_{11}$. Der Verkehr fließt nach außen bis $x_{Q1} = L_S$ und nimmt auf dieser Strecke ständig zu. An der Stelle x_{Q1} mit $G_{11} \leq x_{Q1} \leq L_S$ beträgt das von innen nach außen fließende Verkehrsvolumen (siehe Tabelle 15)

$$_{11ia}v(x_{Q1}) = \int_{G_{11}}^{x_{Q1}} \frac{A/4 - y(L_S+G_{11}-u)}{A} g \; y'(u) \; du \qquad (46)$$

An der Stelle $x_{Q1} = L_S$ erreicht es die Höhe (siehe Tabelle 15)

$$_{11ia}v(L_S) = \int_{G_{11}}^{L_S} \frac{A/4 - y(L_S+G_{11}-x_{Q1})}{A} g \; y'(x_{Q1}) \; dx_{Q1} \qquad (47)$$

Der Betrag $_{11ia}v(L_S)$ fließt über den Außenring an den Strahl 2. Auf dem Strahl 2 fließt der Verkehr von außen nach innen je nach der Verkehrsquelle x_{Q1} unterschiedlich weit. Der Ausdruck (28) gibt die Menge an, die von jedem einzelnen x_{Q1} mit $G_{11} \leq x_{Q1} \leq L_S$ über den Außenring fließt. Diese Menge soll auf eine Fläche des "business district" von $A/4 - y(L_S+G_{11}-x_{Q1})$ verteilt werden. An der Stelle x_{Z2} mit $L_S+G_{11}-x_{Q1} \leq x_{Z2} \leq L_S$ sind bereits die Ziele auf der Fläche des "business district" von $A/4 - y(x_{Z2})$ erreicht worden. Über den Punkt x_{Z2} hinaus nach innen fließt nur noch der Verkehr, der für die Fläche des "business district" von $y(x_{Z2}) - y(L_S+G_{11}-x_{Q1})$ bestimmt ist. Dieser Verkehr hat also einen Anteil von

$$\frac{y(x_{Z2}) - y(L_S+G_{11}-x_{Q1})}{A/4 - y(L_S+G_{11}-x_{Q1})}$$

an der Verkehrsmenge des Ausdrucks (28). Folglich fließt von jedem x_{Q1} mit $G_{11} \leq x_{Q1} \leq L_S$ an alle x_{Z2} mit $L_S+G_{11}-x_{Q1} \leq x_{Z2} \leq L_S$ von außen nach innen auf dem Strahl 2 ein Verkehrsvolumen von

$$\frac{y(x_{Z2}) - y(L_S+G_{11}-x_{Q1})}{A/4 - y(L_S+G_{11}-x_{Q1})} \; \frac{A/4 - y(L_S+G_{11}-x_{Q1})}{A} g \; y'(x_{Q1}) \; dx_{Q1}$$

oder

$$\frac{y(x_{Z2}) - y(L_S+G_{11}-x_{Q1})}{A} \; g \; y'(x_{Q1}) \; dx_{Q1} \tag{48}$$

vorbei.

Der Ausdruck (48) gilt nur für ein einzelnes x_{Q1}. Es muß noch das Verkehrsvolumen an der Stelle x_{Z2} bestimmt werden, das insgesamt von allen möglichen x_{Q1} dort entlangfließt. Der Verkehr von $x_{Q1} = L_S$ strömt am weitesten auf dem Strahl 2, nämlich maximal bis $x_{Z2} = G_{11}$. Der Verkehr von $x_{Q1} = G_{11}$ fließt nur bis $x_{Z2} = L_S$. x_{Z2} kann also im Intervall $G_{11} \leq x_{Z2} \leq L_S$ liegen. Von $x_{Q1} = L_S-a$ fließt der Verkehr an alle x_{Z2} mit $G_{11}+a \leq x_{Z2} \leq L_S$. Über $x_{Z2} = G_{11}+a$ hinaus nach innen strömt nur der Verkehr von allen x_{Q1} mit $L_S-a \leq x_{Q1} \leq L_S$. Weil $a = x_{Z2}-G_{11}$ ist, lautet die letzte Ungleichung $L_S+G_{11}-x_{Z2} \leq x_{Q1} \leq L_S$. Es fließt also von allen x_{Q1} mit $L_S+G_{11}-x_{Z2} \leq x_{Q1} \leq L_S$ am Punkt x_{Z2} mit $G_{11} \leq x_{Z2} \leq L_S$ von außen nach innen ein Verkehr in Höhe von

$$12ai^{v}(x_{Z2}) = \int_{L_S+G_{11}-x_{Z2}}^{L_S} \frac{y(x_{Z2}) - y(L_S+G_{11}-x_{Q1})}{A} \; g \; y'(x_{Q1}) \; dx_{Q1} \tag{49}$$

vorbei. Aus Symmetriegründen ist dieser Verkehr identisch mit dem Verkehr, der vom Strahl 4 über den Außenring an den Strahl 1 geschickt wird. Es fließt also von allen x_{Q4} mit $L_S+G_{11}-x_{Z1} \leq x_{Q4} \leq L_S$ auf dem Strahl 1 von außen nach innen am Punkt x_{Z1} mit $G_{11} \leq x_{Z1} \leq L_S$ ein Verkehr in Höhe von

$$12ai^{v}(x_{Z1}) = \int_{L_S+G_{11}-x_{Z1}}^{L_S} \frac{y(x_{Z1}) - y(L_S+G_{11}-x_{Q4})}{A} \; g \; y'(x_{Q4}) \; dx_{Q4} \tag{49a}$$

vorbei (siehe Tabelle 15).

Zusammenfassung

Es werden die Verkehrsströme auf dem Strahl 1 in Abhängigkeit vom Parameter G_{11} bestimmt. Damit werden alle
Verkehrsströme erfaßt, die vom Strahl 1 zum Strahl 2 und
vom Strahl 4 zum Strahl 1 fließen. Grundlage für die Bestimmung der einzelnen Verkehrsströme ist die Routenwahl
nach der Tabelle 14.

3   Die Verkehrsströme auf dem Strahl 1 in Abhän-
    gigkeit vom Parameter G_{21}

In diesem Kapitel sollen die Verkehrsströme auf dem
Strahl 1 in Abhängigkeit vom Parameter G_{21} ermittelt werden.
Diese Ströme entstammen den vom Strahl 1 zum Strahl 2 und
den vom Strahl 4 zum Strahl 1 fließenden Verkehrsströmen.

Zur Zeile 7 der Tabelle 14

Von jedem x_{Q1} mit $0 \le x_{Q1} \le G_{21}$ fließt über den Innenring
an alle Ziele x_{Z2} mit $0 \le x_{Z2} \le G_{21}-x_{Q1}$ insgesamt ein Verkehrsvolumen von

$$\frac{y(G_{21}-x_{Q1})}{A} \; g \; y'(x_{Q1}) \; dx_{Q1} \qquad (29)$$

Der Verkehrsstrom beginnt in $x_{Q1} = G_{21}$, fließt von außen nach
innen und nimmt ständig zu, bis er $x_{Q1} = 0$ erreicht. In x_{Q1}
mit $0 \le x_{Q1} \le G_{21}$ hat der Verkehr ein Volumen von (siehe Tabelle 15)

$$_{13ai}v(x_{Q1}) = \int_{x_{Q1}}^{G_{21}} \frac{y(G_{21}-u)}{A} \; g \; y'(u) \; du \qquad (50)$$

Im Punkt $x_{Q1} = 0$ erreicht der Verkehr die Größe (siehe Tabelle 15)

$$_{13ai}v(0) = \int_{0}^{G_{21}} \frac{y(G_{21}-x_{Q1})}{A} \; g \; y'(x_{Q1}) \; dx_{Q1} \qquad (51)$$

In dieser Größe fließt der Verkehr über den Innenring bis
zum Punkt $x_{Z2} = 0$ des Strahles 2.

Je nach Lage der x_{Q1} wird der Verkehr auf dem Strahl 2

unterschiedlich weit geschickt. Es soll deshalb zunächst
wieder nur für ein einzelnes x_{Q1} und danach erst für alle
x_{Q1} die Verteilung des Verkehrs auf dem Strahl 2 untersucht werden.

Das Verkehrsvolumen von jedem x_{Q1} mit $0 \leq x_{Q1} \leq G_{21}$, das
über den Innenring an den Strahl 2 fließt (siehe Ausdruck
(29)), soll gleichmäßig über die Fläche des "business district" von $y(G_{21}-x_{Q1})$ des Strahles 2 verteilt werden. Am Punkt
$x_{Z2} < G_{21} - x_{Q1}$ sind bereits die Ziele auf der Fläche $y(x_{Z2})$
erreicht worden. Von innen nach außen fließt über den Punkt
x_{Z2} nur noch der Verkehr, der seine Ziele auf der Fläche
$y(G_{21}-x_{Q1}) - y(x_{Z2})$ des "business district" erreichen will.
Das ist ein Anteil von

$$\frac{y(G_{21}-x_{Q1}) - y(x_{Z2})}{y(G_{21}-x_{Q1})}$$

der Menge des Ausdrucks (29). Folglich fließt von jedem x_{Q1}
mit $0 \leq x_{Q1} \leq G_{21}$ ein Verkehr am Punkt x_{Z2} mit $0 \leq x_{Z2} \leq G_{21}-x_{Q1}$
von innen nach außen in einer Höhe von

$$\frac{y(G_{21}-x_{Q1}) - y(x_{Z2})}{y(G_{21}-x_{Q1})} \quad \frac{y(G_{21}-x_{Q1})}{A} \quad g \ y'(x_{Q1}) \ dx_{Q1}$$

oder

$$\frac{y(G_{21}-x_{Q1}) - y(x_{Z2})}{A} \quad g \ y'(x_{Q1}) \ dx_{Q1} \quad\quad (52)$$

vorbei.

Dieser Verkehr fließt je nach der Lage von x_{Q1} unter-
schiedlich weit. Er fließt z.B. von $x_{Q1} = 0$ maximal bis
$x_{Z2} = G_{21}$. Von $x_{Q1} = G_{21}$ fließt er nur bis $x_{Z2} = 0$. Dieser
Verkehr kann also am Punkt x_{Z2} mit $0 \leq x_{Z2} \leq G_{21}$ vorbeiflies-
sen. Von $x_{Q1} = a$ z.B. fließt der Verkehr an alle x_{Z2} mit
$0 \leq x_{Z2} \leq G_{21}-a$. Über den Punkt $x_{Z2} = G_{21}-a$ hinaus von innen nach außen strömt nur der Verkehr von allen x_{Q1} mit
$0 \leq x_{Q1} \leq a$. Es beträgt $a = G_{21}-x_{Z2}$. Von allen x_{Q1} mit
$0 \leq x_{Q1} \leq G_{21}-x_{Z2}$ strömt also der Verkehr von innen nach

außen auf dem Strahl 2 am Punkt x_{Z2} mit $0 \leq x_{Z2} \leq G_{21}$ in einer Höhe von

$$14ia^v(x_{Z2}) = \int_0^{G_{21}-x_{Z2}} \frac{y(G_{21}-x_{Q1}) - y(x_{Z2})}{A} \, g \, y'(x_{Q1}) \, dx_{Q1} \quad (53)$$

vorbei. Aus Symmetriegründen ist der Verkehr aus der Gleichung (53) identisch mit dem Verkehr, der vom Strahl 4 über den Innenring an den Strahl 1 fließt. Von allen x_{Q4} mit $0 \leq x_{Q4} \leq G_{21}-x_{Z1}$ fließt daher ein Verkehrsvolumen von innen nach außen auf dem Strahl 1 am Punkt x_{Z1} mit $0 \leq x_{Z1} \leq G_{21}$ in Höhe von

$$14ia^v(x_{Z1}) = \int_0^{G_{21}-x_{Z1}} \frac{y(G_{21}-x_{Q4}) - y(x_{Z1})}{A} \, g \, y'(x_{Q4}) \, dx_{Q4} \quad (53a)$$

vorbei (siehe Tabelle 15).

Zur Zeile 8 der Tabelle 14

Von jedem x_{Q1} mit $0 \leq x_{Q1} \leq G_{21}$ fließt über den Außenring an alle Ziele x_{Z2} mit $G_{21}-x_{Q1} \leq x_{Z2} \leq L_S$ nach dem Ausdruck (30) insgesamt ein Verkehrsvolumen von

$$\frac{A/4 - y(G_{21}-x_{Q1})}{A} \, g \, y'(x_{Q1}) \, dx_{Q1} \quad (30)$$

Der Verkehr beginnt im Punkt $x_{Q1} = 0$, fließt von innen nach außen und nimmt ständig zu, bis er den Punkt $x_{Q1} = G_{21}$ erreicht. Im Punkt x_{Q1} mit $0 \leq x_{Q1} \leq G_{21}$ hat das Verkehrsvolumen eine Höhe von (siehe Tabelle 15)

$$15ia^v(x_{Q1}) = \int_0^{x_{Q1}} \frac{A/4 - y(G_{21}-u)}{A} \, g \, y'(u) \, du \quad (54)$$

Im Punkt $x_{Q1} = G_{21}$ beträgt das Volumen (siehe Tabelle 15)

$$_{151a}v(G_{21}) = \int\limits_{0}^{G_{21}} \frac{A/4 - y(G_{21}-x_{Q1})}{A} \; g \; y'(x_{Q1}) \; dx_{Q1} \qquad (55)$$

Die Höhe $_{151a}v(G_{21})$ behält das Verkehrsvolumen an allen Stellen x_{Q1} mit $G_{21} \leq x_{Q1} \leq L_S$ und auch auf dem Außenring bis zum Punkte $x_{Z2} = L_S$ bei.

Auf dem Strahl 2 schickt jedes x_{Q1} mit $0 \leq x_{Q1} \leq G_{21}$ seinen Verkehr unterschiedlich weit. Von $x_{Q1} = 0$ z.B. fließt der Verkehr an alle x_{Z2} mit $G_{21} \leq x_{Z2} \leq L_S$. $x_{Q1} = G_{21}$ dagegen schickt seinen Verkehr an alle x_{Z2} mit $0 \leq x_{Z2} \leq L_S$. An die Ziele x_{Z2} mit $G_{21} \leq x_{Z2} \leq L_S$ wird also von jedem x_{Q1} geschickt, an die Ziele x_{Z2} mit $0 \leq x_{Z2} \leq G_{21}$ schicken dagegen nicht alle x_{Q1}. Es sollen zunächst die Punkte x_{Z2} mit $G_{21} \leq x_{Z2} \leq L_S$ und dann x_{Z2} mit $0 \leq x_{Z2} \leq G_{21}$ untersucht werden. Vorher soll jedoch noch der von jedem einzelnen x_{Q1} ausgehende Verkehr bestimmt werden.

Jedes x_{Q1} mit $0 \leq x_{Q1} \leq G_{21}$ schickt insgesamt an alle x_{Z2} mit $G_{21}-x_{Q1} \leq x_{Z2} \leq L_S$ ein Verkehrsvolumen in Höhe des Ausdrucks (30). Dieses Volumen ist für einen "business district" in der Größe von $A/4 - y(G_{21}-x_{Q1})$ bestimmt. Am Punkt $x_{Z2} > G_{21} - x_{Q1}$ hat bereits ein Teil des Verkehrs seine Ziele auf der Fläche $A/4 - y(x_{Z2})$ gefunden. Über den Punkt x_{Z2} hinaus von außen nach innen fließt noch der Anteil

$$\frac{y(x_{Z2}) - y(G_{21}-x_{Q1})}{A/4 - y(G_{21}-x_{Q1})}$$

und daher das Verkehrsvolumen

$$\frac{y(x_{Z2}) - y(G_{21}-x_{Q1})}{A/4 - y(G_{21}-x_{Q1})} \qquad \frac{A/4 - y(G_{21}-x_{Q1})}{A} \; g \; y'(x_{Q1}) \; dx_{Q1}$$

oder

$$\frac{y(x_{Z2}) - y(G_{21}-x_{Q1})}{A} \; g \; y'(x_{Q1}) \; dx_{Q1} \tag{56}$$

Gleichung (56) gibt das Verkehrsvolumen an der Stelle x_{Z2}
an, das nur von einem x_{Q1} ausgeht. Weil an alle Ziele x_{Z2}
mit $G_{21} \leq x_{Z2} \leq L_S$ von jedem x_{Q1} mit $0 \leq x_{Q1} \leq G_{21}$ Verkehr geschickt wird, fließt an der Stelle x_{Z2} mit $G_{21} \leq x_{Z2} \leq L_S$ von
außen nach innen insgesamt ein Verkehrsvolumen von

$$16ai \; v(x_{Z2}) = \int_0^{G_{21}} \frac{y(x_{Z2}) - y(G_{21}-x_{Q1})}{A} \; g \; y'(x_{Q1}) \; dx_{Q1} \tag{57}$$

Aus Gründen der Symmetrie gibt die Gleichung (57) an der
Stelle x_{Z1} mit $G_{21} \leq x_{Z1} \leq L_S$ auch die Höhe des Verkehrsvolumens
an, das vom Strahl 4 zum Strahl 1 über den Außenring geschickt
wird (siehe Tabelle 15):

$$16ai \; v(x_{Z1}) = \int_0^{G_{21}} \frac{y(x_{Z1}) - y(G_{21}-x_{Q4})}{A} \; g \; y'(x_{Q4}) \; dx_{Q4} \tag{57a}$$

Es schickt nicht jeder Punkt x_{Q1} mit $0 \leq x_{Q1} \leq G_{21}$
seinen Verkehr an sämtliche Ziele x_{Z2} mit $0 \leq x_{Z2} \leq G_{21}$
über den Außenring. Von $x_{Q1} = 0$ z.B. fließt der Verkehr
maximal bis $x_{Z2} = G_{21}$. Von $x_{Q1} = a$ wird der Verkehr maximal
bis $x_{Z2} = G_{21}-a$ geschickt. Nur von allen x_{Q1} mit $a \leq x_{Q1} \leq G_{21}$
wird der Verkehr über den Punkt $x_{Z2} = G_{21}-a$ hinaus von außen
nach innen fließen. Es beträgt $a = G_{21}-x_{Z2}$. Es wird also der
Verkehr von allen x_{Q1} mit $G_{21}-x_{Z2} \leq x_{Q1} \leq G_{21}$ von außen nach
innen über den Punkt x_{Z2} mit $0 \leq x_{Z2} \leq G_{21}$ hinaus geschickt,
und zwar mit einem Volumen von insgesamt

$$17ai \; v(x_{Z2}) = \int_{G_{21}-x_{Z2}}^{G_{21}} \frac{y(x_{Z2}) - y(G_{21}-x_{Q1})}{A} \; g \; y'(x_{Q1}) \; dx_{Q1} \tag{58}$$

Aus Symmetriegründen nennt die Gleichung (58) an der Stelle x_{Z1} mit $0 \leq x_{Z1} \leq G_{21}$ auch die Höhe des Verkehrsvolumens, das vom Strahl 4 zum Strahl 1 über den Außenring fließt (siehe Tabelle 15)

$$17ai \quad v(x_{Z1}) = \int_{G_{21}-x_{Z1}}^{G_{21}} \frac{y(x_{Z1}) - y(G_{21}-x_{Q4})}{A} \, g \, y'(x_{Q4}) \, dx_{Q4} \qquad (58a)$$

Zur Zeile 9 der Tabelle 14

Von jedem x_{Q1} mit $G_{21} \leq x_{Q1} \leq L_S$ wird der Verkehr in der Höhe von $(g/4) \, y'(x_{Q1}) \, dx_{Q1}$ über den Außenring an alle Ziele x_{Z2} mit $0 \leq x_{Z2} \leq L_S$ geschickt. Beginnend im Punkt $x_{Q1} = G_{21}$ fließt der Verkehr von innen nach außen und nimmt ständig zu, bis er die Stelle $x_{Q1} = L_S$ erreicht. Im Punkt x_{Q1} mit $G_{21} \leq x_{Q1} \leq L_S$ hat das Verkehrsvolumen eine Höhe von (siehe Tabelle 15):

$$18ia \quad v(x_{Q1}) = \int_{G_{21}}^{x_{Q1}} (g/4) \, y'(u) \, du \qquad \qquad \text{oder}$$

$$= (g/4) \int_{0}^{x_{Q1}} y'(u) \, du - (g/4) \int_{0}^{G_{21}} y'(x_{Q1}) \, dx_{Q1} \quad \text{oder}$$

$$18ia \quad v(x_{Q1}) = (g/4) \left[y(x_{Q1}) - y(G_{21}) \right] \qquad \qquad (59)$$

An der Stelle $x_{Q1} = L_S$ erreicht das Verkehrsvolumen die Größe

$$18ia \quad v(L_S) = (g/4) \left[A/4 - y(G_{21}) \right] \qquad \qquad (60)$$

Diese Größe behält es auf dem Außenring bis zum Punkt $x_{Z2} = L_S$ bei.

Auf dem Strahl 2 wird das Verkehrsvolumen $_{18ia}v(L_S)$
gleichmäßig auf alle Ziele x_{Z2} mit $0 \leq x_{Z2} \leq L_S$ verteilt.
An der Stelle x_{Z2} hat bereits ein Teil des Verkehrs seine
Ziele im "business district" mit der Fläche $A/4 - y(x_{Z2})$
gefunden. Nur noch der Anteil $y(x_{Z2})/(A/4)$ von $_{18ia}v(L_S)$
fließt von außen nach innen über den Punkt x_{Z2} hinaus. An
jeder Stelle x_{Z2} mit $0 \leq x_{Z2} \leq L_S$ fließt daher von außen nach
innen insgesamt ein Verkehrsvolumen von

$$_{19ai}v(x_{Z2}) = (g/A)\ y(x_{Z2})\ \left[A/4 - y(G_{21})\right] \qquad (61)$$

Aus Gründen der Symmetrie gibt Gleichung (61) an der Stelle
x_{Z1} mit $0 \leq x_{Z1} \leq L_S$ auch die Höhe des Verkehrsvolumens an,
das vom Strahl 4 zum Strahl 1 über den Außenring geschickt
wird (siehe Tabelle 15)

$$_{19ai}v(x_{Z1}) = (g/A)\ y(x_{Z1})\ \left[A/4 - y(G_{21})\right] \qquad (61a)$$

In der Tabelle 15 werden die in den letzten Kapiteln ermittelten Verkehrsströme auf dem Strahl 1 und auf dem Innenring und dem Außenring systematisch erfaßt. Alle wichtigen
Eigenschaften eines Stromes, wie der Quell- und Zielstrahl,
die Strömungsrichtung, der Geltungsbereich auf dem Strahl 1
usw. werden genannt. Zunächst werden die von einem Strahl
an sich selbst gerichteten Verkehrsströme, also z.B. vom
Strahl 1 an den Strahl 1, und die zwischen einem Strahl und
seinem gegenüberliegenden Strahl, z.B. die zwischen den
Strahlen 1 und 3 verlaufenden Ströme aufgeführt. Diese sind
unabhängig von den Parametern G_{11} bis G_{22}. Als nächstes werden unter der Annahme, daß G_{11} gilt, für zwei sich überlap-
pende Strahlenpaare die Verkehrsströme von einem Strahl an
seinen östlichen Nachbarstrahl, also z.B. vom Strahl 1 an
den Strahl 2 und vom Strahl 4 an den Strahl 1, auf dem mittleren der drei Strahlen, auf dem Strahl 1, bestimmt. Diese
Verkehrsströme sind abhängig vom Parameter G_{11}. Sie gelten

Tabelle 15 (Teil 1)   **Die Verkehrsströme auf dem Strahl 1, auf dem Innenring und auf dem Außenring**

Strömungsrichtung: von Strahl... an Strahl...	über den Innenring bzw. über den Außenring	Verkehrsstrom	Gleichungsnummer	Geltungsbereich auf dem Strahl 1 bzw. auf dem Innenring bzw. auf dem Außenring
1 1	———	$1ia^v(x_{Q1})$	(33)	$0 \le x_{Q1} \le L_S$
1 1	———	$2ai^v(x_{Q1})$	(34)	$0 \le x_{Q1} \le L_S$
1 3	Innenring	$3ai^v(x_{Q1})$	(35)	$0 \le x_{Q1} \le L_S$
3 1	Innenring	$4ia^v(x_{Z1})$	(37a)	$0 \le x_{Z1} \le L_S$
1(3) 3(1)	Innenring	$3ai^v(0)$	(36)	Innenring
1 2	Innenring	$5ai^v(x_{Q1})$	(38)	$0 \le x_{Q1} \le G_{11}$
4 1	Innenring	$6ia^v(x_{Z1})$	(40a)	$0 \le x_{Z1} \le L_S$
1(4) 2(1)	Innenring	$5ai^v(0)$	(39)	Innenring
1 2	Innenring	$7ai^v(x_{Q1})$	(41)	$G_{11} \le x_{Q1} \le L_S$
1 2	Innenring	$8ai^v(x_{Q1})$	(42)	$0 \le x_{Q1} \le G_{11}$
1(4) 2(1)	Innenring	$8ai^v(x_{Q1})$	(42)	Innenring
4 1	Innenring	$9ia^v(x_{Z1})$	(44a)	$0 \le x_{Z1} \le G_{11}$
4 1	Innenring	$10ia^v(x_{Z1})$	(45a)	$G_{11} \le x_{Z1} \le L_S$
1 2	Außenring	$11ia^v(x_{Q1})$	(46)	$G_{11} \le x_{Q1} \le L_S$
1(4) 2(1)	Außenring	$11ia^v(L_S)$	(47)	Außenring
4 1	Außenring	$12ai^v(x_{Z1})$	(49a)	$G_{11} \le x_{Z1} \le L_S$

Tabelle 15   Die Verkehrsströme auf dem Strahl 1, auf dem
(Teil 2)   Innenring und auf dem Außenring

Strömungsrichtung: von Strahl... an Strahl...	über den Innenring bzw. über den Außenring	Verkehrsstrom	Gleichungsnummer	Geltungsbereich auf dem Strahl 1 bzw. auf dem Innenring bzw. auf dem Außenring
1 2	Innenring	$13ai^v(x_{Q1})$	(50)	$0 \leq x_{Q1} \leq G_{21}$
4 1	Innenring	$14ia^v(x_{Z1})$	(53a)	$0 \leq x_{Z1} \leq G_{21}$
1(4) 2(1)	Innenring	$13ai^v(0)$	(51)	Innenring
1 2	Außenring	$15ia^v(x_{Q1})$	(54)	$0 \leq x_{Q1} \leq G_{21}$
1 2	Außenring	$15ia^v(G_{21})$	(55)	$G_{21} \leq x_{Q1} \leq L_S$
1(4) 2(1)	Außenring	$15ia^v(G_{21})$	(55)	Außenring
4 1	Außenring	$16ai^v(x_{Z1})$	(57a)	$G_{21} \leq x_{Z1} \leq L_S$
4 1	Außenring	$17ai^v(x_{Z1})$	(58a)	$0 \leq x_{Z1} \leq G_{21}$
1 2	Außenring	$18ia^v(x_{Q1})$	(59)	$G_{21} \leq x_{Q1} \leq L_S$
1(4) 2(1)	Außenring	$18ia^v(L_S)$	(60)	Außenring
4 1	Außenring	$19ai^v(x_{Z1})$	(61a)	$0 \leq x_{Z1} \leq L_S$

analog für den Parameter G_{12} und für das Verhältnis eines Strahles zu seinem westlichen Nachbarstrahl. Die gleiche Prozedur wird für den Parameter G_{21} wiederholt. Deren Ergebnisse gelten analog auch für G_{22}.

Zusammenfassung

In diesem Kapitel werden die Verkehrsströme auf dem Strahl 1 in Abhängigkeit vom Parameter G_{21} bestimmt. Es werden dabei alle Verkehrsströme erfaßt, die vom Strahl 1 zum Strahl 2 und vom Strahl 4 zum Strahl 1 fließen. Grundlage für die Bestimmung der einzelnen Verkehrsströme ist die Routenwahl nach Tabelle 14. In der Tabelle 15 wird die Gesamtheit aller Verkehrsströme zusammengefaßt.

e Die Einschränkung der Fragestellung

Mit den Verkehrsströmen der Tabelle 15 ist die Grundlage für die Berechnung des gesamten Verkehrsvolumens an
jeder Stelle x des Strahles 1 und damit die Grundlage für
die Bestimmung der gesamten Transportkosten in der Stadt in
Abhängigkeit von den Routenwahlparametern G_{11} bis G_{22} gelegt. Da es vier mögliche Kombinationen der Parameter G_{11}
bis G_{22} gibt (siehe Kapitel F,II,b), müssen für jede der
Kombinationen das Verkehrsvolumen und die Transportkosten
in der Stadt bestimmt werden. Zunächst soll beispielhaft
nur die Behandlung der Kombination G_{11} und G_{22} weiterver-
folgt werden.

Um das gesamte Verkehrsvolumen an der Stelle x auf dem
Strahl 1 zu bestimmen, müssen die oben errechneten Verkehrsströme summiert werden. Dabei wirkt erschwerend, daß einige
Ströme über den gesamten Bereich $0 \leq x \leq L_S$ und andere jeweils
nur über die Teilbereiche $0 \leq x \leq G_{11}$, $G_{11} \leq x \leq L_S$, $0 \leq x \leq G_{22}$
oder $G_{22} \leq x \leq L_S$ verlaufen [1]. Außerdem unterscheiden sie sich
noch in der Strömungsrichtung, also darin, ob sie von innen
nach außen oder von außen nach innen auf dem Strahl 1 fliessen. Bei der Aggregation ist die Frage der Strömungsrichtung
allerdings gleichgültig. Bereits in den früheren Modellen
wird das Verkehrsvolumen unabhängig von seiner Strömungsrichtung an einer Stelle x des Strahles gemessen.

Durch die Addition "geeigneter" Verkehrsströme lassen sich
die folgenden vier unterschiedlichen Teile des gesamten Verkehrsvolumens mit ihren Geltungsbereichen bestimmen.

1.) $_1v(x)$ mit x im Intervall $0 \leq x \leq G_{11}$

2.) $_2v(x)$ mit x im Intervall $G_{11} \leq x \leq L_S$

---

[1] Die Unterscheidung in x_{Q1} und x_{Z1} ist auf diesem Stand der
Untersuchung nicht mehr notwendig und wird deshalb aufgegeben. Sofern sie doch noch punktuell wichtig werden sollte, wird von ihr Gebrauch gemacht.

3.) $_3v(x)$ mit x im Intervall $0 \leq x \leq G_{22}$

4.) $_4v(x)$ mit x im Intervall $G_{22} \leq x \leq L_S$

$_1v(x)$ gibt z.B. einen Teil des Verkehrsvolumens an der Stelle x mit $0 \leq x \leq G_{11}$ an. Ein Teil von $_1v(x)$ fließt auf dem Strahl 1 von innen nach außen, der Rest fließt von außen nach innen.

Die Größe des gesamten Verkehrsvolumens kann nur durch weitere Aggregation ermittelt werden. Die Höhe des gesamten Verkehrsvolumens an jeder Stelle x hängt davon ab, ob $G_{11} \gtreqless G_{22}$ ist.

1.) Wenn $G_{11} \geq G_{22}$ mit $0 \leq G_{11}, G_{22} \leq L_S$ gilt, dann beträgt das gesamte Verkehrsvolumen

$$_Iv(x) = _1v(x) + _3v(x) \qquad \text{für x mit } 0 \leq x \leq G_{22} \text{ und}$$

$$_{II}v(x) = _1v(x) + _4v(x) \qquad \text{für x mit } G_{22} \leq x \leq G_{11} \text{ und}$$

$$_{III}v(x) = _2v(x) + _4v(x) \qquad \text{für x mit } G_{11} \leq x \leq L_S$$

$_Iv(x)$ z.B. gibt nicht mehr nur einen Teil, sondern das gesamte Verkehrsvolumen an der Stelle x mit $0 \leq x \leq G_{22}$ an. $_Iv(x)$ gilt nur im ersten Bereich $0 \leq x \leq G_{22}$ des Strahles 1. $_{II}v(x)$ und $_{III}v(x)$ gelten im zweiten und dritten Bereich.

2.) Wenn $G_{11} \leq G_{22}$ mit $0 \leq G_{11}, G_{22} \leq L_S$ sein soll, dann hat das gesamte Verkehrsvolumen die Größe

$$_Iv(x) = _1v(x) + _3v(x) \qquad \text{für x mit } 0 \leq x \leq G_{11} \text{ und}$$

$$_{II}v(x) = _2v(x) + _3v(x) \qquad \text{für x mit } G_{11} \leq x \leq G_{22} \text{ und}$$

$$_{III}v(x) = _2v(x) + _4v(x) \qquad \text{für x mit } G_{22} \leq x \leq L_S$$

Um alle Lösungsmöglichkeiten der Kombination von G_{11} und G_{22} vollständig auszuschöpfen, muß $G_{11} \gtreqless G_{22}$ mit $0 \leq G_{11}, G_{22} \leq L_S$ untersucht werden. Zu diesem Zweck müssen für sechs völlig verschiedene Bereiche auf dem Strahl 1 sechs verschiedene Funktionen des Verkehrsvolumens und auf dieser Grundlage sechs verschiedene Transportkostenfunktionen berechnet werden. Neben der Kombination von G_{11} und G_{22} gibt es aber noch drei weitere Parameterkombinationen.

Zur Berechnung sämtlicher Lösungsmöglichkeiten der Kombinationen aller Parameter G_{11} bis G_{22} werden daher 24 verschiedene Bereiche auf dem Strahl 1, 24 verschiedene Funktionen des Verkehrsvolumens und 24 verschiedene Transportkostenfunktionen benötigt.

Versuche zur Berechnung des Verkehrsvolumens, der Transportkosten usw. für die Parameterkombinationen G_{11} und G_{22} sowie G_{21} und G_{22} lassen erkennen, daß die gesuchten Lösungen nur gefunden werden, wenn sämtliche Parameterkombinationen vollständig untersucht werden. Angesichts des damit verbundenen sehr großen Rechenaufwandes kann die Übersichtlichkeit der Analyse nur noch durch starke Vereinfachungen gewahrt bleiben. Es soll daher im folgenden angenommen werden, daß

$$G_{11} = G_{12} = G_1 \qquad\qquad \text{und}$$

$$G_{21} = G_{22} = G_2$$

gelten. Die Transportkosten müssen nur noch in Abhängigkeit von G_1 und G_2 bestimmt werden. Die vier Kombinationen G_{11} und G_{12}, G_{11} und G_{22}, G_{21} und G_{12} sowie G_{21} und G_{22} bieten die Möglichkeit, jeden beliebigen Wert der Maximaldistanz MD (mit $0 \leq MD \leq 2L_S$) der Punktepaare x_{Q1} und x_{Z2} mit jedem beliebigen Wert MD (mit $0 \leq MD \leq 2L_S$) der Punktepaare x_{Q1} und x_{Z4} zu kombinieren. Die Annahmen, daß $G_{11} = G_{12} = G_1$ und $G_{21} = G_{22} = G_2$ sind, sorgen dafür, daß für die Punktepaare x_{Q1} und x_{Z2} sowie x_{Q1} und x_{Z4} die Maximaldistanz immer gleich groß ist. Beträgt MD für alle x_{Q1} und alle x_{Z2} z.B. MD = 0,9 L_S, dann hat MD diese Größe auch für alle x_{Q1} und alle x_{Z4}. Die Routenwahl zwischen x_{Q1} und x_{Z2} ist also identisch mit der zwischen x_{Q1} und x_{Z4}. Damit bewegt man sich auf einer Diagonalen durch das von den Maximaldistanzen der Punktepaare x_{Q1} und x_{Z2} sowie x_{Q1} und x_{Z4} geschaffene Lösungsfeld. Die obigen Annahmen über G_1 und G_2 gewährleisten einen überschaubaren Umfang der Rechnung. Zwar wird nicht mehr so stark differenziert, wie es mit der Kombination der Parameter G_{11} bis G_{22} möglich ist, doch grundsätzlich werden die Existenz und die Eigenschaften der gesuchten Lösung nicht berührt, denn man bleibt im gegebenen Lösungsfeld. Darüber hinaus lassen sich die Existenz und die Eigenschaften der gesuchten Lösung einfacher und eindeutiger herausarbeiten.

Eine weitere starke Vereinfachung erscheint unumgänglich. Angesichts der in den letzten Kapiteln ermittelten Verkehrsströme, die fast durchweg als Integrale auftreten, erscheint die bislang übliche Lösung durch die Variationsrechnung nicht mehr als möglich. Als Ausweg aus diesem Dilemma soll daher angenommen werden, daß die Flächenallokation in der Sternstadt mit vier Strahlen und einem Außenring die gleiche ist wie die in Abhängigkeit von der Funktion y(x) transportkostenminimale Flächenallokation in den bisher behandelten Stadtmodellen. In der Sternstadt mit Außenring sollen die Straßen auf den Strahlen also eine überall gleiche Breite von w(x) = kW/(1+k) haben. Die Fläche des "business district" A soll A = WL/(1+k) betragen etc. Es kann nicht gesagt werden, ob diese Flächenallokation auch in der Sternstadt mit Außenring eine in Abhängigkeit von y(x) transportkostenminimale Allokation ist. Die obige Annahme gewährleistet aber, daß beim späteren Vergleich der Transportkosten verschiedener Stadtmodelle in jedem Modell die gleiche Flächenallokation unterstellt wird.

Die Fragestellung zum Modell der Sternstadt mit Außenring muß damit eingeschränkt werden. Im folgenden soll das Minimum der Transportkosten, also ein Niveau der Transportkosten bestimmt werden, das durch eine Änderung der Routenwahl, d.h. durch eine Änderung von G_1 oder G_2, an irgendeiner Stelle x auf einem Strahl nicht mehr vermindert werden kann. Zunächst soll dieses Problem für G_1 und, sofern noch notwendig, für G_2 geklärt werden. Als Grundlage dafür muß als erstes die Höhe des Verkehrsvolumens auf den Strahlen bestimmt werden.

Zusammenfassung

Aus den einzelnen Verkehrsströmen lassen sich das gesamte Verkehrsvolumen an jeder Stelle der Stadt und daraus die gesamten Transportkosten in der Stadt in Abhängigkeit von den Routenwahlparametern entwickeln. Da es aber vier verschiedene Kombinationen der Routenwahlparameter gibt und davon jede Kombination sechs verschiedene Transportkostenfunktionen auf einem Strahl impliziert, wird der Rechenaufwand zu groß. Die Übersichtlichkeit der Analyse verringert sich stark. Aus diesen Gründen wird die Routenwahl vereinfacht und angenommen, daß die Routenwahl zwischen allen x_{Q1} und x_{Z2} identisch mit der zwischen allen x_{Q1} und x_{Z4} sein soll. Darüber hinaus wird es in Anbetracht der Verkehrsströme, die fast durchweg als Integrale auftreten, nötig, auf die bislang übliche Lösung durch die Variationsrechnung zu verzichten. Die Fragestellung wird daher auf die Suche nach dem Transportkostenminimum in der gesamten Stadt in Abhängigkeit von der Routenwahl eingeengt.

III Das Modell in Abhängigkeit vom Routenwahlparameter G_1

a Das Verkehrsvolumen auf einem Strahl

Es soll das Verkehrsvolumen auf dem Strahl 1 stellvertretend für das Volumen jedes anderen Strahles bestimmt
werden. Zu seiner Bestimmung im Falle G_1 muß auf die Verkehrsströme der Tabelle 15 zurückgegriffen werden. Den Verkehr vom Strahl 1 an den Strahl 1 geben die Gleichungen
(33) und (34) und den Verkehr zwischen den Strahlen 1 und 3
geben die Gleichungen (35) und (37a) wieder. Über den Verkehr
vom Strahl 1 an den Strahl 2 und über den Verkehr vom Strahl
4 an den Strahl 1 geben die Gleichungen (38), (40a), (41),
(42), (44a), (45a), (46) und (49a) Auskunft. Diese Gleichungen werden noch einmal benötigt, um die Verkehrsströme
vom Strahl 1 an den Strahl 4 und vom Strahl 2 an den Strahl 1
zu bestimmen. Wegen der Annahme $w(x) = kW/(1+k)$ lassen sich
die Gleichungen vereinfachen.

Es lautet (33)

$$_{1ia}v(x) = \frac{A/4 - y(x)}{A}\, g\, y(x) \qquad (33)$$

Weil $w(x) = kW/(1+k)$ ist, sind $y'(x) = W/(1+k)$ sowie
$y(x) = xW/(1+k)$ und $A = WL/(1+k)$. Es kann in (33) eingesetzt,
gekürzt und ausgeklammert werden:

$$_{1ia}v(x) = \frac{\dfrac{WL}{4(1+k)} - \dfrac{xW}{1+k}}{\dfrac{WL}{1+k}}\, g\, \frac{xW}{1+k}$$

$$= \frac{qW}{L(1+k)}\left[\frac{L}{4} - x\right] x$$

Da die Gleichungen (33) und (34) identisch sind, folgt:

$$_{1ia}v(x) = _{2ai}v(x) = \frac{qW}{L(1+k)} \left(-x^2 + \frac{xL}{4} \right) \tag{33a}$$

für jedes x mit $0 \leq x \leq L_S$ auf dem Strahl 1.

In ähnlicher Weise werden (35) und (37a) vereinfacht, die ebenfalls beide identisch sind:

$$_{3ai}v(x) = _{4ia}v(x) = \frac{qW}{L(1+k)} \left(-\frac{xL}{4} + \frac{L^2}{16} \right) \tag{35a}$$

für x mit $0 \leq x \leq L_S$.

(38) und (40a) lassen sich auch derart vereinfachen. Sie werden zu (38a) und (40b):

$$_{5ai}v(x) = \frac{qW}{L(1+k)} \left[-\frac{xL}{4} + \frac{LG_1}{4} \right] \tag{38a}$$

für x mit $0 \leq x \leq G_1$ und

$$_{6ia}v(x) = \frac{qW}{L(1+k)} \left[-xG_1 + \frac{LG_1}{4} \right] \tag{40b}$$

für x mit $0 \leq x \leq L_S$.

Die Gleichung (41) ist etwas schwieriger zu vereinfachen. (41) lautet:

$$_{7ai}v(x) = \int_x^{L_S} \frac{y(L_S + G_1 - u)}{A} \, g \, y'(u) \, du \tag{41}$$

Nach dem Einsetzen für y'(u), y(u) und A, nach einigen Kürzungen und Vereinfachungen folgt:

$$_{7ai}v(x) = \frac{qW}{L(1+k)} \int_x^{L_S} (L_S + G_1 - u) \, du$$

Es muß integriert werden:

$$_{7ai}v(x) = \frac{qW}{L(1+k)} \left[u(L_S + G_1) - \frac{1}{2} u^2 \right] \Big|_x^{L_S}$$

Das bestimmte Integral lautet:

$$_{7ai}v(x) = \frac{qW}{L(1+k)} \left[\frac{1}{32} L^2 + G_1(\frac{L}{4} - x) - \frac{xL}{4} + \frac{1}{2}x^2 \right] \qquad (41a)$$

für x mit $G_1 \leq x \leq L_S$. (41a) ist die gesuchte Gleichung.

In der gleichen Weise wie die Gleichung (41) lassen sich die Gleichungen (42), (44a), (45a), (46) und (49a) vereinfachen. Sie werden zu (42a), (44b), (45b), (46a) und (49b):

$$_{8ai}v(x) = \frac{qW}{L(1+k)} (\frac{1}{32} L^2 - \frac{1}{2} G_1^2) \qquad (42a)$$
für x mit $0 \leq x \leq G_1$

$$_{9ia}v(x) = \frac{qW}{L(1+k)} (\frac{1}{32} L^2 - \frac{xL}{4} + xG_1 - \frac{1}{2} G_1^2) \qquad (44b)$$
für x mit $0 \leq x \leq G_1$

$$_{10ia}v(x) = \frac{qW}{L(1+k)} (\frac{1}{32} L^2 - \frac{xL}{4} + \frac{1}{2} x^2) \qquad (45b)$$
für x mit $G_1 \leq x \leq L_S$

$$_{11ia}v(x) = \frac{qW}{L(1+k)} (\frac{1}{2} x^2 - xG_1 + \frac{1}{2} G_1^2) \qquad (46a)$$
für x mit $G_1 \leq x \leq L_S$

$$_{12ai}v(x) = \frac{qW}{L(1+k)} (\frac{1}{2} G_1^2 - xG_1 + \frac{1}{2} x^2) \qquad (49b)$$
für x mit $G_1 \leq x \leq L_S$

Um das gesamte Verkehrsvolumen an jeder Stelle des Strahles 1 zu bestimmen, müssen die soeben berechneten Verkehrsströme ohne Rücksicht auf ihre Strömungsrichtung addiert werden. Es muß beachtet werden, daß es auf dem Strahl die zwei Bereiche $0 \leq x \leq G_1$ und $G_1 \leq x \leq L_S$ gibt. Der gesamte Verkehr an jeder Stelle x im Bereich $0 \leq x \leq G_1$ hat ein Volumen von

$$_I v(x) = {}_{11a}v(x) + {}_{2ai}v(x) + {}_{3ai}v(x) + {}_{4ia}v(x) + 2\Big[{}_{5ai}v(x)$$

$$+ {}_{6ia}v(x) + {}_{8ai}v(x) + {}_{9ia}v(x)\Big]$$

Die Ziffer zwei vor der eckigen Klammer bedeutet, daß nicht nur
der Verkehr vom Strahl 1 an den Strahl 2 und vom Strahl 4
an den Strahl 1 berücksichtigt wird, sondern auch der Verkehr vom Strahl 1 an den Strahl 4 und vom Strahl 2 an den
Strahl 1. Nach dem Einsetzen für die Größen $_{11a}v(x)$ usw.
erhält $_I v(x)$ den Wert

$$_I v(x) = \frac{2gW}{L(1+k)} \left(-x^2 - \frac{xL}{2} + \frac{1}{8}L^2 + \frac{1}{2}LG_1 - G_1^2 \right) \qquad (62)$$

für x mit $0 \le x \le G_1$.

Analog wird $_{II}v(x)$ für den Bereich $G_1 \le x \le L_S$ bestimmt:

$$_{II}v(x) = {}_{11a}v(x) + {}_{2ai}v(x) + {}_{3ai}v(x) + {}_{4ia}v(x) + 2\Big[{}_{6ia}v(x)$$

$$+ {}_{7ai}v(x) + {}_{10ia}v(x) + {}_{11ia}v(x) + {}_{12ai}v(x)\Big]$$

oder

$$_{II}v(x) = \frac{2gW}{L(1+k)} \left(x^2 - 4xG_1 - \frac{xL}{2} + \frac{1}{8}L^2 + \frac{1}{2}LG_1 + G_1^2 \right) \quad (63)$$

für x mit $G_1 \le x \le L_S$.

Die folgende Tabelle 16 und die Abbildung 21 sollen einen Eindruck von der Bedeutung des Routenwahlparameters G_1
für die Höhe des Verkehrsvolumens an jeder Stelle x eines
Strahles, z.B. des Strahles 1, vermitteln. G_1 ist in Bruchteilen der Strahlenlänge L_S ausgedrückt. G_1 verändert sich
jeweils um $L_S/10$. Auf dem Strahl werden nur die Stellen
$x = i(L_S/10)$ mit $i = 0, 1, 2, \ldots, 10$ betrachtet. Das Verkehrsvolumen hat z.B. für $G_1 = (2/10)L_S$ an der Stelle
$x = (4/10)L_S$ eine Höhe von

$$v(x) = 185 \; \frac{gWL}{1+k} \; 10^{-3}$$

In der Abbildung 21 wird z.B. die Kurve des Verkehrsvolumens

Tabelle 16   Das Verkehrsvolumen auf einem Strahl in Abhängigkeit vom Routenwahlparameter G_1

(ausgedrückt in der Maßeinheit gWL $10^{-3}/(1+k)$)

G_1 \ x	0	$\frac{1}{10}L_S$	$\frac{2}{10}L_S$	$\frac{3}{10}L_S$	$\frac{4}{10}L_S$	$\frac{5}{10}L_S$	$\frac{6}{10}L_S$	$\frac{7}{10}L_S$	$\frac{8}{10}L_S$	$\frac{9}{10}L_S$	L_S
L_S	375	348,75	320	288,75	255	218,75	180	138,75	95	48,75	0
$\frac{9}{10}L_S$	373,75	347,5	318,75	287,5	253,75	217,5	178,75	137,5	93,75	47,5	1,25
$\frac{8}{10}L_S$	370	343,75	315	283,75	250	213,75	175	133,75	90	46,25	5
$\frac{7}{10}L_S$	363,75	337,5	308,75	277,5	243,75	207,5	168,75	127,5	86,25	47,5	11,25
$\frac{6}{10}L_S$	355	328,75	300	268,75	235	198,75	160	121,25	85	51,25	20
$\frac{5}{10}L_S$	343,75	317,5	288,75	257,5	223,75	187,5	151,25	117,5	86,25	57,5	31,25
$\frac{4}{10}L_S$	330	303,75	275	243,75	210	176,25	145	116,25	90	66,25	45
$\frac{3}{10}L_S$	313,75	287,5	258,75	227,5	196,25	167,5	141,25	117,5	96,25	77,5	61,25
$\frac{2}{10}L_S$	295	268,75	240	211,25	185	161,25	140	121,25	105	91,25	80
$\frac{1}{10}L_S$	273,75	247,5	221,25	197,5	176,25	157,5	141,25	127,5	116,25	107,5	101,25
0	250	226,25	205	186,25	170	156,25	145	136,25	130	126,25	125

Abb. 21 <u>Das Verkehrsvolumen auf einem Strahl in Abhängigkeit</u>
<u>vom Routenwahlparameter G_1</u>

(ausgedrückt in der Maßeinheit $gWL \, 10^{-3}/(1+k)$)

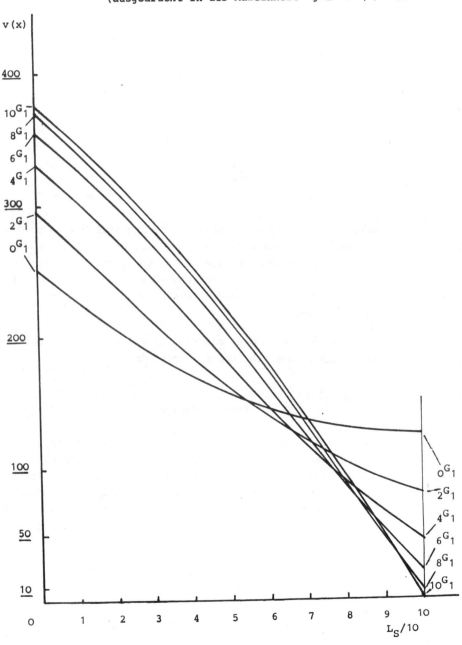

für alle x mit $0 \leq x \leq L_S$ in Abhängigkeit von $G_1 = (4/10)L_S$ mit $_4G_1$ bezeichnet.

Bei gegebenem Wert des Parameters G_1 zeigt die Kurve, daß das Verkehrsvolumen an der Stelle $x = 0$ auf jeden Fall seinen höchsten Wert erreicht. Mit steigendem x sinkt das Volumen und erreicht bei $x = L_S$ sein Minimum. Für $G_1 = L_S$ ergibt sich ein Kurvenverlauf, wie er in der Abbildung 4 im Bereich von $x = (3/4)L$ bis $x = L$ erscheint. Ein sinkender Wert des Parameters G_1 verringert die absolute Steigung der Kurve. In $x = 0$ und in den benachbarten Punkten sinkt dadurch das Verkehrsvolumen, während es in $x = L_S$ und in den benachbarten Punkten steigt. In $x = L_S$ steigt es von null auf relativ hohe Werte, Im Bereich von etwa $(1/2)L_S$ bis etwa $(3/4)L_S$ sind die Veränderungen des Verkehrsvolumens dagegen relativ gering. Die Höhe des Verkehrsvolumens im Punkt $x = 0$ bzw. $x = L_S$ ist Indiz für die Höhe des Verkehrsvolumens auf dem Innenring bzw. auf dem Außenring. Danach vermindert ein sinkendes G_1 das Verkehrsvolumen auf dem Innenring und erhöht es auf dem Außenring. Ein sinkendes G_1 lenkt also den Verkehr vom Innenring auf den Außenring um.

Nach der Bestimmung des Verkehrsvolumens ist es nun möglich, die Transportkosten zu ermitteln.

Zusammenfassung

Es soll zunächst geprüft werden, ob die gesamten Transportkosten in der Stadt in Abhängigkeit vom Routenwahlparameter G_1 minimiert werden können. Grundlage dafür ist die Bestimmung des Verkehrsvolumens, das zunächst auf dem Strahl 1 stellvertretend für alle anderen Strahlen ermittelt wird. Um das Verkehrsvolumen bestimmen zu können, müssen sämtliche

in den vorigen Kapiteln berechneten Verkehrsströme addiert
werden. Deren Gleichungen werden vereinfacht, indem z.B.
die Integrale aufgelöst und für die allgemein formulierten
Größen die als gültig angenommenen speziellen Strukturdaten
der Stadt eingesetzt werden. In einer Tabelle und in einer
Grafik kann der Einfluß einer Änderung des Routenwahlparameters G_1 auf die Höhe des Verkehrsvolumens an jeder Stelle des
Strahles deutlich gemacht werden.

b Die Transportkosten in der gesamten Stadt

Es müssen dreierlei Transportkosten berechnet werden
a) die Transportkosten auf den vier Strahlen,
b) die Transportkosten auf dem Innenring und
c) die Transportkosten auf dem Außenring.
Sie sollen in dieser Reihenfolge bestimmt werden. Danach
werden die gesamten Transportkosten in der Sternstadt sowie die erste Ableitung der Gesamtkosten nach G_1 berechnet.
Das letztere dient der Suche nach der transportkostenminimalen Routenwahl.

Die Transportkosten auf den vier Strahlen TK_{4StrR} lauten allgemein

$$TK_{4StrR} = 4 \int_{0}^{L_S} v(x) \; b \left[\frac{v(x)}{w(x)}\right]^k dx$$

Weil $w(x) = kW/(1+k)$ ist, kann vereinfacht werden:

$$TK_{4StrR} = 4b \left[\frac{1+k}{kW}\right]^k \int_{0}^{L_S} \left[v(x)\right]^{k+1} dx$$

Das Integral muß in die zwei Bereiche $0 \leq x \leq G_1$ und
$G_1 \leq x \leq L_S$ zerlegt werden, für die die unterschiedlichen
Funktionen des Verkehrsvolumens, $_I v(x)$ und $_{II} v(x)$, gelten
(siehe (62) und (63)).

$$TK_{4StrR} = 4b \left[\frac{1+k}{kW}\right]^k \left[\int_{0}^{G_1} \left[_I v(x)\right]^{k+1} dx + \int_{G_1}^{L_S} \left[_{II} v(x)\right]^{k+1} dx\right] \quad (6$$

TK_{4StrR} kann zerlegt werden in die zwei Teile

I^{TK}_{4StrR} und II^{TK}_{4StrR}.

$$I^{TK}_{4StrR} = 4b \left[\frac{1+k}{kW}\right]^k \int_0^{G_1} \left[_I v(x)\right]^{k+1} dx \qquad (65)$$

$$II^{TK}_{4StrR} = 4b \left[\frac{1+k}{kW}\right]^k \int_{G_1}^{L_S} \left[_{II} v(x)\right]^{k+1} dx \qquad (66)$$

I^{TK}_{4StrR} und II^{TK}_{4StrR} werden nacheinander berechnet.

Am Beispiel von $_I T^{K}_{4StrR}$ soll der Lösungsweg kurz demonstriert werden. Die Lösung des Integrals ist für den allgemeinen Wert k zwar möglich, damit der Umfang der folgenden Rechnungen aber nicht zu groß wird, soll k = 2 gelten. Für $_I v(x)$ wird aus (62) eingesetzt. I^{TK}_{4StrR} wird zu

$$I^{TK}_{4StrR} = \frac{9b}{W^2} \int_0^{G_1} \left[_I v(x)\right]^3 dx$$

$$= \frac{9b}{W^2} \int_0^{G_1} \left[\frac{2gW}{3L} \left(- x^2 - \frac{xL}{2} + \frac{1}{8} L^2 + \frac{1}{2} LG_1 - G_1^2 \right)\right]^3 dx$$

$$= \frac{8bg^3W}{3L^3} \int_0^{G_1} \left(-x^2 - \frac{xL}{2} + \frac{1}{8} L^2 + \frac{1}{2} LG_1 - G_1^2\right)^3 dx \qquad (65a)$$

Bevor (65a) integriert werden kann, muß der zu integrierende Ausdruck bestimmt werden. Nach Ausrechnung der Potenz können die Summanden einzeln integriert werden. Das bestimmte Integral kann gelöst werden. Wegen der sehr umfangreichen und platzraubenden Berechnungen soll auf ihre Wiedergabe verzichtet werden. Nach Abschluß aller Rechnungen ergibt sich für $_I T^{K}_{4StrR}$ und analog auch für $_{II} T^{K}_{4StrR}$:

$$_I TK_{4StrR} = \frac{8bg^3W}{3L^3} \left(-\frac{96}{35} G_1^7 + \frac{21}{20} G_1^6 L + \frac{17}{40} G_1^5 L^2 - \frac{3}{16} G_1^4 L^3 \right.$$

$$\left. - \frac{1}{32} G_1^3 L^4 + \frac{3}{256} G_1^2 L^5 + \frac{1}{512} G_1 L^6 \right) \tag{67}$$

$$_{II}TK_{4StrR} = \frac{8bg^3W}{3L^3} \left(\frac{58}{35} G_1^7 - \frac{1}{5} G_1^6 L - \frac{19}{40} G_1^5 L^2 + \frac{1}{8} G_1^4 L^3 + \frac{1}{128} G_1^3 L \right.$$

$$\left. - \frac{1}{5\cdot256} G_1^2 L^5 - \frac{13}{40\cdot256} G_1 L^6 + \frac{3}{70\cdot256} L^7 \right) \tag{68}$$

Die Zusammenfassung von $_I TK_{4StrR}$ und $_{II}TK_{4StrR}$ zu TK_{4StrR} soll später erfolgen.

Als nächste sollen die Transportkosten auf dem Innenring bestimmt werden: TK_{4ZR}. Eine wichtige Determinante ist das Verkehrsvolumen. Es setzt sich aus mehreren Verkehrsströmen zusammen, die der Tabelle 15 entnommen werden. Es handelt sich dabei um

$$_{3ai}v(0) \tag{36}$$

$$_{5ai}v(0) \tag{39}$$

$$_{8ai}v(x) \tag{42}$$

In (36), (39) und (42) werden für $y(x)$ und A die Ausdrücke $y(x) = xW/(1+k)$ und $A = WL/(1+k)$ eingesetzt. Es folgen

$$_{3ai}v(0) = \frac{gLW}{16(1+k)} \tag{36a}$$

$$_{5ai}v(0) = \frac{gG_1 W}{4(1+k)} \tag{39a}$$

$$_{8ai}v(x) = \frac{gW}{2L(1+k)} \left[\frac{1}{16} L^2 - G_1^2 \right] \tag{42a}$$

Es soll stellvertretend für alle anderen Punkte an der
Stelle x auf dem Innenring zwischen dem Strahl 1 und dem
Strahl 2 das gesamte Verkehrsvolumen ermittelt werden. Ausgehend vom Strahl 1 passiert die Stelle x der Verkehr für den
Strahl 2, $_{5ai}v(0)$ und $_{8ai}v(x)$, der Verkehr für den Strahl 3,
$_{3ai}v(0)$, und der Verkehr für den Strahl 4, $_{5ai}v(0)$ und $_{8ai}v(x)$.
Vom Strahl 2 fließt kein Verkehr an der Stelle x vorüber.
Vom Strahl 3 strömt der Verkehr für den Strahl 2, $_{5ai}v(0)$ und
$_{8ai}v(x)$, an x vorüber. Der Strahl 4 schickt den Verkehr für
den Strahl 2, $_{3ai}v(0)$, und den Verkehr für den Strahl 3,
$_{5ai}v(0)$ und $_{8ai}v(x)$, am Punkt x vorbei. Insgesamt hat das Verkehrsvolumen an der Stelle x und damit überall auf dem Innenring die Höhe

$$v(x) = 2 \left[_{3ai}v(0)\right] + 4 \left[_{5ai}v(0) + _{8ai}v(x)\right] \qquad \text{oder}$$

$$v(x) = \frac{2qW}{L(1+k)} \left(\frac{1}{8} L^2 + \frac{1}{2} LG_1 - G_1^2\right)$$

Da die Straße des Innenringes eine Breite von W/2 hat, haben
die Verkehrsdichte an jeder Stelle des Innenringes die Höhe

$$\frac{v(x)}{w(x)} = \frac{4q}{L(1+k)} \left(\frac{1}{8} L^2 + \frac{1}{2} LG_1 - G_1^2\right)$$

und die Transportkosten an jeder Stelle des Innenringes
pro Tonne Verkehr und pro Entfernungseinheit die Höhe

$$b \left[v(x)/w(x)\right]^k$$

Diese Kosten müssen mit der Länge des Innenringes, $(1/2)\pi W$,
und mit dem Verkehrsvolumen $v(x)$ multipliziert werden. Das
Ergebnis sind die gesamten Transportkosten TK_{4ZR}.

$$TK_{4ZR} = v(x) \, b\left[v(x)/w(x)\right]^k (1/2)\pi W \qquad \text{oder}$$

$$TK_{4ZR} = \frac{\pi bW^2}{4} \left[\frac{4q}{L(1+k)}\right]^{k+1} \left[\frac{1}{8} L^2 + \frac{1}{2} LG_1 - G_1^2\right]^{k+1} \qquad (69)$$

Für k = 2 wird aus (69):

$$TK_{4ZR} = \frac{16\pi bW^2 q^3}{27 \, L^3} \left(\frac{1}{8} L^2 + \frac{1}{2} LG_1 - G_1^2\right)^3 \qquad (70)$$

Die Transportkosten auf dem Außenring, TK_{4AR}, werden auf ähnlichem Wege wie TK_{4ZR} bestimmt. Die Bestandteile des Verkehrsvolumens auf dem Außenring stehen in der Tabelle 15. Es handelt sich um den Verkehrsstrom

$$11ia^v(L_S)$$ (47)

Für y(x) und A wird in (47) eingesetzt. Nach der Integration folgt

$$11ia^v(L_S) = \frac{gW}{2L(1+k)} \left(\frac{L}{4} - G_1 \right)^2$$ (47a)

An einer Stelle x auf dem Außenring zwischen dem Strahl 1 und dem Strahl 2 soll das Verkehrsvolumen ermittelt werden. Es fließt dort nur der Verkehr vom Strahl 1 an den Strahl 2 und umgekehrt vorüber. Das Verkehrsvolumen v(x) beträgt dort und an jeder anderen Stelle des Außenringes also:

$$v(x) = 2 \left[11ia^v(L_S) \right]$$ oder

$$v(x) = \frac{gW}{L(1+k)} \left(\frac{L}{4} - G_1 \right)^2$$

Der Außenring hat die Breite W/2, so daß an jeder Stelle des Außenringes der Verkehr die Dichte

$$\frac{v(x)}{w(x)} = \frac{2g}{L(1+k)} \left(\frac{L}{4} - G_1 \right)^2$$

hat. Die Transportkosten an jeder Stelle des Außenringes betragen pro Tonne Verkehr und pro Entfernungseinheit

$$b \left[v(x)/w(x) \right]^k$$

Die gesamten Transportkosten auf dem Außenring werden durch Multiplikation des letzten Ausdrucks mit dem Verkehrsvolumen v(x) und mit der Länge des Außenringes (π/2)(L + 3W) ermittelt

$$TK_{4AR} = v(x)\, b \left[v(x)/w(x) \right]^k (\pi/2)(L + 3W)$$ oder

$$TK_{4AR} = \pi bW(L + 3W)\, 2^{k-1} \left[\frac{g}{L(1+k)} \right]^{k+1} \left[\frac{L}{4} - G_1 \right]^{2(k+1)}$$ (71)

Für k = 2 wird aus (71):

$$TK_{4AR} = \frac{2\pi q^3}{27L^3} bW(L + 3W) \left[\frac{L}{4} - G_1\right]^6 \tag{72}$$

Die gesamten Transportkosten der Sternstadt mit Außenring für jeden Wert von k lassen sich als Summe der Gleichungen (65), (66), (69) und (71) bestimmen. Hier interessieren aber nur die gesamten Transportkosten für k = 2, weil nur mit ihnen weitergerechnet werden soll. Sie betragen (siehe (67)), (68), (70) und (72)):

$$TK_{4SR} = {}_I TK_{4StrR} + {}_{II} TK_{4StrR} + TK_{4ZR} + TK_{4AR}$$

Nach umfangreichen Vereinfachungen, Umformungen und Zusammenfassungen ergibt sich schließlich:

$$\begin{aligned}
TK_{4SR} = \frac{bWq^3}{L^3} &\left[- G_1^7 \frac{304}{105} + G_1^6 L \frac{306+10\pi}{135} - G_1^5 L^2 \frac{6+5\pi}{45} \right. \\
&+ G_1^4 L^3 \frac{-12+5\pi}{72} - G_1^3 L^4 \frac{27+10\pi}{432} + G_1^2 L^5 \frac{168+25\pi}{5760} \\
&\left. + G_1 L^6 \frac{21-5\pi}{11520} + L^7 \frac{864+35\pi}{1\,935\,360} \right] \\
+ \frac{\pi bW^2 q^3}{27L^3} &\left[- 10G_1^6 + 15G_1^5 L - \frac{3}{8}G_1^4 L^2 - \frac{47}{8}G_1^3 L^3 + \frac{141}{128}G_1^2 L^4 \right. \\
&\left. + \frac{87}{256}G_1 L^5 + \frac{67}{2048}L^6 \right] \tag{73}
\end{aligned}$$

TK_{4SR} ist u.a. von dem hier interessierenden Parameter G_1 der Routenwahl abhängig.

Auf diesem Stand der Analyse soll die anfängliche Frage noch einmal an das Modell gerichtet werden. Welche Größe muß G_1 annehmen, damit TK_{4SR} ein minimales Niveau erreicht? Ein Transportkostenminimum in Abhängigkeit von G_1 ist nur dann gewährleistet, wenn die erste Ableitung von TK_{4SR} nach G_1 null und die zweite Ableitung positiv ist. Im folgenden soll geprüft werden, für welche Werte von G_1 diese beiden Bedingungen erfüllt sind.

Die erste Ableitung von TK_{4SR} nach G_1 lautet:

$$\frac{d\,TK_{4SR}}{d\,G_1} = TK'_{4SR} = \frac{bWg^3}{L^3}\left[- G_1^6\,\frac{304}{15} + G_1^5 L\,\frac{612+20\pi}{45} - G_1^4 L^2\,\frac{6+5\pi}{9} \right.$$

$$+ G_1^3 L^3\,\frac{-12+5\pi}{18} - G_1^2 L^4\,\frac{27+10\pi}{144} + G_1 L^5\,\frac{168+25\pi}{2880}$$

$$\left. + L^6\,\frac{21-5\pi}{11520}\right] + \frac{\pi bW^2 g^3}{27\,L^3}\left[- 60\,G_1^5 + 75\,G_1^4 L \right.$$

$$\left. - \frac{3}{2}\,G_1^3 L^2 - \frac{141}{8}\,G_1^2 L^3 + \frac{141}{64}\,G_1 L^4 + \frac{87}{256}\,L^5\right] \quad (74)$$

Die folgende Überlegung gestattet eine entscheidende Vereinfachung von (74). G_1 kann alle Werte im Intervall
$0 \le G_1 \le L_S = L/4$ annehmen. G_1 kann daher als $G_1 = g_1 L$ mit g_1
im Intervall $0 \le g_1 \le 1/4$ interpretiert werden. Wenn in (74)
für G_1 eingesetzt wird, können aus der ersten Klammer L^6 und
aus der zweiten Klammer L^5 herausgelöst werden:

$$TK'_{4SR} = bWg^3 L^3\left[- g_1^6\,\frac{304}{15} + \ldots + \frac{21-5\pi}{11520}\right]$$

$$+ \frac{\pi}{27}\,bW^2 L^2 g^3\left[- 60\,g_1^5 + \ldots + \frac{87}{256}\right] \quad (74a)$$

Im Transportkostenminimum muß $TK'_{4SR} = 0$ sein. (74a) kann um
$bWg^3 L^2$ gekürzt werden. Es folgt

$$0 = L\left[- g_1^6\,\frac{304}{15} + \ldots + \frac{21-5\pi}{11520}\right]$$

$$+ \frac{\pi}{27}\,W\left[- 60\,g_1^5 + \ldots + \frac{87}{256}\right]$$

und nach einigen Umstellungen

$$\frac{L}{W} = \frac{\frac{\pi}{27}\left[60\,g_1^5 - \ldots - \frac{87}{256}\right]}{- g_1^6\,\frac{304}{15} + \ldots + \frac{21-5\pi}{11520}} \quad (75)$$

Wenn also $TK'_{4SR} = 0$ ist, dann folgt (75). Gleichung
(75) ist daher eine Minimalkostenbedingung. Sie enthält die
Parameter L, W und g_1. Es existieren zwei Freiheitsgrade, denn
es müssen zwei der Parameter vorgegeben werden, um den dritten
aus (75) bestimmen zu können. Ähnlich wie bereits oben sollen
die Parameter L und W zu der Relation L/W mit W als numéraire
zusammengefaßt werden. Es besteht jetzt nur noch ein Freiheitsgrad.

Die rechte Seite von (75) kann größer als, kleiner als
oder gleich null sein. Rein rechnerisch kann also $L/W \lessgtr 0$ sein
und (75) erfüllen. Im Modell der Sternstadt ist aber nur die
Bedingung L/W > 0 sinnvoll. Damit wird das Feld möglicher Lösungen drastisch verkleinert. Eine Routenwahl, charakterisiert
durch einen bestimmten Wert g_1^+, kann überhaupt nur dann transportkostenminimal sein, wenn nach dem Einsetzen von g_1^+ die
rechte Seite von (75) positiv wird. Zum anderen ist dieser
Wert von g_1^+ nur in einer Sternstadt mit Außenring transportkostenminimal, die durch den aus (75) in Abhängigkeit von
g_1^+ errechneten Wert $(L/W)^+$ charakterisiert wird. Sobald in
dieser Stadt $L/W \lessgtr (L/W)^+$ ist, ist die Routenwahl g_1^+ nicht
mehr transportkostenminimal.

Es eröffnen sich nun zwei Lösungswege. Es kann zum einen
die Größe einer Sternstadt L/W vorgegeben und mit (75) der
entsprechende transportkostenminimale Routenwahlparameter
g_1 dieser Stadt bestimmt werden. Oder es kann zum zweiten
die Größe des Parameters g_1 vorgegeben und nach der Größe L/W
der Sternstadt gefragt werden, für die diese Routenwahl transportkostenminimal ist. Der zweite Weg ist offensichtlich der
einfachere. Er soll deshalb im folgenden beschritten werden.

Es werden für jeden Wert von g_1 der Zähler und der Nenner
des Bruches auf der rechten Seite von (75) getrennt berechnet.
Um einen Eindruck vom Einfluß des g_1 auf den Zähler und
den Nenner zu gewinnen, werden die Werte $g_1 = 0$, 1/40, 2/40,
..., 10/40 eingesetzt. Die Tabelle 17 zeigt die Ergebnisse.
Danach sind für alle g_1 mit $0 \leq g_1 < 0{,}25$ ($g_1 = 0{,}25$ soll zunächst vernachlässigt werden) der Zähler immer negativ und
der Nenner immer positiv. L/W ist also immer negativ. Die Be-

Tabelle 17 g_1 und L/W in transportkostenminimaler

Kombination

g_1 in 1/40	Zähler	Nenner	L/W
10	0	0	
9	- 0,009 747 151	+ 0,001 366 291	- 7,1
8	- 0,019 103 847	+ 0,002 644 080	- 7,2
7	- 0,027 687 808	+ 0,003 737 636	-
6	- 0,035 133 111	+ 0,004 554 611	- 7,7
5	- 0,041 098 361	+ 0,005 015 190	-
4	- 0,045 274 875	+ 0,005 057 675	- 8,9
3	- 0,047 394 852	+ 0,004 640 498	-
2	- 0,047 239 555	+ 0,003 740 688	- 12,6
1	- 0,044 647 488	+ 0,002 348 765	-
0	- 0,039 522 569	+ 0,000 460 069	- 85,9

dingung L/W > 0 ist nicht erfüllt. Folglich kann die Routenwahl, die durch g_1 mit $0 \leq g_1 < 0,25$ oder durch G_1 mit
$0 \leq G_1 < L/4$ charakterisiert wird, für irgendeine positive Stadtgröße L/W niemals transportkostenminimal sein. Die Untersuchung von TK''_{4SR} erübrigt sich.

Dieses Ergebnis kann folgendermaßen interpretiert werden.
Wenn der Zähler des Bruches aus (75) mit Z und der Nenner
mit N bezeichnet werden, dann folgt für (74a)

$$TK'_{4SR} = bWg^3L^3 N + bW^2L^2g^3 (-Z)$$

Wie Tabelle 17 zeigt, sind für g_1 mit $0 \le g_1 < 0,25$ der Ausdruck N positiv und der Ausdruck Z negativ, so daß für L, W > 0 gilt:

$$TK'_{4SR} > 0 \qquad \text{für } g_1 \text{ mit } 0 \le g_1 < 0,25 \text{ und}$$

$$\text{(76)}$$

$$TK'_{4SR} = 0 \qquad \text{für } g_1 = 0,25$$

$TK'_{4SR} > 0$ bedeutet, daß mit steigendem Wert des Parameters G_1 die Kosten TK_{4SR} zunehmen. Diese Aussage gilt für G_1 mit $0 \le G_1 < L/4$. Beim Übergang von $G_1 < L/4$ zu $G_1 = L/4$ wird $TK'_{4SR} = 0$. Die Untersuchung der zweiten Ableitung, darauf soll hier verzichtet werden, zeigt, daß $TK''_{4SR} < 0$ ist für $G_1 = L/4$. TK_{4SR} erreicht also ein Maximum bei $G_1 = L/4$.

Es ist bei der Routenwahl gezeigt worden, daß der Verkehr umso stärker über den Innenring und umso schwächer über den Außenring fließen wird, je größer der Routenwahlparameter G_1 ist. (76) sagt nun, daß TK_{4SR} zunimmt, je stärker der Verkehr über den Innenring und je schwächer der Verkehr über den Außenring geschickt wird. Im Extremfall fließt der Verkehr für $G_1 = L/4$ nur noch über den Innenring. Die Transportkosten TK_{4SR} erreichen dann eine maximale Höhe. Im Falle $G_1 = L/4$ handelt es sich formal zwar noch um eine Sternstadt mit vier Strahlen und einem Außenring, da der Außenring aber überhaupt nicht befahren wird, muß diese Stadt faktisch als Sternstadt mit vier Strahlen und ohne Außenring interpretiert werden. Diese Sternstadt ist oben bereits untersucht worden. Es zeigt sich, daß die Transportkosten in der Sternstadt mit einem ungenutzten Außenring ein Niveau erreichen, das über dem der Transportkosten in der Sternstadt mit einem befahrenen Außenring liegt. Daraus kann der Schluß gezogen werden, daß in einer Sternstadt mit vier Strahlen und ohne Außenring höhere Transportkosten entstehen als in einer vergleichbaren Sternstadt mit vier Strahlen, in der der Verkehr nach einer sinnvollen Routenwahl auch über den Außenring fließt. Diese Routenwahl muß noch nicht transportkostenminimal sein. Eine Sternstadt mit einem befahrenen Außenring ist einer vergleichbaren Sternstadt ohne Außenring also in jedem Falle vorzuziehen.

Aus (76) folgt, daß die verstärkte Lenkung des Verkehrs über den Außenring die Transportkosten TK_{4SR} verringert. Es gibt keine durch den Parameter G_1 mit $0 \leq G_1 \leq L/4$ charakterisierte Routenwahl, mit der ein minimaler Wert von TK_{4SR} erreicht werden kann. Es ist daher notwendig, auch über $G_1 = 0$ hinaus den Verkehr noch stärker über den Außenring fließen zu lassen. Es muß untersucht werden, ob die durch den Parameter G_2 charakterisierte Routenwahl zu einem Minimum der Größe TK_{4SR} führen kann. Dies soll im folgenden geschehen.

Zusammenfassung

Um die gesamten Transportkosten in Abhängigkeit vom Routenwahlparameter G_1 zu bestimmen, müssen die Transportkosten auf den vier Strahlen, auf dem Innenring und auf dem Außenring berechnet werden. Ein Minimum der Transportkosten in Abhängigkeit von G_1 ist gewährleistet, wenn die erste Ableitung der Transportkosten nach G_1 Null und die zweite Ableitung positiv ist. Die Prüfung der ersten Ableitung zeigt, daß diese niemals Null werden kann. Folglich können die Transportkosten in der gesamten Stadt in Abhängigkeit von G_1 nicht minimal werden.

IV   Das Modell in Abhängigkeit vom Routenwahlpara-
     meter G_2

a   Das Verkehrsvolumen auf einem Strahl

Die Suche nach einer transportkostenminimalen Routenwahl
im Falle des Parameters G_2 erfordert den gleichen Lösungsweg wie im Falle G_1. Es sollen daher nur die wichtigsten
Stationen dieses Weges vorgestellt werden. Zunächst soll das
gesamte Verkehrsvolumen auf dem Strahl 1, dann sollen die
Transportkosten auf den vier Strahlen, auf dem Innenring und
auf dem Außenring bestimmt werden. Anschließend werden die
erste und die zweite Ableitung der TK_{4SR} nach G_2 untersucht.

Das Verkehrsvolumen auf dem Strahl 1 setzt sich aus einzelnen Verkehrsströmen zusammen, die der Tabelle 15 entnommen werden. Der Verkehr vom Strahl 1 an den Strahl 1 spie-
gelt sich in den Gleichungen (33) und (34). (35) und (37a)
zeigen den Verkehr zwischen den Strahlen 1 und 3. Der Verkehr vom Strahl 1 an die Strahlen 2 und 4 und von diesen an
den Strahl 1 wird in den Gleichungen (50), (53a), (54), (55),
(57a), (58a), (59) und (61a) erfaßt. Es gilt die Annahme
$w(x) = kW/(1+k)$, mit der sich die Gleichungen in bekannter
Weise vereinfachen lassen. Es ergeben sich:

$$_{1ia}v(x) = {}_{2ai}v(x) = \frac{qW}{L(1+k)} \left(-x^2 + \frac{xL}{4} \right) \tag{33a}$$

für x mit $0 \leq x \leq L/4$

$$_{3ai}v(x) = {}_{4ia}v(x) = \frac{qW}{L(1+k)} \left(-\frac{xL}{4} + \frac{L^2}{16} \right) \tag{35a}$$

für x mit $0 \leq x \leq L/4$

$$_{13ai}v(x) = \frac{qW}{L(1+k)} \left(\frac{1}{2} x^2 - xG_2 + \frac{1}{2} G_2^2 \right) \tag{50a}$$

für x mit $0 \leq x \leq G_2$

$$_{14ia}v(x) = \frac{qW}{L(1+k)} \left(\frac{1}{2} x^2 - xG_2 + \frac{1}{2} G_2^2 \right) \tag{53b}$$

für x mit $0 \leq x \leq G_2$

$$_{15ia}v(x) = \frac{qW}{L(1+k)} \left(\frac{1}{2} x^2 + \frac{xL}{4} - xG_2 \right) \tag{54a}$$

für x mit $0 \leq x \leq G_2$

$$15_ia^v(G_2) = \frac{qW}{L(1+k)} \left(\frac{1}{4} LG_2 - \frac{1}{2} G_2^2 \right) \tag{55a}$$

für x mit $G_2 \leq x \leq L/4$

$$16_ai^v(x) = \frac{qW}{L(1+k)} \left(xG_2 - \frac{1}{2} G_2^2 \right) \tag{57b}$$

für x mit $G_2 \leq x \leq L/4$

$$17_ai^v(x) = \frac{qW}{L(1+k)} \frac{1}{2} x^2 \tag{58b}$$

für x mit $0 \leq x \leq G_2$

$$18_ia^v(x) = \frac{qW}{L(1+k)} \left(\frac{xL}{4} - \frac{1}{4} LG_2 \right) \tag{59a}$$

für x mit $G_2 \leq x \leq L/4$

$$19_ai^v(x) = \frac{qW}{L(1+k)} \left(\frac{xL}{4} - xG_2 \right) \tag{61b}$$

für x mit $0 \leq x \leq L/4$

Das gesamte Verkehrsvolumen im ersten Bereich $0 \leq x \leq G_2$ auf dem Strahl 1 hat die Höhe

$$I^v(x) = {}_{1i}a^v(x) + {}_{2ai}^v(x) + {}_{3ai}^v(x) + {}_{4i}a^v(x)$$
$$+ 2\left[{}_{13ai}^v(x) + {}_{14i}a^v(x) + {}_{15i}a^v(x) + {}_{17ai}^v(x) + {}_{19ai}^v(x) \right]$$

oder

$$I^v(x) = \frac{2gW}{L(1+k)} \left(x^2 + \frac{1}{2} xL - 4xG_2 + \frac{1}{16} L^2 + G_2^2 \right) \tag{77}$$

Im zweiten Bereich $G_2 \leq x \leq L/4$ auf dem Strahl 1 beträgt das gesamte Verkehrsvolumen

$$II^v(x) = {}_{1i}a^v(x) + {}_{2ai}^v(x) + {}_{3ai}^v(x) + {}_{4i}a^v(x)$$
$$+ 2\left[{}_{15i}a^v(G_2) + {}_{16ai}^v(x) + {}_{18i}a^v(x) + {}_{19ai}^v(x) \right]$$

oder

$$II \quad v(x) = \frac{2gW}{L(1+k)} \left(- x^2 + \frac{xL}{2} + \frac{L^2}{16} - G_2^2 \right) \qquad (78)$$

In der Tabelle 18 und in der Abbildung 22 wird der Einfluß des Routenwahlparameters G_2 auf die Höhe des Verkehrsvolumens an jeder Stelle x eines Strahles dargestellt. G_2 ist in Bruchteilen von L_S ausgedrückt und verändert sich nur jeweils um $L_S/10$. Auf dem Strahl werden nur die Stellen $x = i (L_S/10)$ mit $i = 0, 1, 2, ..., 10$ untersucht. Das Verkehrsvolumen hat z.B. an der Stelle $x = (4/10)L_S$ bei $G_2 = (6/10)L_S$ eine Höhe von

$$v(x) = 170 \frac{gWL}{1+k} \, 10^{-3}$$

In der Abbildung 22 bezeichnet z.B. der Ausdruck $_7G_2$ die Kurve des Verkehrsvolumens für alle x mit $0 \leq x \leq L_S$ in Abhängigkeit von $G_2 = (7/10)L_S$.

Der Vergleich der Tabellen 16 und 18 zeigt für $G_1 = 0$ und für $G_2 = L_S$ die Identität der Kurven des Verkehrsvolumens. Darin dokumentiert sich, daß die Routenwahl nach beiden Parametern nahtlos ineinander übergeht.

In der Abbildung 22 wird neben dem Einfluß von G_2 auch der Einfluß von G_1 auf das Verkehrsvolumen dargestellt. Damit soll ein Eindruck davon vermittelt werden, in welchem Umfang ein sinkender Wert von G_2 im Vergleich mit G_1 den Verkehr über den Außenring lenkt. Bei gegebenem Wert für G_1 zeigt die Kurve des Verkehrsvolumens an der Stelle $x = 0$ den höchsten und an der Stelle $x = L_S$ den niedrigsten Wert des Verkehrsvolumens. Die Differenz zwischen diesen zwei Werten wird mit sinkendem G_1 vermindert. Die Kurve verläuft also umso flacher, je stärker der Verkehr über den Außenring geleitet wird. Die Verteilung des Verkehrsvolumens über den Strahl wird egalisiert. Die gleichen Aussagen gelten auch für alle Werte G_2 mit $(8/10)L_S \leq G_2 \leq L_S$. Bei etwa $G_2 = (7/10)L_S$ ist das Verkehrsvolumen an den Stellen $x = 0$ und $x = L_S$ nahezu gleich groß. Die Höhenunterschiede an allen anderen Stellen x sind ebenfalls stark eingeebnet worden. Im Bereich $0 \leq G_2 \leq (7/10)L_S$ kehrt sich das Bild um. Das Verkehrsvolumen ist an der Stelle $x = L_S$ größer als an der Stelle $x = 0$.

Tabelle 18   Das Verkehrsvolumen auf einem Strahl in Abhängigkeit vom Routenwahlparameter G_2

(ausgedrückt in der Maßeinheit gWL $10^{-3}/(1+k)$)

G_2 \ x	0	$\frac{1}{10}L_S$	$\frac{2}{10}L_S$	$\frac{3}{10}L_S$	$\frac{4}{10}L_S$	$\frac{5}{10}L_S$	$\frac{6}{10}L_S$	$\frac{7}{10}L_S$	$\frac{8}{10}L_S$	$\frac{9}{10}L_S$	L_S
L_S	250	226,25	205	186,25	170	156,25	145	136,25	130	126,25	125
$\frac{9}{10}L_S$	226,25	207,5	191,25	177,5	166,25	157,5	151,25	147,5	146,25	147,5	148,75
$\frac{8}{10}L_S$	205	191,25	180	171,25	165	161,25	160	161,25	165	168,75	170
$\frac{7}{10}L_S$	186,25	177,5	171,25	167,5	166,25	167,5	171,25	177,5	183,75	187,5	188,75
$\frac{6}{10}L_S$	170	166,25	165	166,25	170	176,25	185	193,75	200	203,75	205
$\frac{5}{10}L_S$	156,25	157,5	161,25	167,5	176,25	187,5	198,75	207,5	213,75	217,5	218,75
$\frac{4}{10}L_S$	145	151,25	160	171,25	185	198,75	210	218,75	225	228,75	230
$\frac{3}{10}L_S$	136,25	147,5	161,25	177,5	193,75	207,5	218,75	227,5	233,75	237,5	238,75
$\frac{2}{10}L_S$	130	146,25	165	183,75	200	213,75	225	233,75	240	243,75	245
$\frac{1}{10}L_S$	126,25	147,5	168,75	187,5	203,75	217,5	228,75	237,5	243,75	247,5	248,75
0	125	148,75	170	188,75	205	218,75	230	238,75	245	248,75	250

Abb. 22 Das Verkehrsvolumen auf einem Strahl in Abhängigkeit von den Routenwahlparametern G_1 und G_2 (ausgedrückt in der Maßeinheit gWL $10^{-3}/(1+k)$)

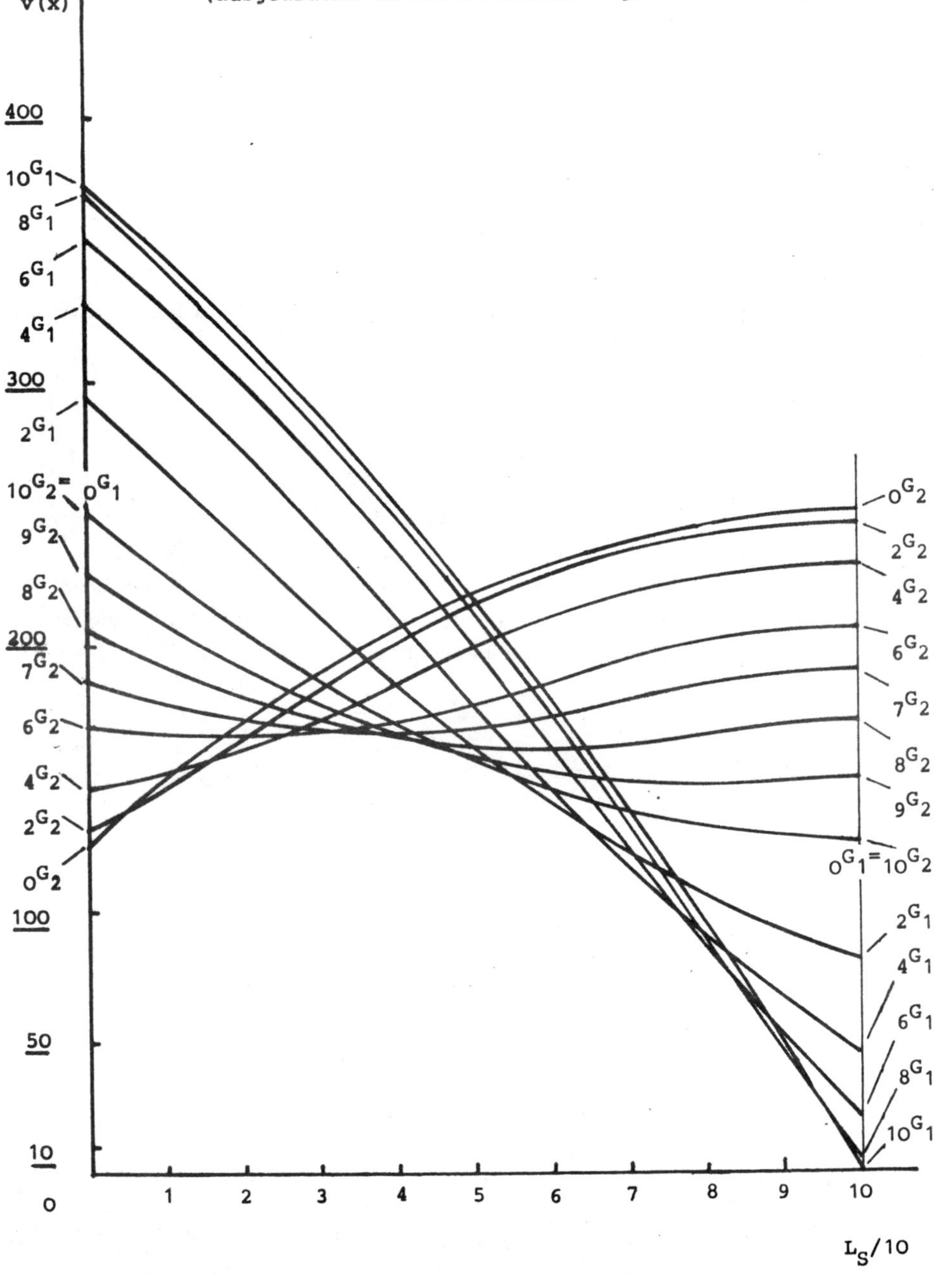

Die Differenz beider Werte des Verkehrsvolumens steigt mit
sinkendem Wert von G_2. Die Kurven in diesem Wertebereich
von G_2 sind die Spiegelbilder der Kurven des gesamten
Wertebereichs von G_1. Die Symmetrie entwickelt sich aber
nicht soweit, daß, wie für $G_1 = L_S$ an der Stelle $x = L_S$ der
Wert $v(L_S) = O$ erreicht wird, auch an der Stelle $x = O$ für
$G_2 = O$ das Verkehrsvolumen den Wert null annimmt. Es wird
vielmehr als minimaler Wert nur $v(O) = 125 \frac{gWL}{1+k} 10^{-3}$ erreicht.
Der Grund liegt darin, daß der Verkehr zwischen gegenüberliegenden Strahlen ausschließlich über den Innenring fließt,
der Innenring also allein schon deshalb niemals völlig ver-
kehrsfrei sein wird.

Nach der Bestimmung des Verkehrsvolumens werden im folgenden die Transportkosten ermittelt.

Zusammenfassung

Grundlage für die Bestimmung der Transportkosten in der
gesamten Stadt in Abhängigkeit vom Routenwahlparameter G_2
ist das Verkehrsvolumen. Das Verkehrsvolumen wird stellvertretend für alle Strahlen auf dem Strahl 1 aus der Summe der
einzelnen Verkehrsströme berechnet.

b Die Bestimmung des Transportkostenminimums

Die Transportkosten der vier Strahlen TK_{4StrR} betragen allgemein

$$TK_{4StrR} = 4 \int_0^{L_S} v(x) \, b \left[\frac{v(x)}{w(x)}\right]^k dx$$

Wegen der zwei Bereiche $0 \le x \le G_2$ und $G_2 \le x \le L_S$ kann TK_{4StrR} zerlegt werden in $_I TK_{4StrR}$ und $_{II} TK_{4StrR}$

$$_I TK_{4StrR} = 4b \left[\frac{1+k}{kW}\right]^k \int_0^{G_2} \left[_I v(x)\right]^{k+1} dx \qquad (79)$$

$$_{II} TK_{4StrR} = 4b \left[\frac{1+k}{kW}\right]^k \int_{G_2}^{L_S} \left[_{II} v(x)\right]^{k+1} dx \qquad (80)$$

Es soll $k = 2$ sein. Für $_I v(x)$ und $_{II} v(x)$ wird aus (77) und (78) eingesetzt. Nach der Integration ergeben sich:

$$_I TK_{4StrR} = \frac{8bg^3 W}{3 \, L^3} \left[-\frac{58}{35} G_2^7 + \frac{27}{20} G_2^6 L - \frac{1}{8} G_2^5 L^2 - \frac{5}{64} G_2^4 L^3 \right.$$

$$\left. + \frac{1}{128} G_2^3 L^4 + \frac{3}{4 \cdot 256} G_2^2 L^5 + \frac{1}{16 \cdot 256} G_2 L^6 \right] \qquad (81)$$

$$II^{TK}{}_{4StrR} = \frac{8bg^3W}{3\ L^3}\left[\frac{96}{35}\ G_2^7 - 2G_2^6L + \frac{1}{20}\ G_2^5L^2 + \frac{3}{16}\ G_2^4L^3\right.$$

$$\left. - \frac{29}{10\cdot256}\ G_2^2L^5 - \frac{1}{16\cdot256}\ G_2L^6 + \frac{177}{35\cdot64\cdot256}\ L^7\right]\ (82)$$

Die Grundlage der Transportkosten auf dem Innenring ist das Verkehrsvolumen auf dem Innenring. Nach Tabelle 15 sind im Falle G_2 folgende Verkehrsströme von Bedeutung

$$_{3ai}v(O) \qquad\qquad (36)$$

$$_{13ai}v(O) \qquad\qquad (51)$$

Nach vollzogener Vereinfachung lauten sie:

$$_{3ai}v(O) = \frac{gWL}{16(1+k)} \qquad\qquad (36a)$$

$$_{13ai}v(O) = \frac{gWG_2^2}{2L(1+k)} \qquad\qquad (51a)$$

An der Stelle x auf dem Innenring fließt vom Strahl 1 der Verkehr $_{13ai}v(O)$ an den Strahl 2, $_{3ai}v(O)$ an den Strahl 3 und $_{13ai}v(O)$ an den Strahl 4 vorüber. Der Strahl 2 schickt keinen Verkehr an x vorüber. Vom Strahl 3 passiert der Verkehr $_{13ai}v(O)$ an den Strahl 2 die Stelle x. Vom Strahl 4 fließt nur der Verkehr $_{3ai}v(O)$ für den Strahl 2 und $_{13ai}v(O)$ für den Strahl 3 an der Stelle x vorbei. Insgesamt hat das Verkehrsvolumen an jeder Stelle x des Innenringes die Höhe von

$$v(x) = 2\left[_{3ai}v(O)\right] + 4\left[_{13ai}v(O)\right] \qquad\qquad \text{oder}$$

$$v(x) = \frac{2gW}{L(1+k)}\left[\frac{L^2}{16} + G_2^2\right]$$

Die Transportkosten auf dem Innenring haben die Größe

$$TK_{4ZR} = v(x)\ b\ (v(x)/w(x))^k\ (1/2)\pi W \qquad\qquad \text{oder}$$

$$TK_{4ZR} = \pi 2^{2k} \, b \, W^2 \left[\frac{q}{L(1+k)}\right]^{k+1} \left[\frac{L^2}{16} + G_2^2\right]^{k+1} \tag{83}$$

Für k = 2 wird aus (83):

$$TK_{4ZR} = \frac{16\pi bW^2 q^3}{27 \, L^3} \left[\frac{L^2}{16} + G_2^2\right]^3 \tag{84}$$

Zur Bestimmung des Verkehrsvolumens auf dem Außenring werden im Falle G_2 benötigt

$$_{15ia}v(G_2) \tag{55}$$

$$_{18ia}v(L_S) \tag{60}$$

Vereinfacht lauten diese Gleichungen

$$_{15ia}v(G_2) = \frac{qW}{L(1+k)} \left[\frac{1}{4} LG_2 - \frac{1}{2} G_2^2\right] \tag{55a}$$

$$_{18ia}v(L_S) = \frac{qW}{L(1+k)} \left[\frac{L^2}{16} - \frac{1}{4} LG_2\right] \tag{60a}$$

An einer Stelle x auf dem Außenring zwischen den Strahlen 1 und 2 fließt nur der Verkehr vom Strahl 1 an den Strahl 2 und umgekehrt. In jede Richtung fließt die Summe aus $_{15ia}v(G_2)$ und $_{18ia}v(L_S)$. Das gesamte Verkehrsvolumen an jeder Stelle x auf dem Außenring hat daher die Größe

$$v(x) = 2 \left[_{15ia}v(G_2) + _{18ia}v(L_S)\right] \qquad \text{oder}$$

$$v(x) = \frac{qW}{L(1+k)} \left[\frac{L^2}{8} - G_2^2\right]$$

Die Transportkosten auf dem Außenring haben eine Höhe von

$$TK_{4AR} = v(x) \, b \, (v(x)/w(x))^k \, (\pi/2)(L + 3W) \qquad \text{oder}$$

$$TK_{4AR} = \pi bW(L + 3W) \, 2^{k-1} \left[\frac{q}{L(1+k)}\right]^{k+1} \left[\frac{L^2}{8} - G_2^2\right]^{k+1} \tag{85}$$

Für k = 2 wird aus (85):

$$TK_{4AR} = \frac{2\pi g^3}{27\,L^3}\;bW(L+3W)\left[\frac{L^2}{8}-G_2^2\right]^3 \tag{86}$$

Die gesamten Transportkosten der Sternstadt mit Außenring für jeden Wert von k sind die Summe der Gleichungen (79), (80), (83) und (85). Die gesamten Transportkosten für k = 2 betragen nach den Gleichungen (81), (82), (84) und (86):

$$TK_{4SR} = \frac{bWg^3}{L^3}\left[G_2^7\,\frac{8\cdot 38}{105} - G_2^6 L\,\frac{234+10\pi}{135} - \frac{1}{5}\,G_2^5 L^2 + G_2^4 L^3\,\frac{21+2\pi}{72}\right.$$

$$\left. + \frac{1}{48}\,G_2^3 L^4 - G_2^2 L^5\,\frac{129+20\pi}{5760} + L^7\,\frac{1593+280\pi}{1\,935\,360}\right]$$

$$+ \frac{\pi bW^2 g^3}{27\,L^3}\left[\frac{1}{64}\,L^6 - \frac{3}{32}\,G_2^2 L^4 + \frac{21}{4}\,G_2^4 L^2 + 10\,G_2^6\right] \tag{87}$$

TK_{4SR} hängt u.a. von dem hier interessierenden Routenwahlparameter G_2 ab. Welche Größe muß G_2 annehmen, damit TK_{4SR} ein Minimum erreicht?

TK_{4SR} erreicht ein Minimum, wenn die erste Ableitung von TK_{4SR} nach G_2 null und die zweite Ableitung positiv ist. Die erste Ableitung lautet

$$\frac{dTK_{4SR}}{d\,G_2} = TK'_{4SR} = \frac{bWg^3}{L^3}\left[G_2^6\,\frac{304}{15} - G_2^5 L\,\frac{468+20\pi}{45} - G_2^4 L^2\right.$$

$$\left. + G_2^3 L^3\,\frac{21+2\pi}{18} + \frac{1}{16}\,G_2^2 L^4 - G_2 L^5\,\frac{129+20\pi}{2880}\right]$$

$$+ \frac{\pi bW^2 g^3}{27\,L^3}\left[-\frac{3}{16}\,G_2 L^4 + 21\,G_2^3 L^2 + 60\,G_2^5\right] \tag{88}$$

Für G_2 soll $G_2 = g_2L$ in (88) eingesetzt werden. Danach können aus der ersten Klammer L^6 und aus der zweiten Klammer L^5 herausgelöst werden. Im Minimum der Transportkosten muß $TK'_{4SR} = 0$ sein. (88) läßt sich um $bWg^3L^2g_2$ kürzen. Es folgt

$$
\frac{L}{W} = \frac{\dfrac{\pi}{27}\left[\dfrac{3}{16} - 21g_2^2 - 60g_2^4\right]}{g_2^5 \quad \dfrac{304}{15} - \cdots - \dfrac{129+20\pi}{2880}} \tag{89}
$$

Gleichung (89) ist eine Minimalkostenbedingung. Nur die Lösungen mit $L/W > 0$ sind sinnvoll. Gesucht sind alle Kombinationen von $L/W > 0$ und g_2 mit $0 \le g_2 \le 0,25$ bzw. G_2 mit $0 \le G_2 \le L/4$, die die Gleichung (89) erfüllen. Es sollen zu diesem Zweck wie bereits früher für jeden Wert von g_2 der Zähler und der Nenner des Bruches auf der rechten Seite von (89) getrennt berechnet und daraus L/W bestimmt werden. g_2 wird dabei nicht nur in Schritten von $1/40$, sondern je nach Zweckmäßigkeit auch in erheblich kleineren Intervallen variiert. Die Tabelle 19 zeigt die Ergebnisse.

Der Zähler des Bruches ist für $g_2 = 10/40$ negativ. Mit sinkendem g_2 sinkt die absolute Größe des Zählers. Der Zähler bleibt negativ bis etwa $g_2 = 4/10$. Von dort ab ist sein Wert positiv und steigt mit sinkendem g_2. Der Nenner des Bruches ist für $g_2 = 10/40$ positiv. Sein Wert sinkt mit sinkendem g_2. Bei etwa $g_2 = 9,75/40$ wechselt der Nenner sein Vorzeichen. Der Nenner ist für alle folgenden Werte von g_2 negativ. Mit sinkendem Wert von g_2 nimmt der absolute Wert des Nenners zu.

Die Vorzeichenwechsel beim Zähler und beim Nenner sorgen dafür, daß der Wert L/W aus (89) für alle g_2 mit $0 \le g_2 \le 1/4$ ebenfalls unterschiedliche Vorzeichen aufweist. Es lassen sich drei Bereiche unterscheiden. Der erste Bereich umfaßt etwa alle g_2 im Intervall $9,75/40 < g_2 \le 10/40$ mit $L/W < 0$.

Tabelle 19 g_2 und L/W in transportkostenminimaler Kombination

g_2 in 1/40	Zähler	Nenner	L/W
10	- 0,158 090 277	+ 0,001 840 277	– 85,9
9,76	- 0,148 327 566	+ 0,000 074 309	– 1 996,073 543
9,7505	- 0,147 948 494	+ 0,000 003 683	– 40 162,032 732
9,75	- 0,147 928 558	- 0,000 000 034	+ 4 239 855,512 18
9,74	- 0,147 530 167	- 0,000 074 440	+ 1 981,863 645
9,73	- 0,147 132 391	- 0,000 148 906	+ 988,089 009
9,72	- 0,146 735 231	- 0,000 223 432	+ 656,731 755
9,71	- 0,146 338 684	- 0,000 298 019	+ 491,037 131
9,7	- 0,145 942 751	- 0,000 372 667	+ 391,616 862
9,6	- 0,142 017 036	- 0,001 122 459	+ 126,523 027
9,502	- 0,138 228 703	- 0,001 863 069	+ 74,194 070
9,5	- 0,138 151 993	- 0,001 878 243	+ 73,553 829
9,4	- 0,134 346 997	- 0,002 639 950	+ 50,889 966
9,3	- 0,130 601 431	- 0,003 407 503	+ 38,327 601
9,29	- 0,130 230 119	- 0,003 484 576	+ 37,373 295
9,2	- 0,126 914 683	- 0,004 180 812	+ 30,356 466
9,1	- 0,123 286 147	- 0,004 959 776	+ 24,857 198
9	- 0,119 715 225	- 0,005 744 284	+ 20,840 754
8	- 0,087 047 777	- 0,013 862 555	+ 6,279 345
7	- 0,059 531 892	- 0,022 341 763	+ 2,664 601
6	- 0,036 676 944	- 0,030 929 722	+ 1,185 815
5	- 0,018 057 725	- 0,039 318 576	+ 0,459 267
4	- 0,003 314 444	- 0,047 168 555	+ 0,070 268
3	+ 0,007 847 274	- 0,054 131 722	– 0,144 966
2	+ 0,015 656 388	- 0,059 875 722	– 0,261 481
1	+ 0,020 276 440	- 0,064 107 534	– 0,316 287
0	+ 0,021 805 555	- 0,066 597 222	– 0,327 424

Den zweiten Bereich [1] bilden etwa alle g_2 im Intervall
$4/40 \leq g_2 \leq 9,75/40$ mit L/W > 0. Im dritten Bereich mit etwa
allen g_2 im Intervall $0 \leq g_2 < 4/40$ ist wieder L/W < 0.

Im ersten Bereich ist L/W ausschließlich negativ. Dieser
Bereich bietet deshalb keine sinnvolle Lösung des Problems
einer transportkostenminimalen Sternstadt. Es soll der Zähler des Bruches von (89) mit Z und der Nenner mit N bezeichnet werden. TK'_{4SR} beträgt dann (siehe (88)):

$$TK'_{4SR} = bWg^3L^3 \, g_2 \, N + bW^2L^2g^3 \, g_2 \, (-Z) \tag{90}$$

Im ersten Bereich sind der Ausdruck N positiv und der Ausdruck Z negativ. Für positive Werte von L und W folgt aus
(90)

$$TK'_{4SR} > 0$$

Es lohnt sich also, die für $g_2 = 1/4$ relativ starke Lenkung
des Verkehrs über den Innenring zu verringern. Die Transportkosten sinken, wenn der Verkehr stärker über den Außenring fließt, wenn g_2 also sinkt. Dies Ergebnis paßt genau
zu den bei der Diskussion von g_1 bzw. G_1 gefundenen Resulta-
ten. Es schließt sich ihnen übergangslos an. Der nahtlose
Übergang der Routenwahl in Abhängigkeit von G_1 zur Routenwahl in Abhängigkeit von G_2 wird außerdem noch dadurch dokumentiert, daß für $g_1 = 0$ (siehe Tabelle 17) und $g_2 = 10/40$
(siehe Tabelle 19) ein Wert von L/W = - 85,9 berechnet wird.

Der dritte Bereich ähnelt dem ersten Bereich. Auch im
dritten Bereich ist L/W ausschließlich negativ und bietet
deshalb keine sinnvolle Problemlösung. Im Vergleich mit dem
ersten Bereich haben Zähler und Nenner im dritten Bereich aber
andere Vorzeichen und führen zu den entgegengesetzten Schlüs-
sen. Werden N und Z in die Gleichung (90) eingesetzt, dann
folgt

---

1 Die vollkommen exakte Bestimmung der Bereichsgrenzen ist
  unnötig, weil die bereits bekannte Grenze $g_2 = 9,75/40$ schon
  einen unrealistisch hohen Wert L/W und die bereits bestimmte
  Bereichsgrenze $g_2 = 4/40$ schon einen unrealistisch niedrigen
  Wert L/W erfordert. Die noch unbekannten vollkommen exakten
  Grenzen erforderten noch unrealistischere Werte L/W.

$$TK'_{4SR} < 0$$

Es lohnt sich im dritten Bereich also, die für g_2 mit $0 \leq g_2 < 4/40$ relativ starke Lenkung des Verkehrs über den Außenring zu verringern und wieder in größerem Umfange den Innenring zu benutzen. Die Transportkosten sinken, wenn g_2 zunimmt.

Die Resultate für den ersten und den dritten Bereich, $TK'_{4SR} > 0$ und $TK'_{4SR} < 0$, weisen auf den zwischen ihnen liegenden zweiten Bereich hin. Im zweiten Bereich sind Zähler und Nenner negativ und L/W daher positiv. Nur in diesem Bereich von G_2 ist es also grundsätzlich möglich, die Routenwahl derart zu gestalten, daß die Transportkosten in der gesamten Stadt ein Minimum erreichen. Nur dieser Bereich soll daher weiter untersucht werden.

Für z.B. $g_2 = 9,7/40$ folgen aus (89) bestimmte Werte des Zählers und des Nenners und der Wert L/W = 391,616 862. Werden diese Werte in (90) eingesetzt, dann ergibt sich

$$TK'_{4SR} = 0$$

Damit ist die Bedingung erster Ordnung für die Existenz des Minimums der Transportkosten in Abhängigkeit von G_2, TK^+_{4SR}, erfüllt. Für alle anderen Werte von g_2 und die dazugehörenden Werte des Zählers, des Nenners und L/W gilt entsprechendes.

Die Bedingung zweiter Ordnung für das Minimum der Transportkosten in Abhängigkeit von G_2 verlangt:

$$TK''_{4SR} > 0$$

Die zweite Ableitung TK''_{4SR} lautet:

$$\frac{dTK'_{4SR}}{dG_2} = TK''_{4SR} = \frac{bWg^3}{L^3} \left[G_2^5 \frac{608}{5} - G_2^4 L \frac{468+20\pi}{9} - 4 G_2^3 L^2 \right.$$

$$\left. + G_2^2 L^3 \frac{21+2\pi}{6} + \frac{1}{8} G_2 L^4 - L^5 \frac{129+20\pi}{2880} \right]$$

$$+ \frac{\pi bW^2 g^3}{27L^3} \left[-\frac{3}{16} L^4 + 63 G_2^2 L^2 + 300 G_2^4 \right] \tag{9}$$

Für G_2 soll $G_2 = g_2 L$ eingesetzt werden:

$$TK_{4SR}'' = bWL^2 g^3 \left[g_2^5 \frac{608}{5} - \cdots - \frac{129+20\pi}{2880} \right]$$

$$+ \frac{\pi bLW^2 g^3}{27} \left[-\frac{3}{16} + 63\ g_2^2 + 300\ g_2^4 \right] \qquad (91a)$$

Für die erste große Klammer soll K_1 und für die zweite Klammer, multipliziert mit $\pi/27$, soll K_2 gesetzt werden.

$$TK_{4SR}'' = bWL^2 g^3\ K_1 + bLW^2 g^3\ K_2 \qquad (91b)$$

Um festzustellen, ob $TK_{4SR}'' > 0$ ist für alle Kombinationen aus g_2 mit $4/40 \leq g_2 \leq 9,75/40$ und aus den nach Tabelle 19 dazugehörenden Werten L/W, müssen die Werte g_2 und L/W in (91b) eingesetzt werden. Es zeigt sich (siehe Tabelle 20), daß bereits das Einsetzen von g_2 genügt, um zu brauchbaren Ergebnissen zu gelangen. Darin kommt zum Ausdruck, daß die Größe TK_{4SR}'' positiv ist, und zwar völlig unabhängig von der Höhe von L/W. Nur die Höhe von g_2 entscheidet darüber, ob TK_{4SR}'' positiv oder negativ ist.

Die Tabelle 20 zeigt für alle g_2 mit $4/40 \leq g_2 \leq 9,75/40$, daß mit sinkendem Parameterwert g_2 die positiven Werte K_1 und K_2 kontinuierlich sinken. Es sind nicht alle Werte K_1 und K_2 berechnet worden, weil die geringe Intervallbreite und die stetige Abnahme der Werte von K_1 und K_2 darauf schliessen lassen, daß sich diese Entwicklung auch in den fehlenden Werten von K_1 und K_2 zeigen würde. TK_{4SR}'' ist auf jeden Fall, unabhängig von der Größe L/W, positiv für alle g_2 mit $5/40 \leq g_2 \leq 9,75/40$. Für diese Werte von g_2 ist also auch die Bedingung zweiter Ordnung für die Existenz des Transportkostenminimums erfüllt.

Für alle $g_2 < 5/40$ wird TK_{4SR}'' dagegen negativ. Dadurch wird der ursprünglich zweite Bereich, in dem grundsätzlich ein Transportkostenminimum vorkommen kann, ein wenig verringert. Wegen der sehr geringen transportkostenminimalen Werte L/W bei z.B. $g_2 = 4/40$ ist dies aber unerheblich.

Es kann also festgehalten werden, daß für alle g_2 mit $5/40 \leq g_2 \leq 9,75/40$ bzw. G_2 mit $(5/40)L \leq G_2 \leq (9,75/40)L$

Tabelle 20   Die Abhängigkeit der Größe TK''_{4SR} vom Parameter g_2

g_2 in 1/40	K_1	K_2	TK''_{4SR}
9,7505	+ 0,072 519 972 77	+ 0,536 730 242 16	+
9,75	+ 0,072 515 494 51	+ 0,536 660 328 84	+
9,74			+
9,73			+
9,72			+
9,71			+
9,7	+ 0,072 064 818 52	+ 0,529 700 120 81	+
9,6	+ 0,071 147 168 94	+ 0,515 963 404 44	+
9,5	+ 0,070 203 709 63	+ 0,502 468 994 14	+
9,4	+ 0,069 236 583 57	+ 0,489 213 766 25	+
9,3	+ 0,068 244 032 51	+ 0,476 194 629 84	+
9,2	+ 0,067 225 372 21	+ 0,463 408 526 67	+
9,1	+ 0,066 179 995 62	+ 0,450 852 431 22	+
9	+ 0,065 107 371 52	+ 0,438 523 350 69	+
8	+ 0,052 817	+ 0,327 083 333 33	+
7	+ 0,037 725 552 08	+ 0,235 295 572 92	+
6	+ 0,020 329 277 77	+ 0,160 706 944 44	+
5	+ 0,001 569 010 41	+ 0,101 191 406 25	+
4	- 0,017 312 333 34	+ 0,054 95	-
3	- 0,034 912 253 48	+ 0,020 510 850 69	-
2			
1			
0	- 0,066 597 222 23	- 0,021 805 555 56	-

und für die entsprechenden Werte L/W (siehe Tabelle 19) gilt:

$$TK'_{4SR} = 0 \qquad \text{und}$$

$$TK''_{4SR} > 0$$

Diese Kombinationen aus G_2 und L/W sind transportkostenminimal. Bei gegebener Stadtgröße, L/W = 391,616862 z.B., gibt es nur eine bestimmte Routenwahl, die zu einem Minimum der Transportkosten führt. Diese Routenwahl ist durch den Parameter G_2 = (9,7/40)L gekennzeichnet. Jede andere Routenwahl mit $G_2 \neq$ (9,7/40)L führt dagegen nicht zu einem Transportkostenminimum, sondern zu höheren Transportkosten.

Es ist in einer Sternstadt mit vier Strahlen und einem Außenring also möglich, die Route an jeder Stelle x_Q aller Strahlen so zu wählen, daß die gesamten Transportkosten in der Stadt eine minimale Höhe annehmen. Damit verbunden ist, daß der Verkehr teilweise über den Innenring und teilweise über den Außenring fließt. Die Lenkung des Verkehrs ausschließlich über den Innenring oder ausschließlich über den Außenring ist nicht transportkostenminimal.

Zusammenfassung

Die gesamten Transportkosten in der Stadt in Abhängigkeit vom Routenwahlparameter G_2 werden aus der Summe der Transportkosten auf den vier Strahlen, auf dem Innenring und auf dem Außenring gebildet. Ein Minimum der gesamten Transportkosten ist erreicht, wenn die erste Ableitung der Transportkosten nach G_2 Null und die zweite Ableitung positiv ist. Beide Bedingungen sind für bestimmte Werte von G_2 und L/W erfüllt, so daß bei diesen Werten ein Transportkostenminimum erreicht wird. Es läßt sich also die Route an jeder Stelle x_Q aller Strahlen so wählen, daß die gesamten Transportkosten in der Sternstadt mit Außenring minimal werden.

C   Die Analyse des Transportkostenminimums

1   Die Vor- und Nachteile des Außenringes

In der Abbildung 23 sind die Kombinationen der transportkostenminimalen Werte von G_2 und L/W aus der Tabelle 19 als
Punkte der Kurve dargestellt. Alle Punkte der Kurve erfüllen
daher die Bedingungen $TK'_{4SR} = 0$ und $TK''_{4SR} > 0$. Alle Punkte
oberhalb der Kurve kombinieren einen gegebenen Wert L/W mit
einem, laut Tabelle 19, zu geringen Wert G_2. Werden diese

Abb. 23 G_2 und L/W in transportkostenminimaler Kombination

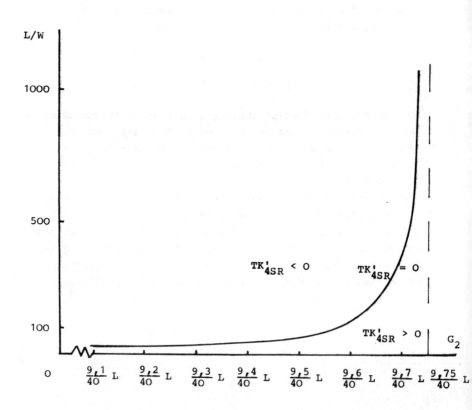

Werte in (90) eingesetzt, folgt: $TK'_{4SR} < 0$. Es lohnt sich
also, ausgehend von diesen Punkten, die Routenwahl so zu ändern, daß G_2 steigt. Alle Punkte unterhalb der Kurve ordnen
einem gegebenen Wert L/W dagegen einen zu hohen Wert G_2 zu.
Aus (90) folgt für diese Wertekombinationen $TK'_{4SR} > 0$. Es
lohnt sich, die Routenwahl so zu verändern, daß G_2 sinkt.

Im folgenden soll die Kurve in der Abbildung 23 analysiert
werden, um die Vor- und Nachteile des Außenringes aufzudecken.
Zunächst sollen die jeden Punkt der Kurve bestimmenden Kräfte
herausgearbeitet werden.

In der Tabelle 21 werden in Form von Zahlenbeispielen für
drei Werte L/W und für drei Werte G_2 die Höhe der Transportkosten TK_{4SR} und seiner Bestandteile TK_{4StrR}, TK_{4ZR} und
TK_{4AR} wiedergegeben. Es sind b = g = W = 1 gesetzt worden. Es
fällt auf, daß für jeden Wert L/W die Werte von TK_{4StrR} und
TK_{4ZR} mit steigendem Wert G_2 zunehmen, der Wert TK_{4AR} dagegen abnimmt. Die mit steigendem G_2 zunehmende Umlenkung
des Verkehrs über den Innenring läßt also nicht nur die
Transportkosten auf dem Innenring ansteigen, sondern auch die
Transportkosten auf den Strahlen. Die Transportkosten auf
dem Außenring sinken dagegen. Diese gegenläufigen Kräfte
lassen z.B. für L/W = 126,523 ein Minimum der gesamten
Transportkosten TK_{4SR} bei $G_2 = (9,6/40)L$ entstehen.

Das mit der zunehmenden Umlenkung des Verkehrs über den
Innenring verbundene Wachstum von TK_{4ZR} und die Abnahme von
TK_{4AR} waren zu erwarten. Denn das Verkehrsvolumen auf dem Innenring steigt mit zunehmendem G_2 (siehe Abbildung 22). Damit steigen dort auch die Verkehrsdichte und die Transportkosten. Für den Außenring gilt das Gegenteil. Auf den Strahlen (siehe Abbildung 22) läßt die Umlenkung des Verkehrs
über den Innenring die Kurve des Verkehrsvolumens steiler
werden. In den Punkten nahe dem Innenring steigt das Verkehrsvolumen und in den Punkten nahe dem Außenring sinkt es. Die
zunehmende Ungleichverteilung des Verkehrsvolumens auf den
Strahlen und die Exponentialform der Transportkostenfunktion
sind die Ursachen für die mit steigendem G_2 wachsenden
TK_{4StrR}. Der Vorzug eines Außenringes in Verbindung mit
einer geeigneten Routenwahl liegt also darin, daß sich die

Tabelle 21   Die Höhe der Transportkosten in Abhängigkeit von L/W und G_2

G_2 in (1/40)L	L/W	TK_{4StrR}	TK_{4ZR}	TK_{4AR}	TK_{4SR}
9,0	20,840	78,935	24,383	20,650	123,969
9,6	20,840	81,321	29,177	15,368	125,868
9,7	20,840	81,945	30,066	14,558	126,569
9,0	126,523	107 224,917	5 455,949	25 103,398	137 784,266
9,6	126,523	110 466,464	6 528,653	18 682,340	135 677,458
9,7	126,523	111 313,504	6 727,351	17 697,118	135 737,974
9,0	391,616	9 841 537,547	161 787,809	2 267 966,334	12 271 291,691
9,6	391,616	10 139 059,888	193 597,186	1 687 855,862	12 020 512,937
9,7	391,616	10 216 804,681	199 489,274	1 598 845,974	12 015 139,930

Transportkosten auf dem Innenring und die Transportkosten
auf den Strahlen durch die Transportkosten auf dem Außenring
mit sinkendem G_2 substituieren lassen und umgekehrt, bis ein
Transportkostenminimum erreicht ist.

Im folgenden soll eine Erklärung für die positive Steigung der Kurve in Abbildung 23 gesucht werden. In der Ausgangslage soll das Transportkostenminimum bei L/W = 20,840
und G_2 = (9/40)L bestehen. Nun soll L/W steigen. G_2 soll konstant bleiben. Wenn L/W = 126,523 und G_2 = (9/40)L betragen,
dann hat TK_{4SR} nach Tabelle 21 und nach Abbildung 23 eine
nichtminimale Höhe erreicht. Es lohnt sich, G_2 auf
G_2 = (9,6/40)L zu erhöhen, weil nur dann die Transportkosten
minimal sind.

Der Grund für die lohnende Umlenkung des Verkehrs über
den Innenring ist folgender. L/W steigt von der Länge 20,840
auf 126,523 um ca. 607 v.H. . Weil der Außenring an den Enden der Strahlen um die Stadt herumführt, erhöht sich auch
die Länge des Außenringes. Sie beträgt 37,429 ,wenn die
Stadt eine Länge von L/W = 20,840 hat, und 203,351 ,wenn
L/W = 126,523 beträgt. Die Länge des Außenringes erhöht sich
also um ca. 543 v.H., wenn die Stadtlänge L/W um ca. 607 v.H.
zunimmt. Ein großer Teil der zunehmenden Transportkosten auf
dem Außenring muß der wachsenden Länge des Außenringes zuge-
rechnet werden. Die Attraktivität des Außenringes sinkt daher
mit zunehmender Stadtlänge L/W. Es wird lohnend, den Verkehr
über den Außenring zu verringern und dadurch TK_{4AR} wieder zu vermindern. Genau dies geschieht, wenn nach der Kurve
in der Abbildung 23 in einer transportkostenminimalen Sternstadt mit steigendem L/W auch G_2 zunimmt. Der Nachteil der
zunehmenden Distanz auf dem Außenring wird substituiert
durch eine wachsende Verkehrsdichte auf den Strahlen und auf
dem Innenring.

Dem transportkostensteigernden Distanzeffekt des Außenringes in wachsenden Städten kann dadurch begegnet werden,
daß der Außenring nicht an die Enden der Strahlen gekoppelt
wird, sondern die Strahlen kreuzt. Der Außenring kann z.B.
wie der Innenring einen gegebenen Radius haben, der sich nicht
mit L/W ändert. Mit L/W wachsen die Strahlen über den Außen-

ring hinaus. Doch ist dies ein anderes Modell, das eine geänderte Routenwahl erfordert. Es kann daher hier nicht weiter
verfolgt werden.

Über die zwei bislang behandelten Aspekte hinaus ist die
asymptotische Annäherung der Kurve an die Parallele zur Ordinate im Abstande $G_2 = (9,75/40)L$ erklärungsbedürftig (siehe
Abbildung 23). Der Verlauf der Kurve unterstellt zwar, daß
steigende Werte L/W mit ebenfalls steigenden Werten G_2 gekoppelt werden müssen. Je mehr sich jedoch die Kurve der Parallelen zur Ordinate nähert, desto geringer wird die Notwendigkeit, in wachsenden Städten auch G_2 zu erhöhen. Eine Erklärung für dieses Phänomen kann nicht gefunden werden. Wegen
der in diesem Bereich "angesiedelten" unrealistisch großen
Städte soll diese Fragestellung auch nicht weiter verfolgt
werden.

Zusammenfassung

Über die Vor- und Nachteile des Außenringes kann zum einen
folgendes gesagt werden: Eine zunehmende Umlenkung des Verkehrs über den Innenring läßt die Transportkosten auf den
Strahlen und auf dem Innenring steigen sowie die Transportkosten auf dem Außenring sinken und umgekehrt. Der Vorzug eines Außenringes in Verbindung mit einer geeigneten Routenwahl
liegt also darin, daß sich die Transportkosten auf dem Innenring und auf den Strahlen durch die Transportkosten auf dem
Außenring substituieren lassen. Zum anderen läßt ein Wachstum der Stadtlänge eine verstärkte Umlenkung des Verkehrs
über den Innenring lohnend erscheinen. Der Grund liegt darin,
daß mit zunehmender Stadtlänge die Länge des Außenringes ebenfalls relativ stark steigt und deshalb die auf dem Außenring
entstehenden Transportkosten ein zunehmendes Gewicht erhalten.
Der Nachteil der zunehmenden Distanz auf dem Außenring wird
substituiert durch eine wachsende Verkehrsdichte auf den Strahlen und auf dem Innenring.

2 Die transportkostenminimale Maximaldistanz als
wirtschaftspolitische Regel

Der Begriff der transportkostenminimalen Maximaldistanz
MD^+ aus einem früheren Kapitel soll noch einmal aufgegriffen
werden. Denn es läßt sich daraus eine einfache wirtschaftspolitische Regel zur Wahl einer transportkostenminimalen
Route entwickeln. Die transportkostenminimale Maximaldistanz
ist die Entfernung über den Innenring zwischen einer Verkehrsquelle x_Q und dem auf dem Strahl i liegenden entferntesten Verkehrsziel x_{Zi}, dem der Verkehr von x_Q gerade noch
über den Innenring zufließen muß und noch nicht über den
Außenring zufließen darf, damit die Transportkosten in der gesamten Stadt minimal sind. Wenn die tatsächliche Entfernung
zwischen den Punkten x_Q und x_{Zi} über den Innenring größer als
die transportkostenminimale Maximaldistanz ist, dann muß auf
der Außenringroute gefahren werden, weil diese geringere
Transportkosten verursacht als die Innenringroute. Der Verkehr zwischen allen Punkten x_Q und x_{Zi}, deren Entfernung über
den Innenring kleiner als die transportkostenminimale Maximaldistanz ist, fließt über den Innenring.

Aus den in der Tabelle 19 zusammengefaßten transportkostenminimalen Werten g_2 bzw. G_2 und L/W läßt sich die transportkostenminimale Maximaldistanz ermitteln. In der transportkostenminimalen Stadt mit z. B. L/W = 2o,84o beträgt
G_2 = (9/4o)L. Vom Punkt x_{Q1} mit $0 \leq x_{Q1} \leq G_2$ wird an alle x_{Z2}
mit $0 < x_{Z2} \leq G_2 - x_{Q1}$ der Verkehr nur über den Innenring geschickt.
An alle anderen x_{Z2} fließt der Verkehr über den Außenring.
Die transportkostenminimale Maximaldistanz setzt sich zusammen
aus den Strecken auf den Strahlen, G_2, und aus der Strecke
auf dem Innenring, $(\pi/8)W$. Zwischen dem Strahl 1 und dem
Strahl 4 läßt sich die transportkostenminimale Maximaldistanz
analog berechnen. Nur ist hier die Strecke auf dem Innenring
dreimal so groß, $(3\pi/8)W$, so daß auch die transportkostenminimale Maximaldistanz zwischen diesen Strahlen größer ist.
Weil die Strecken auf dem Innenring zwischen den Strahlen
1 und 2 sowie 1 und 4 unterschiedlich lang, aber von konstan-

ter Länge und nicht zu beeinflussen sind, sollen sie im folgenden nicht mehr im Begriff der transportkostenminimalen Maximaldistanz berücksichtigt werden. Die transportkostenminimale Maximaldistanz hat also in der Sternstadt mit L/W = 2o,84o die Größe G_2 = (9/4o)L. Für jede andere Stadtgröße L/W läßt sich die transportkostenminimale Maximaldistanz ebenfalls der Tabelle 19 entnehmen. Sie ist identisch mit dem entsprechenden Wert g_2 bzw. G_2.

In Umkehrung der bisherigen Fragestellung und Argumentation läßt sich die transportkostenminimale Maximaldistanz als einfache wirtschaftspolitische Regel verwenden. Es läßt sich mit ihr für jede Stadtgröße L/W bestimmen, wie von jeder Stelle x_Q die Route zum Ziel x_Z auf den zwei Nachbarstrahlen gewählt werden sollte, damit die gesamten Transportkosten in der Stadt minimiert werden. Solange die Entfernung zwischen x_Q und x_Z über den Innenring kleiner als die transportkostenminimale Maximaldistanz ist, sollte die Innenringroute und in allen anderen Fällen sollte die Außenringroute gewählt werden.

Die wirtschaftspolitische Regel der transportkostenminimalen Maximaldistanz hat verschiedene Eigenschaften. Die Regel ist operational, weil sie auf einem meßbaren Kriterium beruht. Mit den notwendigen Meßinstrumenten ist jedes Fahrzeug ausgestattet. Jeder Betroffene kann sich daher der Regel leicht unterordnen und ihr folgen. Die Regel ist von genereller Gültigkeit und Verbindlichkeit. Der Wert G_2 ist für die ganze Stadt verbindlich und gilt für alle Wirtschaftssubjekte. Die Regel schließt eine Differenzierung nach Untergruppen der Wirtschaftssubjekte aus. Die Regel ist eindeutig, weil sie für jedes Paar von x_Q und x_Z nur eine Route zuläßt. Da nur das Distanzkriterium und nicht auch noch andere Kriterien von Einfluß sind, kann eine Kriteriensubstitution die Eindeutigkeit nicht aufheben. Die Regel ist exakt, weil ihr Kriterium genau meßbar ist. Jedem Punktepaar x_Q und x_Z läßt sich die Innenringroute oder die Außenringroute exakt zurechnen.

Ungenaue "Daumenregeln" sind überflüssig. Den Konsequenzen
der Regel für die Routenwahl können sich die Wirtschaftssubjekte durch Verhaltensänderungen nicht entziehen. Aus den in
diesem Modell getroffenen Annahmen über die räumliche Verteilung der Verkehrsziele, der Verkehrsquellen usw. folgt
zwingend die Routenwahlregel. Nur wenn diese Annahmen geändert
werden, muß sich auch die Routenwahlregel ändern.

Zusammenfassung

In Umkehrung der bisherigen Fragestellung und Argumentation läßt sich die transportkostenminimale Maximaldistanz
als einfache wirtschaftspolitische Regel verwenden. Es läßt
sich mit ihr für jede Stadtgröße L/W bestimmen, wie von jeder Stelle x_Q die Route zum Ziel x_Z auf den zwei Nachbarstrahlen gewählt werden sollte, damit die gesamten Transportkosten in der Stadt minimiert werden. Solange die Entfernung zwischen x_Q und x_Z über den Innenring kleiner als
die transportkostenminimale Maximaldistanz ist, sollte die
Innenringroute und in allen anderen Fällen sollte die Außenringroute gewählt werden.

3 Die Substitution von Verkehrsdichte durch Distanz

Die Tabelle 22 vermittelt einen Eindruck davon, wie lang die transportkostenminimale Maximaldistanz (MD^+) ist und wie lang die Innenringroute (IRR) und die entsprechende Außenringroute (ARR) zwischen zwei Punkten maximal werden dürfen, wenn in einer Stadt der Größe L/W die Route nach der transportkostenminimalen Maximaldistanz gewählt wird. Es wird außerdem gezeigt, welche unterschiedlichen Höhen dadurch das Verkehrsvolumen auf dem Innenring ($_{In}v(x)$) und das Verkehrsvolumen auf dem Außenring ($_{Au}v(x)$) annehmen und wie sich deren Größenrelation verändert.

Die transportkostenminimale Maximaldistanz beträgt $MD^+ = G_2$. Es soll nur der Verkehr zwischen einem Strahl und seinem östlichen Nachbarstrahl untersucht werden. Die Innenringroute zwischen zwei Punkten hat daher die Länge

$$IRR = G_2 + (\pi/8)W$$

Die Außenringroute hat die Länge

$$ARR = (\pi/4)\left[2L_S + (3/2)W\right] + L_S + (L_S - G_2) \qquad \text{oder}$$

$$ARR = L\,(\pi/8 + 1/2 - g_2) + (3/8)\pi W$$

Das Verkehrsvolumen auf dem Innenring beträgt

$$_{In}v(x) = \frac{2gW}{3L}\left[\frac{L^2}{16} + G_2^2\right] \qquad \text{oder}$$

$$_{In}v(x) = \frac{2}{3}\,gWL\,(\frac{1}{16} + g_2^2)$$

und auf dem Außenring

$$_{Au}v(x) = \frac{gW}{3L}\left[\frac{L^2}{8} - G_2^2\right] \qquad \text{oder}$$

Tabelle 22   Der Einfluß der transportkostenminimalen Maximaldistanz auf die maximale Routenlänge und auf das Verkehrsvolumen

G_2 in (1/40)L	L/W	MD⁺	ARR	IRR	$\frac{ARR}{IRR}$ in v.H.	In v(x)	Au v(x)	$\frac{In\,v(x)}{Au\,v(x)}$ in v.H.
8	6,279	1,255	5,525	1,648	335,2	0,429	0,177	241,1
9	20,840	4,689	15,088	5,081	296,9	1,571	0,516	304,2
9,1	24,857	5,655	17,707	6,047	292,8	1,894	0,606	312,2
9,2	30,356	6,981	21,288	7,374	288,6	2,335	0,729	320,1
9,3	38,327	8,911	26,473	9,303	284,5	2,978	0,906	328,5
9,4	50,889	11,959	34,637	12,351	280,4	3,994	1,183	337,4
9,5	73,553	17,469	49,355	17,861	276,3	5,830	1,681	346,6
9,6	126,523	30,365	83,733	30,758	272,2	10,130	2,842	356,3
9,7	391,616	94,967	255,728	95,359	268,1	31,670	8,640	366,5
9,71	491,037	119,199	320,228	119,591	267,7	39,750	10,814	367,5

$$_{Au}v(x) = \frac{1}{3} gWL \left(\frac{1}{8} - g_2^2\right)$$

Es wird g = 1 gesetzt.

In einer Sternstadt mit z.B. L/W = 20,840 beträgt die transportkostenminimale Maximaldistanz G_2 = (9/40)L, also G_2 =4,689. Die Innenringroute zwischen zwei Punkten darf dann maximal eine Länge von 5,081 annehmen. Ist die Innenringroute länger, dann muß die Außenringroute gewählt werden. Ist die Innenringroute kürzer, dann wird die Innenringroute gewählt. Die Länge der Außenringroute darf maximal 15,088 betragen. Ist sie länger, muß die Innenringroute benutzt werden, ist sie kürzer, muß über den Außenring gefahren werden. Der Quotient ARR/IRR setzt die maximale Länge der Außenring- und der Innenringroute in Beziehung. Solange ARR/IRR kleiner als 296,9 v.H. ist, muß die Außenringroute der Innenringroute vorgezogen werden und umgekehrt. Die Außenringroute ist also der Innenringroute solange vorzuziehen, bis sie etwa das Dreifache der Länge der Innenringroute erreicht hat.

Diese Größenordnung ist bemerkenswert. Ein "Umweg" über den Außenring in dreifacher Länge der Innenringroute ist dem kürzeren Weg über den Innenring vorzuziehen! Die Ursachen liegen in den relativ hohen Transportkosten auf dem Innenring und in den relativ hohen Transportkosten auf den Strahlen im Bereich nahe dem Innenring. In diesem Teil der Strahlen sind das Verkehrsvolumen und die Verkehrsdichte erheblich höher als im anderen Teil der Strahlen (siehe Abbildung 22). Der Außenring hat nur ein relativ geringes Verkehrsvolumen und eine relativ geringe Verkehrsdichte (siehe Tabelle 22). Der Außenring in Verbindung mit einer geeigneten Routenwahl gestattet also die Umgehung von Punkten auf dem Innenring und auf den Strahlen, in denen hohe Transportkosten entstehen. Verkehrsdichte wird durch Distanz substituiert.

Der Quotient ARR/IRR sinkt mit zunehmender Stadtlänge L/W. Darin äußert sich die mit wachsendem L/W sinkende Attraktivität des Außenringes, die auf die zunehmende Länge des Außenringes zurückzuführen ist.

Das Verkehrsvolumen und die Verkehrsdichte in einer transportkostenminimalen Sternstadt sind auf dem Innenring erheb-

lich höher als auf dem Außenring (siehe Tabelle 22). Mit zunehmender Stadtlänge L/W vergrößert sich dieser Unterschied
noch. Dessen Ursache liegt aber nicht unmittelbar in der
wachsenden Stadtgröße L/W, sondern in der mit zunehmendem L/W
notwendig werdenden Veränderung des Parameters G_2 bzw. g_2
(siehe Abbildung 23). Denn der Quotient $_{In}v(x)/_{Au}v(x)$ ist von
L/W unabhängig und wird nur von g_2 bestimmt:

$$\frac{_{In}v(x)}{_{Au}v(x)} = \frac{2 \left[\frac{1}{16} + g_2^2\right]}{\frac{1}{8} - g_2^2}$$

Das Verkehrsvolumen und die Verkehrsdichte auf einem Strahl
einer transportkostenminimalen Sternstadt können je nach der
Größe von L/W einen Verlauf wie die durch $_8G_2$ bezeichnete Kurve in der Abbildung 22 aufweisen. Mit zunehmender Entfernung
vom Mittelpunkt der Stadt sinken das Verkehrsvolumen und die
Verkehrsdichte zunächst, erreichen einen minimalen Wert und
nehmen dann wieder zu. Das Verkehrsvolumen und die Verkehrsdichte sind also nicht über die gesamte Länge des Strahles
eine monoton abnehmende Funktion der Entfernung zur Stadtmitte. In der Nähe des Außenringes kann die Funktion umschlagen
in eine monoton zunehmende Funktion der Entfernung zur Stadtmitte. Die gleichen Überlegungen gelten für die Kosten der
Verkehrsdichte an jeder Stelle des Strahles.

Es zeigt sich, daß in einer transportkostenminimalen
Sternstadt mit vier Strahlen und einem Außenring die Dichte
des Verkehrs in der Stadtmitte, also auf dem Innenring und
auf den Strahlen in der Nähe des Innenringes, relativ groß
ist. Es ist daher ökonomisch nicht sinnvoll, einen weitge-
henden Abbau der Verkehrsdichte in der Stadtmitte und eine
Nivellierung der Verkehrsdichte überall in der Stadt anzustreben. Eine relativ hohe Verkehrsdichte im Zentrum einer
Sternstadt mit Außenring kann Ausdruck einer optimalen
Faktorallokation sein.

Es wird bereits in einem früheren Kapitel darauf hingewiesen, daß wegen der an jeder Stelle der Strahlen unterschiedlichen Verkehrsdichte die Annahme einer für alle x_Q und x_Z

gleich großen transportkostenminimalen Maximaldistanz nicht
zulässig ist. Jedem Paar x_Q und x_Z muß deshalb eine indivi-
duelle transportkostenminimale Maximaldistanz zugeordnet werden. Es leuchtet ein, daß damit eine Analyse unmöglich gemacht wird. Als Kompromiß aus der Forderung nach Exaktheit
und aus der Notwendigkeit der Operationalität ist die Annahme
einer für alle x_Q und x_Z gleich großen transportkostenminimalen Maximaldistanz entstanden. Wie der folgende Vergleich der
Transportkostenminima verschiedener Stadtmodelle zeigt, ist
die Effizienz der Sternstadt mit vier Strahlen durch den Außenring auch unter dem Kompromiß einer überall gleichen transportkostenminimalen Maximaldistanz beträchtlich gesteigert
worden. Mag es sich auch nicht um die allerbeste Lösung handeln, eine second-best- oder third-best-Lösung wird es sein.

Zusammenfassung

Im Minimum der Transportkosten in der gesamten Stadt lohnt
es sich, Umwege über den Außenring zu machen, statt über den
Innenring zu fahren. Hohe Verkehrsdichte auf dem Innenring
und auf den Strahlen in der Nähe des Innenringes wird durch
hohe Distanz auf der Außenringroute ersetzt. Die Außenringroute ist der Innenringroute solange vorzuziehen, bis sie
etwa das Dreifache der Länge der Innenringroute erreicht hat.
Als Konsequenz daraus sind das Verkehrsvolumen und die Verkehrsdichte über die gesamte Länge eines Strahles nicht eine
monoton abnehmende Funktion der Entfernung zur Stadtmitte,
sondern die Funktion kann in der Nähe des Außenringes in eine
monoton zunehmende Funktion der Entfernung zur Stadtmitte umschlagen. In der transportkostenminimalen Sternstadt mit vier
Strahlen und einem Außenring sind das Verkehrsvolumen und die
Verkehrsdichte auf dem Innenring und auf den Strahlen in der
Nähe des Innenringes relativ groß und auf dem Außenring relativ klein. Es ist daher ökonomisch unsinnig, eine Nivellierung der Verkehrsdichte überall in der Stadt anzustreben.

d Die Transportkostenminima der verschiedenen Stadtgestalten im Vergleich

Im folgenden soll der Einfluß der Stadtgestalt auf die
Höhe der Transportkosten im Transportkostenminimum untersucht werden. In welchem Ausmaß kann durch den Außenring die
Effizienz der Sternstadt im Vergleich mit der anderer Stadtmodelle gesteigert werden? Welche der Stadtgestalten verursacht das Transportkostenminimum mit dem geringsten Niveau?

Die Tabelle 23 gibt Auskunft über den Kostenvergleich.
Die Größe TK_{4SR}^{+} gibt die Höhe der gesamten Transportkosten
im Minimum der Transportkosten einer Sternstadt mit vier Strahlen und einem Außenring wieder. TK_{4SR}^{+} wird ermittelt, indem
die transportkostenminimalen Werte g_2 und L/W aus Tabelle 19
in die Gleichung (87) eingesetzt werden. Es soll b = g = W = 1
sein.

Für alle Stadtgrößen L/W im untersuchten Bereich von
L/W = 7,93 bis L/W = 126,52 sind die Transportkosten der
Achsenstadt TK^{+} um mindestens das Fünffache größer als die
Transportkosten der Sternstadt mit Außenring. Ausgehend von
L/W = 7,93 steigt die Relation TK^{+}/TK_{4SR}^{+} von 540 v.H. auf
899 v.H. bei L/W = 126,52. Eine zunehmende Stadtgröße läßt
die Effizienz der Sternstadt mit Außenring im Vergleich mit der
der Achsenstadt also noch wachsen. Neben den bereits diskutierten Vorteilen der Sternstadt ohne Außenring gegenüber der
Achsenstadt (Nebeneinander- statt Hintereinanderlagerung
der Stadtteile) wirken sich in diesen Ergebnissen die genannten Vorzüge des Außenringes aus.

Auch im Vergleich mit der Ringstadt ist die Sternstadt
mit Außenring im gesamten Bereich der untersuchten Stadtgrös-
sen eindeutig vorteilhafter. Mit wachsender Stadtgröße
nimmt die Überlegenheit der Sternstadt sogar noch zu. In der
bislang so vorteilhaften Ringstadt entstehen Transportkosten
in der bemerkenswerten Größenordnung des 1,5- bis 2,5-fachen
der Transportkosten in der Sternstadt. Wie frühere Überlegungen zeigen, ist die Sternstadt ohne Außenring für k = 2 der
Ringstadt in jedem Falle eindeutig unterlegen. Die Vorteile
des Außenringes verschaffen der Sternstadt also diese eindeutige Überlegenheit gegenüber der Ringstadt. Die geringere

Tabelle 23   Ein Vergleich der Transportkostenminima verschiedener Stadtgestalten

L/W	TK^+_{4SR}	TK^+	$\dfrac{TK^+}{TK^+_{4SR}}$ i.v.H.	TK^+_R	$\dfrac{TK^+_R}{TK^+_{4SR}}$ i.v.H.	TK^+_{4S}	$\dfrac{TK^+_{4S}}{TK^+_{4SR}}$ i.v.H.	$\dfrac{TK^{++}_{nS}}{TK^+_{4SR}}$ i.v.H.
7,93	3,449	18,871	540,228	5,160	149,597	11,452	332,016	298,746
19,87	103,556	742,552	717,047	203,041	196,067	305,817	295,313	180,696
37,37	1 154,543	9 290,226	804,666	2 540,296	220,026	3 262,234	282,556	113,458
74,19	16 617,310	144 297,064	868,353	39 456,228	237,440	45 733,997	275,219	64,258
126,52	135 677,458	1 220 278,641	899,396	333 669,941	245,928	369 237,724	272,143	

Effizienz der Sternstadt ohne Außenring kann durch den Außenring überkompensiert werden.

Die größere Effizienz der Sternstadt mit Außenring gegenüber der der Sternstadt ohne Außenring ist bereits bei der Diskussion der Routenwahl in Abhängigkeit vom Parameter G_1 festgestellt worden. Die Überlegenheit liegt nach Tabelle 23 im
gesamten Bereich der untersuchten Stadtgrößen vor. TK^+_{4S} umfaßt zwischen 272 v.H. und 332 v.H. der TK^+_{4SR}. Die Unterschie-
de in der Höhe der Transportkosten sind nicht marginal, sondern sehr gravierend. Es ist auffallend, daß die Vorteile der
Sternstadt mit Außenring mit zunehmender Stadtgröße leicht
schrumpfen. Die Ursache dafür ist die Tatsache, daß die
Länge des Außenringes und damit dessen Transportkosten mit
L/W wachsen, so daß sich die Umlenkung des Verkehrs über den
Innenring wieder stärker lohnt. Eine vermehrte Lenkung des Verkehrs über den Innenring kommt aber einer Näherung an die
Stadtgestalt der Sternstadt ohne Außenring gleich. TK^+_{4S}/TK^+_{4SR}
muß sich dem Wert eins nähern.

Im Vergleich mit der Sternstadt mit n Strahlen ist eine
eindeutige Überlegenheit der Sternstadt mit Außenring nicht
festzustellen. Zwar ist für kleine und mittlere Stadtgrößen
die Sternstadt mit Außenring erheblich kostengünstiger. Hier
spielt die mit L/W steigende Länge des Außenringes noch keine
große Rolle. Zwischen L/W = 37 und L/W = 74 wird jedoch eine
Stadtgröße erreicht, bei der beide Stadtgestalten gleich hohe
Transportkosten verursachen. Für größere Städte ist die Sternstadt mit n Strahlen vorzuziehen. Hier vermindert die große
Länge des Außenringes dessen Attraktivität. Die Sternstadt mit
n Strahlen ist die einzige der hier behandelten Stadtgestalten,
die der Sternstadt mit Außenring für bestimmte Werte von L/W
überlegen ist. Die Möglichkeit zur Variation der Strahlenzahl
ist demnach wie der Bau eines Außenringes ein wichtiges städ-
tebauliches Element, mit dem die Transportkosten in hohem Mas-
se vermindert werden können.

Als Fazit ist festzuhalten, daß der Außenring die Effizienz der Sternstadt im Vergleich mit der anderer Stadtgestalten
erheblich steigert. Die Niveauunterschiede der Transportkostenminima zeigen eine beträchtliche Höhe. Die Sternstadt mit
Außenring ist allen anderen Stadtgestalten, außer der Stern-

stadt mit n Strahlen, eindeutig überlegen. Das Ergebnis des
Vergleichs zwischen der Sternstadt mit Außenring und der
Sternstadt mit n Strahlen und ohne Außenring hängt von der
Stadtlänge L/W ab.

Die Analyse der Sternstadt mit Außenring und der Vergleich
der Stadtgestalten werden unter der Annahme k = 2 vollzogen.
Es ist zu vermuten, daß sich für k > 2 ähnliche Resultate ergeben wie bei der Untersuchung der Sternstadt mit vier Strahlen. Mit steigendem k werden also die Transportkosten auf dem
Innenring relativ stärker zunehmen als die Transportkosten auf
den Strahlen, weil die Straßenbreite auf dem Innenring von k
unabhängig und konstant ist. Da die Straßenbreite auf dem Aus-
senring ebenfalls von k unabhängig und konstant ist, werden
die Transportkosten auf dem Außenring mit zunehmendem k ebenfalls relativ stärker als die Transportkosten auf den Strahlen steigen. Die Attraktivität des Außenringes sinkt also
mit zunehmendem k ceteris paribus. Es lohnt sich eine verstärkte Umlenkung des Verkehrs über den Innenring. Die Sternstadt
mit Außenring wird der Sternstadt mit vier Strahlen und ohne
Außenring ähnlicher. Daraus folgt, daß die unter k = 2 herausgearbeiteten Vorteile der Sternstadt mit Außenring gegenüber
anderen Stadtgestalten durch ein wachsendes k tendenziell vermindert werden.

Zusammenfassung

Ein Vergleich der Transportkostenminima der verschiedenen
Stadtgestalten zeigt folgendes. Die Sternstadt mit Außenring
ist der Achsenstadt in jedem Fall weit überlegen. Mit zunehmender Stadtlänge wächst die Überlegenheit sogar noch. Das
gleiche Ergebnis gilt im Vergleich mit der Ringstadt und im
Vergleich mit der Sternstadt mit vier Strahlen. Im Vergleich
mit der Sternstadt mit n Strahlen ist eine eindeutige Überlegenheit der Sternstadt mit vier Strahlen und einem Außenring
nicht mehr festzustellen. Insgesamt ist festzuhalten, daß
der Außenring die Effizienz der Sternstadt im Vergleich mit
der anderer Stadtgestalten beträchtlich steigert.

G Schlußbetrachtung

In dieser Arbeit sind Antworten auf zwei Fragen gesucht
worden. Die erste Frage nach der transportkostenminimalen
Aufteilung der Stadtfläche in die verkehrschaffende und die
verkehrverteilende Fläche, nach einer Aufteilung, die die
Transportkosten in der gesamten Stadt minimiert, läßt sich
für alle Stadtgestalten, mit Ausnahme der Sternstadt mit
vier Strahlen und einem Außenring beantworten. Die transportkostenminimale Allokation der Flächen erfordert immer die
gleiche Bedingung

$$w(x) = \frac{k}{1+k} \, W$$

Diese Antwort ist unabhängig von der Gestalt der Stadt. Die
Straße muß also an jeder Stelle der Stadt die gleiche Breite
haben. Der "business district" muß ebenfalls überall gleich
breit sein. Ihre Flächen umfassen einen bestimmten Anteil der
gesamten Stadtfläche.

Die zweite Frage lautet: "Hat die Stadtgestalt einen
Einfluß auf die Höhe der Transportkosten im Transportkostenminimum? Wenn ja, welche Stadtgestalt verursacht das Transportkostenminimum mit der geringsten Höhe?"

Der Vergleich der Transportkostenminima verschiedener
Stadtgestalten zeigt, daß die zweite Frage in jedem Falle
positiv beantwortet werden muß. Die Gestalt einer Stadt hat
einen großen Einfluß auf die Höhe der Transportkosten
im Transportkostenminimum. In dieser Untersuchung ist keine
der Stadtgestalten transportkosten-neutral. Jede Stadtgestalt
beeinflußt die Transportkosten aber in unterschiedlichem Mas-
se. Es lassen sich die Stadtgestalten in eine Rangfolge bringen, die Ausdruck ihrer Fähigkeit ist, die Transportkosten
möglichst gering zu halten (siehe Tabelle 23).

Im Vergleich mit der Achsenstadt verursacht die Ringstadt
ein geringeres Niveau der Transportkosten im Transportkostenminimum, weil die ringförmige Stadtgestalt die maximale Fahrtenlänge zwischen zwei Punkten in der Achsenstadt vermindert.
Es läßt sich aber zeigen, daß nicht allein die ringförmige
Stadtgestalt dafür verantwortlich ist. Es muß zusätzlich erlaubt sein, eine geeignete Route wählen zu können. Erst dann
können die der ringförmigen Stadtgestalt innewohnenden Verkehrsvorteile vollständig wirksam werden. Hier zeigt sich zum
ersten Mal der Vorteil eines Verkehrsringes in Verbindung mit
einer Routenwahl.

Die Gegenüberstellung der Achsenstadt und der Sternstadt
mit vier Strahlen zeigt eine andere Möglichkeit, die Nachteile der linearen Stadtgestalt zu vermeiden. In der Sternstadt
werden die Stadtteile strahlenförmig nebeneinander gruppiert,
die in der Achsenstadt hintereinander gelagert sind. Dadurch
lassen sich die Entfernungen zwischen einzelnen Punkten der
Stadt stark verringern. "Umwege" und innerstädtischer Durchgangsverkehr werden vermieden. Den Vorteilen steht ein Nachteil entgegen. Zur Verbindung der Strahlen in der Sternstadt
wird ein Innenring erforderlich, der hohe Kosten der Verkehrsdichte verursachen kann.

Die Effizienz der strahlenförmigen Anordnung der Stadtteile wird durch eine Variation der Strahlenzahl noch gesteigert. Je nach Größe der Stadt und je nach Größe des Parameters k läßt sich eine bestimmte transportkostenminimale
Strahlenzahl n ermitteln. Den mit der Anzahl n steigenden Vorteilen einer strahlenförmigen Anordnung stehen aber ebenfalls
steigende Nachteile gegenüber. Die Rolle des Innenringes als
Verkehrsverteiler zwischen den Strahlen verursacht mit zunehmendem n immer höhere Transportkosten.

In der Sternstadt mit Außenring werden die Vorteile der
strahlenförmigen mit den Vorteilen der ringförmigen Stadtgestalt kombiniert. Der Außenring soll ein Gegengewicht zum In-

nenring bilden. Neben dem Innenring und dem Außenring existieren mehrere ineinander verschlungene "Verkehrsringe", die
aus zwei benachbarten Strahlen und aus den diese verbindenden
Teilen des Innen- und des Außenringes bestehen. Es gibt
vier solcher "Verkehrsringe" in der Sternstadt mit vier
Strahlen und einem Außenring. Das Geflecht aller Ringe kann
als ein Verkehrsnetz interpretiert werden. Die kleinste Einheit des Verkehrsnetzes sind die "Verkehrsringe", die aus
zwei benachbarten Strahlen und deren Verbindungsstücken auf
dem Außen- und auf dem Innenring bestehen. Der Innen- und
der Außenring als die nächst größeren Einheiten des Verkehrsnetzes haben die Aufgabe, die kleineren "Verkehrsringe" vollständig aneinander zu koppeln.

Wie bereits die Gestalt der Ringstadt, so ist auch die einer Sternstadt mit Außenring noch keine Gewähr für ein abso-
lutes Minimum der Transportkosten. Eine entsprechende Routenwahl ermöglicht es, die in Abhängigkeit von der Flächenallokation minimalen Transportkosten noch zu reduzieren. (Zwar konnte für die Sternstadt mit Außenring das Minimum der Transportkosten in Abhängigkeit von der Flächenallokation nicht bestimmt werden, es ist aber zu vermuten, daß ein Minimum existiert). Nur eine geeignete Routenwahl kann also die Vorteile
dieser Stadtgestalt vollständig ausschöpfen. Andererseits ist
eine Routenwahl erst möglich, wenn Ringelemente in einer Stadtgestalt existieren. Das Ringelement ist eine notwendige Voraussetzung für die Wahl einer transportkostenminimierenden
Route.

Die in der Sternstadt mit vier Strahlen und einem Außenring vereinten Vorzüge der strahlenförmigen und der ringförmigen Stadtgestalt werden beim Vergleich der Transportkostenminima der verschiedenen Stadtgestalten deutlich. Der Vergleich mit der Sternstadt mit n Strahlen zeigt aber auch, daß
weitere Effizienzsteigerungen durch z.B. eine Erhöhung der
Strahlenzahl möglich sind. Damit ist bei gegebenem Wert von
L/W gleichzeitig eine sinkende Länge des Außenringes verbunden, auch dies ein effizienzsteigernder Effekt. Weitere Effizienzsteigerungen können durch einen Außenring erzielt werden,

der nicht an die Enden der Strahlen gekoppelt ist, sondern
die Strahlen schneidet und daher eine vergleichsweise geringere Länge hat. Eine verbesserte Routenwahl, stärker differenziert und für jeden Strahl einzeln durchgeführt, ließe die
Transportkosten weiter sinken.

Alle diese Ergebnisse beruhen neben anderen auf der Annahme, daß die Transportkosten u.a. von der Verkehrsdichte
abhängen. Zwar wird die Höhe der Transportkosten auch von
der gefahrenen Entfernung bestimmt, aber nicht ausschließlich und allein. Die Bedeutung der Verkehrsdichte zeigt sich
im Quotienten ARR/IRR der Tabelle 22. Danach sollte die
Außenringroute der Innenringroute solange vorgezogen werden,
bis sie etwa das Dreifache der Länge der Innenringroute erreicht hat. Es lohnt sich also, einen metrisch gemessenen
Umweg zu fahren, um Stellen der Stadt mit relativ hoher Verkehrsdichte zu meiden. Verkehrsdichte wird durch Distanz
substituiert.

Die Annahme, daß die Transportkosten ausschließlich von
der gefahrenen Entfernung abhängen und unabhängig von der Verkehrsdichte sind, brächte ein anderes Ergebnis mit sich. Der
Quotient ARR/IRR der Tabelle 22 würde in jedem Falle nur den
Wert eins annehmen. Die Außenringroute würde der Innenringroute nur solange vorgezogen, wie ARR < IRR wäre und umgekehrt.
Die Routenwahl orientierte sich an dem Kriterium ARR $\gtrless$ IRR.
Das Distanzkriterium wäre nicht mehr als ein abgeleiteter
operationaler Ersatzmaßstab für die dahinter verborgene Verkehrsdichte zu interpretieren, sondern würde zur eigentlichen
Grundlage für die Wahl der Route. Die Routenwahl würde dadurch
erheblich einfacher. Ein metrisch gemessener Umweg wäre unter
diesen Umständen nicht mehr sinnvoll. Zwar würde der Außenring befahren, aber nicht in dem Maße, wie es die Berücksichtigung der Verkehrsdichte erforderlich macht. Die in der Mehr-
zahl der Fälle kürzere Innenringroute würde vermehrt gewählt
werden.

Die in dieser Arbeit abgeleiteten Ergebnisse beruhen auf
den expliziten und impliziten Annahmen der Modelle, z. B.
auf den Annahmen, daß die Opportunitätskosten der Fläche,
die Kosten der Infrastruktur etc. nicht berücksichtigt werden. Eine Variation der Annahmen wird die Ergebnisse der
Arbeit ändern und wird die relative Vorzüglichkeit der einzelnen Stadtgestalten modifizieren.

Es wird z. B. die Einbeziehung der Kosten der Infrastruktur deshalb zu einer Änderung der Ergebnisse führen,
weil die auf den einzelnen Streckenabschnitten anfallenden
Infrastrukturkosten und Transportkosten nicht in einem konstanten Verhältnis stehen.

Die Berücksichtigung der Opportunitätskosten der Stadtfläche wird die Ergebnisse insofern modifizieren, als die
einzelnen Stadtgestalten unterschiedlich große Flächen bean-
spruchen. Die Sternstadt mit vier Strahlen und einem Außenring ist die flächenaufwendigste Stadtgestalt. Die Vorteile,
die diese Stadtgestalt in bezug auf die Höhe der Transportkosten bietet, werden durch die Berücksichtigung der Opportunitätskosten der Stadtfläche vermindert, eventuell sogar
kompensiert oder überkompensiert. Das genaue Ergebnis soll
nicht mehr ermittelt werden.

Wegen der relativ einfachen Modellstrukturen und der zum
Teil wenig realitätsnahen Annahmen lassen sich die Modell-
ergebnisse nur unter Einschränkungen auf die Realität übertragen. Dennoch könnten diese Ergebnisse als ein Schritt auf
dem Wege einer angemessenen Beurteilung z. B. des eingangs
erwähnten Schwerpunkt-Achsen-Konzepts gewertet werden. Die
in den "urban economics" bislang noch kaum beachtete Frage
nach der ökonomischen Bedeutung der Stadtgestalt, insbeson-
dere in Abhängigkeit von den Kosten der Verkehrsdichte, könnte ein größeres Gewicht erlangen.

Zusammenfassung

In dieser Arbeit sind Antworten auf zwei Fragen gesucht worden. Die erste Frage nach der transportkostenminimalen Flächenallokation kann für jede Stadtgestalt, mit Ausnahme der Sternstadt mit Außenring, in gleicher Weise beantwortet werden: Es muß die Bedingung $w(x) = kW/(1+k)$ erfüllt sein. Die zweite Frage nach dem Einfluß der Stadtgestalt auf die Höhe der Transportkosten muß in jedem Fall positiv beantwortet werden. Es zeigt sich, daß das Niveau der Transportkosten im Minimum davon abhängt, ob die Stadtteile achsenförmig hintereinander oder sternförmig nebeneinander gelagert sind, ob eine Ringstraße nur im Stadtzentrum oder auch außerhalb der Stadt existiert, ob also eine transportkostenminimale Routenwahl möglich ist oder nicht usw. Alle diese Ergebnisse beruhen auf der Annahme, daß die Transportkosten unter anderem von der Verkehrsdichte abhängen. Erst unter dieser Annahme wird verständlich, daß im Transportkostenminimum Umwege über den Außenring der viel kürzeren Innenringroute vorgezogen werden sollten.

Mathematischer Anhang

<u>Anhang 1</u>

Zu Kapitel B,I,S.13 - 14,22

Im folgenden soll mit Hilfe eines leicht vereinfachten
Achsenstadtmodells geprüft werden, ob im Modell der Achsenstadt nach Solow und Vickrey hinter der Gleichung (2) ein
Minimum oder ein Maximum der Transportkosten aus Gleichung (1) verborgen ist. (2) ist nur eine notwendige Bedingung für Extremwerte.

Im vereinfachten Modell sollen die gesamten Transportkosten TK_v in Abhängigkeit von der Stadtlänge L berechnet
sowie die erste und die zweite Ableitung nach L vorgenommen werden. Im folgenden wird gleich deutlich gemacht, weshalb die Ableitungen nach der Stadtlänge L vorgenommen
werden dürfen. Für den Fall, daß $TK_v' = 0$ und $TK_v'' > 0$ sind,
kann von einem Minimum der TK_v gesprochen werden. Durch
Rückschlüsse auf das Modell von Solow und Vickrey soll
dann plausibel gemacht werden, daß auch dort ein Minimum
und nicht ein Maximum der Transportkosten bestimmt wird.

Die Vereinfachung gegenüber dem Modell von Solow und
Vickrey besteht darin, daß die Straßengestalt nicht variierbar, sondern fest vorgegeben ist. Die Straße soll
überall in der Stadt die gleiche Breite haben. Im übrigen
werden die gleichen Annahmen wie bei Solow und Vickrey
getroffen.

Es soll auch in dem vereinfachten Modell festgestellt
werden, wie die Stadtfläche WL in die gegebene Fläche des
"business district" A und in die noch zu bestimmende Strassenfläche S aufgeteilt werden muß, um ein Minimum der
Transportkosten zu erreichen. (Es zeigt sich aber erst später, ob tatsächlich ein Minimum oder ein Maximum berechnet
wird.) Damit ist implizit die Suche nach der transport-

kostenminimalen Breite der Straße und der transportkostenminimalen Länge der Stadt verbunden. Denn je breiter die
Straße ist, desto größer muß die Straßenfläche S sein.
S kann aber nur erhöht werden, wenn bei gegebenem A und
gegebenem W die Stadtlänge L erhöht wird. Die Probleme
der transportkostenminimalen Flächenallokation und der
transportkostenminimalen Straßenbreite können daher auf
die Frage nach der transportkostenminimalen Stadtlänge
reduziert werden. Es ist also erlaubt, die Transportkosten TK_V in Abhängigkeit von der Stadtlänge L auszudrücken und ihre erste und zweite Ableitung nach L vorzu-
nehmen. Die Stadtlänge L wird hier zur zentralen Variablen.

Die transportkostenminimale Stadtlänge läßt sich aus

$$\frac{d\ TK_V}{d\ L} = 0 \quad \text{und} \quad \frac{d^2\ TK_V}{d\ L^2} > 0$$

bestimmen. Sollte die Gültigkeit dieser beiden Bedingungen
nachgewiesen werden können, dann wäre ein erstes Ziel dieses
Anhangs erreicht, nämlich zu zeigen, daß im vereinfachten
Achsenstadtmodell ein Minimum und nicht ein Maximum der
Transportkosten ermittelt wird.

Die zu bestimmende Straßenfläche S ist die Differenz
aus der Stadtfläche WL und der Fläche des "business
district" A:

$$S = WL - A$$

Da die Straße überall in der Stadt die gleiche Breite besitzt und sich über die gesamte Stadtlänge erstreckt, hat
sie die Breite:

$$w(x) = S/L = (WL-A)/L = W-A/L$$

Die Breite des "business district" y'(x) ist die Differenz

aus der Stadtbreite W und der Straßenbreite $w(x)$:

$$y'(x) = W - w(x) = A/L$$

Der gesamte "business district" links vom Punkt x hat die Fläche

$$y(x) = Ax/L$$

Das Verkehrsvolumen an der Stelle x hat wie bei Solow und Vickrey eine Höhe von

$$v(x) = \frac{2g \ y(x) \ [A-y(x)]}{A}$$

Für $y(x)$ wird $y(x) = Ax/L$ in $v(x)$ eingesetzt:

$$v(x) = (2g/A)(Ax/L)(A-Ax/L) \qquad d.h.$$

$$v(x) = (2gA/L^2) \ x(L-x)$$

Die Verkehrsdichte an der Stelle x hat eine Höhe von

$$v(x)/w(x) = \frac{2gA \ x(L-x)}{L^2} \ \frac{L}{WL-A} \qquad d.h.$$

$$v(x)/w(x) = \frac{2gA \ x(L-x)}{L(WL-A)}$$

In der gesamten Achsenstadt betragen wie bei Solow und Vickrey die Transportkosten:

$$TK_v = \int_0^L v(x) \ f \left[\frac{v(x)}{w(x)}\right] dx \qquad bzw.$$

$$TK_v = \int_0^L v(x) \ b \left[\frac{v(x)}{w(x)}\right]^k dx$$

Für $v(x)$ und $v(x)/w(x)$ wird in TK_v eingesetzt. Es folgt:

$$TK_v = \int_0^L \frac{2bg\ Ax(L-x)}{L^2} \left[\frac{2gAx(L-x)}{L(WL-A)}\right]^k dx$$

oder nach einigen Umstellungen:

$$TK_v = \frac{b(2gA)^{k+1}}{L^{k+2}(WL-A)^k} \int_0^L (xL-x^2)^{k+1} dx \qquad (a)$$

Es gibt zwar für (a) eine allgemeine Lösung für beliebige Werte von k. Es soll hier aber der Lösungsweg an einem konkreten und einfachen Beispiel verdeutlicht werden. Deshalb wird k = 2 gesetzt. Für k = 2 erhält die Gleichung (a) den Wert:

$$TK_v = \frac{b(2gA)^3}{L^4(WL-A)^2} \int_0^L (xL-x^2)^3 dx$$

Unter Anwendung des binomischen Satzes folgt:

$$TK_v = \frac{8b(gA)^3}{L^4(WL-A)^2} \int_0^L (-x^6 + 3x^5L - 3x^4L^2 + x^3L^3)dx$$

Die Integration ergibt:

$$TK_v = \frac{8b(gA)^3}{L^4(WL-A)^2} \left(-\frac{1}{7}x^7 + \frac{1}{2}x^6L - \frac{3}{5}x^5L^2 + \frac{1}{4}x^4L^3\right)\Big|_0^L$$

Die Integrationsgrenzen werden eingesetzt. Es folgt:

$$TK_v = \frac{8b(gA)^3}{L^4(WL-A)^2} L^7\left(\frac{-20 + 70 - 84 + 35}{140}\right) \qquad d.h.$$

$$TK_v = \frac{2b(gA)^3L^3}{35(WL-A)^2} \qquad (b)$$

Die Gleichung (b) gibt die Höhe der Transportkosten in der Achsenstadt in Abhängigkeit von den Parametern b, g, W, A und k = 2 sowie in Abhängigkeit von der Variablen L, der Stadtlänge, an. Es soll nun die Stadtlänge, also implizit die Straßenbreite und die Größe der Straßenfläche, bestimmt werden, bei der TK_V einen minimalen Wert annimmt. Hinreichende Bedingungen für ein Minimum von TK_V in Abhängigkeit von L sind, daß die erste Ableitung von TK_V nach L null und die zweite Ableitung positiv wird. Zunächst soll die erste Ableitung TK_V' berechnet werden. TK_V' beträgt:

$$TK_V' = \frac{d\,TK_V}{d\,L}$$

$$= \frac{2b(gA)^3}{35} \quad \frac{(WL-A)^2 3L^2 - L^3 2(WL-A)W}{(WL-A)^4}$$

Im Minimum von TK_V muß TK_V' null sein. TK_V' ist null, wenn

$$0 = 3(WL-A) - 2WL$$

ist, d.h.

$$0 = WL - 3A$$

Wenn also TK_V einen minimalen Wert annehmen soll, dann muß

$$A = WL/3 \tag{c}$$

und

$$L = 3A/W \tag{d}$$

betragen.

Diese Ergebnisse stimmen mit denen des Modells von Solow und Vickrey vollkommen überein, denn dort ergeben sich $A = WL/(1+k)$ bzw. $A = WL/3$ für k = 2 und $L = (A/W)(1+k)$ bzw. $L = 3A/W$ für k = 2.

Es zeigt sich also, daß das Modell in diesem Anhang gegenüber dem Modell von Solow und Vickrey nur sehr geringfügig geändert worden ist, denn sonst könnten sich nicht die gleichen numerischen Ergebnisse ergeben. Das Modell im Anhang ist ein Spezialfall des Solow/Vickrey- Modells. Bei Solow und Vickrey ist die Gestalt der Straße variierbar, deshalb wird zur Berechnung auch die Variationsrechnung

benötigt. Im Modell des Anhangs dagegen ist die Gestalt
der Straße vorgegeben, so daß die einfachere Differential-
rechnung zur Lösung ausreicht.

Als weitere Bedingung für ein Minimum von TK_v muß TK_v''
positiv sein. Die Existenz dieser Bedingung soll im folgenden untersucht werden. TK_v'' lautet:

$$TK_v'' = \frac{d^2\ TK_v}{d\ L^2}$$

$$= \frac{2b(gA)^3}{35} \left[\frac{(WL-A)^2 6L - 3L^2 2(WL-A)W}{(WL-A)^4} \right.$$

$$\left. - \frac{(WL-A)^3 6L^2 W - 2L^3 W 3(WL-A)^2 W}{(WL-A)^6} \right]$$

Es kann ausgeklammert und gekürzt werden:

$$TK_v'' = \frac{12bL(gA)^3}{35(WL-A)^3} \left[(WL-A) - WL - \frac{(WL-A)WL - (WL)^2}{WL-A} \right]$$

$$= \frac{12bL(gA)^3}{35(WL-A)^3} \left[-A - \frac{-AWL}{WL-A} \right]$$

$$= \frac{12bL(gA)^3}{35(WL-A)^3}\ \frac{A^2}{WL-A}$$

$$TK_v'' = \frac{12\ b\ L\ g^3 A^5}{35(WL-A)^4} \tag{e}$$

Die Gleichung (e) muß für den Wert von L, der TK_v minimiert,
positiv sein. Es muß also für L aus (d) eingesetzt werden.
Diese Prüfung erübrigt sich aber. Denn TK_v'' ist immer dann
positiv, wenn $WL-A > 0$, also $WL > A$ ist. Die Bedingung $WL > A$
ist aber eine wichtige Annahme im Modell von Solow und

Vickrey und im Modell des Anhanges. Sie garantiert, daß
überhaupt eine Straßenfläche vorhanden ist. Daraus folgt,
daß auf jeden Fall $TK_V'' > 0$ ist.

Die Untersuchung des leicht vereinfachten Modells der
Achsenstadt hier im Anhang zeigt also, daß die berechneten Extremwertbedingungen nicht die Bedingungen für ein
Maximum, sondern die Bedingungen für ein Minimum sind.
Da das Modell im Anhang nur eine leichte Variation des Modells von Solow und Vickrey darstellt, es sich also um einen Spezialfall des umfassenderen Modells von Solow und
Vickrey handelt, erscheint der Schluß erlaubt, daß auch
die aus der Gleichung (2) im Modell von Solow und Vickrey
bestimmten Werte für die Straßengestalt, Stadtlänge etc.
transportkostenminimale und nicht transportkostenmaximale
Bedingungen darstellen.

Anhang 2

Zu Kapitel   B, I, S.24,25

In der Achsenstadt entstehen Transportkosten in Höhe von TK
[siehe Gleichung (1)]. Wenn in die Gleichung (1) für y(x),
y'(x) und A die Werte eingesetzt werden, welche diese in der
transportkostenminimalen Achsenstadt annehmen, also

$$y(x) \quad = \frac{xW}{1+k}$$

$$y'(x) \quad = \frac{W}{1+k}$$

$$A \quad = \frac{LW}{1+k}$$

dann haben die Transportkosten in der transportkostenminimalen
Achsenstadt die folgende Größe:

$$TK^+ = b\left[\frac{2g(1+k)}{LW}\right]^{k+1} \int_0^L \frac{\left[\frac{xW}{1+k}\right]^{k+1}\left[\frac{LW}{1+k} - \frac{xW}{1+k}\right]^{k+1}}{\left[W - \frac{W}{1+k}\right]^k} \, dx \qquad \text{(a)}$$

Durch Ausklammern und Kürzen ergibt sich

$$TK^+ = b\left[\frac{2g}{L}\right]^{k+1}\left[\frac{W}{1+k}\right]^{-(k+1)} \int_0^L \frac{\left[\frac{W}{1+k}\right]^{2(k+1)}\left[x(L-x)\right]^{k+1}}{\left[\frac{W}{1+k}\right]^k \, k^k} \, dx$$

$$=\left[\frac{2g}{L}\right]^{k+1} \frac{bWk^{-k}}{1+k} \int_0^L \left[x(L-x)\right]^{k+1} \, dx \qquad \text{(b)}$$

Das Integral in der Gleichung (b) läßt sich in allgemeiner Form nach der binomischen Formel berechnen. Es ist:

$$(-x^2 + xL)^{k+1}$$

$$= \sum_{m=0}^{k+1} \begin{bmatrix} k+1 \\ m \end{bmatrix} (-x^2)^{k+1-m} (xL)^m$$

$$= \sum_{m=0}^{k+1} \begin{bmatrix} k+1 \\ m \end{bmatrix} (-1)^{k+1-m} L^m x^{2k+2-m}$$

Aus der letzten Gleichung wird in (b) eingesetzt, also ist TK^+:

$$TK^+ = \left[\frac{2g}{L} \right]^{k+1} \frac{bWk^{-k}}{1+k} \left[\sum_{m=0}^{k+1} \begin{bmatrix} k+1 \\ m \end{bmatrix} (-1)^{k+1-m} \frac{L^m}{2k+3-m} x^{2k+3-m} \right]_0^L$$

$$TK^+ = (2g)^{k+1} \frac{bWk^{-k}}{1+k} \left[\sum_{m=0}^{k+1} \begin{bmatrix} k+1 \\ m \end{bmatrix} (-1)^{k+1-m} \frac{1}{2k+3-m} \right] L^{k+2} \qquad (c)$$

Aus der Gleichung (c) können die Werte der Tabelle 1 im Text berechnet werden.

Anhang 3

Zu Kapitel   B, II, S. 31,33

Die Gleichung (a) soll nach x differenziert werden.

$$C = \left[y(A-y)\right]^{k+1} \left[W-y'\right]^{-(k+1)} \left[W-(1+k)y'\right] \tag{a}$$

Es sollen aus Gründen der Vereinfachung sein:

$$Z = y(A-y)$$
$$N = W-y'$$
$$D = W - (1+k)y'$$

Die Gleichung (a) lautet:

$$C = Z^{k+1} \, N^{-(k+1)} \, D = \left[\frac{Z}{N}\right]^{k+1} D$$

Die erste Ableitung lautet:

$$\frac{dC}{dx} = D(1+k)\left[\frac{Z}{N}\right]^{k} \frac{N\left[y'(A-y)-yy'\right]-Z(-y'')}{N^2} + \left[\frac{Z}{N}\right]^{k+1}(-1)(1+k)y''$$

$$= (1+k)\left[\frac{Z}{N}\right]^{k+1}\left[D\,\frac{(W-y')y'(A-2y) + yy''(A-y)}{(W-y')(A-y)y} - y''\right]$$

Da

$$\frac{dC}{dx} = 0 \text{ ist, folgt durch Kürzungen und Umformungen}$$

$$0 = D\,\frac{y'(A-2y)}{y(A-y)} + D\,\frac{y''}{(W-y')} - y''$$

$$= \frac{\left[W-(1+k)y'\right]y'(A-2y)}{y(A-y)} + y''\left[\frac{W-(1+k)y'}{W-y'} - 1\right]$$

$$= \frac{\left[W-(1+k)y'\right]y'(A-2y)}{y(A-y)} + y''\left[\frac{W-(1+k)y' - W+y'}{W-y'}\right]$$

Es wird nach y" aufgelöst:

$$y'' = \frac{\left[W-(1+k)y'\right]y'(A-2y)}{y(A-y)} \quad \frac{(W-y')}{ky'}$$

$$y'' = \frac{(A-2y)(W-y')\left[W-(1+k)y'\right]}{k\ y(A-y)} \tag{b}$$

Die Gleichung (b) war zu bestimmen.

Anhang 4

Zu Kapitel   B, III, S.59

Die gesamten Transportkosten T in der Achsenstadt betragen:

$$T = TK + TK_Q$$

$$= \int_0^L \left\{ b\left[\frac{2g}{A}\right]^{k+1} \frac{[y(x)]^{k+1} [A-y(x)]^{k+1}}{[W - y'(x)]^k} + \frac{tg}{2}[y'(x)]^2 \right\} dx \qquad \text{(a)}$$

In vereinfachter Schreibweise soll T betragen

$$T = \int_0^L (E + G)\, dx$$

Weil die zu integrierende Funktion allgemein als F(y,y') ge-
schrieben werden kann, lautet T

$$T = \int_0^L F(y,y')\, dx$$

Unter Verwendung der Eulerschen Gleichung beträgt das Integral

$$C = F(y,y') - y' F_{y'}(y,y')$$

Daraus folgt für die spezielle Funktion (a)

$$C = F(y,y')$$
$$- y'\left\{ b\left[\frac{2g}{A}\right]^{k+1} \frac{y^{k+1}(A-y)^{k+1}}{(W-y')^{k+1}} (-k)(-1) + tg\, y' \right\}$$

Es kann vereinfacht werden:

$$C = E + G - y'\left[Ek/(W-y') + 2G/y' \right]$$

$$= E\left[1 - y'k/(W-y') \right] - G$$

$$= b\left[\frac{2g}{A}\right]^{k+1} \frac{y^{k+1}(A-y)^{k+1}}{(W-y')^{k+1}} \left[W - (1+k)y' \right] - \frac{tg}{2}(y')^2 \qquad \text{(b)}$$

Gleichung (b) ist die gesuchte Differentialgleichung.

Anhang 5

Zu Kapitel   B, III, S.62

Die Gleichung (a) soll nach x differenziert werden.

$$C = b\left[\frac{2g}{A}\right]^{k+1}\left[\frac{y(A-y)}{W-y'}\right]^{k+1}\left[W-(1+k)y'\right] - \frac{tg}{2}(y')^2 \qquad (a)$$

Es sollen aus Gründen der Vereinfachung sein:

$Z = y(A-y)$

$N = W-y'$

$D = W-(1+k)y'$

$b_1 = b\left[\frac{2g}{A}\right]^{k+1}$

$t_1 = tg/2$

Die Gleichung (a) lautet jetzt:

$$C = b_1\left[\frac{Z}{N}\right]^{k+1} D - t_1(y')^2$$

Die erste Ableitung beträgt:

$$\frac{dC}{dx} = b_1 D(1+k)\left[\frac{Z}{N}\right]^k \frac{N\left[y'(A-y)-yy'\right] - Z(-y'')}{N^2}$$

$$+ b_1\left[\frac{Z}{N}\right]^{k+1}(-1)(1+k)y'' - 2t_1 y'y''$$

Es ist

$$\frac{dC}{dx} = 0$$

Nun folgt nach einigen Umformungen und Zusammenfassungen:

$$0 = b_1(1+k)\left[\frac{Z}{N}\right]^{k+1}\left\{D\,\frac{Ny'(A-2y)+Zy''}{NZ} - y''\right\} - 2t_1 y' y''$$

Nach y" soll aufgelöst werden:

$$0 = b_1(1+k)\left[\frac{Z}{N}\right]^{k+1} D\,\frac{y'(A-2y)}{Z}$$

$$+ y''\left\{b_1(1+k)\left[\frac{Z}{N}\right]^{k+1}\frac{D}{N} - b_1(1+k)\left[\frac{Z}{N}\right]^{k+1} - 2t_1 y'\right\}$$

y" wird isoliert:

$$y''\,b_1(1+k)\left[\frac{Z}{N}\right]^{k+1}\left\{\frac{2t_1}{b_1(1+k)}\left[\frac{N}{Z}\right]^{k+1}y' + 1 - \frac{D}{N}\right\}$$

$$= b_1(1+k)\left[\frac{Z}{N}\right]^{k+1} D\,\frac{y'(A-2y)}{Z}$$

Es folgt für y":

$$y'' = \frac{D\,y'(A-2y)\,b_1(1+k)\,N\,z^k}{2t_1 y'\,N^{k+2} + b_1(1+k)NZ^{k+1} - b_1(1+k)DZ^{k+1}}$$

Für Z,N,D,t_1 und b_1 wird eingesetzt, so daß folgt:

$$y'' = \frac{b_1(1+k)\,y'(A-2y)\,DNz^k}{2t_1 y'\,N^{k+2} + b_1(1+k)z^{k+1}\,(N-D)}$$

$$= \frac{b_1(1+k)\,y'(A-2y)\left[W-(1+k)y'\right](W-y')\left[y(A-y)\right]^k}{2t_1 y'(W-y')^{k+2} + b_1(1+k)\left[y(A-y)\right]^{k+1}ky'}$$

$$y" = \frac{b(2g/A)^{k+1}(1+k)y'(A-2y)\left[W-(1+k)y'\right](W-y')\left[y(A-y)\right]^{k}}{tgy'(W-y')^{k+2} + b(2g/A)^{k+1}k(1+k)y'\left[y(A-y)\right]^{k+1}} \qquad (b)$$

Die Gleichung (b) war zu bestimmen.

Anhang 6

Zu Kapitel B, III, S.66

Die gesamten Kosten in der Achsenstadt betragen:

$$\int_0^L \left\{ b\left[\frac{2g}{A}\right]^{k+1} \frac{[y(x)]^{k+1}[A-y(x)]^{k+1}}{[W-y'(x)]^k} + R\,w(x) \right\} dx \tag{a}$$

Für w(x) soll w(x) = W-y'(x) eingesetzt werden. In vereinfachter Schreibweise soll (a) lauten:

$$\int_0^L (E + G)\,dx \tag{b}$$

Weil die zu integrierende Funktion allgemein als F(y,y') ge-
schrieben werden kann, wird (b) zu

$$\int_0^L F(y,y')\,dx \tag{c}$$

Unter Verwendung der Eulerschen Gleichung beträgt das Integral (c):

$$C = F(y,y') - y'F_{y'}(y,y')$$

Daraus folgt für die spezielle Funktion (a)

$$C = F(y,y')$$
$$- y'\left\{ b\left[\frac{2g}{A}\right]^{k+1} \frac{y^{k+1}(A-y)^{k+1}}{(W-y')^{k+1}} (-k)(-1) - R \right\}$$

Es kann vereinfacht werden:

$$C = E+G - y'\left[Ek/(W-y') - G/(W-y')\right]$$
$$= E\left[1-y'k/(W-y')\right] + G\left[1+y'/(W-y')\right]$$

Da $G\left[1+y'/(W-y')\right] = \dfrac{R(W-y')W}{(W-y')} = RW$ ist, folgt:

$$C = b\left[\frac{2q}{A}\right]^{k+1} \frac{y^{k+1}(A-y)^{k+1}}{(W-y')^{k+1}} \left[W-(1+k)y'\right] + RW \qquad (d)$$

Gleichung (d) ist die gesuchte Differentialgleichung.

Anhang 7

zu Kapitel B, III, e, S.68

Die Gleichung (a) soll nach x differenziert werden.

$$C = b \left[\frac{2g}{A}\right]^{k+1} \left[\frac{y(A-y)}{W-y'}\right]^{k+1} \left[W-(1+k)y'\right] + RW \qquad (a)$$

Es sollen aus Gründen der Vereinfachung sein:

$$Z = y(A-y)$$

$$N = W-y'$$

$$D = W-(1+k)y'$$

$$b_1 = b\left[\frac{2g}{A}\right]^{k+1}$$

Die Gleichung (a) lautet jetzt:

$$C = b_1 \left[\frac{Z}{N}\right]^{k+1} D + RW$$

Die erste Ableitung beträgt:

$$\frac{dC}{dx} = b_1 D \ (1+k) \left[\frac{Z}{N}\right]^{k} \frac{N\left[y'(A-y) - yy'\right] - Z(-y'')}{N^2}$$

$$+ b_1 \left[\frac{Z}{N}\right]^{k+1} (1+k)(-y'')$$

Es ist

$$\frac{dC}{dx} = 0$$

Es kann zusammengefaßt werden:

$$0 = b_1(1+k) \left[\frac{Z}{N}\right]^{k+1} \left[D \frac{N\left[y'(A-y)-yy'\right] - Z(-y'')}{ZN} - y''\right]$$

und gekürzt werden:

$$O = D \frac{N \left[y'(A-y) - yy' \right] - Z(-y'')}{ZN} - y''$$

Für D,N und Z wird eingesetzt, es folgt:

$$O = \left[W-(1+k)y' \right] \frac{(W-y') \left[y'(A-y)-yy' \right] + y''y(A-y)}{(W-y') \; y \; (A-y)} - y''$$

Es wird y" isoliert:

$$O = \frac{\left[W-(1+k)y' \right] \; y'(A-2y)}{y(A-y)} + y'' \left[\frac{W-(1+k)y'}{W-y'} -1 \right]$$

$$O = \frac{\left[W-(1+k)y' \right] \; y'(A-2y)}{y(A-y)} + y'' \; \frac{-ky'}{W-y'}$$

und nach y" aufgelöst:

$$y'' = \frac{\left[W-(1+k)y' \right] \; y'(A-2y)}{y(A-y)} \; \frac{W-y'}{ky'}$$

$$y'' = \frac{(A-2y)(W-y') \left[W-(1+k)y' \right]}{k \; y(A-y)} \tag{b}$$

Die Gleichung (b) war zu bestimmen.

Anhang 8

Zu Kapitel   C, I, S.77

Es beträgt

$$WL = \pi R^2 - \pi r^2 \tag{a}$$

Aus $W = R - r$ wird $r = R - W$ ermittelt und für r^2 in (a) ein
gesetzt:

$$WL = \pi R^2 - \pi(R - W)^2$$
$$= \pi R^2 - \pi R^2 + 2\pi RW - \pi W^2$$
$$= 2\pi RW - \pi W^2 \qquad \Big| : W$$
$$L = 2\pi R - \pi W$$

Aus der letzten Gleichung kann R bestimmt werden:

$$R = (L + \pi W)/ 2\pi$$
$$R = L/2\pi + W/2 \tag{b}$$

Die Gleichung (b) war zu berechnen.

Um r in Abhängigkeit von L und W zu bestimmen, muß aus
$W = R - r$ der Ausdruck $R = r + W$ ermittelt und für R^2 in
(a) eingesetzt werden:

$$WL = \pi(r + W)^2 - \pi r^2$$
$$= \pi r^2 + 2\pi rW + \pi W^2 - \pi r^2$$
$$= 2\pi rW + \pi W^2 \qquad \Big| : W$$
$$L = 2\pi r + \pi W$$

In der letzten Gleichung kann r isoliert werden:

$$r = (L - \pi W)/ 2\pi$$
$$= L/2\pi - W/2 \tag{c}$$

Die Gleichung (c) war zu bestimmen.

Anhang 9

Zu Kapitel C, I, S.81

Es soll das Vorzeichen der zweiten Ableitung von TK_R nach L für den Wert $L = (A/W)(1+k)$ untersucht werden. Die erste Ableitung lautet:

$$TK_R' = b \left[\frac{gA}{4}\right]^{k+1} \frac{(WL-A)^k (1+k) L^k - L^{k+1} k (WL-A)^{k-1} W}{(WL-A)^{2k}} \quad \text{(a)}$$

TK_R' kann vereinfacht werden:

$$TK_R' = b \left[\frac{gA}{4}\right]^{k+1} \frac{L^k \left[(WL-A)(1+k) - kWL\right]}{(WL-A)^{k+1}}$$

$$TK_R' = b \left[\frac{gA}{4}\right]^{k+1} \frac{L^k \left[WL - (1+k)A\right]}{(WL-A)^{k+1}}$$

Aus der letzten Gleichung für TK_R' wird TK_R'' entwickelt. TK_R'' lautet:

$$TK_R'' = b \left[\frac{gA}{4}\right]^{k+1} \left\{ \frac{(WL-A)^{k+1} \left[kL^{k-1}\left[WL-(1+k)A\right] + WL^k\right]}{(WL-A)^{2k+2}} \right.$$

$$\left. - \frac{L^k \left[WL-(1+k)A\right](1+k)(WL-A)^k W}{(WL-A)^{2k+2}} \right\}$$

TK_R'' kann um $(WL-A)^k$ gekürzt und noch etwas vereinfacht werden:

$$TK_R'' = b \left[\frac{gA}{4}\right]^{k+1} \frac{L^{k-1}}{(WL-A)^{k+2}} \left\{ (WL-A) \left[k \left[WL-(1+k)A\right] + WL\right] \right.$$

$$\left. - WL(1+k) \left[WL-(1+k)A\right] \right\}$$

$$TK_R'' = b \left[\frac{gA}{4}\right]^{k+1} \frac{L^{k-1}}{(WL-A)^{k+2}} \left\{ \left[WL-(1+k)A\right] (kWL-kA-WL-kWL) \right.$$
$$\left. + WL(WL-A) \right\}$$

In der geschweiften Klammer kann umgestellt werden:

$$TK_R'' = b \left[\frac{gA}{4}\right]^{k+1} \frac{L^{k-1}}{(WL-A)^{k+2}} \left[(WL-A)(-kA-WL+WL) - kA(-kA-WL)\right]$$

$$= b \left[\frac{gA}{4}\right]^{k+1} \frac{L^{k-1}}{(WL-A)^{k+2}} \left[-kA(WL-A-kA-WL)\right]$$

$$TK_R'' = b \left[\frac{gA}{4}\right]^{k+1} \frac{L^{k-1} \, kA^2 (1+k)}{(WL-A)^{k+2}} \qquad\qquad (b)$$

Die Gleichung (b) zeigt, daß TK_R'' auf jeden Fall und unabhängig vom Wert für L positiv ist.

Anhang 10

Zu Kapitel E, II, S.139

Es soll festgestellt werden, wie sich TK^{+}_{nStr} in Abhängigkeit von n verändert. TK^{+}_{nStr} beträgt (siehe Gleichung (19) im Text):

$$TK^{+}_{nStr} = n\left[\frac{2g}{L}\right]^{k+1} \frac{b\overline{W}k^{-k}}{1+k} \int_{0}^{L/n} (-x^2 + xL)^{k+1}\, dx \qquad (a)$$

Das Integral in (a) läßt sich in allgemeiner Form nach der binomischen Formel berechnen. Es ist (siehe Anhang 2):

$$(-x^2 + xL)^{k+1}$$

$$= \sum_{m=0}^{k+1} \left[\begin{matrix} k+1 \\ m \end{matrix}\right] (-1)^{k+1-m}\, L^m\, x^{2k+2-m}$$

Aus der letzten Gleichung wird in (a) eingesetzt. TK^{+}_{nStr} lautet jetzt:

$$TK^{+}_{nStr} = n\left[\frac{2g}{L}\right]^{k+1} \frac{b\overline{W}k^{-k}}{1+k} \left[\sum_{m=0}^{k+1} \left[\begin{matrix} k+1 \\ m \end{matrix}\right] (-1)^{k+1-m}\, \frac{L^m}{2k+3-m}\, x^{2k+3-m}\right]\Bigg|_{0}^{L/n}$$

oder

$$TK^{+}_{nStr} = (2g)^{k+1} \frac{b\overline{W}k^{-k}}{1+k} \left[\sum_{m=0}^{k+1} \left[\begin{matrix} k+1 \\ m \end{matrix}\right] (-1)^{k+1-m}\, \frac{1}{2k+3-m}\, \frac{1}{n^{2k+2-m}}\, L\right]^{k+2} \qquad (b)$$

Aus (b) kann die erste Ableitung von TK^{+}_{nStr} nach n ermittelt werden. Sie lautet:

$$\frac{d\ TK^+_{nStr}}{d\ n} = (2g)^{k+1}\ \frac{bWk^{-k}}{1+k}$$

$$\left[\sum_{m=0}^{k+1} \begin{bmatrix} k+1 \\ m \end{bmatrix} (-1)^{k+1-m}\ \frac{1}{2k+3-m}\ \frac{-2k-2+m}{n^{2k+3-m}} L \right]^{k+2} \qquad (c)$$

Der Gleichung (c) kann nicht entnommen werden, ob $d\ TK^+_{nStr}/d\ n$ positiv, negativ oder null ist. Diese Aussage kann erst gemacht werden, wenn für den Parameter k Werte eingesetzt werden. Es soll zunächst k = 2 sein. (c) lautet dann:

$$\frac{d\ TK^+_{nStr}}{d\ n} = (\tfrac{2}{3})bg^3\ WL^4 \left[(-1)^3\ \tfrac{1}{7}\ \frac{-6}{n^7} + 3(-1)^2\ \tfrac{1}{6}\ \frac{-5}{n^6} \right.$$

$$\left. + 3(-1)^1\ \tfrac{1}{5}\ \frac{-4}{n^5} + (-1)^0\ \tfrac{1}{4}\ \frac{-3}{n^4} \right]$$

$$\frac{d\ TK^+_{nStr}}{d\ n} = (\tfrac{2}{3})bg^3\ WL^4 \left[\tfrac{6}{7}\ n^{-7} - \tfrac{5}{2}\ n^{-6} + \tfrac{12}{5}\ n^{-5} - \tfrac{3}{4}\ n^{-4} \right] \qquad (d)$$

Es ist nur dann

$$\frac{d\ TK^+_{nStr}}{dn} \gtreqless 0$$

wenn der Klammerausdruck in (d) größer als, gleich oder kleiner als null ist oder wenn

$$z = \tfrac{6}{7}\ n^{-3} - \tfrac{5}{2}\ n^{-2} + \tfrac{12}{5}\ n^{-1} - \tfrac{3}{4} \gtreqless 0 \qquad \text{ist} \qquad (e)$$

Für n = 3 wird Z = -0,196031. Weil bereits bei n = 4 für einige Summanden von (e) gilt:

$$\frac{3}{4} > \frac{6}{7} n^{-3} + \frac{12}{5} n^{-1} \tag{f}$$

und mit steigendem n die rechte Seite der Ungleichung (f) sinkt, wird auf jeden Fall für n $\geq$ 4 der Ausdruck Z negativ, so daß für n $\geq$ 3 gilt:

$$Z < 0$$

Folglich muß für k = 2 und n $\geq$ 3 gelten:

$$\frac{d\ TK^{+}_{nStr}}{dn} < 0$$

Im folgenden soll für k = 3 geprüft werden, ob $d\ TK^{+}_{nStr}/dn$ positiv, negativ oder null ist. Für k = 3 folgt aus Gleichung (c):

$$\frac{d\ TK^{+}_{nStr}}{d\,n} = \frac{4}{27}\ bg\ WL^{5} \left[(-1)^{4}\ \frac{1}{9}\ \frac{-8}{n^{9}} + 4(-1)^{3}\ \frac{1}{8}\ \frac{-7}{n^{8}} \right.$$

$$+ \frac{4 \cdot 3}{2}\ (-1)^{2}\ \frac{1}{7}\ \frac{-6}{n^{7}} + \frac{4 \cdot 3 \cdot 2}{2 \cdot 3}\ (-1)^{1}\ \frac{1}{6}\ \frac{-5}{n^{6}}$$

$$\left. + (-1)^{0}\ \frac{1}{5}\ \frac{-4}{n^{5}} \right]$$

$$\frac{d\ TK^+_{nStr}}{d\ n} = \frac{4}{27}\ bg\ WL^5 \left[- \frac{8}{9}\ n^{-9} + \frac{7}{2}\ n^{-8} - \frac{36}{7}\ n^{-7} \right.$$

$$\left. + \frac{10}{3}\ n^{-6} - \frac{4}{5}\ n^{-5} \right] \tag{g}$$

Es ist nur dann

$$\frac{d\ TK^+_{nStr}}{d\ n} \gtreqless 0$$

wenn der Klammerausdruck in (g) größer als, gleich oder kleiner als null ist oder wenn

$$N = - \frac{8}{9}\ n^{-4} + \frac{7}{2}\ n^{-3} - \frac{36}{7}\ n^{-2} + \frac{10}{3}\ n^{-1} - \frac{4}{5} \gtreqless 0 \tag{h}$$

ist. Für n = 3 bzw. n = 4 wird N = - 0,141 661 bzw. N = - 0,236 879. Weil bereits bei n = 5 für einige Summanden von (h) gilt:

$$\frac{4}{5} > \frac{7}{2}\ n^{-3} + \frac{10}{3}\ n^{-1} \tag{i}$$

und mit steigendem n die rechte Seite der Ungleichung (i) sinkt, wird auf jeden Fall für n ≥ 5 der Ausdruck N negativ, so daß für n ≥ 3 gilt:

$$N < 0$$

Folglich muß für k = 3 und n ≥ 3 gelten:

$$\frac{d\ TK^+_{nStr}}{d\ n} < 0$$

Anhang 11

Zu Kapitel E, II, S.142

Es soll nachgewiesen werden, daß die zweite Ableitung von TK_{nS}^{+} nach n für die Werte von n, L/W und k aus der Tabelle 10 positiv wird. Es soll also gezeigt werden, daß die Bedingung zweiter Ordnung für ein Minimum von TK_{nS}^{+} in Abhängigkeit von n erfüllt ist.

Nach Gleichung (21) beträgt:

$$\frac{d\,TK_{nS}^{+}}{d\,n} = \frac{d\,TK_{nZ}^{+}}{d\,n} + \frac{d\,TK_{nStr}^{+}}{d\,n} \tag{a}$$

Für dTK_{nZ}^{+}/dn kann aus Gleichung (22) und für dTK_{nStr}^{+}/dn kann aus Gleichung (c) des Anhangs 7 eingesetzt werden. Es folgt:

$$\frac{d\,TK_{nS}^{+}}{d\,n} = \frac{\pi bW^2\,(gL)^{k+1}}{4\,(1+k)^{k}}\,\frac{(n-1)^{k}}{n^{k+2}} \tag{b}$$

$$+ (2g)^{k+1}\,\frac{bWk^{-k}L^{k+2}}{1+k}\left[\sum_{m=0}^{k+1}\begin{bmatrix}k+1\\m\end{bmatrix}(-1)^{k+1-m}\right.$$

$$\left.\frac{1}{2k+3-m}\,\frac{-2k-2+m}{n^{2k+3-m}}\right]$$

Aus (b) kann die zweite Ableitung von TK_{nS}^{+} nach n ermittelt werden:

$$\frac{d^2\,TK_{nS}^+}{d\,n^2} = \frac{\pi bW^2\,(gL)^{k+1}}{4\,(1+k)^k} \cdot \frac{n^{k+2}\,k\,(n-1)^{k-1} - (n-1)^k\,(k+2)\,n^{k+1}}{n^{2k+4}}$$

$$+\,(2g)^{k+1}\,\frac{bWk^{-k}L^{k+2}}{1+k}$$

$$\left[\sum_{m=0}^{k+1}\begin{bmatrix}k+1\\m\end{bmatrix}(-1)^{k+1-m}\,\frac{-2k-2+m}{2k+3-m}\,\frac{-2k-3+m}{n^{2k+4-m}}\right]$$

oder

$$\frac{d^2\,TK_{nS}^+}{d\,n^2} = \frac{\pi bW^2\,(gL)^{k+1}}{4\,(1+k)^k} \cdot \frac{(n-1)^{k-1}\,(-2n+k+2)}{n^{k+3}} \qquad\qquad (c)$$

$$+\,(2g)^{k+1}\,\frac{bWk^{-k}L^{k+2}}{1+k}\left[\sum_{m=0}^{k+1}\begin{bmatrix}k+1\\m\end{bmatrix}(-1)^{k+1-m}\,\frac{2k+2-m}{n^{2k+4-m}}\right]$$

Um zu zeigen, daß die Bedingung zweiter Ordnung für ein Minimum von TK_{nS}^+ in Abhängigkeit von n erfüllt ist, müssen die Werte von n, L/W und k aus der Tabelle 10 in die Gleichung (c) eingesetzt werden. Stellvertretend für k = 3,4,10 soll dies im folgenden für k = 2 durchgeführt werden.

Zunächst wird, um (c) noch zu vereinfachen, nur für k = 2, aber noch nicht für n und L/W eingesetzt. Es folgt:

$$\frac{d^2 \, TK_{nS}^+}{d \, n^2} = \frac{\pi bW^2 g^3 L^3}{36} \, \frac{(n-1)(-2n+4)}{n^5}$$

$$+ \left(\frac{2}{3}\right) bWg^3 L^4 \left[(-1)^3 \frac{6}{n^8} + 3(-1)^2 \frac{5}{n^7} + \frac{3 \cdot 2}{2} (-1)^1 \frac{4}{n^6} \right.$$

$$\left. + (-1)^0 \frac{3}{n^5} \right]$$

oder

$$\frac{d^2 \, TK_{nS}^+}{d \, n^2} = \frac{bWg^3 L^3}{n^5} \left[\pi W(n-1)(-2n+4)(1/36) \right. \tag{d}$$

$$\left. + 2L(-2n^{-3} + 5n^{-2} - 4n^{-1} +1) \right]$$

In die Gleichung (d) werden nun die Werte für n und L/W
(bei k = 2) aus der Tabelle 10 eingesetzt. (Es wird dabei
angenommen, daß b = g = W = 1 ist.) Es zeigt sich, daß die
zweite Ableitung von TK_{nS}^+ nach n für alle Werte von n und
L/W aus der Tabelle 10 (bei k = 2) positiv wird (siehe
Tabelle 24). Damit ist bewiesen, daß die Bedingung
zweiter Ordnung für ein Minimum von TK_{nS}^+ in Anhängigkeit
von n von den Werten für n und L/W der Tabelle 10 erfüllt
wird (bei k = 2). Für k = 3, 4, 10 läßt sich der Beweis analog führen. Auch hier wird die Bedingung zweiter Ordnung
für ein Minimum erfüllt.

Tabelle 24   Die Größe der zweiten Ableitung von TK_{ns}^{+} nach n, $d^2TK_{ns}^{+}/dn^2$, in Abhängigkeit von den transportkostenminimalen Werten[1] von n und L/W aus Tabelle 1o (für k = 2)

n	L/W	$d^2TK_{ns}^{+}/dn^2$	n	L/W	$d^2TK_{ns}^{+}/dn^2$
3	2,669	+ 0,034	2o	74,245	+ 7,795
4	4,02o	+ 0,077	21	81,6o6	+ 9,oo2
5	5,764	+ 0,142	22	89,315	+ 1o,326
6	7,872	+ 0,238	23	97,374	+ 11,776
7	1o,336	+ 0,368	24	1o5,781	+ 13,354
8	13,153	+ 0,54o	25	114,538	+ 15,o68
9	16,321	+ 0,757	26	123,643	+ 16,923
1o	19,84o	+ 1,o27	33	197,151	+ 34,314
11	23,7o8	+ 1,353	34	2o9,o48	+ 37,495
12	27,926	+ 1,743	4o	287,756	+ 6o,781
13	32,494	+ 2,2o1	41	3o2,o95	+ 65,414
14	37,411	+ 2,734	46	379,o24	+ 92,134
15	42,677	+ 3,346	47	395,444	+ 98,212
16	48,293	+ 4,o43	52	482,853	+ 132,756
17	54,257	+ 4,831	53	5o1,378	+ 14o,511
18	6o,571	+ 5,715	74	971,o17	+ 38o,382
19	67,234	+ 6,7o2	75	997,218	+ 395,946

---

1 Für die Tabelle 24 werden genauere Werte von L/W (bis auf drei Stellen hinter dem Komma genau berechnet) benutzt als für Tabelle 1o. Für Tabelle 1o genügt ein an der ersten Stelle hinter dem Komma abgerundeter Wert.

Literaturverzeichnis

Albers, G.: Städtebauliche Konzeptionen und Infrastrukturbereitstellung. In: Theorie und Praxis der Infrastrukturpolitik. Hrsg. v. Reimut Jochimsen, U.E. Simonis. Schriften des Vereins für Socialpolitik, N.F., Band 54, Berlin 1970, S. 255 - 274.

Allen, R.G.D.: Mathematik für Volks- und Betriebswirte. Eine Einführung in die mathematische Behandlung der Wirtschaftstheorie. Aus dem Englischen übersetzt von Erich Kosiol, 3. Aufl. Berlin 1967.

Alonso, W.: Location and land use: toward a general theory of land rent. Cambridge 1964.

Beckmann, M.J.: On the distribution of urban rent and residential density. In: Journal of Economic Theory, Vol. 1 (1969), S. 60 - 67.

Blumenfeld, D.E., Weiß, G.H.: Routing in a circular city with two ring roads. In: Transportation Research, Vol. 4 (1970), S. 235 - 242.

Boyce, D.E., Farhi, A., Weischedel, R.: Optimal network problems: a branch-and-bound algorithm. In: Environment and Planning, Vol. 5 (1973), S. 519 - 533.

Bundesminister für Raumordnung, Bauwesen und Städtebau: Bundesraumordnungsprogramm (Entwurf vom 10. Oktober 1973), Bonn 1973.

Bundesregierung: Raumordnungsbericht 1974, Bundestagsdrucksache 7/3582, Bonn 1975.

Collins, G.R.: The linear city. In: The pedestrian in the
city. Hrsg. v. David Lewis, Architect's Year Book XI,
London 1965, S. 204 - 217.

Dittmann, E.: Art. Bandstadt. In: Handwörterbuch der Raumforschung und Raumordnung, 2. Auflage, Hannover 1970,
Bd. I, Spalte 125 - 135.

Dixit, A.: The optimum factory town. In: Bell Journal of Economics and Management Science, Vol. 4 (1973),
S. 637 - 651.

Doxiades, C.A.: On linear cities. In: The Town Planning Review,
Vol. 38 (1967), S. 35 - 42.

Empfehlungen des Beirates für Raumordnung vom 28. Oktober 1971:
Zielsystem für die räumliche Entwicklung der Bundesrepublik Deutschland. In: Raumordnungsbericht 1972 der
Bundesregierung, Bundestagsdrucksache VI/3793, Bonn
1972, S. 154 - 161.

Empfehlungen des Beirates für Raumordnung vom 14. September
1972 : Zielsystem zur räumlichen Ordnung und Entwicklung der Verdichtungsräume in der Bundesrepublik Deutsch
land. In: Raumordnungsbericht 1972 der Bundesregierung,
Bundestagsdrucksache VI/3793, Bonn 1972, S. 162 - 172.

Entschließungen der Ministerkonferenz für Raumordnung vom
21. November 1968: Zur Frage der Verdichtungsräume
(§ 2 Abs. 1 Nr. 6 ROG). In: Raumordnungsbericht 1968
der Bundesregierung, Bundestagsdrucksache V/3958,
Bonn 1969, S. 151 - 152.

Fairthorne, D.: The distances between pairs of points in towns
of simple geometrical shapes. In: Proceedings of the
Second International Symposium on the Theory of Road
Traffic Flow London 1963, OECD (Hrsg.), Paris 1965,
S. 391 - 406.

Goldstein, G.S., Moses, L.N.: A survey of urban economics. In: Journal of Economic Literature, Vol. 11 (1973), S. 471 - 515.

Haight, F.A.: Some probability distributions associated with commuter travel in a homogeneous circular city. In: Operations Research, Vol. 12 (1964), S. 964 - 975.

Hartwick, J.M.: Spatially organizing human environments. In: Papers of the Regional Science Association, Vol. 31 (1973), S. 15 - 30.

Hochman, O., Pines, D.: Note on land use in a long narrow city. In: Journal of Economic Theory, Vol. 5 (1972), S. 540 - 541.

Istel, W.: Art. Landstruktur. In: Handwörterbuch der Raumforschung und Raumordnung, 2. Auflage, Hannover 1970, Ed. I, Spalte 135 - 148.

Korsak, A.: An algorithm for globally-optimal nonlinear-cost multidimensional flows in networks and some special applications. In: Operations Research, Vol. 21_1 (1973), S. 225 - 239.

Kraus, M.: Land use in a circular city. In: Journal of Economic Theory, Vol. 8 (1974), S. 440 - 457.

Lam, T.N., Newell, G.F.: Flow dependent traffic assignment on a circular city. In: Transportation Science, Vol. 1 (1967), S. 318 - 361.

Legey, L., Ripper, M., Varaiya, P.: Effects of congestion on the shape of a city. In: Journal of Economic Theory, Vol. 6 (1973), S. 162 - 179.

MacKinnon, R.D., Hodgson, M.J.: Optimal transportation networks: a case study of highway systems. In: Environment and Planning, Vol. 2 (1970), S. 267 - 284.

Mills, E.S., de Ferranti, D.M.: Market choices and optimum
city size. In: American Economic Review, Proc., Vol. 61
(1971), S. 340 - 345.

Mills, E.S.: Studies in the structure of the urban economy.
Baltimore, London 1972.

Mills, E.S., MacKinnon, J.: Notes on the new urban economics.
In: Bell Journal of Economics and Management Science,
Vol. 4 (1973), S. 593 - 601.

Muth, R.F.: Cities and housing. Chicago 1969.

Pearce, C.E.M.: Locating concentric ring roads in a city. In:
Transportation Science, Vol. 8 (1974), S. 142 - 168.

Pötzsch, R.: Stadtentwicklungsplanung und Flächennutzungsmodel-
le für Entwicklungsländer. Berlin 1972.

Quandt, R.E.: Models of transportation and optimal network
construction. In: Journal of Regional Science, Vol. 2
(1960), No. 1, S. 27 - 45.

Richardson, H.W.: A guide to urban economics texts: a review
article. In: Urban Studies, Vol. 10 (1973), S.399 - 405

Smeed, R.J.: The traffic problem in towns. In: Transactions of
the Manchester Statistical Society, Manchester,
8. Februar 1961, S. 1 - 59.

Smeed, R.J.: Road development in urban areas.In: Journal of
the Institution of Highway Engineers, Vol. 10 (1963),
S. 5 - 26.

Smeed, R.J.: A theoretical model of commuter traffic in towns
In: Journal of the Institute of Mathematics and its
Applications, Vol. 1 (1965), S. 208 - 225.

Smeed, R.J., Jeffcoate, G.O.: Traffic flow during the journey to walk in the central area of a town which has a rectangular grid for its road system. In: Proceedings of the Second International Symposium on the Theory of Road Traffic Flow London 1963, OECD (Hrsg.), Paris 1965, S. 369 - 390.

Solow, R.M., Vickrey, W.S.: Land use in a long narrow city. In: Journal of Economic Theory, Vol. 3 (1971) S. 430 - 447.

Solow, R.M.: Congestion, density and the use of land in transportation. In: Swedish Journal of Economics, Vol. 74 (1972), S. 161 - 173.

Solow, R.M.: Congestion cost and the use of land for streets. In: Bell Journal of Economics and Management Science, Vol. 4 (1973), S. 602 - 618.

Solow, R.M.: On equilibrium models of urban location. In: Essays in modern economics. Michael Parkin (Ed), London 1973, S. 2 - 16.

Tan, T.: Road networks in an expanding circular city. In: Operations Research, Vol. 14 (1966), S. 607 - 613.

Wardrop, J.G.: Minimum-cost paths in urban areas. Beiträge zur Theorie des Verkehrsflusses. Referate anläßlich des IV. Internationalen Symposiums über die Theorie des Verkehrsflusses in Karlsruhe im Juni 1968. Straßenbau und Verkehrstechnik, Heft 86. Bundesminister für Verkehr. Bonn 1969, S. 184 - 190.

Wingo,Jr., L.: Transportation and urban land. Washington 1961.

Verzeichnis der Transportkosten - Symbole

TK = Transportkosten in der Achsenstadt in allgemeiner Formulierung

TK^+ = Transportkosten in der transportkostenminimalen Achsenstadt

TK_Q = Transportkosten des Querverkehrs in der Achsenstadt

T = $TK + TK_Q$

TK_R = Transportkosten in der Ringstadt in allgemeiner Formulierung

TK_R^+ = Transportkosten in der transportkostenminimalen Ringstadt

---

TK_{4S} = Transportkosten in der Sternstadt mit vier Strahlen in allgemeiner Formulierung

TK_{4Str} = Transportkosten auf den vier Strahlen einer Sternstadt mit vier Strahlen in allgemeiner Formulierung

TK_{4Z} = Transportkosten auf dem Innenring im Zentrum einer Sternstadt mit vier Strahlen in allgemeiner Formulierung

TK_{4S}^+ = TK_{4S} im Falle des Transportkostenminimums

TK_{4Str}^+ = TK_{4Str} im Falle des Transportkostenminimums

TK_{4Z}^+ = TK_{4Z} im Falle des Transportkostenminimums

TK_{nS} = Transportkosten in der Sternstadt mit n Strahlen in allgemeiner Formulierung

TK_{nStr} = Transportkosten auf den n Strahlen einer Sternstadt mit n Strahlen in allgemeiner Formulierung

TK_{nZ} = Transportkosten auf dem Innenring im Zentrum einer Sternstadt mit n Strahlen in allgemeiner Formulierung

TK_{nS}^{+} = TK_{nS} im Falle des Transportkostenminimums in Abhängigkeit von y(x)

TK_{nStr}^{+} = TK_{nStr} im Falle des Transportkostenminimums in Abhängigkeit von y(x)

TK_{nZ}^{+} = TK_{nZ} im Falle des Transportkostenminimums in Abhängigkeit von y(x)

TK_{nS}^{++} = TK_{nS} im Falle des Transportkostenminimums in Abhängigkeit von y(x) und in Abhängigkeit von n

---

TK_{4SR} = Transportkosten in der Sternstadt mit vier Strahlen und einem Außenring in allgemeiner Formulierung

TK_{4StrR} = Transportkosten auf den vier Strahlen einer Sternstadt mit vier Strahlen und einem Außenring in allgemeiner Formulierung

$_{I}TK_{4StrR}$ = TK_{4StrR} im Bereich I in allgemeiner Formulierung

$_{II}TK_{4StrR}$ = TK_{4StrR} im Bereich II in allgemeiner Formulierung

TK_{4ZR} = Transportkosten auf dem Innenring im Zentrum einer Sternstadt mit vier Strahlen und einem Außenring in allgemeiner Formulierung

TK_{4AR} = Transportkosten auf dem Außenring einer Sternstadt mit vier Strahlen und einem Außenring in
allgemeiner Formulierung

TK_{4SR}^+ = TK_{4SR} im Falle einer transportkostenminimalen
Routenwahl

Verzeichnis der Tabellen

Verzeichnis der Abbildungen

Seite